Christian Kleinschmidt (Hg.)
Kuriosa der Wirtschafts-, Unternehmens- und Technikgeschichte

KLARTEXT

Christian Kleinschmidt (Hg.)

Kuriosa der Wirtschafts-, Unternehmens- und Technikgeschichte

Miniaturen einer »fröhlichen Wissenschaft«

Umschlagabbildung: Bildzitate aus einem Lehrbuch der 1920er Jahre

1. Auflage September 2008
Satz und Gestaltung: Klartext Medienwerkstatt GmbH, Essen
Umschlaggestaltung: Volker Pecher, Essen
Druck und Bindung: Majuskel Medienproduktion GmbH, Wetzlar
© Klartext Verlag, Essen 2008
ISBN 978-3-89861-969-1
Alle Rechte vorbehalten

www.klartext-verlag.de

Inhalt

I. Produktion, Technik und Innovationen

Boris Barth
Leichen, Röhren und die Straßenbeleuchtung von Paris 12

Horst A. Wessel
Eine Inbetriebnahme mit großem Feuerwerk 15

Karl-Peter Ellerbrock
Der Tod lauert in der Konservendose
Frühe Lebensmittelskandale und die Anfänge des modernen Verbraucherschutzes . 17

Vera Hierholzer
Der Lebensmittel-Untersuchungs-Apparat 23

Jan-Otmar Hesse
Der Auswurf vor dem Einwurf
Die Deutsche Reichspost im Kampf gegen die Tuberkulose 28

Margrit Seckelmann
Sittenwidrig oder nicht?
Die Beurteilung der Patentfähigkeit von Verhütungsmitteln
in der Praxis des Kaiserlichen Patentamts 32

Boris Gehlen
Verkehr ohne Ordnung?
Probleme der Automobilnutzung in der Weimarer Zeit 38

Florian Triebel
Freude am Tragen
Die Lastendreiräder BMW F 76/F 79 43

Eckhard Schinkel
»Ober sticht Unter«
Kleiner Beitrag zur Theorie und Praxis rationaler Entscheidung
beim Bau des Schiffs-Hebewerks Niederfinow 50

Tim Schanetzky
Mächtige Mythen
Die deutsche Frau und ihr Sitzplatz in der Kriegswirtschaft 53

Horst A. Wessel
Vom preisgekrönten Eber Berthold, der Zuchtsau Edith und anderen Viechern . 58

Michael Pohlenz
Das weiße Gold
Bayer zahlt in »Naturalien« 62

Ralf Banken
»Betr.: Bohren mit Sandstrahlgebläse«
Eine Zahnbehandlungsmethode der 1950er Jahre 68

Irmgard Zündorf
Bierpreispolitik 74

Frank Uekötter
Das flüssige Gold der Landwirtschaft 77

Frank Uekötter
Max, der Traktor 82

André Steiner
»Ein Lob für das Politbüro«?
Die SED-Spitze in der DDR-Wirtschaftslenkung 87

Reinhold Bauer
Historische Innovationsforschung zwischen Plastikrädern und Radaröfen 90

II. Mentalitäten, Personen, personelle Beziehungen

Ralf Stremmel
Alfred Krupp – Strafmandat für 1 PS 98

Manfred Grieger
Betriebsjagd
Unternehmerische Repräsentationsform und bürgerliche Geselligkeit
seit der Hochindustrialisierung 102

Hendrik Fischer
Messen ohne Maß
Wege und Irrwege des Gottlieb Schnapper-Arndt (1846–1904) 106

Marcel Boldorf
Bankraub
Ein Stiefkind der wirtschaftshistorischen Forschung 113

Wolfgang König
Der Professor und sein Kollege:
Szenen aus dem Hochschulleben
Franz Reuleaux und Alois Riedler 116

Dietmar Bleidick
Emil Kirdorf, der Staat und die Banken
Die Demontage eines Managers im Kaiserreich 118

Werner Plumpe
Carl Duisberg und der tote Hund 123

Jörg Lesczenski
»Hübsch, aber unbedeutend«
August Thyssen, das weibliche Geschlecht und das bürgerliche Liebesideal 127

Hans-Hermann Pogarell
Der »Schimmelreiter« Ernst Koenigs
oder die Kunst der Camouflage im Ersten Weltkrieg 133

Thomas Welskopp
Das Wannenbad im Röhrenwerk 137

Michael Pohlenz
Corporate Identity at it's best
Carl Duisbergs Grabmal 141

Christian Kleinschmidt
»Menschenauslese«, Erbgut und berufliche Leistung, oder:
Warum der Westfale für Schwerarbeit geeignet ist und
der Schwarzwälder besser Uhren baut 146

Grazyna Buchheim/Christoph Buchheim
Vollbier, Dünnbier und die Bayern 149

Harald Wixforth
Hitler als Schlichter
Der Konflikt um die Filiale Eger und ein Vermittlungsgesuch eines Mitschülers ... 153

Stephanie Tilly
Vom besseren Leben und dem Leben der Besseren
Über die Funktionsweise des Rationalisierungs-Kuratoriums
der deutschen Wirtschaft (RKW) in den Augen zeitgenössischer Beobachter 163

Werner Bührer
Fritz Berg, Konrad Adenauer und die »Bergfeste« 166

Florian Triebel
Heimito von Doderer und das Unternehmen Hulesch & Quenzel Ltd., London . 169

III. Internationalität, Interkulturalität

Horst A. Wessel
Die hübschen Töchter der Witwe Mercedes,
oder gute Verkäufer trotzen selbst Revolutionen 178

Cornelius Neutsch
Preußische Bürokratie in den Tropen
Der Postpaketdienst zwischen dem Deutschen Reich und seiner Kolonie Kamerun
im »Dschungel« postalischer und zollamtlicher Bestimmungen 186

Michael A. Kanther
»Wirren im Orient«
Ein Streiflicht auf das Verhältnis von Exportunternehmen
und preußischen Zollbehörden in den 1890er Jahren 191

Michael Farrenkopf
»Katastrophentourismus« um 1900?
Unternehmerische Konkurrenz in den Anfängen der Grubenrettungstechnik 194

Michael Wala
»Hugh!«
Reichswehrexperten und die Indianerverehrung in der US Army 198

Andreas Zilt
Ein »Tiger« für Japan 202

Christian Kleinschmidt
Fotografierende Japaner und die deutsche Kameraindustrie 211

Mark Stagge
»Der Brasilianer ist von lebhafter Natur …«
Krupp baut in Südamerika 217

IV. Werbung und Marketing

Roman Rossfeld
Die Alpen, der Teufelsstein und die braune Farbe der Schweizer Schokolade . . . 224

Dirk Schindelbeck
»Lieber Herr Flieger! Schreiben Sie doch einmal Ursel … So heiße ich.« 230

Florian Triebel
Politisches Marketing in einem Buchverlag –
Der Eugen Diederichs Verlag und Svend Fleurons Kallus der Ameisengeneral . . . 239

Marius Herzog
»Soll ich Ihnen zeigen, was Marktforschung ist?«
Aus den ersten Jahren des Marketing der »Linde Group« 244

Autorenverzeichnis 250

Vorwort

Ich wohne in meinem eignen Haus
Hab Niemandem nie nichts nachgemacht
Und – lachte noch jeden Meister aus
Der nicht sich selber ausgelacht.
(Friedrich Nietzsche 1887)

»Wie? Das letzte Ziel der Wissenschaft sei, dem Menschen möglichst viel Lust und möglichst wenig Unlust zu verschaffen?«[1] Man muß kein Nietzscheaner sein, um die besondere Herausforderung dieser Worte aus Nietzsches »Die fröhliche Wissenschaft« für die Wirtschafts-, Unternehmens- und Technikgeschichte zu erkennen. Tatsächlich erscheinen Fragen nach Wirtschaftswachstum und Konjunkturen, Märkten und Wettbewerb, Preisen und Finanzierung, Produktionstechnologien und Innovationen eher »Unlust« und wenig Fröhlichkeit auszustrahlen. Doch, so könnte man mit Nietzsche weiter fragen, »wie, wenn nun Lust und Unlust so mit einem Stricke zusammengeknüpft wären, dass, wer möglichst viel von der einen haben will, auch möglichst viel von der anderen haben muß – dass, wer das »Himmelhoch-Jauchzen« lernen will, auch für das »Zum-Tode-betrübt« bereit sein muß? Und so steht es vielleicht! [...] In der Tat kann man mit der Wissenschaft das eine wie das andere Ziel fördern! Vielleicht ist sie jetzt noch bekannter wegen ihrer Kraft, den Menschen um seine Freuden zu bringen und ihn kälter, statuenhafter, stoischer zu machen. Aber sie könnte auch noch als die grosse Schmerzbringerin entdeckt werden – und dann würde vielleicht zugleich ihre Gegenkraft entdeckt sein, ihr ungeheures Vermögen, neue Sternenwelten der Freude aufleuchten zu lassen!«[2]

Die Autorinnen und Autoren der nachfolgenden Beiträge kennen die beschwerliche, schmerzbringende und Unlust fördernde Seite der Wissenschaft, haben sie doch zumeist in mehrjähriger Arbeit in Archiven und Bibliotheken staubige Akten gewälzt und sich unter schwierigen Bedingungen und zahlreichen Entbehrungen mit den drängenden Fragen der Wirtschafts-, Unternehmens- und Technikgeschichte auseinander gesetzt. Doch manchmal kamen dabei – aus den Untiefen der Archive – auch kuriose Dinge zu Tage, die Spaß machen, Lust bringen und für eine »fröhliche Wissenschaft« stehen – und die auch einmal die Möglichkeit bieten, über sein eigenes Fach und damit vielleicht auch über sich selbst zu schmunzeln.

Aber es geht nicht nur um Spaß und Fröhlichkeit, und »kurios« meint nicht in erster Linie lustig. Es sollen auch keine »Dönekes«, wie man im Westfälischen sagt, erzählt werden. Vielmehr handelt es sich um eine Art »Kuriositätenkabinett«. »Kurios« bedeutet laut Duden »auf unverständliche, ungereimte, fast spaßig anmutende Weise sonderbar, merkwürdig«. Kuriosa sind demnach Merkwürdigkeiten, Sonderbarkeiten, Skurrilitäten oder auch Exzentrisches, die in einer Art Verfremdungseffekt zwar auch spaßig und unterhaltsam, manchmal vielleicht auch lustig sind, die zugleich aber einen ernsthaften, nachdenkenswerten Hintergrund haben, und somit im besten Sinne für eine »fröhliche Wissenschaft« stehen.

Der Band ist in vier Kapitel aufgeteilt, die in sich wiederum weitgehend chronologisch gegliedert sind. Er wendet sich einerseits an Wissenschaftler, die bislang noch nicht wussten, welche Bedeutung die Reichspost für die Volksgesundheit hatte, die sich über Gülletaxis und die Patentfähigkeit von Kondomen und »Scheidenpulverbläsern« oder auch die Zahnbehandlungsmöglichkeiten mit Sandstrahlgebläsen informieren möchten. Andererseits richtet er sich

---

1 Friedrich Nietzsche, Die fröhliche Wissenschaft, Leipzig 1900, S. 49.
2 Ebd., S. 49 f.

vor allem auch an Studierende und ein breites, historisch interessiertes Publikum, um ihnen die unterhaltsame und »fröhliche« Seite der vermeintlich »drögen« Wirtschafts-, Unternehmens- und Technikgeschichte zu zeigen, und bestenfalls sogar »neue Sternenwelten der Freude aufleuchten zu lassen«.

Bedanken möchte ich mich bei allen Autorinnen und Autoren, die an diesem Buch – hoffentlich zumeist »fröhlich« mitgearbeitet haben, und bei Ludger Claßen und dem Klartext Verlag, die das Vorhaben spontan unterstützt haben.

Christian Kleinschmidt, im Juni 2008

I. Produktion, Technik und Innovationen

Boris Barth

Leichen, Röhren und die Straßenbeleuchtung von Paris

Die folgende kleine Geschichte ist für sich gesehen völlig unbedeutend. Dennoch kann sie den fast unbegrenzten technokratischen Fortschrittsglauben während der Industriellen Revolution an der Wende vom 19. zum 20. Jahrhundert anschaulich machen, der für viele damalige Ingenieure handlungsleitend war. Es handelte sich um eine Zeit, in der alles möglich schien, in der unsinkbare Schiffe wie die Titanic produziert wurden, der uralte Menschheitstraum vom Fliegen mit dem Zeppelin und ersten Flugzeugen wahr wurde und Jules Vernes sowohl die Tiefen der Erde, als auch den Weltraum geistig in Romanen zu erkunden begann. Langfristig schienen dem Fortschritt der Technik keine Grenzen gesetzt und skeptische Stimmen waren selten, bzw. stammten von verknöcherten Reaktionären, die die Zeichen der neuen Zeit nicht zu deuten verstanden.

Ich habe in der mir bekannten Literatur nichts über die Jugend des in Österreich-Ungarn geborenen Ingenieur Popp herausfinden können. Angeblich ist er mit einem kleinen Geschäft in Wien bankrott gegangen und zog dann in das weltoffene Paris. Ich stelle ihn mir als einen Menschen vor, der schon sehr früh an die bedingungslose Rationalität der Technik glaubte und dem Religion, überkommene Bräuche und Sakralität gleichbedeutend mit dem finstersten Mittelalter waren – der Technik gehörte die Zukunft und dem Fortschritt war nichts heilig. Zudem stellte die Technik auch ganz neue Möglichkeiten bereit, Geld mit dem Umsetzen gewagter und visionärer neuer Ideen zu verdienen.[1] Zudem muß Popp ein charismatisch talentierter Mensch gewesen sein, denn es gelang ihm auch später immer wieder für seine originellen Ideen, die er mit glühender Beredsamkeit vorzustellen pflegte, Geldgeber und Förderer zu finden. Ihm war dabei nur wenig abträglich, daß sich seine Vorstellungen zwar als technisch aufwendig und anspruchsvoll herausstellten, daß sich mit ihnen aber fast niemals wirklich Geld verdienen ließ – im Gegenteil. Seine späteren Ideen für das Pariser Druckluftsystem, mit dem er bekannt werden sollte, waren zwar anerkanntermaßen innovativ, brachten zugleich aber seinen wichtigsten Geldgeber, die Disconto- Gesellschaft in Berlin, in erhebliche und langfristige finanzielle Schwierigkeiten, aus denen sie sich nur mit großer Mühe befreien konnte.

Der junge Popp stellte irgendwann, wahrscheinlich in den 1880er Jahren fest, daß Friedhöfe eine Institution waren, die dem modernen Menschen keinerlei Nutzen einbrachten. In den rapide wachsenden Großstädten blockierten sie sehr viel Platz, der sich anders besser verwenden, bzw. bebauen ließ, und zudem brachten verwesende Leichen ebenfalls keinen sichtbaren Profit. Seit Jahrtausenden moderten die Toten einfach vor sich hin, ohne einen erkennbaren Nutzen für ihre Nachkommen zu bringen. Könnte es hier nicht eine technisch rationale Lösung geben, von der alle Lebenden zum Wohle der gesamten Menschheit profitieren würden und

---

1 Die folgende kurze Darstellung basiert im wesentlichen auf: Otto Lindenberg, 50 Jahre Geschichte einer Spekulationsbank. Ein Beitrag zur Kritik des deutschen Bankwesens, Berlin 1903; ergänzt durch einige punktuelle eigene Recherchen.

aus der zugleich noch Profit im Sinne des kapitalistischen Wirtschaftssystems gezogen werden könnte? Popp hat diese Lösung gefunden.

Seine Idee beruhte darauf, daß verwesende Leichen brennbare Gase produzieren, die sinnlos in die Erde oder in die Luft verpuffen. Wenn es möglich wäre, diese Gase in irgendeiner Weise einer rationellen Nutzung zuzuführen, würde dies dem Fortschritt dienen und zugleich wertvolles Bauland in den europäischen Innenstädten gewinnen. Niemand (der lebt) würde verlieren – alle würden gewinnen. Folglich und konsequent konstruierte er folgendes Konzept, das auf der brillanten Verwendung überschüssiger natürlicher Ressourcen basierte – ein frühen Recycling- Konzept, ehe dieses Wort erfunden war.

a. Leichen sollten nicht mehr unkontrolliert und ohne höheren Zweck auf Friedhöfen vermodern, sondern statt dessen in luftdicht abgeschlossenen unterirdischen Kammern einem genau kalkulierten Verwesungsprozeß zugeführt werden. Mit einem ausgeklügelten System könnten die bei der Verwesung anfallenden Gase gewonnen und chemisch-physikalisch getrennt werden, so daß die nützlichen und brennbaren Bestandteile in ein profitables Röhrensystem weitergeleitet würden. Popp scheint zeitweise diese Idee mit großem Nachdruck verfolgt zu haben. Er konstruierte auf dem Papier ein abgeschottetes Röhrensystem, in dem die kontrolliert verwesenden Leichen ihre Gase zum Nutzen der lebenden Menschheit freisetzen sollten. Aber wohin und wozu?

b. Auch darauf wurde eine geniale Antwort gefunden. Da die Straßenbeleuchtung Europas auf Gaslaternen beruhte, könnte ein Röhrensystem die brennbaren Verwesungsgase einer nützlichen, sinnvollen und profitablen Verwendung zuführen. Popp hat errechnet, daß sich die hohen Anfangsinvestitionen in die komplizierten Röhrensysteme mühelos amortisieren würden. Die durchschnittliche jährliche Sterberate von Paris würde mehr als ausreichen, um die Kosten für die jährliche Gasbeleuchtung der Pariser Straßen vollständig zu decken.

c. Eine Firma, die dieses Kreislaufsystem betriebe, würde – so Popp weiter – zudem mittelfristig große Profite abwerfen und zugleich auch für die (lebende) Bevölkerung von Paris von finanziellem Vorteil sein. Den Rohstoff – die Verstorbenen – würde eine derartige Gesellschaft in großer Zahl umsonst bekommen, weil die Angehörigen auf diese Weise zugleich die hohen Bestattungskosten einsparen würden. Zugleich wäre dieses System aber auch für die kommunalen Finanzen der Stadt Paris von bestechendem Vorteil: Aus Friedhöfen ließ sich Bauland gewinnen, die weitere Errichtung von Kirchhöfen würde ganz überflüssig und ferner ließen sich die gesamten bisherigen Kosten, die durch den Unterhalt von derartigen Flächen (Gärtner, Totengräber, etc.) verursacht wurden, einsparen.

d. Popp verfügte über kein eigenes Kapital, mit dem er seine Idee hätte realisieren können, und hat deshalb zunächst der Stadt Paris seine Vorstellungen präsentiert. Das säkularisierte Frankreich schien ihm bessere Konditionen zu bieten, als das in alten Ideen befangene Deutsche Reich oder das ohnehin antiquierte katholische Österreich-Ungarn. Doch wurde sein Konzept in Paris ohne jede nähere Debatte verworfen.

Wir wissen nicht, wie Popp auf die Zurückweisung seines großzügigen Angebotes reagiert hat, das in die Sparte einer frühen modernen Kreislaufwirtschaft, bzw. eines antiklerikalen Recycling- Systems einzuordnen ist. Ich stelle mir vor, daß er empört auf die Rückständigkeit und die reaktionäre Dummheit der Franzosen reagiert hat, die sich doch sonst in der Theorie so fortschrittlich gaben. Diese Ablehnung muß Popp schwer getroffen haben, denn er kam in seinem späteren, durch weiteren Erfindungsreichtum geprägten Leben, nicht wieder auf sein Leichen-Licht System zurück.

Das von ihm ursprünglich für die Gase der Verstorbenen entworfene Röhrensystem sollte jedoch einer anderen Verwendung zugeführt werden und wurde von ihm mit ganz anderer

Zielsetzung der Stadt Paris diesmal mit Erfolg schmackhaft gemacht. Es stellte die Grundlage für die mit Druckluft betriebene Rohrpost dar, eine brillante Erfindung, die Popp diesmal mit Erfolg der Stadt Paris verkaufen konnte. Diese Rohrpost nach dem Poppschen System wird in einigen Institutionen noch bis heute mit gutem Erfolg angewendet. Allerdings stellte sich Ende des 19. Jahrhunderts, als Popp mit der Realisierung seiner Idee begann, heraus, daß die technischen Schwierigkeiten bei der Umsetzung grob unterschätzt worden waren und daß der Aufwand viel höher war, als ursprünglich geplant worden war. Auch war die Finanzierung des Rohrpostunternehmens dilettantisch und ganz unzureichend durchdacht worden, und zwar in einem Ausmaß, daß zur Schadenfreude der Franzosen selbst eine deutsche Großbank, die die Finanzierung wohl im Vertrauen auf Popps Genialität übernommen hatte, zeitweise in Schwierigkeiten geriet. Ähnliche technische Schwierigkeiten bei der Umsetzung im Detail hätten sich wahrscheinlich auch bei der organisierten Leichenverwertung ergeben, doch läßt sich darüber nur – wenn auch mit einigem intellektuellen Reiz – spekulieren.

Horst A. Wessel
Eine Inbetriebnahme mit großem Feuerwerk

August Thyssen hatte 1871 in Mülheim an der Ruhr sein erstes Unternehmen gegründet und schon bald darauf mit einem Eisenbahnanschluss versehen. Allerdings mussten die von der Reichsbahn bereitgestellten Waggons im Werk mit Tier- oder Menschenkraft bewegt werden. Dieser Betrieb kostete Kraft und vor allem Zeit; außerdem war er gefährlich und führte zu zahlreichen Unfällen. Deshalb hatte sich August Thyssen, der allen Neuerungen sehr aufgeschlossen gegenüberstand, entschlossen, den Werkseisenbahnbetrieb durch die Beschaffung einer Dampflok zu verbessern.

Zwar hatte der Unternehmer, der äußerst sparsam wirtschaftete und den mit Abstand größten Teil der Erlöse in den weiteren Ausbau seines Werkes reinvestierte, für eine fabrikneue Lok kein Geld übrig gehabt, aber das 1873 preiswert eingekaufte Schienenfahrzeug machte einen ganz passablen Eindruck – außerdem war es eingefahren. Einen der Maschinisten des Dampfmaschinenbetriebs hatte er in die Bedienung einer Lokomotive einweisen lassen. Seit Tagen war dieser nun mit Unterstützung durch seine Kollegen dabei, die zwar auf eigenen Rädern, aber gedrückt durch eine Staatsbahnlokomotive auf das Werksgelände gekommen war, betriebsbereit zu machen. Sie ölten und putzten, dass es eine Freude war, das alte Stück in neuem Glanz erstrahlen zu sehen. Zwar waren die Röhren im Kessel nicht mehr ganz dicht, aber sie füllten zur Sicherheit einen großen Kanister auf, um ggf. Wasser nachfüllen zu können.

August Thyssen

Die erste selbständige Fahrt – noch ohne Waggons – stand bevor. Kohlen hatte man immer wieder nachgelegt und unter dem Kessel ein wahres Höllenfeuer entfacht. Man wartete nur noch auf den Chef, der beim Anbruch des neuen Verkehrszeitalters in seinem Werk persönlich anwesend sein wollte. Dem Ereignis angemessen erschien er in gestreifter Hose, mit Gehrock und Zylinder, die ihm vom Paten zur Ersten Kommunion geschenkte silberne Taschenuhr mit Kette in der Weste. Erwartungsvoll stand er in respektvoller Entfernung von dem Feuerross und gab dem Maschinisten das Zeichen zur Abfahrt.

Dieser war sich der Wichtigkeit des Augenblicks und seiner eigenen Bedeutung voll bewusst und ging entsprechend würdevoll zu Werke. Mit sicherem Griff öffnete er – wie ihm gezeigt worden war – das Dampfventil. Als sich die Räder weder vor noch rückwärts bewegten, wurde er unsicher, probierte erst mehrere Hebel, machte dann noch mehr Feuer unterm Kessel und erhöhte laufend den Dampfdruck. Es zischte und dampfte, doch die Lokomotive wollte sich nicht vom Fleck bewegen. August Thyssen, der inzwischen von Wolken aus Wasserdampf eingehüllt war, wusste sich darauf keinen Reim zu machen; dennoch war ihm klar: hier stimmte etwas nicht! Plötzlich sah er, wie Maschinist und Heizer in panischem Schrecken von der Lok sprangen und sich bäuchlings neben ihm zu Boden warfen. Mit vor Schreck geweiteten Augen nahm er wahr, dass der Dampfkessel mit lautem Getöse explodierte; in einem Regen von Dampf, Wasser, Ruß, Feuer und Schrottteilen ging August Thyssen zu Boden – gerade noch rechtzeitig; denn das Meiste ging über ihn hinweg.

Als August Thyssen sich wieder berappelt hatte, sprang er auf, wischte sich den Ruß vom Gesicht, klopfte den Staub von seiner Kleidung, suchte den zu Boden gerollten Zylinder und meinte zu dem immer noch benommenen, aber ansonsten ohne Schaden gebliebenen Maschinisten: »Für die erste Zeit kommt mir keine Lokomotive mehr ins Werk. Das ist ja lebensgefährlich!« Bereits wenige Monate später war die »erste Zeit« vorüber. Eine diesmal fabrikneue Lokomotive wurde bestellt und mehrere der Maschinisten zu richtigen Lokomotivführern ausgebildet. Wenige Monate später fragte man sich, wie man zuvor den Verkehr ohne Lokbetrieb geschafft hatte.[1]

Thyssen-Werkseisenbahn

1 Quellen des Beitrags: Mannesmann-Archiv, R 2.3000; Lutz Hatzfeld, Anekdoten um August Thyssen, in: Horst A. Wessel (Hrsg.), Thyssen & Co., Mülheim a. d. Ruhr, Die Geschichte einer Familie und ihrer Unternehmung, Stuttgart 1991, S. 199–200.

Karl-Peter Ellerbrock

Der Tod lauert in der Konservendose

Frühe Lebensmittelskandale und die Anfänge
des modernen Verbraucherschutzes

Industrielle Nahrungsmittelproduktion und moderner Verbraucherschutz

Der Ausbruch aus der vorindustriellen Mangelgesellschaft – jedes vierte Jahr war bis zum ausgehenden 18. Jahrhundert im Durchschnitt ein Hungerjahr – erklärt sich nicht allein durch Reformen der Agrarverfassung oder Fortschritte in der Agrarökonomie, sondern basierte vornehmlich auf der Beseitigung der institutionellen Hemmnisse der traditionellen Markt- und Wirtschaftsordnungen. Pointiert könnte man sagen: Ohne industrielle Produktion kein Durchbruch zum Massenkonsum. Dass eine so plakative Formel aber viel zu kurz greift, hat schon die frühe Nationalökonomie erkannt, die, wie Adam Smith oder Wilhelm Roscher, in der Überwindung der vielfältigen Regulierungen der Nachfrage und der Auflösung der traditionellen Eigenversorgung die wesentlichen Triebfedern für das um 1800 einsetzende wirtschaftliche Wachstum klar erkannten.[1]

Mit dem Durchbruch zur modernen, standardisierten (groß)industriellen Massenproduktion von Nahrungsmitteln wurden aber auch die Grundlagen für den modernen Verbraucherschutz gelegt, der sich, historisch betrachtet, aus der Diskussion um die Anwendung chemischer Konservierungsmittel, der Zulassung der künstlichen Färbung und der genauen Definition von einzelnen Nahrungsmittelinhaltsstoffen entwickelt hat.[2] Bis zur Mitte des 19. Jahrhunderts konnten Hersteller, Verbraucher und Gesetzgeber aber noch nicht auf naturwissenschaftlich fundierte Erkenntnisse zur Beurteilung der Nahrungsmittelqualität zurückgreifen. Die Lebensmittelkontrolle wurde zudem erst nach der Reichsgründung zu einer Aufgabe des Staates. Mit den steigenden Anforderungen von Urbanisierung und Industrialisierung sowie dem Aufbau der kommunalen Daseinsvorsorge an die staatliche Gesundheitspolitik schuf das zuständige Reichsamt des Innern 1876 mit dem Kaiserlichen Gesundheitsamt (KGA) als beratendem Organ eine technische Sonderbehörde, die maßgeblich an der ersten reichseinheitlichen gesetz-

---

1 Vgl. Adam Smith: An Inquiry into the Nature and the Causes of the Wealth of Nations, IV, ch. 8, London 1776; Wilhelm Roscher: Nationalökonomik des Handels und des Gewerbefleisses, 2. Aufl. Stuttgart 1881, besonders S. 485; vgl. auch Karl-Peter Ellerbrock: Geschichte der deutschen Nahrungs- und Genußmittelindustrie 1750–1914, Stuttgart 1993.
2 Vgl. Karl-Peter Ellerbrock: Lebensmittelqualität vor dem Ersten Weltkrieg: Industrielle Produktion und staatliche Gesundheitspolitik, in: Hans Jürgen Teuteberg (Hg.): Durchbruch zum modernen Massenkonsum. Lebensmittelmärkte und Lebensmittelqualität im Städtewachstum des Industriezeitalters, Münster 1987, S. 127–188; ders.: Die Entwicklung der Lebensmittelüberwachung in Dortmund im 19. Jahrhundert. Ein ernährungsgeschichtlicher Beitrag zur »Sozialen Frage« in Dortmund, in: Beiträge zur Geschichte Dortmunds und der Grafschaft Mark 78 (1987), S. 75–124; derzeit erscheint die Dissertation von Vera Hierholzer zum Thema »Die Regulierung von Nahrungsmittelqualität in der Industrialisierung«.

lichen Regelung des Verkehrs mit Nahrungsmitteln durch das Nahrungsmittelgesetz vom 14. Mai 1879 (NMG) mitwirkte.

Generell lässt sich feststellen, dass es mit dem Aufkommen der modernen Ernährungsindustrie auch zu ernährungsphysiologisch bedeutungsvollen Veränderungen der Nahrungsmittel kam, die die Nahrungsmittelqualität nachhaltig verbesserten. Dabei sind die Auffassungen darüber, wie Nahrungsmittelqualität jeweils bewertet wird, selbst Bestandteil des allgemeinen sozio-kulturellen Wandels. Aus den Akten des KGA lässt sich erkennen, dass das NMG von 1879 den Ausbau eines leistungsfähigen Netzes von Lebensmitteluntersuchungsanstalten vorangetrieben hatte, das den gröbsten Missständen schon bald die Spitze brach.[3] Auch wurde die Gesundheitsschädigung um den Tatbestand der ernährungsphysiologischen Wertminderung erweitert. Doch mit der Aussparung von Legaldefinitionen, also konkreten Begriffsbestimmungen zu einzelnen Lebensmitteln und Lebensmittelinhaltsstoffen, bestand ein grundsätzlicher Mangel, der schon bald den Erlass von Spezialgesetzen für Wein, Margarine, Butter, Käse, Schmalz, Zucker und künstlichem Süssstoff nach sich zog. Bei allen anderen Lebensmitteln waren im Streitfall langwierige Gutachterprozesse eher die Regel als die Ausnahme.

Zum »Anwalt« der Verbraucherinteressen wurde eine Gruppe engagierter Nahrungsmittelchemiker, die wie der Münsteraner Josef König zugleich bahnbrechende Grundlagenforschung betrieben.[4] Sie schlossen sich seit 1883 in der »Freien Vereinigung bayerischer Vertreter der angewandten Chemie« (seit 1901 »Freie Vereinigung Deutscher Nahrungsmittelchemiker«) zusammen. Diese von Beginn an in ganz Deutschland agierende wissenschaftliche Gesellschaft trat erstmals nachdrücklich und unermüdlich für den Schutz der Konsumenten vor gesundheitlicher und wirtschaftlicher Schädigung ein, weil der einzelne Verbraucher ihrer Meinung nach gar nicht mehr in der Lage war, die schnell fortschreitende Entwicklung der Lebensmittelchemie und -technologie sowie ihre Anwendung in der gewerblichen Nahrungsmittelproduktion zu überschauen.

Neben der staatlichen und kommunalen Lebensmittelüberwachung war aber auch schon früh die Selbstkontrolle durch die Industrie ein wichtiger Garant für einen hohen Qualitätsstandard der täglichen Kost. Mit dem deutschen Lebensmittelbuch, das 1905 in erster Auflage erschien, hatte die Ernährungsindustrie entscheidend zur Verständigung über konkrete und verbindliche Normen im Lebensmittelverkehr beigetragen. Der Konsument profitierte nicht nur von sinkenden Preisen, sondern auch von einer gleichbleibenden hohen Qualität, die auch durch die Integration modernster chemisch-technologischer Forschungen in die automatisierten und standardisierten Fertigungsprozesse der industriellen Nahrungsmittelproduktion.

Dennoch kam es selbst an der Schwelle zum 20. Jahrhundert tatsächlich immer wieder zu gravierenden Fehleinschätzungen. So wurden Aluminiumsalze, Phosphate, Milchsäure, Zimtsäure, Fluorwasserstoffsäure und ihre Salze, Formaldehyd, Kupfersalze, Schwefelsäure und ihre Salze sowie Bor-, Benzoe- und Ameisensäure, die z. T. unter Phantasienamen auf den Markt kamen, zur Konservierung von Fleisch und Fleischwaren, zur Bier- und Branntweinherstellung, zur Haltbarmachung von Eigelb, Kaviar, Gemüse- und Fischkonserven sowie zur Herstellung von Fruchtsäften aller Art verwendet. Da wundert es nicht, dass Fragen der chemischen Konservierung oder der künstlichen Färbung ebenso wie die Zusammensetzung und Gewichtung der

---

3 Bundesarchiv Koblenz, Bestand R 86, Kaiserliches Gesundheitsamt.
4 Vgl. Josef König: Chemie der menschlichen Nahrungs- und Genußmittel, 3 Bde., 4. Aufl., Berlin 1903–1919; zu Josef König vgl. die Münsteraner Diss. von Jutta Grüne: Anfänge staatlicher Lebensmittelüberwachung in Deutschland. Der »Vater der Lebensmittelchemie« Joseph König (1843–1930), Stuttgart 1994.

einzelnen zu deklarierenden Nahrungsmittelinhaltsstoffe zu den heftig diskutierten sozialpolitischen Tagesfragen im ausgehenden 19. Jahrhundert zählten; und dies besonders dann, wenn handfeste Lebensmittelskandale das Deutsche Kaiserreich zu erschüttern drohten. Besonders betroffen waren die Margarinefabriken, die sich der fortlaufenden Agitation der landwirtschaftlichen Interessenverbände erwehren musste, die nicht selten im Vorwurf von Gesundheitsschädigungen durch Margarine gipfelten, und die Konservenindustrie. Betrachten wir dazu einen Fall von 1904 ein wenig näher.

An der Schwelle zum »Konservenzeitalter«

Werfen wir zunächst einen kurzen Blick auf die Entwicklung der Konservenindustrie.[5] 1804 entwickelte der Franzose François Appert, Küchenmeister des Dänischen Königs Christian, ein Verfahren, wonach er Nahrungsmittel luftdicht in Flaschen mit gewöhnlichen Korken verschloss, diese im kochenden Wasserbad erhitzte und anschließend mit Kork und Pech versiegelte. »Appert hat die Kunst erfunden, die Jahreszeiten einzuschließen, bei ihm leben Frühling, Sommer und Herbst in Flaschen«, feierte die Zeitschrift Courier d'Europe seine Erfindung.

Konserven-Fabrik

5 Für das Folgende Karl-Peter Ellerbrock: From Pickling or Drying to Modern Food Preservation. Economic Aspects on the Threshold of the Industrial Age (1750–1850), in: Alimentazione e nutrizione secc. XIII–XVIII, Firenze 1997, S. 441–461.

Zum Vorreiter der modernen Konservenindustrie wurde allerdings Amerika, wo seit 1819 Lachs-, Hummer- und Austernkonserven, später Obst-, Gemüse- und Fleischkonserven und kondensierte Milch fabrikmäßig hergestellt wurden. Während des amerikanischen Bürgerkriegs erfolgte bereits in den 1860er Jahren der Durchbruch zur industriellen Massenproduktion. 1914 waren in 4.220 Betrieben 75.000 Personen in der amerikanischen Konservenindustrie beschäftigt. In Deutschland vollzog sich der Aufschwung zunächst weit weniger spektakulär. Soweit sich erkennen lässt, gründeten Daniel Heinrich Carstens 1846 in Lübeck und die Gebr. Bethmann in Frankfurt/Main die ersten deutschen Dosenkonservenfabriken. Für Braunschweig, dem späteren Zentrum der deutschen Konservenindustrie, ist überliefert, dass der Klempnermeister Pillmann in den 1840er Jahren im Handbetrieb erste Verlötungsversuche anstellte. Der eigentliche Durchbruch zum modernen Industriebetrieb erfolgte aber erst mit der Gründung der Fa. Gebr. Grahe (1863), die 1873 als erste deutsche Konservenfabrik einen aus Frankreich bezogenen »Autoklaven« in Betrieb nahm. Bis zum ausgehenden 19. Jahrhundert blieben Dosenkonserven allerdings vornehmlich Luxusprodukte, die sich ihren Platz in der Volksernährung erst noch erobern mussten. Und: Auf dem Weg ins »Konservenzeitalter« mussten noch vielerlei Hemmnisse überwunden werden, wozu auch immer wieder Meldungen über Massenvergiftungen nach dem Genuss von Konserven in der Tagespresse gehörten.

Botulismus aus der Dose? Rätselhafte Vorgänge in der Alice-Kochschule

Die seit 1877 im KGA registrierten Massenerkrankungen und Todesfälle nach dem Genuss von Fleischkonserven betrafen fast ausschließlich aus den Vereinigten Staaten eingeführte Cornedbeef-Konserven. Die gesundheitspolizeilichen Recherchen zu den einzelnen Vergiftungsfällen zeichneten ein erschreckendes Bild von den hygienischen Verhältnissen der amerikanischen Fleischkonservenfabrikation. Die zuständigen Stellen der staatlichen Gesundheitspolitik verfolgten die Vorfälle mit großer Aufmerksamkeit und der inländische Verkehr mit diesen Produkten war besonders im kommunalen Bereich strengen Reglementierungen unterworfen. Nach dem Fleischbeschaugesetz vom 3. Juni 1900 wurden amerikanische Fleischwarenprodukte fast vollständig vom deutschen Markt ausgeschlossen. Vergiftungen durch amerikanische Fleischkonserven spielten seitdem für die Lebensmittelhygiene Deutschlands praktisch keine Rolle mehr. Es darf aber nicht übersehen werden, dass das Fleischbeschaugesetz in engem Zusammenhang mit der zeitgenössischen Debatte um den »Schutz« des deutschen Agrarmarktes vor allem durch amerikanische Importe stand, und das Gesetz den Forderungen des mächtigen Bundes deutscher Landwirte weitgehend Rechnung trug.[6]

Rückschlüsse auf den Qualitätsstandard der in Deutschland fabrikmäßig hergestellten Konservenprodukte lassen sich aus den amerikanischen Verhältnissen sicherlich nicht ziehen. Dennoch war die Stimmung der Verbraucher eher skeptisch, besonders natürlich dann, wenn Meldungen über Massenvergiftungen durch Konserven in der Presse die Runde machten. So wurde im Januar 1904 aus der Alice-Kochschule in Darmstadt gemeldet: »In der ersten Hälfte der mit dem 24. Januar beginnenden Woche trat hier in Darmstadt plötzlich eine Massenerkrankung infolge Genusses verdorbener Nahrungsmittel auf. Mit einwandfreier Sicherheit ließ sich annehmen, dass alle Erkrankten von einem am 25. Januar in der Kochschule des hiesigen

---

6 Zum Komplex Agrarprotektionismus vgl. zuletzt Rita Aldenhoff-Hübinger: Agrarpolitik und Protektionismus. Deutschland und Frankreich im Vergleich 1879–1914, Göttingen 2002.

Alicevereins zum Mittagessen gereichten Salat, der aus in Blechbüchsen konservierten Bohnen bereitet war, gegessen hatten.«[7]

Von 24 Personen, die von den Bohnen gegessen hatten, erkrankten 21, davon erlagen 11 nach qualvollen Leiden den Vergiftungen. Die von den zuständigen Medizinalbehörden eingeholten wissenschaftlichen Gutachten kamen zu dem Ergebnis, dass die Vergiftungen durch ein von Mikroorganismen in den Konserven erzeugtes Gift, ähnlich dem bislang nur in animalischen Lebensmitteln beobachteten Botulismus-Erreger, verursacht worden waren. Die genaue Ursache der Giftbildung blieb zunächst ungeklärt. Es kamen diffuse Mutmaßungen an die Öffentlichkeit, die darin gipfelten, dass selbst ministerielle Kreise behaupteten, die Darmstädter Vergiftungen seien durch Bakterien verursacht worden, die bei der Düngung der Bohnen auf dem Feld mit Jauche entstanden und anschließend in die Konserven gelangt seien. Von ministerieller Seite ergingen öffentliche Bekanntmachungen, die wenig geeignet waren, die verunsicherten Konsumenten von der gesundheitlichen Unbedenklichkeit sachgemäß hergestellter Konserven zu überzeugen: »Die Ermittlungen, welche durch die im Januar 1904 vorgekommenen Vergiftungsfälle in der Alice-Kochschule in Darmstadt infolge Genusses eines aus Konservenbohnen bereiteten Salates veranlasst sind, haben zu dem Ergebnis geführt, dass in Gemüsekonserven auch bei Luftabschluss Spaltpilze sich zu entwickeln vermögen, deren giftige Stoffwechselprodukte die menschliche Gesundheit in ähnlicher Weise wie das sogenannte Fleischgift zu schädigen geeignet sind.«[8]

Zeitungsartikel

7 Bundesarchiv Koblenz, R 86 Nr. 3328.
8 Konservenzeitung 28 (1905).

Wer hatte nun Recht? Die polizeilichen Ermittlungen konnten den »Tathergang« zweifelsfrei rekonstruieren: Schon beim Öffnen einer der sechs benutzten Dosen wurde ein verdächtiger übler Geruch wahrgenommen, dieser aber von der Leiterin der Kochschule ignoriert. Tatsächlich handelte es sich auch nicht um »Fabrikware«, sondern die besagte Leiterin höchstpersönlich hatte die Bohnen im Sommer des vorangegangenen Jahres selbst »eingemacht«. Fehlverhalten im Haushalt und noch dazu in einer Kochschule war also Ursache. Das Reizwort aber blieb »Konserven«, und damit verband der Konsument vor allem Fabrik-Konserven. So berichtete die Presse auch weiterhin von spektakulären Massenvergiftungen durch »Fabrikkonserven«, so in Aachen, Geldern, Winnekendonk, Düren, Köln und Leipzig, wo allein 250 Personen, ebenfalls nach dem Genuss von Bohnenkonserven, erkrankt sein sollten. Die medizinalbehördlichen Feststellungen ergaben aber in allen Fällen, dass die fraglichen Konserven keinerlei toxische Eigenschaften besaßen.[9]

Die Konservenfabrikanten versuchten zwar ihrerseits in groß angelegten Anzeigenkampagnen den Verbraucher von der Unbedenklichkeit sachgemäß hergestellter Konserven zu überzeugen: »Besser und billiger werden aber Conserven niemals, als wenn die Herstellung von Nahrungsmittel-Conserven den mit allen hygienischen Einrichtungen wohl ausgestatteten, der gesundheitspolizeilichen Ueberwachung ausgesetzten Fabriken überlassen werden, während es immer ein gewagtes Stück ist, wenn diese Conserven durch Laien und im Privatleben hergestellt werden.«[10]

Was nach solchen Skandalmeldungen bleibt, ist ein tiefer Vertrauensschwund beim Verbraucher, und dies damals wie heute, auch wenn die Ernährungsberichte der Deutschen Gesellschaft für Ernährung noch heute Jahr für Jahr deutlich machen, dass sich z. B. die meisten Ausbrüche von Botulismus im privaten Haushalt zugetragen haben. Verantwortlich war dann meist mangelnde Hygiene, etwa durch Keimübertragung von verunreinigten Lebensmitteln oder Arbeitsgeräten auf andere Speisen verbunden mit unzureichender Erhitzung oder unzureichende Kühlung.

---

9   Bundesarchiv Koblenz, R 86, Nr. 3328.
10 Ganzseitige Anzeigenkampagne des Vereins Süddeutscher-Conserven-Fabrikanten, Mainz, in der deutschen Presse am 10. Februar 1904.

Vera Hierholzer
Der Lebensmittel-Untersuchungs-Apparat

Im Mai 1878 erhielt das Kaiserliche Gesundheitsamt des Deutschen Reichs ein Schreiben, in dem eine neue Erfindung angepriesen wurde: Vorgestellt wurde ein Analyseset aus Mikroskop, Milchwaage, Rahmmesser, Branntweinwaage, Thermometer und Pinzette sowie verschiedenen Präparaten und Reagenzien. Dieser »Lebensmittel-Untersuchungs-Apparat« sollte insbesondere der Bevölkerung auf dem Land fernab großer Untersuchungsämter als Schutz vor den »gröblichen Fälschungen von Lebensmitteln« dienen. Der Verfasser – wohl ein Optiker und Mechaniker aus Stuttgart – bat das Gesundheitsamt, den von ihm entwickelten Apparat weiterzuempfehlen. Er ermögliche es mit Hilfe einer von einem »erfahrenen Chemiker« abgefassten Gebrauchsanweisung jedem Laien, »nach kurzer Übung« Lebensmittelüberprüfungen durchzuführen.[1]

Die Erfindung des »Lebensmittel-Untersuchungs-Apparates« fiel in eine Zeit, in der die Nahrungsmittelqualität stark in der öffentlichen Diskussion stand. Zahllose Zeitungsartikel, Abhandlungen und Denkschriften belegen, dass in dieser Übergangsphase von der Subsistenz- zur Verbrauchsgesellschaft den nun vermehrt industriell hergestellten Nahrungsmitteln großes Misstrauen entgegengebracht wurde. Aufgeschreckt durch die Ergebnisse der zunehmend verfeinerten Analyseverfahren konstatierte man ein nie dagewesenes Ausmaß an Nahrungsmittelverfälschungen, dem mit den bestehenden Kontrollinstrumentarien nicht mehr Herr zu werden sei.[2]

In den Debatten über mögliche Abhilfemaßnahmen tauchte die dem »Lebensmittel-Untersuchungs-Apparat« zugrundeliegende Vorstellung, dass die Verbraucher sich selbst vor Nahrungsmittelpanschereien schützen konnten und sollten, immer wieder auf. Zwar forderten die meisten Diskussionsteilnehmer zuvorderst eine Reform der Nahrungsmittelgesetzgebung. Doch nicht nur die Nahrungsmittelproduzenten, die sich heftigen Anschuldigungen ausgesetzt sahen, auch Wissenschaftler und Politiker waren der Auffassung, dass die Verwendung verzichtbarer, teils gesundheitsschädlicher Zusätze zu Nahrungsmitteln nicht zuletzt eine Folge der Geschmacksvorlieben der Verbraucher sei.[3] Wohlklingende Bezeichnungen, übertriebene Versprechungen und marktschreierische Reklamen versprachen im Wettbewerb um die Gunst

---

1 Bundesarchiv, R 86/2130.
2 Eine Auswahl verschiedener Veröffentlichungen: Gewerbsmäßige Giftmischerei, in: National-Zeitung, 14. August 1877. Die Verfälschung der Lebensmittel, in: Donau-Zeitung, 15. November 1876. Max Bauer, Die Verfälschung der Nahrungsmittel in großen Städten – speciell: Berlin – und die Abhilfe dagegen vom gesetzlichen, gesundheitlichen und practischen Gesichtspunkte, Berlin 1877. Hermann Bresgen, Der Handel mit verfälschten oder verdorbenen Getränken, Eßwaaren, Medikamenten als gemeingefährliches Attentat auf die Gesundheit, die usuellen Handelsaktionen mit verfälschten oder verdorbenen Waaren aller Art als Raub des öffentlichen Vertrauens aus strafbarem Eigennutz. Eine kriminalpolitische Studie, Trier 1876.
3 So z. B. Alaunbeimischungen zum Brot, die der Vorliebe für möglichst weißes Brot geschuldet seien, s. Franz Hermann Walchner, Die Nahrungsmittel des Menschen, ihre Verfälschungen und Verunreinigungen. Nach den besten Quellen dargestellt, Berlin 1875, S. 106.

der Käufer den größten Erfolg.[4] Insbesondere die Fixierung auf den Preis erschien folgenreich: »Man überbietet sich förmlich in der Sucht, billig zu kaufen und zwingt dadurch Producenten und Händler, um der ihnen bereiteten Concurrenz gewachsen zu bleiben, zur Verschlechterung der Waaren«.[5] Die Verbraucher wurden mithin keineswegs ausschließlich als Opfer gesehen, sondern als aktive Marktteilnehmer, deren Verhalten das Handeln der Gewerbetreibenden maßgeblich beeinflusste.

So war es nur konsequent, dass von verschiedenen Seiten versucht wurde, die Bevölkerung zu einem bewussten Konsumverhalten zu erziehen. Die Konsumenten dürften nicht länger »alle Verantwortlichkeit für das Wohl und Wehe der Gesellschaft auf die Schultern der Behörden« abwälzen.[6] Als Hauptursache der zu bekämpfenden »irrationalen« Nachfrage galten die mangelnden Kenntnisse über die Nahrungsmittel.[7] Die Informationsasymmetrien zwischen Gewerbetreibenden und Konsumenten erschienen als zentrales Problem des industrialisierten Nahrungsmittelverkehrs, das durch modernisierte Verbraucherschutzgesetze allein nicht zu beheben war, sondern zusätzliche Strategien forderte: Die Vermittlung von Wissen sollte die Verbraucher in die Lage versetzen, Warenqualitäten zu unterscheiden und damit Kaufentscheidungen nicht ausschließlich auf der Basis von Geschmacksvorlieben und Preisen zu treffen.

Seit der Jahrhundertmitte kam es zu einer regelrechten Flut von Handbüchern, die der Bevölkerung das hierfür notwendige Instrumentarium zur Verfügung stellen wollten. Sie suchten Methoden zur Überprüfung der Nahrungsmittelqualität zu vermitteln, wobei sie vielfach von einer großen Lernfähigkeit ihrer Leser ausgingen: Obwohl die Verfasser vorgaben, die Untersuchungen in einer für Laien verständlichen Weise darzustellen, waren die Anleitungen in aller Regel äußerst detailliert, zahlenlastig und mit Fachbegriffen gespickt. Sie enthielten komplexe und langwierige Untersuchungsabläufe, für die zahlreiche Reagenzien und Instrumente wie Aräometer, Spektroskope, Hallymeter und Lactometer notwendig waren. Das Mikroskopieren war selbstverständlicher Bestandteil der Überprüfungen, ebenso Vorgänge wie Einäschern, Filtrieren, Kolieren und Ausziehen. Den Benutzern wurde eine genaue Beobachtung von Einfärbungen, Schmelzpunkten und Abscheidungen sowie die exakte Bestimmung von Gewichten und prozentualen Zusätzen abverlangt.[8] Nicht selten wurden langwierige Verfahren empfoh-

---

4   Heinrich Averbeck, Die Verfälschung der Nahrungs- und Genußmittel, Bremen 1878, S. 11, 21, 45 f. Hermann Klencke, Illustrirtes Lexikon der Verfälschungen der Nahrungsmittel und Getränke, der Colonialwaaren und Manufacte, der Droguen, Gewerblichen und Landwirtschaftlichen Producte, Documente und Werthzeichen und die Erkennungszeichen ihrer Echtheit und Fälschung, Leipzig 1879, S. VI.
5   Hermann Fleck, Die Chemie der öffentlichen Gesundheitspflege. Ein Wegweiser für Verwaltungsbeamte, Ärzte, Ingenieure und Chemiker zur Beantragung, Bewerkstelligung und Beurtheilung chemischer Untersuchungen und darauf begründeter fachmännisches Gutachten, Dresden 1882, S. 97 f. Ähnl.: Averbeck, Verfälschung, S. 10–12. Luise Holle, Die Hauswirtschaft, Berlin/Leipzig o. J. [1904], S. 28.
6   Fleck, Chemie, S. 97.
7   Gustav Abel, Die Überwachung des Nahrungsmittelverkehrs, in: Zeitschrift für die Untersuchung der Nahrungsmittel 21 (1911), S. 449–466 (464 f.). Die Verfälschung von Nahrungsmitteln und das Strafrecht, Denkschrift des deutschen Landwirthschaftsrates vom 2. Mai 1877, in: Annalen des Deutschen Reichs für Gesetzgebung, Verwaltung und Statistik 1877, S. 1079–1087.
8   So z. B. Victor Griessmayer, Die Verfälschung der wichtigsten Nahrungs- und Genußmittel vom chemischen Standpunkte in populärer Darstellung, Augsburg 1880. Alphonse Chevallier, Wörterbuch der Verunreinigungen und Verfälschungen der Nahrungsmittel, Arzneikörper und Handelswaaren nebst Angabe der Erkennungs- und Prüfungsmittel, übers. u bearb. v. A. H. L. Westrumb, 2 Bde., Göttingen 1856.

len, die lange Ruhezeiten vorsahen, bis ein Ergebnis vorlag – so musste für die Ermittlung des Rahmgehaltes der Milch eine Milchprobe in einem graduierten Zylinder zwölf Stunden ruhen, um die Menge des abgeschiedenen Rahms zu ermitteln.[9] Einige Verfasser trauten den Konsumenten gar die Entdeckung von Finnen und Trichinen zu, welche die Gesetzgebung eigentlich eigens ausgebildeten Fleischbeschauern oder Tierärzten übertrug.[10] Die meist aus Mediziner- und Chemikerkreisen stammenden Autoren gingen – wie der Erfinder des Lebensmittel-Untersuchungs-Apparates – davon aus, dass durch die wörtliche Befolgung der Anweisungen problemlos unzweifelhafte Ergebnisse zu erzielen seien.[11] Indem sie jedoch ihren Adressatenkreis vielfach auf »Gebildete« beschränkten[12] oder sich gleichermaßen an Verbraucher wie Fachexperten aus Wissenschaft und Gesundheitspolizei wandten, widerlegten sie sich gewissermaßen selbst.[13] Die Illusion von einfachen, für jedermann handhabbaren Prüfmethoden pflegten aber nicht nur die eine breite Leserschaft suchenden Handbuchautoren, auch Politiker propagierten die Laienanalyse als probates Mittel zur Eindämmung von Betrügereien: So forderte der Jurist August Reichensperger 1878 in den Reichstagsdebatten um das erste reichsweite Nahrungsmittelgesetz die Verbreitung von Prüfungsanleitungen, die die Aufdeckung von Verfälschungen mit Hilfe von »Hausmitteln« erläutern sollten.[14]

Als Adressaten derartiger Aufklärungskampagnen schwebten nicht nur Reichensperger insbesondere die Hausfrauen vor: Hausfrauenvereine veranstalteten seit den 1870er Jahren – offenbar gut besuchte – Vorträge von Chemikern und Medizinern über gängige Verfälschungen und Methoden ihrer Identifikation inklusive des Mikroskopierens.[15] Auch Haushaltslehren und Kochbücher griffen die Thematik auf und überführten sie in Handlungsanweisungen für die Hausfrauen. Die klassischen Kochrezepte und Leitsätze zur Haushaltsführung wurden mit Belehrungen über die Bedeutung einer ausgewogenen, nährwertbewussten Ernährung für die Gesundheit der Familienmitglieder verbunden.[16] Die Autoren sahen praktisches und theoretisches Wissen über die Nahrungsmittel als grundlegende Voraussetzung für die moderne Hausfrauentätigkeit an.[17] Ohne dieses könne die Hausfrau die Ernährungsbedürfnisse ihrer Familie nicht erfüllen oder gefährde gar deren Gesundheit, da sie ständig Gefahr laufe, verfälschte oder

---

9   Georg Christian Wittstein, Taschenbuch der Nahrungs- und Genussmittellehre. Mit besonderer Berücksichtigung der Verderbnisse, Verunreinigungen und Verfälschungen, nach eigenen Erfahrungen für Jedermann leicht fasslich dargestellt, Nördlingen 1878, S. 127–129.
10 Finnen seien leicht mit bloßen Augen zu erkennen, ein Trichinenbefall könne durch das Mikroskop festgestellt werden, wobei allerdings im Idealfall Probenentnahmen und -untersuchungen von mindestens fünf verschiedenen Stellen des Tierkörpers vorliegen sollten, s. Wittstein, Taschenbuch, S. 80–83.
11 Hermann Klencke, Die Verfälschung der Nahrungsmittel und Getränke, der Kolonialwaren, Drogen und Manufacte, der gewerblichen und landwirtschaftlichen Producte, Leipzig 1858, S. XXX.
12 Griessmayer, Verfälschung, S. VI. Klencke, Illustrirtes Lexikon, S. VIII.
13 So z. B. Griessmayer, Verfälschung, S. VI. Walchner, Nahrungsmittel, Vorwort.
14 Stenographische Berichte über die Verhandlungen des Deutschen Reichstags, 4. Leg., 2. Sess., 1879, Bd. 1, S. 130 f.
15 25jährige Geschichte des Berliner Hausfrauenvereins von 1873–1899, Berlin 1899, S. 22.
16 S. z. B. Das häusliche Glück. Vollständiger Haushaltungsunterricht nebst Belehrung über Gesundheits- und Krankenpflege, die ersten Mutterpflichten und Pflege der Kinder sowie Anleitung zum Kochen für Frauen, die »billig und gut« haushalten lernen wollen, 23. Aufl., Mönchen-Gladbach 1903, S. 157–205. Lina Morgenstern, Die menschliche Ernährung und die culturhistorische Entwicklung der Kochkunst. Ein Geschenk für Frauen und Mütter und unentbehrliches Handbuch für Fortbildungs- und Kochschulen, Berlin 1882, S. 1–9.
17 Das häusliche Glück, S. 52. Hermann Klencke, Die Hausfrau. Praktisches Lehrbuch für deutsche Mädchen und Frauen über die Kenntnisse und Verwaltungsregeln des wirthschaftlichen, bürgerlichen

minderwertige Nahrungsmittel zu beziehen. Viele Werke enthielten deshalb warenkundliche Kapitel, die die wichtigsten Kennzeichen von Frische und Unverdorbenheit erläuterten und Anhaltspunkte für die Erkennung von Manipulationen gaben.[18]

Da viele Haushaltslehren ebenfalls von Wissenschaftlern verfasst wurden, finden sich auch hier teilweise Beschreibungen komplexer und langwieriger, nur mit speziellen Gerätschaften zu bewerkstelligender Untersuchungen.[19] Doch blieb dies eher eine Randerscheinung, das Gros der Haushaltslehren setzte auf einfache, im Alltag handhabbare Hinweise. Die Überprüfungen der Nahrungsmittel wurden auf der Basis einfacher Sinnesbefunde vorgenommen, als Orientierungshilfen dienten Farbe, Konsistenz, Geruch und Geschmack.[20] Vielfach beschränkten die Autoren sich auf ganz simple Faustregeln, wie ein Hinweis des »Katechismus der Haushaltungskunde und Naturlehre« zur Margarine illustriert: »wenn sie billiger ist als gutes Rinderfett, ist sie gefälscht«[21] – ein angesichts der langwierigen und komplizierten Verfahren, die manche Werke propagierten, entwaffnend eingängiger und einfacher Ratschlag.

Auch bei der Gattung der oben beschriebenen Handbücher zur Nahrungsmittelüberprüfung ist zu beobachten, dass diese ihre Ansprüche an die Leser mit der Zeit deutlich zurückschraubten; sie griffen die häufig geäußerten Zweifel an der Fähigkeit und Bereitschaft der Verbraucher zu umfangreichen Untersuchungen[22] auf und erklärten die Nahrungsmittelkontrollen zur genuin staatlichen Aufgabe.[23] Wie die Haushaltslehren stützten die neueren Handbücher die Identifizierung von Verfälschungen auf rein physikalischen Eigenschaften und konzentrierten sich auf äußere Kennzeichen guter Ware und häufig beobachtete, einfache Manipulationen.[24] Der Vermittlung von Grundkenntnissen über die menschliche Ernährung schenkten sie nun

---

Hauswesens auf Grundlage der neueren Realwissenschaften, der Gesundheitslehre, Waarenkunde, Oekonomie und guten Sitte, 3. Aufl., Leipzig 1881, Einleitung.

18 Z.B.: Holle, Hauswirtschaft, S. 27–50. J.v. Wedell, Im Haus und am Herd. Praktischer Ratgeber in allen Gebieten der Haushaltung für Frauen und Mädchen. Nebst einem vollständigen Kochbuch, 2. Aufl., Stuttgart 1897, S. 154–166.

19 Klencke, Hausfrau, beschreibt z.B. für die Überprüfung der Milch auf Wasserzusatz einen Lackmuspapiertest und empfiehlt seinen Leserinnen die Anschaffung einer »empirischen Milchwaage«, s. S. 436–440. Besonders detailliert auch: Karl Ruß, Rathgeber auf dem Wochenmarkte. Eine Ergänzung zu jedem Kochbuch, Breslau 1867. Ders., Waarenkunde für die Frauenwelt, Bd. 1: Nahrungs- und Genußmittel, Breslau 1868.

20 Für die Kontrolle der Milch auf Wasserzusatz wurde die von vielen Wissenschaftlern als ungenau kritisierte Fingernagelprobe angeführt, bei der ein Milchtropfen auf den Daumennagel zu geben war und daraufhin zu beobachten war, ob er in einem kugelförmigen Tropfen zusammenhing oder auseinanderlief. Letzteres galt als Nachweis der Verdünnung, vgl. Christian Jürgensen, Kochlehrbuch und praktisches Kochbuch für Ärzte, Hygieniker, Hausfrauen und Kochschulen, Berlin 1910, S. 19.

21 Maria Middeldorf, Katechismus der Haushaltskunde und Naturlehre: Lehrbüchlein für Schülerinnen der Volksschule, Düsseldorf 1910.

22 Eberhard Schmauderer, Der Nachweis von Lebensmittelfälschungen durch Selbstprüfungen im 19. Jahrhundert, in: Lebensmittelchemie und gerichtliche Medizin 28,3 (1974), S. 107–118, 145–151.

23 Heinrich Vogel, Die Verfälschung und Verschlechtung der Lebensmittel: Ein Beitrag zur diätetischen und socialen Reform, Schwelm 1873, S. III f., 37, 115. Ferdinand Artmann, Die Lehre von den Nahrungsmitteln, ihrer Verfälschung und Conservierung vom technischen Gesichtspunkte aus bearbeitet, Prag 1859, S. 286 f., 223.

24 C.F. Capaun-Karlowa, Unsere Lebensmittel: eine Anleitung zur Kenntnis der vorzüglichsten Nahrungs- und Genussmittel, deren Vorkommen und Beschaffenheit in guten und schlechten Zustand, sowie ihre Verfälschungen und deren Erkennung, Wien 1879, S. 88.

deutlich größere Aufmerksamkeit, wobei der Fokus auf praktischen Hinweisen für den Warenbezug sowie die Nahrungszusammenstellung und -zubereitung lag.[25]

An die Stelle der Anleitungen zu komplexen Nahrungsmittelanalysen rückten somit leicht anwendbare und alltagstaugliche Handlungsanweisungen. Vorbeugendes Wissen, nicht nachträgliche Kontrolle wurde mehr und mehr als adäquate Selbstverteidigung gegen Nahrungsmittelpanschereien begriffen – die Verbraucher sollten durch sorgfältige Auswahl ihrer Nahrung von vornherein Übervorteilungen und Gesundheitsgefahren vorbeugen. Ähnlich stellte sich auch das Gesundheitsamt zur Laienanalyse: Es engagierte sich zwar vielfach auf dem Gebiet der Verbraucheraufklärung, umfassende Nahrungsmitteluntersuchungen sah es jedoch als Domäne ausgebildeter Wissenschaftler an. Mit diesem Hinweis lehnte es auch die erbetene Empfehlung des »Lebensmittel-Untersuchungs-Apparates« ab.

---

25 Averbeck, Verfälschung, S. 20. Vogel, Verfälschung, S. 19.

Jan Otmar Hesse

Der Auswurf vor dem Einwurf

Die Deutsche Reichspost im Kampf gegen die Tuberkulose

Als die deutsche Reichspost nach dem Deutsch-Französischen Krieg die vormals selbständigen Postgebiete vereinigte, stellte die neue Berliner Führung fest, dass zahlreiche Postgebäude mangelhaft, ja regelrecht baufällig waren. Um die neue, strahlende Reichseinheit auch auf dem Gebiet des Postwesens augenfällig werden zu lassen, erhielt die Instandsetzung und letztlich der Neubau von Posthäusern in der Unternehmenspolitik der neuen, jetzt über das Postgebiet nahezu des gesamten Reiches wachende Spitze der Reichspost eine besondere Bedeutung. Die umfangreichen Bauinvestitionen der Reichspost insbesondere in den 1880er und 1890er Jahren beseitigten die unhaltbaren Zustände rasch.[1] In vergleichsweise kurzer Zeit wurde bei gleichzeitiger Expansion des postalischen Netzes eine Infrastruktur an Immobilien geschaffen, von der die deutsche Post noch lange, teilweise noch heute profitiert. Die gewaltigen Investitionen in die Posthäuser blieben zeitgenössisch keineswegs unkritisiert. Heinrich von Stephan, der zuweilen etwas eitle Leiter der deutschen Post, wurde als »Postbaumeister« attackiert und im Reichstag lieferte er sich heiße Gefechte mit dem katholischen Abgeordneten August Reichensperger, der es zu seiner besonderen Aufgabe gemacht hatte, die Verschwendungssucht der Reichspost abzustellen.[2]

Selbst nach dieser gewaltigen Bauwelle warteten in den deutschen Postämtern allerdings noch einige Lebensgefährdungen auf die Besucher. Diese lauerten aber nicht mehr in Form von morschen Dachbalken und einsturzgefährdeten Wänden über den Köpfen der Postkunden, sondern auf dem Boden. Nach der Entdeckung des Tuberkuloseerregers war die Leitung der Reichspost am Ende des 19. Jahrhunderts zu der Überzeugung gelangt, dass die Praxis des Personals und auch der Postkunden, während der Erledigung von Postgeschäften im Postamt auf den Boden zu spucken, eine erhebliche Gesundheitsgefährdung der unbeteiligten Postkunden bedeute. Das Motiv der Reichspostleitung gegen diese, offenbar seit Jahrzehnten tolerierte Praxis kurz vor der Jahrhundertwende plötzlich vorzugehen, bleibt dabei etwas im Unklaren. Denn selbst wenn einige Postkunden sich durch den Auswurf der anderen Postkunden abgeschreckt fühlten: Sofern sie keine Dienstboten ins Postamt schicken konnten, hatten sie zur Reichspost keine Alternative. Wer am Ende des 19. Jahrhunderts Briefe oder Pakete verschicken, Telegramme aufgeben oder Warensendungen bzw. die Auszahlungen aus der Rentenversicherung auf dem Postamt abholen wollte, musste sich wohl oder übel seinen Weg durch den verunreinigten Untergrund eines der rund 28.000 Postämter des deutschen Reiches bahnen.[3]

---

1 Hesse, Jan-Otmar: Im Netz der Kommunikation. Die Reichs-Post- und Telegraphenverwaltung 1876–1914. München: Beck 2002, S. 171–175.
2 Dollinger, Anja Sibylle: Poststall oder Postpalast? Stephan als Bauherr. In: Beyrer, Klaus u. a. (Hg.) Kommunikation im Kaiserreich. Der Generalpostmeister Heinrich von Stephan. (Kataloge der Museumsstiftung Post und Telekommunikation, Bd. 2). Heidelberg 1997, S. 167–172.
3 Im Deutschen Reich gab es 1895 28.665 Postämter, wobei ein Großteil dieser Postämter auf »Posthilfsstellen« entfiel, bei denen es sich um Gastwirtschaften oder kleine Läden handelte, die die Postgeschäfte im Nebenamt ausführten. Hesse, S. 447.

Den Kampf gegen die Tuberkulose führte die Reichspost aber nicht als profitorientiertes Unternehmen, sondern in ihrer Eigenschaft als Teil der fürsorglichen Staatsmacht, die auf die Volksgesundheit zu achten habe. Die Hygienebewegung, die vor allem im Berlin der Jahrhundertwende das engagierte Bürgertum infiziert hatte,[4] stellte auch für die Aktivitäten der Reichspost das zentrale Motiv dar. Vor diesem Hintergrund erließ das Berliner Reichspostamt mit steigender Frequenz zahlreiche geschmacklose »Generalverfügungen«, die natürlich auf eine Verhaltensänderung der Postkunden wie auch der eigenen Mitarbeiter abzielten. Da aber die Führung der Reichspost – wie ich an anderer Stelle und anlässlich weit weniger appetitloser Thematiken nachgewiesen habe[5] – sich bereits vor mehr als hundert Jahren keinerlei Illusionen über Verhaltensänderungen von Konsumenten machten, soweit diese ohne monetäre Anreize erreicht werden sollten, bezog sich ein Großteil der »Generalverfügungen«, die euphemistisch unter dem Titel »Tuberkellosefürsorge« zusammengefasst wurden,[6] auf den kompetenten Umgang des Postpersonals mit dem gesammelten Auswurf der Postkunden. Es seien überall in den Postämtern Spucknäpfe aufzustellen, deren Benutzung den Postkunden auferlegt werden solle. Beim Reinigen dieser Behältnisse sei äußerste Sorgfalt geboten. Zunächst sei darauf zu achten, dass die Reinigung regelmäßig erfolge, damit die im Zweifelsfall tödlichen Erreger gar nicht viel Zeit hätten, sich im Postamt zu verbreiten.[7] Nicht zu verwenden seien Behältnisse, die mit trichterförmigen Deckeln ausgestattet seien, da – wie die OPD Oppeln zu berichten wusste – »der Auswurf in vielen Fällen auf der ebenen Fläche des Trichters liegen bleibt und dort eintrocknet. [...] Im OPD-Bezirk Liegnitz«, so heißt es im Bericht weiter, »haben sich Glasbehältnisse überall da als unzweckmäßig erwiesen, wo ein lebhafter Verkehr stattfindet, namentlich in den Schaltervorräumen. Sie sind dort häufig umgestoßen worden, wobei der Inhalt den Fußboden verunreinigte.« Es wurde daher vorgeschlagen, nur noch Behälter aus »emaillierten Eisen« zu verwenden, »die schwerer sind und weniger leicht umgestoßen werden können.«[8] Schließlich seien die Spucknäpfe nach dem Leeren gründlich mit Wasser zu reinigen, im Bedarfsfall mehrmals täglich, bevor sie wieder aufgestellt würden.

Nun war das ausgehende 19. Jahrhundert aber eine äußerst phantasievolle und ideenreiche Zeit. Es gab kaum ein Problem des Alltags, das nicht durch findige Unternehmer behandelt und durch technischen Sachverstand mit einer erheblichen Verbesserung der Lebensqualität gelöst worden wäre. Das Telefon war erfunden worden, später das Automobil, das Flugzeug, die Konservendose, der künstliche Dünger und schließlich auch das Wasserklosett. Auch in der Frage des Auswurfes der Postkunden suchte die stets auf die Zurschaustellung ihrer Modernität bedachte Reichspost daher bald verstärkt nach technischen Lösungen. Gesucht wurde ein

---

4 Zu Berlin und der Hygienebewegung: Manfred Stürzbecher u. Andreas Hoffmann: Stadthygiene. In: Boberg, Jochen/Gillen, Eckehard/, Tilmann Fichter (Hg.): Exerzierfeld der Moderne. Industriekultur in Berlin im 19. Jh. München. 1984, S. 160–170; Peter Friedrich u. Wolfgang Tietze: Einbruch der Epedemie, Vernetzung des Untergrunds: Cholera und Typhus als Psychosemodell des modernen Massenstaates. In: kultuRRevolution 29(1994), S. 20–30. Allgemein zur Geschichte der Kanalisation: Roger-Henri Guerrand: Private Räume. In: Michele Perrot (Hg.): Geschichte des privaten Lebens Bd. 4, Frankfurt/Main 1992; Richard Sennett: Civitas. Die Großstadt und die Kultur des Unterschieds. Frankfurt/Main 1991.
5 Hesse, 2002, S.
6 Dies auch als Titel der beiden diesbezüglichen Aktenbände im Archiv der Reichspost im Bundesarchiv Berlin-Lichterfeld (i. folg. abgek. BArch (Berlin), R 4701).
7 Generalverfügung 31, Bekämpfung der Tuberkellose, 16.4.03, BArch (Berlin), R 4701/17198.
8 Zusammenstellung aus den Berichten der OPD über die Bekämpfung der Tuberkulose, zur Verfügung v. 7.6.1901, BArch (Berlin), R 4701/17198.

Spucknapf, der seinen Inhalt selbst dann nicht verliert, sollte er einmal umfallen. Es wurde die Konstruktion eines Behältnisses gesucht, der das Einlaufen ermöglichte, Verdunstungen aber minimierte. Und da eine dementsprechende Ausschreibung der Deutschen Reichspost für Kleinunternehmer, welche solche Behältnisse herstellten, einen durchaus lukrativen Auftrag darstellte, bieten die im Archiv der Reichspost zusammengetragenen Prospekte und Broschüren einen durchaus repräsentativen Überblick über den technischen Stand der deutschen Spucknapfindustrie am Beginn des 20. Jahrhunderts.

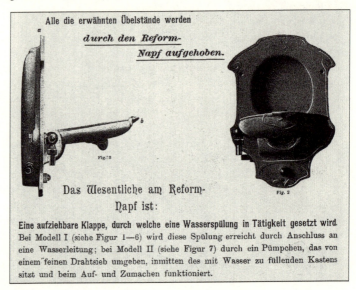

Der »Reformnapf« der Fa. Hülsmann, Ausführung in Majolika um 1901

Wahrhaft atemberaubende Geräte wurden hier angepriesen, in den Prospekten jeweils versehen mit zahlreichen unappetitlichen Details über die Rutsch- und Fließfähigkeit des zu beseitigenden Gutes. Sterile technische Skizzen der Apparaturen scheinen vor diesem Hintergrund die Phantasie über die unschöne Realität geradezu zu beflügeln.

Eine technische Spitzenleistung stellte die zeitgenössische Lösung des Problems durch die Freiburger Firma C. Hülsmann dar, die einen Spucknapf mit Wasserspülung entwickelt hatte. Als »Reformnapf« wurde ein nach hinten klappendes Becken wahlweise in Metall- oder Porzellanausführung angeboten, das in einem in die Wand eingelassenen Schrank noch während der Benutzung mit reichlich fließendem Wasser weggespült wurde und somit blitzblank dem nächsten Atemwegserkrankten unmittelbar wieder zur Verfügung stand. »Das unangenehme Gefühl«, so heißt es im Prospekt der Firma Hülsmann, »das man sonst vor einem Sputumbehälter hat, kann hier nicht aufkommen; denn tatsächlich kommt das Sputum mit dem Behälter selbst kaum in Berührung, da es von dem zugleich mit der Öffnung der Klappe ausströmenden Wasser hinweggespült wird. Es verbindet sich also hier grösste Reinlichkeit mit grösster Eleganz. Den verehrlichen Fachmännern der Wasserleitungsbranche sei bemerkt« – so der Prospekt weiter – »dass eine Leitungsverunreinigung [...] hierbei ausgeschlossen ist.«[9]

Nun hatten solche High-Tech-Produkte, die von anderen Unternehmen bald mit bewusst nüchternen Bezeichnungen (»Hygienisches Spei-Gefäß«, Fa. Streblow, Berlin) bald mit her-

---

9 Prospekt »Reformnapf«, Fa. Hülsmann, ca. 1901, BArch (Berlin), R 4701/17198.

vorstechenden Namen (»Speibecken Scylla«) angeboten wurden, aber den Nachteil des hohen Preises. Es ergaben sich zudem manche Tücken im alltäglichen Betrieb.[10] Die Berliner Unternehmensleitung verfügte daher 1903 in Abwägung von Kosten und Nutzen der Beseitigung der Tuberkulose fördernden Unappetitlichkeiten in den deutschen Postämtern Standardmodelle in Emaille, die je nach Bedarf mit Wasser oder anderen Flüssigkeiten befüllt werden sollten, während Sand als Füllstoff streng verboten wurde. Die Reinigung der Behältnisse barg weiterhin – hierauf wiesen die Postvertrauensärzte ausdrücklich hin – ein großes Sicherheitsrisiko und die Beteiligten sollten sich im Anschluss ausgiebig die Hände waschen, unter Umständen eine »3 % Karbollösung« verwenden. Auf diese Weise konnte der Kampf mit der Tuberkulose zwar nicht gewonnen werden. Der Mut aller Beteiligten im Rahmen dieser Schlacht ist gleichwohl respekteinflößend (wenn diese Wortwahl in diesem Zusammenhang erlaubt ist). Langfristig brachte freilich nur die Verhaltensänderung der Postkunden wie auch der Postbeschäftigten den gewünschten Erfolg, nachdem das Unternehmen dazu übergegangen war, den Postämtern die Anbringung von Schildern »›Nicht auf den Fußboden spucken‹ bz. ›Es ist untersagt, auf den Fußboden zu spucken‹« aufzuerlegen.[11]

Als eines der wenigen Themen überhaupt, ist die Geschichte des Ausspuckens von der europäischen Kulturgeschichte bislang noch sträflich vernachlässigt worden – zu Unrecht, wie sich am Beispiel der Reichspost einfach zeigen ließ. Auf Quellenprobleme stößt ihre Erforschung jedenfalls nicht, zumindest was die schriftlichen Zeugnisse eines veritablen Industriezweiges anbelangt. Vielleicht sollte sich aber besser die Umweltgeschichte dieser Thematik annehmen? Denn die Tatsache, dass wir heute in Postämtern solche Behältnisse, wie die hier beschriebenen, nicht mehr finden, verweist sicher nicht allein auf den zivilisatorischen Fortschritt der gesamten Menschheit, sondern wohl viel mehr auf die Reduzierung von Luftverschmutzung und Atemwegserkrankungen. Für den Moment bleibt die wenig appetitliche Erkenntnis, dass die Deutsche Reichspost zur Jahrhundertwende sich ganz offensichtlich auf einem Spezialgebiet des Einsammelns betätigte, das wir nach unserem heutigen eurozentristischen und aufgeklärten Verständnis nur mit einigen Schwierigkeiten unter den Begriff der Informationsweitergabe zu fassen vermögen.

---

10 Zusammenstellung aus den Berichten der OPD über die Bekämpfung der Tuberkulose, zur Verfügung v. 7.6.1901, BArch (Berlin), R 4701/17198.
11 Ebd.

Margrit Seckelmann

Sittenwidrig oder nicht?

Die Beurteilung der Patentfähigkeit von Verhütungsmitteln in der Praxis des Kaiserlichen Patentamts

Was war die größte Erfindung des Neunzehnten Jahrhunderts? Laut George Bernard Shaw war dies das Kondom.[1] Auch wenn sein Bonmot viele der technischen Innovationen geflissentlich übergeht, ist doch zu konzedieren, dass die Entdeckung der Nutzbarkeit des Naturkautschuks zu medizinischen Zwecken breiten Bevölkerungskreisen ein Mittel zur Seuchenprävention und zur Geburtenkontrolle zur Verfügung stellte. Sie kann daher nicht hoch genug in ihrer Bedeutung für die gesellschaftliche Entwicklung eingeschätzt werden.

Zentral daran war eine Demokratisierung technischer Verhütungsmethoden,[2] die zuvor eher der adligen oder gebildeten städtischen bürgerlichen Bevölkerung zugänglich gewesen waren, während große Teile der Bevölkerung die illegale und hochriskante Abtreibung praktizierten.[3] Ab der Jahrhundertwende gründeten sich daher diverse Vereinigungen, die sich der Aufklärung der städtischen und ländlichen Bevölkerung widmeten. 1902 wurde nach englischem Vorbild die »Deutsche Gesellschaft zur Bekämpfung der Geschlechtskrankheiten« (DGBG) unter dem Berliner Venerologen Alfred Blaschko und dem Entdecker des Gonorrhoe-Erregers, Albert Neiske ins Leben gerufen.[4]

Vor diesem Hintergrund ist ein zunächst etwas kurios anmutender Patentantrag interessant, der 1907 beim Kaiserlichen Patentamt einging. Er betraf einen sogenannten »Scheidenpulverbläser«, ein Gerät also, welches aus einem Kondom mit einer angeschlossenen Vorrichtung bestand, die der Frau den Eindruck erwecken sollte, dass der Mann zum Höhepunkt gekommen sei. Diesen Umstand sahen die Erfinder als bedeutsam für das weibliche Lustempfinden an. Ein Antrag auf Patentierung einer derartigen Vorrichtung wurde 1907 beim Kaiserlichen Patentamt in Berlin eingereicht.[5] Der nicht näher bekannte Hersteller wollte also seine exklusive ökonomische Verwertung für eine bestimmte Zeit erlangen. Er hatte offensichtlich erkannt, dass ein Markt vorhanden war, der eine langfristige kommerzielle Ausbeutung seiner Erfindung ermöglichen konnte.

---

1 Zitiert nach: Robert Jütte, Lust ohne Last: Geschichte der Empfängnisverhütung, München 2003.
2 Cristiane Dienel, »Das 20. Jahrhundert (I.). Frauenbewegung. Klassenjustiz und das Recht auf Selbstbestimmung der Frau«, in: Robert Jütte (Hg.), Geschichte der Abtreibung: von der Antike bis zur Gegenwart, München 1993, 140–169, 142; Dieselbe, Weniger Geburten. Die Diskussion über Empfängnisverhütung in Deutschland und in Frankreich bis zum Ersten Weltkrieg, Diss. Univ. München 1993.
3 Eduard Seidler, »Das 19. Jahrhundert. Zur Vorgeschichte des § 218«, in: Robert Jütte (Hg.), Geschichte der Abtreibung: von der Antike bis zur Gegenwart, München 1993, 120–138, 136.
4 Lutz Sauerteig, »Moralismus versus Pragmatismus: Die Kontroverse um Schutzmittel gegen Geschlechtskrankheiten zu Beginn des 20. Jahrhunderts im deutsch-englischen Vergleich«, in: Martin Dinges, Thomas Schlich (Hg.), Neue Wege in der Seuchengeschichte, Stuttgart 1995, 206–247, 210 f.
5 Die Debatte findet sich in der Akte BArch R 131/6.

Nach § 1 des Patentgesetzes von 1877, das 1891 reformiert worden war, konnten gewerblich anwendbare technische Neuerungen patentiert werden, wenn nicht ein Ausschlusstatbestand nach § 1 Abs. 2 PatG einschlägig war, diese also insbesondere nicht »sittenwidrig« oder gesetzlich verboten waren.[6] Der Begriff der »Sittenwidrigkeit« war wie der der Erfindung nicht gesetzlich definiert. Das Reichsgericht hatte diesen Begriff nur unzureichend dahingehend konkretisiert als dasjenige, was »das Anstandsgefühl aller billig und gerecht Denkenden verletzt«.[7]

Das Kriterium der Sittenwidrigkeit wurde bis zu diesem Antrag dahingehend ausgelegt, dass Mittel zu Empfängnisverhütung nicht patentiert wurden. Die Prüfer des Kaiserlichen Patentamts beriefen sich darauf, dass – so wörtlich – »derartige Vorrichtungen nach den gegenwärtigen Anschauungen *im weitaus größten Teil des Volkes* den guten Sitten zuwider liefen«.[8] Die Patentanmelder empfanden dies als bedauerlich. Sie nutzten jedoch die gesetzlichen Sollbruchstellen. Sie behalfen sich damit, dass sie die Verhütungsmittel in der Regel prüfungsfrei als Gebrauchsmuster anmeldeten. Der Gebrauchsmusterschutz war 1891 als »kleine Münze« des Patentrechts eingeführt worden und erlaubte einen Schutz für technische Innovationen, die lediglich registriert wurden und nicht vorab inhaltlich auf ihre Neuigkeit oder gewerbliche Verwertbarkeit oder ihre sogenannte »Erfindungshöhe« hin überprüft wurden. Sie konnten, sofern sich später herausstellte, dass sie nicht neu waren, gerichtlich wieder aufgehoben werden.

Im Winter 1907/08 erfolgte eine Wende in der Patentierungspraxis des Kaiserlichen Patentamts. Ausgangspunkt war ein Beschluss der Beschwerdeabteilung vom 6. Juni 1907 in Sachen der Patentanmeldung P. A. 18822 IX/30 d. Dieser Beschluss wurde als »nicht der bisherigen, bis in die letzte Zeit hinein fortgesetzten Übung des Patentamts entsprechend« bezeichnet. Er hielt fest, dass »Mittel zur Verhütung des Empfängnisses an und für sich nicht als unsittlich anzusehen seien«.[9] Die ungewöhnliche Entscheidung berief sich auf ein Gutachten des berühmten Berliner Sexualwissenschaftlers Dr. Magnus Hirschfeld.[10] Hirschfeld, der 1868 geborene Mitbegründer der Sexualwissenschaft hatte sich nach einer Tätigkeit in Magdeburg 1895 in Berlin-Charlottenburg als Hausarzt niedergelassen und 1897 das »Wissenschaftlich-Humanitäre Komitee« gegründet. Er hatte sich seit 1893 intensiv mit der Erforschung »sexueller Abweichungen« in unmittelbarem Zusammenhang mit der wissenschaftlichen Geschlechterdiskussion beschäftigt. Hirschfeld hatte 1907 noch nicht seinen späteren Bekanntheitsgrad erreicht, der mit der Herausgabe der »Zeitschrift für Sexualwissenschaft« ab 1908 und den späteren Institutsgründungen[11] verbunden war.

Hirschfelds Gutachten verneinte die Sittenwidrigkeit von Verhütungsmitteln, da »nach fast einstimmigem Urteil aller Ärzte« derartige »Schutzmittel aus verschiedenen Gründen gegenwärtig als kaum noch entbehrlich anzusehen seien und tatsächlich in sehr weitem Umfang

---

6 Dazu gehörten auch die von der Patentfähigkeit ausgenommenen Arzneimittel sowie Nahrungs- und Genußmittel.
7 Entscheidungen des Reichsgerichts, Amtliche Sammlung, Band 48, 124.
8 So insbesondere die Kommentierung von Philipp Allfeld, Kommentar zu den Reichsgesetzen über das gewerbliche Urheberrecht, München 1904, zu § 1, Präsidialentscheidung des Kaiserlichen Patentamts am 17. XII. 1915, 248.
9 Schreiben eines Vorprüfers für die Klasse 30 d, Regierungsrat W. Luyken, vom 30.12.1910 an den Vorsitzenden der Anmeldabteilung IX, Lutter, zur Vorbereitung eines Schreibens des Präsidenten des Kaiserlichen Patentamts an den Staatssekretär des Innern vom 19. Januar 1911, BArch R 131/6.
10 Charlotte Wolff, Magnus Hirschfeld: A Portrait of a Pioneer in Sexology, London 1986.
11 1919: Institut für Sexualwissenschaften, Berlin.

angewendet würden« und die Enthaltsamkeit in der Ehe zu »mehr oder weniger intensiven Nerven-Erkrankungen wie Hysterie, Verfolgungswahn o. dgl. geführt« habe.[12] Der Patentprüfer, Regierungsrat W[ilhelm] Luyken, erwies eine erstaunliche Hartnäckigkeit in Sachen der sexuellen Liberalisierung und der Emanzipation der Frau. Er verneinte das Merkmal der Sittenwidrigkeit bei dem sogenannten »Scheidenpulverbläser«. Selbst wenn die Frau diesen Gegenstand als beglückender empfinden können solle als ein Kondom, sei darin aus den dargestellten Gründen keine Sittenwidrigkeit zu erblicken.

Um Hirschfelds Gutachten zu verstehen, lohnt es sich, ein wenig auf seine Theorie einerseits und seine Gutachtenpraxis andererseits einzugehen. In seinem Buch »Geschlecht und Verbrechen« bediente sich Hirschfeld später ebenfalls einer an die juristische Dogmatik angelehnten Theorie. Er schrieb zur Rechtfertigung der Empfängnisverhütung wie auch der Abtreibung, der Geschlechtsverkehr allein sei keine Einwilligung in die Geburt eines Kindes. Vielmehr solle – und hier spielt er auf das Bürgerliche Gesetzbuch von 1900 an – nur eine »übereinstimmende Willensaktion von Mann und Frau [...] Kinder schaffen« können, die Willensäußerung könne aber nicht ausschließlich im Sexualakt selbst liegen.[13] Denn dieser habe »*zwei* vollkommen gleichberechtigte Funktionen«: die »Entspannung geschlechtlicher Ladungszustände« und die Zeugungsfunktion.[14] Hirschfeld wandte sich gegen den von ihm so bezeichneten »kirchlich infizier[en]« staatlichen »Fatalismus der Zeugung« gegenüber, den er als einen »*Aberglauben*« ansah, für den die Staatsbürger insofern gestraft würden, da sie für die ungewollt Geborenen – und nicht selten später arbeitslosen Bürger die Steuern zahlen müssten.[15]

Der Gegenstand wurde patentiert. Nachdem jedoch ebenso wie Vorrichtungen zur Abtreibung[16] in der einschlägigen Presse als »patentgeschützt« beworben worden waren,[17] erhob sich ein Proteststurm protestantischer Pfarrer. Diese petitionierten über die Landesregierungen das Reichsamt des Innern, die betreffenden Patente für nichtig erklären zu lassen. Sie wollten hinaus im Wege einer Ergänzung des Gebrauchsmustergesetzes sichergestellt wissen, dass Gegenstände zu Empfängnisverhütung nicht als »derartige, lediglich unsittlichen Zwecken dienende Gegenstände des Gebrauchsmusterschutzes teilhaftig werden«.[18] Das Reichsamt des Innern fragte nach einer Initiative des Regierungspräsidiums Düsseldorf beim Kaiserlichen Patentamt im Mai 1911 nach, inwieweit ein generelles Verbot antikonzeptioneller Mittel rechtlich möglich und sinnvoll sei. Der Präsident des Kaiserlichen Patentamts wandte sich an den zuständigen Patentprüfer für diese Abteilung, Regierungsrat Luyken.[19] In diesem Zusammenhang fiel der Blick auch wieder auf die Entscheidung hinsichtlich des »Scheidenpulverbläsers«. Luyken blieb in seiner Antwort bei seiner liberalen und frauenfreundlichen Auffassung: Es könne nicht »imputiert« werden, schrieb er, dass derartige Verhütungsmittel in Hinblick auf ihren »allgemein anerkannten Wert einerseits für die Therapie bei katharralischen Entzündungen oder

---

12 Gutachten von Dr. Magnus Hirschfeld über den Patentantrag P 18822 IX/30) (BArch R 131/6).
13 Hirschfeld, Magnus, Geschlecht und Verbrechen, unter Mitarbeit von J. R. Spinner, Leipzig/Wien o. J.
14 Hirschfeld, Geschlecht und Verbrechen, 241, 245.
15 Hirschfeld, Geschlecht und Verbrechen, 240.
16 Zur Geschichte der Abtreibung: Robert Jütte (Hg.), Geschichte der Abtreibung. Von der Antike bis zur Gegenwart, München 1993.
17 Aufgrund des § 184 Abs. 3 des Strafgesetzbuchs durfte für Verhütungsmittel nicht in der Tagespresse, sondern nur in der »einschlägigen Presse« geworben werden.
18 Abschrift eines Schreibens des Reichsministers des Innern an den Reichskanzler vom 21. Juni 1911 – III A 4595 –, BArch R 131/6.
19 Über diesen ließ sich über die einschlägigen biographischen Werke leider nicht mehr erfahren.

dergl. von Schleimhäuten etc., andererseits als Mittel der Heilung oder Vorbeugung von Uterusverlagerungen« »vorwiegend oder allein zur Verhütung der Empfängnis benutzt werden sollen«. Bei der Beurteilung der Patentwürdigkeit eines Anmeldungsgegenstandes könne auf die »bloße Möglichkeit eines Missbrauchs« keine Rücksicht genommen werden«. Das Versagen des Patentschutzes »derartigen Vorrichtungen gegenüber würde eine ungerechtfertigte Hemmung ihrer technischen Fortentwicklung und damit ihrer Wirkungsverbesserung zum Schaden der Volksgesundheit zur Folge haben«. Schließlich seien sonst chirurgische Werkzeuge ungerechtfertigt privilegiert, die man ebenfalls missbräuchlich zu Abtreibungszwecken einsetzen könne. Insoweit halte er Vorrichtungen zur Geburtenkontrolle in der Ehe für nicht sittenwidrig und damit patentfähig, selbst wenn diese zugleich zu außerehelichen Zwecken, und damit »zum Schaden der Sittlichkeit und des Volkswohles« benutzt werden könnten.[20]

Luyken stand mit seiner Auffassung nicht alleine. Die drei Vorsitzenden der Anmeldeabteilungen schlossen sich seiner Haltung an und brachten in einer Stellungnahme an den Präsidenten des Kaiserlichen Patentamts zum Ausdruck, dass das Patentamt durchaus auch Warenzeichen für Verhütungsmittel nach § 4 Absatz 1 Ziffer 3 des Gesetzes zum Schutz der Warenbezeichnungen verleihe und dies nicht etwa wegen der Erregung eines öffentlichen Ärgernisses ablehne.[21]

Aufgrund dieser Stellungnahme antwortete schließlich auch der Präsident des Kaiserlichen Patentamts, Robolski, am 16. September 1911 dem Staatssekretär des Innern vom 16. September 1911: Die Unterbindung des freien Vertriebs von Verhütungsmitteln sei zu begrüßen, allerdings könne »das Patentamt [...] jedoch hierzu durch Verweigerung des für derartige Mittel nachgesuchten Patent- oder Musterschutzes nur in beschränkten Maße beitragen«.[22] Nach dem Wortlaut des Patentgesetzes könne jedoch »gesundheitsfördernden Gegenständen« nicht der »gesetzliche[n] Schutz« vorenthalten werden, »weil möglicherweise mit ihnen auch unlautere Handlungen begangen werden könnten«.[23] Dies könne allenfalls gesetzlich geregelt werden, wenn nämlich klargestellt würde, dass »insbesondere Gegenstände, die bei Menschen die Empfängnis verhüten oder die Schwangerschaft beseitigen sollen« von der Patentfähigkeit oder auch der Schutzfähigkeit als Gebrauchsmuster ausgenommen werden sollten. Dieses lasse sich etwa durch einen Zusatz im seinerzeit im Reichstag behandelten Entwurfs eines Gesetzes gegen Mißstände im Heilgewerbe erreichen, der eine gesetzliche Beschränkungs- oder Untersagungsmöglichkeit für »den Verkehr mit Gegenständen, die bei Menschen die Empfängnis verhüten oder die Schwangerschaft beseitigen sollen«, vorsah.[24]

Diese Anregung wurde zum Gegenstand eines fraktionsübergreifenden Antrags gemacht.[25] Da sich die Praxis des Kaiserlichen Patentamts – anders als es die konservative Öffentlichkeit

---

20   Schreiben eines Vorprüfers für die Klasse 30 d, Regierungsrat W. Luyken, vom 21. Juli 1911 an den Vorsitzenden der Anmeldeabteilung IX, Lutter, zur Vorbereitung eines Schreibens des Präsidenten des Kaiserlichen Patentamts an den Staatssekretär des Innern, BArch R 131/6.
21   Schreiben an den Präsidenten des Kaiserlichen Patentamts durch die Vorsitzenden der Anmeldeabteilungen, vom 11. September 1911, J. N. 725/11 Z. B.II, BArch R 131/6.
22   Schreiben des Präsidenten des Kaiserlichen Patentamts an den Staatssekretär des Innern vom 16. September 1911–829/1911 Z. B. II – BArch R 131/6.
23   Schreiben des Präsidenten des Kaiserlichen Patentamts an den Staatssekretär des Innern vom 7. Februar 1913 Nr. 119/1913 Z. B. II – BArch R 131/6.
24   Entwurf eines Gesetzes gegen Mißstände im Heilgewerbe – Reichstagsdrucksache 535, 12. Legislatur-Periode, 2. Session 1909–1910. Deutscher Reichstag, 103. Sitzung, Sonnabend, den 1. Februar 1913, Stenographische Protokolle, 3468 A – 3472 A.
25   Entwurf eines Gesetzes, betreffend den Verkehr mit Mitteln zur Verhinderung von Geburten, 13. Legislatur-Periode, 1. Session 1912/14, Drucksache Nr. 1380.

und die Ministerialbürokratie – nicht änderte, brachte die Zentrumspartei im Reichstag bei der Beratung über die Änderung des Reichspatentgesetzes zusätzlich eine Spezialvorlage ein, die das Verbot einer Patentierung und Erteilung von Gebrauchsmustern auf Abtreibungsapparate zum Gegenstand hatte.[26] Die Beratungen über die Änderung des Reichspatentgesetzes fielen jedoch letztlich den Wirren des Ersten Weltkriegs zum Opfer, ebenso wie der Entwurf des Gesetzes gegen Missstände im Heilgewerbe.

Das frühe Datum der Wende der patentamtlichen Spruchpraxis (1907/08) mag auf den ersten Blick erstaunen. Auf den zweiten jedoch zeigt eine Einordnung in die Zeit der Hygiene-Kongresse, dass der jungen, gebildete und durchaus sozialreformerisch eingestellten Elite aus Patentamtsmitarbeitern, Mitgliedern der Ministerialbürokratie und sozialmedizinisch orientierten Ärzten und Krankenkassenvertretern, die »Schutzmittelfrage« förmlich auf den Nägeln brannte. Im März 1908 widmete sich auch der Reichsgesundheitsrat – ein Beratungsgremium des Reichsamts des Innern – der Frage der Schutzmittel. In den Beratungen sprach sich die Mehrheit der Experten – etwa Robert Koch – für eine Lockerung des Werbeverbots aus, wegen der Notwendigkeit einer »individuellen Prophylaxe« gegen Seuchen. Diese Ansicht wurde vom Vertreter des Reichsamts des Innern und der Württembergischen Regierung unterstützt.[27] Das Reichsministerium des Innern wies das preußische Ministerium des Innern darauf hin, dass man es »als ethische Pflicht gegen Familie und Staat ansehen« müsse, unschuldige Familien vor den gesundheitlichen Folgen der Fehltritte ihrer Väter zu schützen.[28] Anlaß dieser Beratungen war die sogenannte »Lex Heinze«[29]. Durch dieses Gesetz war das Verbot der Verbreitung von Pornographie in § 184 des Strafgesetzbuchs von 1871 im Februar 1900 dahingehend verschärft worden,[30] dass die Werbung für »Gegenstände, die zu unzüchtigem Gebrauch bestimmt sind« untersagt worden war. Anlass der Kodifikation war ein Mordprozess gegen ein Ehepaar namens Heinze gewesen, welches auch der Zuhälterei beschuldigt wurde. Das Werbeverbot für »Gegenstände, die zu unzüchtigem Gebrauch bestimmt sind,« war von der Rechtsprechung des Reichsgerichts sehr weit ausgelegt und auch auf Verhütungsmittel bezogen worden, die ja auch der »gefahrlosen Ausübung des außerehelichen Geschlechtsverkehrs« dienen könnten,[31] da sie dann sozusagen an dessen unzüchtiger Rechtsnatur teilhätten.[32]

---

26 Deutscher Reichstag, 103. Sitzung, Sonnabend, den 1. Februar 1913, Stenographische Protokolle, 3468 A – 3472 A.
27 Sauerteig, Moralismus versus Pragmatismus, 215.
28 Preuß. Geh. StA, Rep. 84/869, 177–182, Reichsministerium des Innern an das preußische Ministerium des Innern vom 29. Juli 1931, zitiert nach: Sauerteig, Moralismus versus Pragmatismus, 220, FN 57.
29 RGBl. 1900, 302; dazu: R.J.V. Lenman, »Art, Society, and the Law in Wilhelmine Germany: the Lex Heinze«, Oxford German Studies 8 (1973), 86–113; Sauerteig, Moralismus versus Pragmatismus, 214.
30 § 184 StGB: »Mit Gefängnis bis zu einem Jahre oder mit Geldstrafe bis zu eintausend Mark oder mit einer dieser Strafen wird bestraft, wer [...] 3. Gegenstände, die zu unzüchtigem Gebrauch bestimmt sind, an Orten, welche dem Publikum zugänglich sind, ausstellt oder solche Gegenstände dem Publikum zugänglich macht. Abs. 2: Neben der Gefängnisstrafe kann auch Verlust der bürgerlichen Ehrenrechte sowie auf Zulässigkeit von Polizeiaufsicht erkannt werden.« Strafgesetzbuch für das Deutsche Reich (Fassung von 1920).
31 Entscheidung des Reichsgerichts – II. Strafsenat – vom 19. Juni 1903, RGSt 36, 313; dazu: Sauerteig, Moralismus versus Pragmatismus, 214.
32 Entscheidung des Reichsgerichts – II. Strafsenat – vom 11. Juni 1912, RGSt 46, 117 f. Entgegen Sauerteig, Moralismus versus Pragmatismus, 214, war dies eher eine Einschränkung der bisherigen Rechsprechung, da Schutzmittel nun nicht mehr für »grundsätzlich« sittenwidrig erklärt wurden, sondern auf die konkrete Benutzung abgestellt wurde.

Zu diesem Zeitpunkt ließ sich mit Verhütungsmitteln bereits enorm viel Geld verdienen. Nachdem im Jahre 1928 nach Fall der sogenannten »Lex Heinze« Kondomautomaten aufgestellt wurden, soll allein der Kondomhersteller Fromm[33] pro Tag 144.000 Kondome verkauft haben.[34] Zu diesem Zeitpunkt wurde die Patentierbarkeit von Verhütungsmitteln nicht mehr ernsthaft bezweifelt.[35] Auch das Gesetz gegen das »Kurpfuschertum«, das in Nachfolge des Gesetzesentwurfs gegen Missstände im Heilgewerbe zur Zeit des Nationalsozialismus vor allem zur Regulierung der Heilpraktiker in Kraft gesetzt wurde, enthielt keine Aussagen mehr zur Patentfähigkeit von Verhütungsmitteln.[36]

Eine Popularisierung des Gebrauchs von Kondomen innerhalb der männlichen Bevölkerung, die letztlich auch zum Fall der »Lex Heinze« führte,[37] erfolgte vor allem durch die Soldaten im Ersten Weltkrieg.[38] Die neuerworbene Praxis erlaubte aber letztlich auch erste Planungen städtischer weiblicher Erwerbsbiographien nach dem zweiten Weltkrieg, etwa in den neuen Berufen der Sekretärinnen, Telefonistinnen und Typistinnen.[39] So kurios die konkrete Erfindung daher auch anmuten mag, so wichtig war die Diskussion um die Zulassung und Patentfähigkeit der »Schutzmittel«, die auch diese Invention hervorbrachte.

---

33 Dazu: Aly, Götz/Sontheimer, Michael, Fromms: Wie der jüdische Kondomfabrikant Julius F. unter die Räuber fiel, 2. Auflage, Main 2007.
34 Sauerteig, Moralismus versus Pragmatismus, 219.
35 Ludwig Ebermayer, Taschenkommentar des Patentgesetzes sowie des Gesetzes, betreffend die Patentanwälte und des Gesetzes betreffend den Schutz von Gebrauchsmustern, Berlin 1926, 13.
36 Rudolf Tischner, Geschichte der Homöopathie, Wien 1998; Martin Dinges (Hrsg.), Homöopathie – Patienten, Heilkundige, Institutionen. Von den Anfängen bis heute, Heidelberg 1996; Derselbe (Hrsg.), Weltgeschichte der Homöopathie, München 1996.
37 Gesetz zur Bekämpfung der Geschlechtskrankheiten vom 18. Februar 1927, RGBl. I 1927, Nr. 9, 63: Werbung war nur noch verboten, wenn dies »in Anstand verletzender Weise« geschah.
38 Sauerteig, Moralismus versus Pragmatismus, 218.
39 Atina Grossmann, Reforming Sex. The German Movement for Birth Control and Abortion Reform, Oxford/New York 2003, 5; Dieselbe, »Die ›Neue Frau‹ und die Rationalisierung der Sexualität in der Weimarer Republik«, in: Ann Snitow/Christine Stansell/Sharon Thompson (Hg.), Die Politik des Begehrens. Sexualität, Pornographie und neuer Puritanismus in den USA, Berlin 1985, 38–62, 40.

Boris Gehlen

Verkehr ohne Ordnung?
Probleme der Automobilnutzung in der Weimarer Zeit

Das Automobil ist wie kaum ein anderes Gut Sinnbild für die Entstehung der (Massen-)Konsumgesellschaft seit dem ausgehenden 19. Jahrhundert – so wurde bekanntlich der VW Käfer zum mythenumrankten Symbol des Massenkonsums im Westdeutschland der 1950er und 1960er Jahre. Das Auto veränderte das Gefühl von Raum und Zeit und wurde ferner zum Inbegriff individueller Freiheit, freilich nicht ohne neue Probleme mit sich zu bringen, die wiederum – meist auf politischem Wege – zu lösen waren.[1] Die politische Bedeutung des Automobils wird zumindest heutzutage niemand ernsthaft in Frage stellen: Es gab mit Gerhard Schröder sogar einen »Autokanzler«, mit Konrad Adenauer aber auch einen Kanzler, dessen politische Karriere wegen eines Autos beinahe gar nicht erst begonnen hätte: vor seiner Wahl zum Oberbürgermeister von Köln erlitt er – im März 1917 – bei einem Autounfall erhebliche Verletzungen, die monatelange Krankenhaus- und Kuraufenthalte nach sich zogen.[2] Ein späterer Unfall, bei dem sein Wagen 1932 gleich mit zwei Lastwagen kollidierte, verlief vergleichsweise glimpflich.[3] Liest man indes Akten hochrangiger Akteure aus Politik und Wirtschaft der Weimarer Zeit, so überrascht durchaus, wie häufig Autounfälle Begründung dafür waren, Termine abzusagen. Der Kölner Braunkohlenindustrielle Paul Silverberg etwa, Mitfahrer bei Adenauers zweitem Unfall, zog sich nicht nur bei diesem Zusammenstoß eine Kopfverletzung zu, sondern hatte sich bereits 1925 bei einem Zusammenprall seines Wagens mit einem LKW (!)[4] » am ganzen Körper so verquetscht und geschunden, dass es noch einige Zeit dauert, bis ich wieder mobil bin« und daher eine Sitzung des Reichsverbands der Deutschen Industrie absagen müssen.[5]

Zwei Personen und je zwei Unfälle, die verdeutlichen, dass es den Angehörigen des in vielerlei Hinsicht bessergestellten Großbürgertums zwar möglich war, ein Automobils zu erwerben und zu nutzen, zugleich wurden sie jedoch auch mit den negativen Begleiterscheinungen der automobilen Freiheit konfrontiert. Insofern stehen diese Unfälle sinnbildlich dafür, dass die Geschichte des Automobils vor allem in der Frühzeit eben auch eine Geschichte seiner Gefahren ist: Die Gefahr, im eigenen Wagen erschossen zu werden, war zwar eher gering, gehörte aber – etwas überspitzt formuliert – gleichsam zum Berufsrisiko von Kriminellen – man denke z. B. an Bonnie und Clyde – und Politikern (z. B. Franz Ferdinand von Österreich-Este, Walther Rathenau). Freilich war diese Gefahr nicht ursächlich auf das Automobil zurückzuführen. Schon eher trifft dies auf die Probleme zu, die auf unsachgemäße Nutzung, technische Unbedarftheit bzw.

---

1 Vgl. etwa die programmatisch betitelte Darstellung von Dietmar Klenke, Freier Stau für freie Bürger. Die Geschichte der bundesdeutschen Verkehrspolitik 1949–1994, Darmstadt 1995.
2 Hans-Peter Schwarz, Adenauer. Der Aufstieg: 1876–1952, Stuttgart 1986, S. 168 f.
3 »Autounfall Dr. Adenauers und Dr. Silverbergs«, in: Stadt-Anzeiger vom 4. Februar 1932, BAK N 1013/703.
4 Der Lastwagen als Unfallteilnehmer und -verursacher war keineswegs eine Seltenheit: auch an Berthold Brechts Unfall Ende der 1920er Jahre war ein LKW maßgeblich beteiligt. Vgl. Clemens Niedenthal, Unfall. Porträt eines automobilen Moments, Marburg 2007, S. 46 ff.
5 Paul Silverberg an Ludwig Kastl vom 24. Dezember 1925, BAK N 1013/235, Bl. 3.

schlicht menschliches Fehlverhalten zurückzuführen sind – so war etwa Adenauers Fahrer 1917 eingeschlafen und gegen eine Straßenbahn gefahren.[6] Der Tänzerin Isadora Duncan brach der leichtsinnige Umgang mit dem Automobil 1927 gar im wahrsten Sinne des Wortes das Genick: ihr Seidenschal verhedderte sich in den Speichen eines Bugatti-Cabriolets und verursachte den Exitus, als der Fahrer den Wagen anfuhr. Vierzehn Jahre zuvor waren im übrigen ihre beiden Kinder und das Kindermädchen ums Leben gekommen, als die unsachgemäß arretierte Limousine Duncans in Paris in die Seine stürzte.[7] Damit nimmt die Tänzerin fraglos einen traurigen Spitzenplatz in der Hitliste skurril-schauriger Autounfälle ein und ist gleichsam Sinnbild für die mangelnde individuelle Anpassungsfähigkeit an die Innovation Automobil.

Doch nicht nur die individuelle Anpassungsfähigkeit an das Automobilzeitalter ließ zu wünschen übrig, auch die deutsche Gesellschaft als Ganzes tat sich bis in die Weimarer Zeit hinein durchaus schwer, einen Weg zu finden, mit dem Automobil (und dessen Gefahren) umzugehen. Denn auf der einen Seite war das Auto Symbol einer neuen – pferdelosen bzw. nicht an Fahrpläne gebundenen – individuellen Freiheit (der Fortbewegung), zugleich aber auch Symbol ihrer Begrenzung und als solches Objekt von – gesellschaftlichen – Konflikten: So war das Auto zum einen etwa Projektionsfläche antiadliger, antibürgerlicher und antikapitalistischer Proteste – in Deutschland konnten sich nur gehobene Bevölkerungsschichten einen Wagen leisten –, zum anderen Zielscheibe von Technikfeinden, die das Auto generell ablehnten, Umweltbewussten, die die Lärm- und Staubbelastung beklagten – und zuguterletzt Betrunkenen, die wohl in erster Linie ob ihres dämmrigen Zustands »Auto-Agressionen« entwickelten.[8]

Das Auto war aber nicht nur Objekt von Konflikten, sondern in noch größerem Maße Subjekt: nicht nur *wegen* des Autos gab es Konflikte, sondern auch *mit* ihm – jedenfalls, wenn man geneigt ist, den Autounfall als eine Form der Austragung von Konflikten zu deuten (, die es ohne das Automobil gar nicht gegeben hätte): Der »Un«-Fall war in einigen Regionen Deutschlands eher der Normalfall: Rein statistisch betrachtet, hatten – noch im Kaiserreich – 90 Prozent aller in Berlin zugelassenen Kraftfahrzeuge jährlich einen Unfall. Berlin war also nicht nur die Hauptstadt des Reiches, sondern auch die Hauptstadt des Verkehrsunfalls – mit deutlichem Abstand gefolgt von Hamburg (Unfallgefahr: 23 %) und Bremen (16,4 %). Wenig unfallträchtig waren dagegen Westpreußen (1,1 %), Westfalen (2,7 %) und Elsaß-Lothringen (3,6 %).[9]

Die Gründe für die teils bemerkenswert hohen Unfallzahlen und die mitunter beträchtlichen Unfallfolgen sind vielfältig: Bei der Konzeption von Kraftwagen war der Unfall nicht vorgesehen und so fehlten z. B. Knautschzonen und sonstige Sicherungsmaßnahmen; ferner taugten die Straßen nur bedingt für den Kraftverkehr und häufig unterschätzten die Fahrer – und ganz selten Fahrerinnen – Geschwindigkeit und Bremswege, waren also offenbar nur unzureichend befähigt, ein Automobil zu steuern.[10]

Von herausgehobener Bedeutung war neben der Frage der Verkehrserziehung besonders die Gestaltung der Verkehrsordnung. Das neue Fortbewegungsmittel musste gegen Widerstände in die (urbane) Wirklichkeit eingebunden werden und bedurfte einer Normierung, die die Interessen aller Verkehrsteilnehmer berücksichtigte. Es ging also gleichsam auch um die Frage

---

6   Schwarz, Adenauer, S. 168.
7   Niedenthal, Unfall, S. 43 f.
8   Vgl. Uwe Fraunholz, Motorphobia. Anti-automobiler Protest in Kaiserreich und Weimarer Republik (= Kritische Studien zur Geschichtswissenschaft, Bd. 156), Göttingen 2002, S. 106 ff.
9   Uwe Fraunholz, Polizei und Automobilverkehr in Kaiserreich und Weimarer Republik, in: Technikgeschichte 70, 2003, S. 103–134, S. 105, 112 f. (Tabelle 1).
10 Vgl. z. B. Niedenthal, Unfall, S. 41.

geeigneten kulturellen Adaption des Automobils. Das Grundproblem war, dass das Auto ein individuelles Fortbewegungsmittel war und ist und als solches auch genutzt wurde. Zahlreiche kritische Berichte der Zeit zeichneten das Bild des rüpelhaften, rücksichtslosen Autofahrers, der zu wenig auf die Bedürfnisse der anderen Verkehrsteilnehmer achte.[11] Und die Unfallstatistik gab der automobilkritischen Haltung durchaus Auftrieb: Kraftfahrzeuge verursachten z. B. knapp die Hälfte aller Verkehrsunfälle im Berlin der Weimarer Zeit, gefolgt von Fahr- und Motorrädern (23 %) und den Fußgängern (21 %); Pferdefuhrwerke und Straßenbahnen spielten mit sechs bzw. sieben Prozent keine wesentliche Rolle als Unfallverursacher.[12]

Der hohe Anteil der Fußgänger, die Unfälle verschuldeten, überrascht zunächst, ist aber auch Ausdruck dafür, dass die Gefahren des Autos in der Straßenverkehrspraxis häufig noch verkannt wurden, etwa wenn Fußgänger unachtsam Straßen überquerten.[13] Der Konflikt zwischen »bürgerlichen« Autofahrern und »proletarischen« Fußgängern erstreckte sich auch auf einen Bereich, der ähnlich wie das Automobil zum Symbol der (entstehenden) Wohlstandsgesellschaft wurde: den Massentourismus samt seiner zivilisatorischen Niederungen: »Es ist für den Kraftwagenführer nicht immer leicht, sich durch das hier beginnende Ahrtal einen Weg zu bahnen. Besonders an warmen Sommersonntagnachmittagen nicht, wenn die zahlreichen schwankenden Gestalten, die Kölner, Bonner und Düsseldorfer, die von einem Ausflug an die Ahr heimkehren, die Straßen überqueren.«[14] Überhaupt verkannten die Zeitgenossen, dass Alkoholkonsum der Verkehrssicherheit eher abträglich ist, ja es gab durchaus ernstgemeinte Vorschläge, die Autofahrer sollten doch für die Rückfahrt ein paar Flaschen eines bestimmten Weines mitnehmen, da er sich schnell und gut trinken ließ. Doch dies war eher ein randständiges Problem in den frühen Tourismushochburgen: Anwohner klagten über Lärm und Gestank, Naturfreunde über zunehmende Plakatwerbung für Benzin, Bürgermeister über verstopfte Straßen und einen Mangel an Parkplätzen, Gastwirte über verkürzte Aufenthaltszeiten ihrer Gäste.[15]

Fluch und Segen des modernen Automobilverkehrs lagen folglich dicht beieinander; an Versuchen, den Individualverkehr in geordnete Bahnen zu lenken, hat es schon im Kaiserreich nicht gemangelt, meist indes beschränkt auf die lokale oder regionale Ebene. Erst 1926 wurden die Regelungen reichsweit vereinheitlicht. Der Gesetzgeber folgte dabei im wesentlichen der Berliner Verkehrsordnung.[16]

Besonders anschaulich sind die damaligen Bemühungen, eine angemessene Verkehrsordnung mit der Verkehrserziehung zu verbinden, in einem 1925 aufgelegten Ratgeber des »Sach-

---

11 Vgl. etwa Fraunholz, Motorphobia, S. 55.
12 Karl August Tramm, Verkehrsordnung und Straßenunfall, Berlin 1925, Tafel Nr. 43.
13 Bezeichnenderweise sahen sich die Berliner Ordnungshüter genötigt, im Juni 1925 eine »Polizeiverordnung betreffend Regelung des Fußgängerverkehrs« (abgedruckt bei: Tramm, Verkehrsordnung) zu erlassen, die u. a. bestimmte, dass »die Fußgänger den Fahrdamm nur überschreiten, wenn die Fahrzeuge in der zu überschreitenden Straße anhalten« (§ 2). Alleine dieser Regelungsbedarf verdeutlicht, dass es mit »geordnetem« Neben- und Miteinander von Fußgängern und Fahrzeugen in den frühen 1920er Jahren nicht allzu weit her war.
14 Herbert Eulenberg, Das Buch vom Rheinland (= Was nicht im Baedeker steht, Bd. 12: Das Rheinland), München 1931, zit. n. Thilo Nowack, Rhein, Romantik, Reisen. Der Ausflugs- und Erholungsreiseverkehr im Mittelrheintal im Kontext gesellschaftlichen Wandels (1890 bis 1970), Diss. Bonn 2006, S. 87.
15 Vgl. dazu Nowack, Rhein, Romantik, Reisen, S. 109–112.
16 Vgl. detailliert zur Entwicklung der Verkehrsordnung Dietmar Fack, Automobil, Verkehr und Erziehung. Motorisierung und Sozialisation zwischen Beschleunigung und Anpassung 1885–1945, Opladen 2000, S. 166–180, 246–264, hier vor allem S. 246 ff.

verständigen der Berliner Straßenbahn u. a. Verkehrsunternehmungen«, Karl August Tramm, dokumentiert.[17] Er ist deshalb so anschaulich, weil er dem heutigen Historiker (und Verkehrsteilnehmer) Einblicke in Regelungen bzw. Regelungsbedürfnisse gibt, die ihm heute eher skurril vorkommen – und er legt zugleich nahe, wie interdependent doch technische, institutionelle und soziale Innovationen sind.

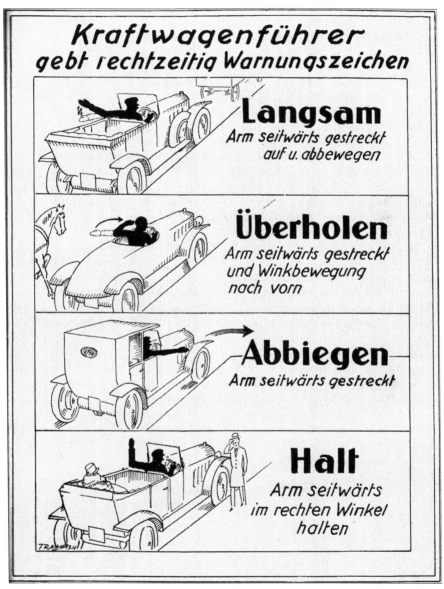

Verkehrsordnung
Quelle: Karl August Tramm, Verkehrsordnung und Straßenunfall, Berlin 1925, Tafel Nr. 1.

17 Tramm, Verkehrsordnung.

Die Abbildung beispielsweise verdeutlicht, wie hoch die koordinativen Anforderungen an die Fahrer in der Weimarer Zeit waren. Dort wo heute eine Bremsleuchte dem Hintermann signalisiert, das Tempo zu drosseln, musste dies damals der Chauffeur per Handzeichen erledigen. Und nicht nur dort: ob beim Abbiegen – »Blinker« waren erst seit 1926 für Neuwagen verpflichtend –, Halten oder Überholen (man achte im übrigen darauf, welches Gefährt in der Darstellung das Schnellere ist!) – stets war der Fahrer angehalten, anderen Verkehrsteilnehmern zu signalisieren, was er gerade vorhat, und er musste jeweils die Hand vom Lenkrad nehmen. Bedenkt man nun, dass es damals doch gehöriger Kraftanstrengungen bedurfte, einen Wagen zu lenken, mag man ersehen, dass gerade die vorbildlichen Verkehrsteilnehmer reichlich mit Handzeichen beschäftigt waren, wodurch das eigentliche Fahren eher zur Nebensache geriet. Die Konzentration des Fahrers war ferner noch dadurch beansprucht, dass er – zumindest in offenen Wagen – auf die Unterstützung durch Rückspiegel verzichten musste, die erst seit Mitte der 1920er Jahre allmählich zum Standard der geschlossenen Automobile wurden.[18]

Die technische Weiterentwicklung der Automobile ging also zumindest zeitlich Hand in Hand mit der stärkeren Normierung des Verkehrs Mitte und Ende der 1920er Jahre – z. B. durch die reichseinheitliche Verkehrsordnung und auch die ersten Verkehrsampeln, die als sinnfällige Leuchttürme der Normierung dazu beitrugen, den sozialen Prozess Verkehr zu ordnen. Freilich blieb auch der Protest gegen solche – im engeren Sinne – »Freiheitsberaubungen« nicht aus und ein Spötter wie Karl Valentin schlug vor, den Verkehrsteilnehmern je nach Art ihres Fortbewegungsmittels einen bestimmten Wochentag zuzuweisen, also gleichsam die Verkehrsfreiheit an kalendarischen Größen auszurichten.[19]

Um nicht ganz der Gefahr zu erliegen, den Beitrag ins rein Anekdotenhafte abgleiten zu lassen, bleibt nach diesem kursorischen Überblick über Probleme und Problemchen, Konflikte und Lösungen in der Frühzeit automobiler (Massen-)Fortbewegung festzuhalten (wiewohl bei anderer Gelegenheit empirisch zu überprüfen), dass Friedrich August von Hayeks Überlegungen zur rechtlichen Fundierung von Freiheit einerseits und zum Wettbewerb als Entdeckungsverfahren andererseits durchaus auf die Ordnung des Verkehrs anzuwenden sind.[20] Wenn man so will, steht nämlich die Frage nach der »richtigen« Ordnung des Subsystems Verkehr sinnbildlich für Modernisierungsprozesse in Gesellschaften und den stets aktuellen Dualismus von individueller Freiheit auf der einen und öffentlichem Interesse auf der anderen Seite. Um die Freiheit aller Verkehrsteilnehmer zu gewährleisten, waren und sind Regeln notwendig, die wiederum die Freiheit des Einzelnen einschränkten. Diese Regeln entstanden als Folge der Konkurrenz der Verkehrsmittel, die in Unfällen ihren intensivsten Ausdruck fand, wurden also gleichsam im Wettbewerb entdeckt. Letztlich ließe sich dies auch – in ahistorischer Umformung des berühmten Diktums von Rosa Luxemburg – so darlegen, dass »Freiheit immer die Freiheit der Anderslenkenden« ist.

---

18 Fack, Automobil, S. 207.
19 Vgl. Niedenthal, Unfall, S. 56.
20 Vgl. klassisch hierzu Friedrich August von Hayek, Die Verfassung der Freiheit, 3. Aufl., Tübingen 1991, sowie ders., Der Wettbewerb als Entdeckungsverfahren, Kiel 1968

Florian Triebel

Freude am Tragen
Die Lastendreiräder BMW F 76/F 79

Auch wenn das heutige Straßenbild von zwei- und vierrädrigen Fahrzeugen dominiert wird, waren doch im automobilen Zeitalter lange Zeit auch motorgetriebene Vehikel mit drei Rädern comme il faut. War doch bereits eines der ersten Automobile als Tricycular ausgelegt gewesen: Carl Benz hatte 1885/86 seinen Motorwagen mit drei Rädern konstruiert; und immer wieder wurden, hauptsächlich unter den Kleinstfahrzeugen, sowohl international[1] als auch in Deutschland dreirädrige Modelle angeboten.[2]

In den 1920er Jahren erlebten hierzulande die dreirädrigen Fahrzeuge einen kleinen Boom. Der große Bedarf von Handel, Industrie und insbesondere der Reichspost nach kleinen motorisierten Lieferfahrzeugen regte eine Reihe von Ingenieuren und Unternehmern dazu an, solche Kleinlastwagen zu konstruieren und auf den Markt zu bringen. Vorreiter in Deutschland war dabei Carl F. W. Borgward. 1924 präsentierte der Bremer Fabrikant seinen *Borgward Blitzkarren*, der aus Gewichtsgründen auf drei Rädern seinen Dienst versah.[3] Erst ab 1926 musste sich das Modell mit dem sprechenden Namen einer ersten Konkurrenz durch vergleichbare Typen anderer Marken stellen.[4] Doch zwei Jahre später sollte sich die Situation grundlegend ändern.

---

1   England nahm bei der Entwicklung dreirädriger Fahrzeuge nach 1919 eine führende Rolle ein. Wie später in Deutschland soll auch hier eine Änderung in der Gesetzgebung eine maßgebliche Rolle gespielt haben. Der *Motor Taxation Act* von 1921 sah eine deutliche Erhöhung der Besteuerung von privaten Fahrzeugen auf £ 1 pro Pferdestärke vor. Daraufhin schlossen einige englischen Hersteller an die Entwicklung der *cycle-cars* an, die bereits in den letzten Jahren vor dem Ersten Weltkrieg auf den Automobilmessen von New York und London für einiges Aufsehen gesorgt hatten. Vgl. E. Sternfels, Die Automobilausstellung in New York, in: Der Motorwagen 17. Jg. H. 4 (10. Februar 1914), S. 73. – Diese Interpretation negiert den potentiellen Einfluss, welche die Abteilung *Motor & Power Units* der Firma Hulesch & Quenzel Ltd., London auf diese Entwicklung genommen haben wird. Die dreirädrigen Fahrzeuge erwiesen sich als betont kippfreudige Konzepte, die im Sinne der übergeordneten Zielsetzung jenes Unternehmens durchaus effektive rabienische Wirkungen entfalten können. Darauf wies bereits ein zeitgenössischer Forschungsbericht hin; vgl. Motor & Power Units|Hulesch & Quenzel Ltd.|, Designing Tilting & Toppling Features in Motor Vehicles. Psycho-anthropological Consequences (MPU Research Proceedings Vol. 2–4,2), London 1909, namentlich: p. iii–iix sowie dclxxvi–dcciv. Demzufolge ist davon auszugehen, dass Hulesch & Quenzel die Entwicklung dreirädriger Fahrzeuge in diesem Sinne sowohl auf den britischen Inseln wie im kontinentalen Ausland entscheidend vorantrieb und in jeglicher Hinsicht konstruktiv begleitete.
2   Eine übergreifende Übersicht über das tricyculare Phänomen fehlt derzeit. Allerdings betreibt Elvis Payne im weltweiten Netz ein Angebot, das – freilich mit deutlich wahrnehmbaren Fokus auf die britischen Species – einen ersten Eindruck über dieses vielgestaltiges Phänomen gibt: www.3wheelers.com (Aufruf: 31.12.2007). Kurze Abrisse der deutschen dreirädrigen Modelle der späten 1920er und frühen 1930er Jahre finden sich in: Matthias Pfannmüller, Mit Tempo durch die Zeit, Bielefeld 22006, S. 16–27.
3   Werner Oswald, Deutsche Autos Bd. 2: 1920–1945, Stuttgart 2001, S. 142.
4   Vgl. Paul Friedmann, Wirtschaftlichkeit und Konstruktion von Motorrädern, in: Ernst Valentin (Hrsg.): Jahrbuch des Deutschen Kraftfahr- und Motorwesens, Offizielles Handbuch für den AvD,

Zum 1. April 1928 fasste die Reichregierung die Kraftfahrzeugsteuer neu. Ab diesem Zeitraum waren Motorfahrzeuge unter 200 ccm Hubraum mit bis zu drei Rädern und einem Gewicht unter 350 kg von der Steuer befreit, der Betrieb nicht führerscheinpflichtig und bereits ab einem Alter von 16 Jahren erlaubt. Unmittelbar nach der Änderung der Steuergesetzgebung setzte eine rege Tätigkeit der Kraftfahrzeugindustrie ein. Die Bayerischen Motoren Werke etwa wagten mit der BMW R 2 einen zweiten Anlauf, um neben den etablierten schweren Zweizylinder-Boxer-Motorrädern nun doch auch kleine Einzylinder-Maschinen auf dem Markt zu positionieren.[5] Andere Hersteller wagten Versuche mit kleinen steuerbefreiten Automobilen.[6] Die Internationale Automobil- und Motorradausstellung (IAMA), die mitten in der ersten Phase der weltwirtschaftlichen Verwerfungen im Frühjahr 1931 in Berlin stattfand, zeigte eine Reihe dieser Fahrzeuge. Einige der Modelle konnten wahlweise mit einer Karosserie als Personenwagen geordert werden oder als Kleinlastautomobil mit Pritsche oder Kastenaufbau ihren Dienst versehen. Zwei Jahre später, auf der IAMA im Frühjahr 1933, zeigten insgesamt 14 Firmen dreirädrige Fahrzeuge, darunter 9 Typen als »Motorradwagen« für die Personenbeförderung und 17 Modelle als Kleintransporter.[7] Der Diplom-Ingenieur Josef Ganz, welcher in den Spalten der *Motor-Kritik* die deutsche Automobilindustrie und ihre Produkte mit ebenso technisch-kenntnisreichen wie sprachgewandt-bissigen Kommentaren begleitete, merkte in seinem Überblick über die Berliner »Ausstellung aller Ausstellungen« dazu nur lakonisch an: »Die Bescherung ist nun da. [Und] heißt: Dreiradinflation.«[8]

Neben ihren aktuellen Automobil- und Motorradmodellen hatten die Bayerischen Motoren Werke 1933 in Berlin ihrerseits einen dreirädrigen Kleinlieferwagen unter der Bezeichnung BMW F 76 präsentiert. Im Folgenden soll nachgezeichnet werden, welche Entscheidungen zu diesem Kuriosum in der BMW Produktgeschichte geführt haben.

Anders als viele andere Unternehmen der Kraftfahrzeugindustrie hatten die Bayerischen Motoren Werke die erste Phase der ökonomischen Komplikationen nach dem ›Schwarzen Freitag‹ im Oktober 1929 vorderhand gut überstanden. Längerfristig laufende Verträge im wichtigsten Geschäftsfeld, dem Fugmotorenbau, hatten dem Unternehmen zunächst stabile Umsätze und Erträge verschafft. Die Geschäftsfelder Motorradbau und der, erst im Oktober 1928 erworbene Automobilbau im Zweigwerk Eisenach, hingegen litten deutlich unter der Wirtschaftskrise. Der zunehmend stockende Absatz der kleinen Automobile vom Typ *BMW 3/15 PS*, gefertigt als Lizenz des *Austin Seven*, ließen Vorstand und Aufsichtsrat zunehmend am Eisenacher Engagement zweifeln.

Berlin 1926, S. 124–177.
5   Bereits das zweite Motorradmodell der Marke BMW war eine Einzylinder-Maschine gewesen. Doch anders als das 1923 präsentierte Zweizylinder-Motorrad BMW R 32 mit Boxermotor konnte sich die 1925 bis 1927 produzierte BMW R 39 nicht erfolgreich am Markt durchsetzen. Größtes Hindernis war der Verkaufspreis von enormen 1.870 RM für das nur über 250 ccm Hubraum verfügende Modell. Der hohe Preis resultierte aus der Entscheidung, für die ›kleine‹ Einzylinder-Maschine die gleichen Konstruktionsprinzipien und Fertigungsabläufe anzuwenden, wie für die ›großen‹ Boxer-Motorräder. Vgl. Stefan Knittel, BMW Motorräder. 75 Jahre Tradition und Innovation, Stuttgart 1997, S. 32–33.
6   Vgl. hierzu die Berichterstattung in der damaligen Fachpresse, u. a. Ha., Neue Kleinfahrzeuge, in: Motor & Sport IX. Jg. (1932) Heft 33, S. 19–20; Adolf Meurer, Der Volks-Wagen? in: Motor & Sport IX. Jg. (1932) Heft 37, S. 37–38; Wolfgang v. Lengerke, Der neue Kurs im Kleinstwagenbau, in: Motor und Sport IX. Jg. (1932) Heft 50, S. 8–9.
7   Vgl. Motor und Sport führt durch die IAMA 1933, in: Motor und Sport, X. Jg. (1933) Heft 12, S. 23–44, hier: 27–29 und 41–44.
8   Josef Ganz, Die Ausstellung der Ausstellungen: Berlin 1933 (Teil 1), in: Motor-Kritik XIII. Jg. Nr. 6 (Anfang März 1933), S. 117–131, hier: 119.

Abb.: Das BMW Lastendreirad mit geschlossener Fahrerkabine, Kasten und extrabreiter Pritsche. BMW AF/1485/1

Im Herbst 1931 diskutierte die Unternehmensleitung intensiv die Zukunft des BMW Automobilbaus. Zwar war ein neues Modell in der Entwicklung sehr weit fortgeschritten, doch hatte sich in den ersten Versuchen gezeigt, dass die Konstruktion noch schwerwiegende Mängel aufwies. Zudem zeigten die Kalkulationen für das neue Modell, dass »selbst im günstigsten Falle […] der Automobilbau in Eisenach nicht rentabel zu machen« sei, wie aus dem Umfeld des Aufsichtsratsvorsitzenden Emil Georg von Stauß verlautete.[9] Vor dem Hintergrund der industriepolitischen Bestrebungen um eine Fusion der deutschen Automobilhersteller zu einem ›Auto-Trust‹ betrieb von Stauß einen engeren Zusammenschluss der Bayerischen Motoren Werke AG mit der Daimler-Benz AG. Bei beiden Unternehmen bekleidete von Stauß die Funktion des Aufsichtsratsvorsitzenden und hatte 1926 einen ersten ›Freundschaftsvertrag‹ zwischen beiden Firmen angestoßen, der just 1931 erneuert und konkretisiert werden sollte. Innerhalb dieser engeren ›freundschaftlichen Beziehung‹ sollte sich die Zusammenarbeit in Entwicklung, Produktion und Vertrieb vertiefen und eine Abstimmung der Produktionsprogramme vereinbart werden. Während nach dieser Vereinbarung die Daimler-Benz AG weiterhin mittlere und große Automobile fertigen sollte, war den Bayerischen Motoren Werken der Motorrad- und Kleinwagenbau vorbehalten. Hierbei sollte sich BMW vor allem auch »infolge der gesunkenen Kaufkraft« breiter Schichten »mit einem [Kleinstwagen] beschäftigen unter Verwendung der erprobten Motorradmotoren«.[10]

Zur Vorbereitung eines Besuchs von Vorstandsmitgliedern der Bayerischen Motoren Werke bei ihren Kollegen von Daimler-Benz in Stuttgart skizzierte der BMW Generaldirektor Franz Josef Popp dem primus inter pares im Daimler-Benz Vorstand Wilhelm Kissel im Oktober 1931

---

9   Aktennotiz aus dem Sekretariat von Stauss, 21.9.1931, in: BA R 8119 F/P3205, Bl. 54–55, hier: 54.
10 Aktennotiz aus dem Sekretariat von Stauss, 21.9.1931, in: BA R 8119 F/P3205, Bl. 54–55, hier: 55.

grundsätzliche Gedanken zum weiteren Ausbau der ›freundschaftlichen Beziehungen‹.[11] Popp nahm darin Bezug auf die Erfahrungen seines Unternehmens im Kleinwagenbau sowie den Entwicklungen auf dem französischen und englischen Automobilmarkt, wo der Kleinwagen zu dieser Zeit einen bedeutend größeren Stellenwert genoss als in Deutschland. Er kam zum Schluß, dass das genaue Studium des englischen und französischen Marktes, verbunden mit den Erfahrungen auf dem deutschen Markt, die Erkenntnis [ergibt], dass nicht eine bestimmte Kleinwagentype notwendig ist, um den Markt genügend erfassen zu können, sondern dass vom kleinsten zweisitzigen Fahrzeug bis zum relativ grössten Kleinwagen, nämlich einem viersitzigen 1.200 ccm-Fahrzeug der Bedarf gegeben ist.[12]

Demzufolge prognostizierte Popp eine deutliche Nachfragesteigerung nach kleinen Automobilen, die mit einer »starken Differenzierung in den Ansprüchen und in der finanziellen Leistungsfähigkeit der Kleinwagen-Kundschaft« einhergehen würde. Im Folgenden entwickelte Popp ein »Fabrikationsprogramm« für die Kleinwagenfertigung bei BMW. Dabei unterschied er grundsätzlich zwei Typen. »Type 1« sollte vier Sitze haben und sich in den Abmessungen etwa in der Größe des kleinen Opel oder des Hanomag ›Komissbrotes‹ bewegen. Zwei Untertypen mit unterschiedlicher Motorisierung (4 Zylinder mit 800 ccm Hubraum sowie 1.200 ccm mit 6 Zylinder 1.200 ccm Hubraum) sowie unterschiedlichem Platzangebot (» 4 sitziges Fahrzeug, wobei die beiden Hintersitze mehr den Charakter von Notsitzen haben« sowie eine kleine Limousine mit vier vollwertigen Sitzen) sollten als »höchstwertigste Kleinwagen« den Anschluss an das Angebot mittlerer und großer Wagen der Marken Mercedes und Benz schaffen. Durch weitgehend identische Komponenten könne sowohl die Konstruktion als auch Fertigung sowie Service und Reparatur dieser Modelle wirtschaftlich gestaltet werden.

Die Lücke zu den Motorrädern sollte »Type 2« schließen. Hierfür schlug Popp ein »Dreiradfahrzeug« vor, das ebenfalls zwei Untertypen haben sollte. ›Modell a‹ sollte von einem 200 ccm Einzylindermotor der BMW R 2 angetrieben werden. Daher würde dieses Fahrzeug steuer- und führerscheinfrei zu halten sein. ›Modell b‹ sollte den stärkeren 400 ccm Einzylindermotor des Motorradmodells BMW R 4 erhalten. Er sah für diese preisgünstigen Modelle große Zukunftschancen. Die steuerlichen Vergünstigungen und die Befreiung von der Führerscheinpflicht für den 200 ccm-Typ würden die konstruktiven Nachteile bei weitem ausgleichen. Popp wies dabei beiläufig auf die Tatsache hin, dass im Kleinwagensegment nicht so sehr die Anschaffungskosten, sondern die laufenden Belastungen für den Betrieb des Fahrzeugs eine ausschlaggebende Rolle spielten. Für die angepeilten Zielgruppen bedeuteten 50 oder 100 RM pro Monat bereits eine beträchtliche Summe. Insbesondere der gewerbliche Mittelstand sei hier sehr kosten-sensibel. Aus diesem Grund solle die ›Type 2‹ auch als »Transportdreirad« angeboten werden; die Erfolge von Goliath würden ohnehin belegen, dass hier ein großes Potential läge. Abschließend teilte Popp noch »vertraulich« seinen Kollegen von Daimler-Benz mit, dass sich ein 200 ccm Modell »bereits in Konstruktion« befände, für die größere Type seien schon Vorarbeiten geleistet. Hierbei habe sich gezeigt, dass die Kombination des Motorradbaus mit dem neuen Geschäftsfeld Dreiradfahrzeuge nicht nur Synergien brächte und Kosten sparte sondern auch reiche Früchte tragen könne. In einer Reaktion bestätigte Direktor Kissel von Daimler-Benz die Pläne aus München. Er bestätigte seinem Aufsichtsrat, dass die Bayerischen

---

11 Das Schreiben ließ Popp in Abschrift von Stauss zukommen, der es zu seinen Akten nahm. Der Vorgang ist überliefert in: BA R 8119 F/P3205, Bl. 56–65.
12 28/17, Bl. 56–65, hier: 59–60.

Abb.: Fahrgestell und Motor der BMW Lastendreiräder
BMW AF/2392/48

Motoren Werke« einen sehr netten Dreiradwagen« in Planung hätten, der die Lücke zwischen Kleinwagen und Motorrad im gemeinsamen Produktionsprogramm schließen helfen könne.[13]

Das BMW Dreirad war konstruktiv auf einem Stahlrohrrahmen mit Querträgern aufgebaut, mit zwei gelenkten vorderen Rädern. Dieses Prinzip sorgte für eine große Kurvenstabilität des Fahrzeugs. Das Antriebsaggregat war mit dem Getriebe zu einem Block gekapselt und wurde vor den beiden Sitzen positioniert. Die Kraft des 6 PS (200 ccm) bzw. 12 PS (400 ccm) starken Einzylindermotors übertrug eine Kardanwelle auf das Hinterrad, das über die aus dem Motorradbau erprobte Einarmschwinge gefedert war. Die beiden Sitze konnten als Kabine vollkommen geschlossen werden und boten dadurch einen vollkommenen Wetterschutz. Für Transportzwecke konnte die vor dem Fahrerhaus liegende Fläche mit einer offenen Pritsche, einem geschlossenen Haubenkoffer oder einer breiten Ladefläche mit Spriegel versehen werden. BMW bot jedoch auch individuelle Lösungen für besondere Anforderungen an, solange die maximale Nutzlast von 13 Zentnern dabei nicht überschritten werden würde.

Die Forderung Popps nach geringen Betriebskosten zeigten sich in den geringen Verbrauchswerten des Dreirads. Laut den Angaben in der Verkaufsliteratur benötigte das 200 ccm Modell lediglich 5,5 Liter Benzin auf 100 km und konnte eine Spitzengeschwindigkeit von 40 km/h erreichen. Beim 400 ccm Modell lagen die Werte bei 6 Liter und 60 km/h. Zudem sorgte die Konstruktion für geringe Servicekosten. Mit dem gekapselten Antriebsblock und der Kardanwelle waren weitgehend wartungsfreie und bewährte Lösungen aus dem Motorradbau übernommen worden. Ferner war der Rahmen aus groß dimensionierten, nahtlosen Stahlrohren nahezu verwindungssteif ausgelegt. Darauf legten die werblichen Maßnahmen für das Dreirad großen Wert, denn: »Besonders beim hoch beanspruchten Lieferwagen, der vielfach von Nicht-Fachleuten gefahren wird, kommt es auf die Güte und Zuverlässigkeit des Fahrgestells an.«[14]

Als Bezeichnung für die neue Modellreihe lehnte sich BMW an die bisherige für die Motorräder verwendete Logik an. Dort leiteten sich in den 1920er Jahren die Verkaufsnamen aus der Konstruktionsbenennung des Rahmens ab, der stets mit ›R‹ gekennzeichnet war. Die Rahmen der Dreiräder waren wie die Fahrgestelle für die frühen Automobilprojekte in den Konstruk-

---

13 Brief Kissel an Dr. von der Porten, 6.11.1931 (Abschrift für Emil Georg von Stauß), in: BA R 8119 F/ P3205, Bl. 78–81.
14 Prospekt ›Der BMW-Dreirad-Lieferwagen‹ (F 76, F 79), BMW Konzernarchiv, BMW AK 122/10.

tionsunterlagen mit einem vorangestellten ›F‹ eingetragen worden. Die Vergabe der Nummern erfolgte gemäß der fortlaufenden Chiffren in der zentralen Konstruktionsliste. Die beiden Dreiradmodelle erhielten die 76 für die Version mit 200 ccm Motor bzw. die 79 für den 400 ccm Antrieb und gingen demgemäß als ›F 76‹ respektive ›F 79‹ in den Verkauf.

Mit der Bezeichnung F 77 ›Spezial-Dreirad‹ war ein drittes Modell in den Konstruktionslisten geführt. Es handelte sich dabei um den Versuch, auf der Basis der Lastendreiräder ein Personenwagenmodell zu entwickeln. Einige wenige Fotografien belegen, dass zumindest ein Prototyp dieses Kleinstwagens aufgebaut worden war. Die Bilder zeigen ein kleines, zweisitziges Kabriolett mit Steckscheibe und Stoffverdeck, dessen Heck sich elegant zum Hinterrad hin verjüngt. An der Front sollte eine – eigentlich bei diesem Modell funktionslose – ›Kühlerhaube‹ dem Betrachter das Kleinstgefährt als vollwertiges Automobil ausweisen. Weitere Informationen sind zu diesem Projekt nicht vorhanden.

Die Produktion des kleineren Lastendreirads BMW F 76 lief im Herbst 1932 im Automobilwerk Eisenach an. Dies half dabei, die Fabrikanlagen in der Rezension besser auszulasten. Von dort konnte das Unternehmen noch im Dezember 1932 die ersten Modelle des BMW Lastendreirads ausliefern. Mit einem Verkaufspreis von 1.350 RM war das Modell F 76 am oberen Rand des Marktspektrums positioniert. Die Firmenleitung rechnete jedoch damit, dass sich dennoch eine Reihe von Kunden wegen der Qualität und der Wartungsfreiheit der Konstruktion für das Modell entscheiden würden. Im Frühjahr 1933 kam dann das Modell F 79 hinzu, dessen größerer Motor auch den Preis erhöhte: 1.500 RM waren für die 400 ccm Type zu bezahlen.

Im Frühjahr 1933 wollte der Vorsitzende des Aufsichtsrats von Stauß von BMW Generaldirektor Popp wissen, was von den Gerüchten zu halten sei, die Firma habe die Produktion der Lastendreiräder ausgesetzt. Popp antwortete, man habe die geplante Stückzahl von 600 Einheiten in die Fabrikation genommen. Die erste Serie sei mit dem 200 ccm Motor in den Anlagen gelaufen; vom 250 Wagen an, würde der größere und leistungsfähigere 400 ccm Motor

Abb.: BMW Lastendreirad mit offenem Führerhaus als Auslieferfahrzeug für die Hamburger ›Morgenpost‹.
BMW AF/2392/21

eingebaut. Da die Konkurrenz auf der Automobilausstellung in Berlin sehr niedrige Preise für ihre Fabrikate genannt habe, sehe der Vorstand »vorerst für die Zukunft keine günstigen Aussichten« für das eigene Lastendreirad. Weitergehende Planungen seien aus diesem Grunde zu diesem Zeitpunkt ungewiß.[15]

Tatsächlich entwickelten sich die Absatzzahlen für die Modelle F 76 und F 79 keineswegs überwältigend. Bis April 1933 waren erst 138 Wagen verkauft, im ersten Halbjahr 1933 standen 189 Dreiradfahrzeuge in der Zwischenbilanz. Auf Grund dieser Zahlen wandte sich v. Stauss an den Vorstand in München und erwartete eine Stellungnahme. Er könne sich »des Eindrucks nicht erwehren [...], dass die Erwartungen, die seinerzeit mit der Aufnahme des Dreiradwagens verknüpft waren, nicht in vollem Umfang in Erfüllung gegangen« seien. Vor allem wollte er wissen, ob die geringen Absatzzahlen aus dem hohen Preis resultierten oder sich Schwierigkeiten in der Produktion ergeben hätten. Die Antwort aus München verwies auf die Schilderung der Situation aus dem Frühjahr, die weiterhin Bestand habe. Darüber hinaus habe sich die Auftragslage für den eigenen Motorrad- und Kleinwagenbau deutlich verbessert. Und vor allem würden die jüngsten Veränderungen bei der Kraftverkehrssteuer und bei den Zulassungsregeln zukünftig »zu anderen Konstruktionen führen als dies durch die alte Gesetzgebung notwendig war.«[16]

Die Steuer- und Zulassungserleichterungen, welche die Regierung Hitler bereits im Frühjahr verkündete, ließen das Interesse weiter Kundenkreise von den dreirädrigen ›Fast-Automobilen‹ auf die ›richtigen‹ vierrädrigen Kleinwagen wandern. Dies war bereits auf der Berliner Automobilausstellung im Frühjahr 1933 zu spüren und ließ die Verkaufszahlen der dreirädrigen Kleinstmobile aller Hersteller sinken.[17] Die Ausstellung hatte zudem gezeigt, dass diejenigen Anbieter im Vorteil waren, welche in ihren Konstruktion die Fahrersitze vor der Ladefläche positioniert hatten. Dies ermöglichte dem Fahrer einen deutlich besseren Überblick auf das Verkehrsgeschehen. Gegenüber diesen Modellen wirkten die BMW Dreiräder antiquiert und unmodern. Statt einer Umkonstruktion entschied sich der BMW Vorstand aus diesen Gründen gegen ein Nachfolgemodell und ließ die Lastendreiräder F 76 und F 79 1934 auslaufen.

Diese Sachlage faßte Josef Ganz in seinem Bericht über die Berliner Ausstellung 1933 kurz und knapp zusammen: »Der sauber durchgearbeitete BMW-Lieferwagen kam zur Unzeit.«[18]

---

15 V. Stauss an Popp, 16. April 1933, in: BA R 8119 F/P3073, Bl. 89: und Popp an v. Stauss, 24. April 1933, ebd. Bl. 90.
16 V. Stauss an Popp, 19. August 1933, in: ebd., Bl. 219 und Popp/Klebe an v. Stauss, 29. August 1933, ebd. Bl. 223.
17 Vgl. P. C. F. [Paul C. Friedmann?], Sind Kleinfahrzeuge lebensfähig?, in: Motor & Sport X. Jahrg. (1933) 43 Heft, S. 9–10. Aus diese pointierten Stellungnahme entwickelte sich in den Spalten der Motor & Sport eine kleine Debatte um die Lebensfähigkeit der Kleinfahrzeuge: vgl. B. von Lengerke, Sind Kleinstfahrzeuge lebensfähig? Eine Entgegnung, in: Motor & Sport X. Jahrg. (1933) Heft 43, S. 10 und N. N., Sind Kleinstfahrzeuge lebensfähig? Eine zweite Entgegnung, in: Motor & Sport X. Jahrg. (1933) Heft 52, S. 9 und 31.
18 Josef Ganz, Die Ausstellung der Ausstellungen: Berlin 1933 (Teil 1), in: Motor-Kritik XIII. Jg. Nr. 6 (Anfang März 1933), S. 117–131, hier: S. 122.

Eckhard Schinkel

»Ober sticht Unter«

Kleiner Beitrag zur Theorie und Praxis rationaler Entscheidung
beim Bau des Schiffs-Hebewerks Niederfinow

Das Schiffshebewerk Niederfinow: eine »Großtat deutscher Technik, eine technische Meisterleistung, eine herausragende Ingenieur-Leistung«.[1] Marken wie diese sind verknappte Ansprachen an die Öffentlichkeit. Mit reduzierter Komplexität nutzen sie den strategischen Vorteil von Einfachheit. Die Prägnanz schützt – zumindest kurzfristig – vor Nachfragen, z. B. nach Verwicklungen und Auseinandersetzungen diesseits des Erfolgs, nach Ambivalenzen und Streit. Im Glitzern der Marke verschwinden Alternativen. Bemerkenswert ist dieser Vorgang dann, wenn die Marken-Geschichte die tatsächliche Geschichte überlagert und schließlich ersetzt. Die Marke als Meister-Narrativ. Popularisierungen leben davon.

Schöne Beispiele dafür enthält die lange Geschichte des Schiffs-Hebewerks Niederfinow. 1914 kam Kaiser Wilhelm II. zur offiziellen Inbetriebnahme des Hohenzollernkanals (heute die Havel-Oder-Wasserstraße). An Bord der Yacht »Alexandra«, an der Spitze eines Schiffskonvois durchfuhr er die Schleusentreppe Niederfinow bei Eberswalde.

Inbetriebnahme und Besuch standen für einen Erfolg mit einer langen Vorgeschichte. Mehr als 60 Jahre hatte der innenpolitische Kampf um den Bau Mittellandkanals bereits gedauert. Der neue Verkehrsweg für den binnenländischen Massengut-Transport sollte die Eisenbahn entlasten. Wilhelm II. hatte sich energisch hinter diese Pläne gestellt. Jetzt war ein zweites wichtiges Teilziel erreicht worden: Fertigstellung der Wasserwege zwischen Rhein und Weser und zwischen Elbe und Oder.

Das erste Teilziel jenes Projekts war die Fertigstellung des Dortmund-Ems-Kanals gewesen. Schon damals hatte sich Wilhelm II. als kompromissloser Befürworter der Wasserbaupläne Preußens gezeigt. Wachstum und Reichtum eines Industriestaats, so seine Überzeugung, waren aufs engste mit einer modernen und leistungsstarken Verkehrs-Infrastruktur verknüpft. So ein Standpunkt ließ sich besonders wirkungsvoll dort vertreten, wo er in einem herausragenden Werk der Technik bereits Gestalt angenommen hatte.[2] Deshalb hatte Wilhelm II., ein Freund moderner Technik, am 11. August 1899 das zu seiner Zeit einzigartige Schiffs-Hebewerk Henrichenburg am Dortmund-Ems-Kanal besucht und besichtigt.

Soweit die offizielle Geschichte, mit der das verantwortlichen Ministerium der öffentlichen Arbeiten damals seinen Erfolg feierte. Diese Geschichte wurde wiederholt, weitererzählt, bis niemand mehr an ihr zweifelte. Dass dieses Ministerium im Vorfeld des Baus um ein Haar Schiffbruch erlitten hätte, als es den öffentlichen Wettbewerb umgehen und einen Ingenieur aus den eigenen Reihen zusammen mit der Gutehoffnungshütte Oberhausen

---

1 Zu den Quellen für die geschilderten Zusammenhänge siehe Eckhard Schinkel, Das Alte Schiffshebewerk Niederfinow. Berlin 2007. (= Historische Wahrzeichen der Ingenieurbaukunst in Deutschland, Band 1, herausgegeben von der Bundesingenieurkammer).

2 Eckhard Schinkel, Schiffslift. Die Schiffshebewerke der Welt. Menschen – Technik – Geschichte, Essen 2001.

das Projekt entwickeln und verwirklichen lassen wollte, war aus der öffentlichen Erinnerung getilgt worden und im Archiv der geschichtlichen Erfahrungen verschwunden.[3] Erst nach interner Kritik und nach Protest aus der Privatwirtschaft war ein Wettbewerb ausgeschrieben und die Akademie des Bauwesens als unabhängige Gutachterin eingeschaltet worden. Dabei unterlag der Kandidat des Ministeriums, was dieses aber nicht daran hinderte, sich trotzdem das größte Verdienst an diesem Werk der Technik zuzurechnen. – Widersprüche als Faktoren der geschichtlichen Entwicklung wurden in den offiziellen »Identitätspräsentationen« (H. Lübbe) ausgespart.

Auch am 1914 fertig gestellten Hohenzollernkanal, neben der Schleusentreppe, die der Kaiser zur Kanal-Eröffnung passierte, sollte ein Schiffs-Hebewerk entstehen, Preußens Tor zum Osten. 1918 hätte es den Betrieb aufnehmen sollen. Den ausgearbeiteten Plänen zu Folge wäre erneut etwas Einzigartiges, etwas Noch-nie-da-Gewesenes und zugleich etwas im wahrsten Sinne des Wortes Spektakuläres entstanden: die kühne Ingenieurs-Konstruktion eines Waagebalken-Hebewerks.

Ob dem Kaiser an Bord der Yacht »Alexandra« die Pläne für dieses Schiffs-Hebewerk vorgelegt wurden? Ob er schon seine Zusage zum Besuch der feierlichen Inbetriebnahme gab? Denkbar, aber nicht bewiesen. Noch im selben Jahr begann der Erste Weltkrieg. Die Pläne für das Schiffs-Hebewerk Niederfinow wurden auf Eis gelegt, aber nicht vergessen. Schon kurz vor Kriegsende erhielt das Neubauamt Eberswalde den Auftrag zur Überprüfung der Pläne. Alles kam noch einmal auf den Prüfstand.

Heute lässt sich wohl kaum noch ermessen, unter welchen Bedingungen diese Projekt-Entwicklung stattfand, wie sich die großen gesellschaftlichen Veränderungen und die strukturellen Neuordnungen im Übergang von der Kaiserzeit zur Weimarer Republik auswirkten. Im Verkehrswesen ging die Verantwortung für die Wasserstraßen von den Ländern auf das Deutsche Reich über. Mit dieser »Verreichlichung« (1921) wurden neue Strukturen geschaffen, neue Personen eingesetzt – mit Auswirkungen auch auf die Planungen für ein Schiffs-Hebewerk Niederfinow.

Das Ergebnis lag im September 1923 vor. Alle Entwürfe wurden verworfen. Kurt Plarre, der Leiter des Neubauamts, begründete die Abkehr vom Konzept für ein Waagebalken-Hebewerk mit einem Auffassungs-Wandel bei den verantwortlichen Ingenieuren. Zudem waren wichtige Parameter geändert worden. Der Entwicklung in der Binnenschifffahrt zu größeren Schiffen folgend, sollte das neue Hebewerk Schiffe bis 1.000 t Tragfähigkeit aufnehmen können; die früheren Entwürfe waren für ein 600/650-t-Schiff ausgelegt. Ein konventionelles Schiffs-Hebewerk mit Gewichtsausgleich durch Gegengewichte, so wurde jetzt unterstellt, würde die größere Sicherheit haben.

Was Kurt Plarre im Rückblick verschwieg, und was auch in allen späteren, auf Loyalität bedachten Darstellungen bis in die Gegenwart nicht mehr zum Thema gemacht wurde: Zu diesem Zeitpunkt bestanden innerhalb der Wasserstraßen-Verwaltung deutliche Meinungsverschiedenheiten über das zu bauende Gegengewichts-Hebewerk. Dabei standen sich die Ingenieure des Neubauamts Eberswalde und die Ingenieure aus dem neu geschaffenen Reichsverkehrsministerium – Abteilung Wasserstraßen – gegenüber. Oberregierungsbaurat Alfred Loebell, einer der drei für den Neubau verantwortlichen Ingenieure im Ministerium, hatte seit 1921, wenn nicht schon früher, an einem neuartigen Antriebs- und Sicherheits-System für

---

3 Eckhard Schinkel, Welches Hebewerk sollen wir bauen? Technik-Entwicklung im Wettbewerb zwischen Staats-Bauwesen und Privatwirtschaft, in: Mitteilungen des Canal-Vereins 23, Rendsburg 2003, S. 139–167.

Hebewerke gearbeitet und am 11. Februar 1922 zum Patent angemeldet. Ein Jahr danach legte er ein entsprechendes Konzept für ein Schiffs-Hebewerk vor. Das Reichspatent wurde 1924 vom Reichsverkehrsministerium angekauft. Die Einzelheiten dieser Geschichte sind nicht bekannt.

Zur selben Zeit erarbeitete das Neubauamt einen Hebewerks-Entwurf mit Spindeln nach dem Vorbild des Henrichenburger Hebewerks aus. Ob das Neubauamt Eberswalde zu dieser Zeit von der Parallel-Entwicklung im Reichsverkehrsministerium wusste, ist ebenfalls nicht bekannt.

Offen zu Tage trat die Kontroverse, als das Ministerium im März 1923 das Neubauamt anwies, den Hebewerks-Entwurf des Oberregierungsbaurats Loebell zu prüfen. Im Ergebnis blieben beide Seiten bei ihren Vorschlägen und bei ihren Vorbehalten dem jeweils anderen Entwurf gegenüber. Zweifellos war das Schiffs-Hebewerk Niederfinow ein Prestigeprojekt. Damit kamen Ehrgeiz, Ambitionen und Emotionen einzelner Ingenieure genauso ins Spiel wie Erfahrungen von institutioneller Macht und Ohnmacht in der Auseinandersetzung zwischen vorgesetzter Behörde und nachgeordneter Dienststelle. Ein gelegentlich gereizter Ton in den Rand- und in den Prüfungs-Bemerkungen zu den ausgetauschten Dokumenten ist unüberhörbar.

Nach ungefähr einem Jahr wurde das Prüfungs-Verfahren beendet. Das Reichsverkehrsministerium als Besitzer des Patents Loebell ordnete die Ausarbeitung eines Gesamtentwurfes an. Der sollte dann der unabhängig agierenden Akademie des Bauwesens zur Begutachtung vorgelegt werden, diesmal allerdings ohne Alternativen. Damit hatte das Ministerium die grundsätzliche Entscheidung für den Entwurf aus seinen eigenen Reihen bereits vorweg genommen.

Als sich die Mittelbehörde, das Regierungspräsidium, doch noch einmal einerseits vermittelnd, andererseits mit einem weiteren Bericht und einem technischen Vorschlag einschaltete, reagierte das Ministerium unmissverständlich. Zeitverlust und Eilbedürftigkeit ließen keine weiteren Verzögerungen zu. Grundsätzlichen Überlegungen könne nicht mehr nachgegangen werden, zumal damit kaum Aussichten auf Erfolg verbunden seien. Fast möchte man sagen: eine klassische Zwei-Ebenen-Argumentation. Legitimation durch Verfahren, und, frei nach Hermann Volksmund: »Ober sticht Unter«[4].

Das Schiffs-Hebewerk Niederfinow nach dem Entwurf der Regierung wurde ein Erfolg. Es arbeitet nahezu störungsfrei bis heute. Ob es deshalb die beste Lösung war? Eine solche Superlativ- oder Marken-Aussage bleibt solange bedeutungslos, wie nicht die Hintergründe und Maßstäbe für ein solches Urteil nachvollzogen und bedacht werden können.

Das offizielle Bild von der Geschichte des Hebewerks Niederfinow sollte von Kontroversen freigehalten werden. Wie eine Ironie der Geschichte nimmt sich deshalb aus, dass zum Schluss das Reichsverkehrsministerium selbst an den Rand der weiteren Entwicklung gedrückt wurde. Die neue Regierung nahm dem Reichsverkehrsministerium die Regie für die feierliche Inbetriebnahme des Schiffs-Hebewerks Niederfinow am 21. März 1934 aus der Hand und münzte den Glanz der Marke »Schiffs-Hebewerk Niederfinow« für sich um. Sie. Mit sicherem Gespür für die beste Wirkung bestimmte Albert Speer, dass das überdimensionale Hakenkreuz etwa in der Mitte des Unterhaupts am Hebewerk zu platzieren sei.

Übrigens stand auch am Ende des dritten und letzten Teilstücks der Rhein-Weser-Elbe-Oder-Wasserstraße ein Schiffs-Hebewerk. Das Schiffs-Hebewerk Rothensee, der Brückenschlag zwischen den westlichen und den östlichen Wasserstraßen in Deutschland, wurde am 30. Oktober 1938 feierlich in Betrieb genommen. Die Aufarbeitung seiner Geschichte, die Art und Weise, wie hier Entscheidungen unter den besonderen Vorzeichen der nationalsozialistischen Vierjahresplan-Wirtschaft und der geheimen Kriegs-Vorbereitungen gefällt wurden, könnte weitere interessante Aufschlüsse zur Theorie und Praxis rationaler Entscheidungen liefern.

---

4   Ein Beispiel mit dieser Formulierung verdanke ich Herrn H.-J. Uhlemann, Berlin.

Tim Schanetzky

Mächtige Mythen

Die deutsche Frau und ihr Sitzplatz in der Kriegswirtschaft

Der Fernsehmoderatorin Eva Herman verdanken wir die Einsicht, dass am »Dritten Reich« nicht nur vieles ziemlich schlecht (zum Beispiel »Adolf Hitler«), sondern einiges auch ganz gut war. Zum Beispiel die »Wertschätzung der Mutter«. An sich nur als PR-Coup für ein Buch ohne neue Inhalte gedacht, stießen diese Gedanken im Sommer 2007 eine kurze Welle öffentlicher Erregung an, deren Ablauf hinlänglich bekannt ist: Kündigung der Autorin durch den Norddeutschen Rundfunk, Auftritt in einer Talkshow, mediales Scherbengericht, Rauswurf aus der Sendung, Beifall von der falschen Seite. Einige Tage lang wurde mit routinierter Empörung vieles von dem, was so gar nicht gesagt worden war, verurteilt, beklagt, eingeordnet und zurechtgerückt.[1] Einmal mehr zeigte sich, dass Historiker und Journalisten zwar über Jahrzehnte hinweg die Erzählung vom militärisch angeblich so nützlichen Autobahnbau, mit dem der »Führer« doch die Arbeitslosen von der Straße geholt habe, als reine Fiktion entlarven können. Aber gegen das von der NS-Propaganda hinterlassene Narrativ ist offenbar kein Kraut gewachsen. Kaum anders verhält es sich mit der angeblichen Wertschätzung der deutschen Frau und ihrer Familie im Nationalsozialismus. Herman, die auf eben diesen Mythos anspielte, erhielt die passenden Antworten auf ihre naive Rede: Euthanasie, die »Aussonderung« von »Gemeinschaftsfremden« und auch die Schicksale ausländischer Zwangsarbeiterinnen ergeben erst ein vollständiges Bild.[2] Erstaunlich aber, dass eine an sich besonders nahe liegende Frage in der gesamten Diskussion ausgeklammert blieb: Wie stand es denn eigentlich um die »deutschen Frauen und Mütter« in der Rüstungswirtschaft des Zweiten Weltkrieges?

Ein schönes Beispiel für deren besondere Wertschätzung gab die AEG. Dort resümierte man im Sommer 1941 die Erfahrungen mit Frauen in der Rüstungsproduktion und lieferte damit ein unfreiwillig komisches Sittengemälde aus Zweckoptimismus, Schönfärberei und industriellem Machismo ab. Die zentrale Schlussfolgerung aus den »bisher erworbenen Erfahrungen beim Fraueneinsatz« war von beachtlicher Einfältigkeit: »Der Frau muß eine möglichst sitzende Beschäftigung zugewiesen werden, um eine dauernde körperlich anstrengende Arbeit zu vermeiden, die sonst zur Ermüdung und zum Absinken der Arbeitsleistung führt.« Aber auch »gute helle und saubere Arbeitsräume« sollten »den neu in die Fertigung eintretenden Frauen das Vorurteil gegen den Fabrikbetrieb« nehmen. Nur so könne eine »willige und freudige Arbeitsleistung« erreicht werden. Sogar betriebsökonomische Selbstverständlichkeiten wie »sinnvolle Arbeitsvorbereitung, Unterteilung von Arbeitsgängen sowie zweckmäßige Arbeitsplatzgestaltung« wies man bei der AEG plötzlich als »Vorbedingungen für den Fraueneinsatz« aus.

---

1 Eva Herman zit. n. TAZ, 10.9.2007, Art.: Mutterkreuzzug. Es war nichts gut an Eva (Susanne Lang); angemessen vollendet wurde die Debatte freilich erst mit der Metareflexion eines Medienwissenschaftlers, der als Kritiker einer von ihm beobachteten »Männerdiskriminierung« bekannt geworden ist, vgl. Arne Hoffmann, Der Fall Eva Herman. Hexenjagd in den Medien, Grevenbroich 2007.
2 Exemplarisch: Der Stern, 18.10.2007, Art.: Danke, Eva (Stefan Schmitz).

Die Ausarbeitung beschwor geradezu idyllische Verhältnisse im Betrieb herauf. Zuerst hatten ausführliche Eignungstests den passenden Arbeitsplatz für die »deutsche Frau« zu ermitteln. Erst danach kam diese an die Werkbank, wo sie zunächst angelernt wurde, und zwar »am besten durch [...] pädagogisch veranlagte Ausbilder«. Bei denen handelte es sich selbstverständlich um Männer, die »besonders darauf zu achten [hatten], daß die für Mißerfolge besonders empfindlich eingestellte Frau nicht das Vertrauen zu ihrer Leistungsmöglichkeit verliert.« Deshalb sollten die Herren ihre pädagogische Veranlagung nunmehr auch offen ausleben und ihre »Belehrungen« in möglichst klaren und – für die Fabrikhalle ja typischen – »ruhigen Worten« vorbringen. Denn erst das »dauernde Betonen der Wichtigkeit ihrer Tätigkeit hebt den Verantwortungswillen der Frau«. Auf diesem Wege konnten »anfänglich auftretende Mißerfolge« natürlich viel leichter überwunden werden. Aber es war schon ein Kreuz: Immerzu waren die Gedanken der Frau bei ihrem Haushalt oder ihrer Familie. Daher ging die AEG von vornherein davon aus, dass Frauen lediglich zu Tätigkeiten herangezogen werden konnten, die »in der Regel rein mechanischer Art« waren und »keiner besonderen technischen Denkarbeit« bedurften. Gegenüber dienstverpflichteten Frauen blieb man ebenfalls skeptisch: Hatten diese bereits zuvor als »Verkäuferinnen oder Putzmacherinnen usw.« gearbeitet, fanden sie meist nicht »den Anschluß«. Sehr positive Erfahrungen machte man hingegen mit »Frauen aus den bäuerlichen Gegenden«.

Auch der Betriebsarzt kam zu Wort. Umständlich zitierte er zunächst die seit vielen Jahren bekannten Arbeitsschutzrichtlinien und empfahl dann dringend, »ständig stehend arbeitenden Frauen« einen zweckmäßigen »Sitzplatz zu gelegentlichem Ausruhen« bereitzustellen. Stand dieses Beharren auf den Sitzgelegenheiten womöglich im Zusammenhang mit den inzwischen auf täglich zehn, wöchentlich 56 Stunden ausgedehnten Arbeitszeiten und den entsprechend verkürzten Ruhepausen? Die Ausarbeitung ließ derartige Probleme außen vor. Wichtiger war der Hinweis darauf, dass auch die »ständig sitzende Arbeit« ihre Tücken hatte: »Arbeiten an waagerechten Tischen erfordern ein ständiges Herüberbeugen der Frau, wobei der Leib durch die Tischkante gedrückt und der Rücken gekrümmt wird.« Wie gut, dass da schon »das einfache Schrägstellen der Tischplatte bereits Abhilfe« schaffen konnte! Aber auch »gegenüber gewerblichen Giften« waren Frauen ja besonders anfällig, so dass die Einhaltung der Unfallvorschriften unbedingt »erzwungen« werden musste – sicher mit pädagogischer Veranlagung, vermutlich auch mittels besonders ruhig vorgetragener Worte. Lange Haare stellten insbesondere bei rotierenden Maschinenteilen ein großes Unfallrisiko dar. Hier halfen dem Arzt seine Kenntnisse der Psychologie: »Hauben von ansprechender Form und Farbe für den Haarschutz werden williger getragen.« Leider neigten die Frauen aber auch noch »leicht zu Schreckhaftigkeit«, was ebenfalls viele Unfälle verursacht habe. Selbst zur »sorgfältigen Reinigung der Haut« musste »die Frau angehalten werden.« Gleichwohl kam auch der Mediziner zu der Einschätzung, dass nach einer längeren Einarbeitungszeit, in der zunächst die »Furcht vor der Fabrik und ihren Maschinen« abgebaut werden musste, Frauen selbst an »den größten Maschinen ansetzbar« waren. Alles in allem folgerte die AEG, dass Frauen »im allgemeinen trotz des rauhen Betriebes eine bessere Umsicht und größer Einführungsgabe [sic!] als der Mann« an den Tag legten.[3]

Diese krude Sammlung von Vorurteilen, Halbwahrheiten und Beschönigungen ist nur auf den ersten Blick kurios. Über den schweren Alltag, der für arbeitende Frauen in der Rüstungswirtschaft mit der Doppelbelastung von Haushalt, Familie und den langen Arbeitszeiten verbunden war, schweigt sie sich ebenso aus wie über die noch viel prekäreren Lebens- und

---

3   Alle Zitate aus BayHStA, MWi/9290, Erfahrungsbericht Frauenarbeit bei der AEG, 27.6.1941.

Arbeitsverhältnisse der Zwangsarbeiterinnen. Nur wenige Tage nach dem deutschen Angriff auf die Sowjetunion hatte dieser Optimismus wohl vor allem einen Zweck: die Betätigungsmöglichkeiten deutscher Frauen in den Rüstungsbetrieben besonders positiv darzustellen – mit der leicht erkennbaren politischen Absicht, ein zusätzliches Ventil für den Arbeitskräftemangel zu öffnen. Auf den zweiten Blick ist dies hingegen eine besonders entlarvende Quelle, denn die Archive sind voll mit vergleichbaren, mehr oder minder ideologischen Traktaten zur Frauenarbeit. Auf der einen Seite drängten die vom Arbeitskräftemangel bereits seit Mitte der dreißiger Jahre betroffenen Unternehmen auf eine Steigerung der Frauenerwerbsquote. Gegenüber kostspieligen und unsicheren Investitionen in die Rationalisierung der Betriebe schien dies eine preiswerte Lösung zu sein, die zudem bereits im Ersten Weltkrieg erprobt worden war. Auf der anderen Seite sind die politischen Äußerungen zum selben Thema ebenfalls Legion: Kreuz und quer durch die Hierarchie des NS-Staates, von Hitler bis hinab zum Gauleiter, finden sich ablehnende Äußerungen. Die »deutsche Frau« habe im Interesse der Familien vor den Zumutungen der Industriearbeit bewahrt zu werden. So sorgte sich Hitlers oberster Zwangsarbeiterverwalter Fritz Sauckel um die »Erhaltung der biologischen Gesundheit« des Volkes und wollte »unter allen Umständen« verhindert wissen, dass »die deutsche Frau oder das deutsche Mädchen hinsichtlich ihrer seelischen Gesundheit Schaden erleiden könnten«.[4] Aber jenseits der Ideologie schien auch die praktische Politik des Regimes in dieses Bild zu passen: In den ersten Monaten des Krieges schuf die großzügig bemessene Familienunterstützung für die Ehefrauen der Soldaten sogar einen finanziellen Anreiz, wieder aus dem Erwerbsleben auszuscheiden. Hitler persönlich zögerte die allgemeine Dienstpflicht für Frauen immer wieder hinaus und widersetzte sich den entsprechenden Initiativen seiner Paladine.[5] Die Statistik schien diesen Eindruck zu bestätigen: Bis 1944 hatte sich die Zahl der zivil beschäftigten deutschen Frauen gegenüber 1939 lediglich um anderthalb Prozent erhöht. Im selben Zeitraum stieg die Zahl der ausländischen Zwangsarbeiter und Kriegsgefangenen um das 24-fache.[6]

So entstand das folgenreiche Zerrbild von der relativen Schonung der »deutschen Frau« in der nationalsozialistischen Rüstungs- und Kriegswirtschaft und damit der vermeintlich stärkste empirische Beleg dafür, wie stark die vom Mutter- und Familienideal der NS-Ideologie ausgehenden Impulse angeblich die praktische Politik des Regimes bestimmten. In dieser Sicht verhinderten neben ideologischen Hemmnissen allenfalls noch »Fehlleistungen der administrativen Steuerung« eine systematische Erschließung des weiblichen »Reservepotentials«. Besonders im Vergleich mit den USA und Großbritannien verzeichnete das NS-Regime somit einen »erheblich geringeren Mobilisierungsgrad der Frauenarbeit, obgleich es hierauf eigentlich in höherem Maße angewiesen war.«[7] Diese Interpretation hatte nicht nur den Vorzug, Statistik und NS-Ideologie in Übereinstimmung bringen zu können. Die im internationalen Vergleich relativ geringe Mobilisierung von Frauen für die Rüstungswirtschaft schien auch zu belegen, dass es anfangs so etwas wie eine die Kräfte der »Volksgemeinschaft« weithin schonende »Blitzkriegstrategie« tatsächlich gegeben hatte. Dafür sprach insbesondere die während der ersten Kriegsjahre sogar sinkende Zahl erwerbstätiger deutscher Frauen. Zudem passten die gut dokumentierten politischen Auseinandersetzungen um die Frauenbeschäftigung zu einem

---

4 Dietrich Eichholtz, Geschichte der deutschen Kriegswirtschaft 1939–1945, Bd. II, Berlin 1985, S. 228.
5 Dörte Winkler, Frauenarbeit im »Dritten Reich«, Hamburg 1977, S. 102–121.
6 Rolf Wagenführ, Die deutsche Industrie im Kriege 1939–1945, Berlin 1954, S. 139.
7 Ludolf Herbst, Der Totale Krieg und die Ordnung der Wirtschaft. Die Kriegswirtschaft im Spannungsfeld von Politik, Ideologie und Propaganda 1939–1945, Stuttgart 1982, S. 119 f.

zentralen Topos der älteren NS-Forschung: Während sich Behörden, Wehrmacht und Unternehmen weithin rational verhielten (und deshalb mehr Frauen in der Produktion einsetzen wollten), handelten NSDAP und Deutsche Arbeitsfront irrational und ideologisch (und verhinderten folglich die Heranziehung zusätzlicher weiblicher Arbeitskräfte).[8]

Leider war nichts davon zutreffend. Obwohl sich die Forschung bereits seit den sechziger Jahren intensiv mit dem Thema auseinandergesetzt[9] und immer mehr alltags- und erfahrungsgeschichtliche Details über den beschwerlichen Alltag von Frauen in der Rüstungswirtschaft ans Licht gebracht hatte,[10] kam die Erzählung von der ideologisch begründeten Schonung der »deutschen Frau« doch erst überraschend spät an ihr berechtigtes Ende. Unvoreingenommen betrachtet sprach die Statistik ja für das glatte Gegenteil: Schon vor Kriegsbeginn waren Frauen in Deutschland in überaus hohem Maße in den Produktionsprozess eingespannt gewesen. Die hohen Steigerungsraten in Großbritannien und den USA gingen also auf ein viel niedrigeres Ausgangsniveau der weiblichen Erwerbstätigkeit zurück. So erreichte die britische Frauenerwerbsquote das deutsche Niveau denn auch erst 1943, stieg dann aber schneller als in Deutschland. Die USA hinkten bis zum Kriegsende mit deutlichem Abstand hinterher.[11] Das NS-Regime zog sogar weitaus mehr Frauen zur Rüstungsproduktion heran als das Kaiserreich im Ersten Weltkrieg.[12] Diese Erkenntnisse hatten schwere epistemologische Aufräumarbeiten zur Folge: Offenbar waren gleich mehrere Forschergenerationen dem unmittelbaren Reiz anschaulicher und deshalb vermeintlich für sich selbst sprechender Quellen erlegen und hatten den Verlautbarungen der NS-Ideologie zuviel Glauben geschenkt. Mit dem Ideal der Hausfrau und Mutter war es in der Realität des NS-Staates jedenfalls nicht so weit her, wie man angenommen hatte. Auch das Konstrukt der nationalsozialistischen »Blitzkriegstrategie« brach nun in sich zusammen. Offenbar hatte das Regime die deutsche Gesellschaft bereits in den dreißiger Jahren wesentlich stärker und radikaler für den kommenden Krieg mobilisiert, als bislang angenommen worden war.[13]

Seit der Wende zu den neunziger Jahren ist das wissenschaftlicher Common Sense geworden, und dieser wird inzwischen auch für ein breiteres Publikum aufbereitet.[14] Dass Eva Her-

---

8 Ein Literaturüberblick bei Tilla Siegel, Leistung und Lohn in der nationalsozialistischen »Ordnung der Arbeit«, Opladen 1989, S. 171.
9 Jürgen Kuczynski, Studien zur Geschichte der Lage der Arbeiterin in Deutschland von 1700 bis zur Gegenwart, Berlin 1963; Ursula von Gersdorff, Frauen im Kriegsdienst 1914–1945, Stuttgart 1969; Timothy Mason, Zur Lage der Frauen in Deutschland 1930 bis 1940. Wohlfahrt, Arbeit und Familie, Frankfurt am Main 1976; Dorothee Klingsiek, Die Frau im NS-Staat, München 1982; Eichholtz, Geschichte der deutschen Kriegswirtschaft Bd. II, S. 228 ff.; Walter Naasner, Neue Machtzentren in der deutschen Kriegswirtschaft 1942–1945, Boppard 1994, S. 68 f., 88.
10 Stefan Bajohr, Die Hälfte der Fabrik. Geschichte der Frauenarbeit in Deutschland 1914–1945, Marburg 1979; Ludwig Eiber, Frauen in der Kriegsindustrie. In: Martin Broszat; Elke Fröhlich; Anton Grossmann (Hg.), Bayern in der NS-Zeit III. Herrschaft und Gesellschaft im Konflikt, Teil B, München 1981, S. 569–588.
11 Pikanterweise lagen statistisch bereinigte internationale Vergleichswerte zur Frauenerwerbsquote bereits frühzeitig vor, und zwar bei Clarence D. Long, The Labor Force in War and Transition. Four Countries, New York 1952, S. 33.
12 Adam Tooze, Ökonomie der Zerstörung. Die Geschichte der Wirtschaft im Nationalsozialismus, Berlin 2007, S. 591 ff.
13 Richard Overy, »Blitzkriegswirtschaft«? Finanzpolitik, Arbeitseinsatz und Lebensstandard in Deutschland 1939–1942, in: Vierteljahrshefte für Zeitgeschichte 36 (1988), S. 379–435, hier: 425 ff.
14 Ders.: Die Wurzeln des Sieges. Warum die Alliierten den Zweiten Weltkrieg gewannen, Reinbek bei Hamburg 2002; ganz ähnlich konzipiert Tooze, Ökonomie.

mans Lob für die nationalsozialistische »Wertschätzung der Mutter« schon bald vergessen sein wird, dürfte angesichts der weithin routiniert geführten und bemerkenswert kurzen Debatte völlig unstrittig sein. Mit ihm wird allerdings auch die mediale Aufklärung über Mythen und populären Irrtümer über das Dritte Reich erneut vergessen werden – bis zum nächsten Mal, wenn es wieder heißt: Am Nationalsozialismus war doch nicht alles schlecht, die Frau, die Familie, die Autobahnen ...

Horst A. Wessel

Vom preisgekrönten Eber Berthold, der Zuchtsau Edith und anderen Viechern

Zur Versorgung seines im Duisburger Süden geplanten Hüttenwerkes mit Eisenerz und Mangan hatten sich die Mannesmannröhren-Werke 1918 an der Gewerkschaft Doktor Geier in Waldalgesheim bei Bingen mehrheitlich beteiligt und wenige Jahre später ganz übernommen. Sie haben das Erzbergwerk bis 1972 betrieben. Das Mannesmann-Archiv verwahrt umfangreiche Aktenbestände, die über die Geschichte des Bergwerks Auskunft geben. Dabei stehen aus nahe liegenden Gründen, der Bergbaubetrieb sowie der Abtransport der geförderten Manganerze im Vordergrund. In der Nähe der noch heute beeindruckenden Stöckert-Schachtanlage mit ihrem 50 m hohen Förderturm und den gewaltigen Erzbunkern in 348 m Höhe über N. N. im Norden des Dorfes Waldalgesheim befindet sich ein Gutsbetrieb, der bereits in der Zeit zwischen den Weltkriegen mehr als 75 ha mit Äckern und Wiesen bewirtschaftete. Die Landwirtschaft, die dort heute noch betrieben wird, hat in zeitgenössischen und historischen Betrachtungen kaum Beachtung gefunden – allenfalls findet man unter den Abbildungen den Schäfer, der auf den Fluren des Erzbergwerkes seine Herde weidete. Dabei ist die Landwirtschaft der Grube Doktor Geier, auch wenn diese nicht Hauptzweck war, der Beachtung wert. Es handelte sich nämlich um einen Betrieb, der als herausragendes Mustergut anerkannt war – mit Tieren, die als Musterexemplare vorbildlicher Tierzucht angesehen und auf landwirtschaftlichen Ausstellungen und Schauen wiederholt prämiert wurden.

Wer sich die Frage stellt, warum eine Erzgrube einen Gutshof unterhielt, und zwar mit Tierzucht, die weit über die Region Mittelrhein bekannt war, der wird auf die negativen Folgeerscheinungen der Bergbautätigkeit verwiesen. Obwohl Bergbau und Landwirtschaft auf den ersten Blick wenig Gemeinsames haben, ergänzen sich diese beiden Bereiche; denn das bergbautechnisch genutzte Gelände eignete sich nicht für die Errichtung von Wohn- und Gewerbegebäuden. Dagegen konnte auch ein zu Bruch gegangenes Gelände landwirtschaftlich genutzt werden. Bereits vor dem Ersten Weltkrieg war der erste Landwirtschaftshof entstanden. Es wurden sowohl die Flächen als auch die alten Gebäude, wie Waschkaue und Magazine, dafür genutzt. Kurz vor dem Zweiten Weltkrieg wurden die Gebäude durch Bergschäden zerstört. Es ist nicht verwunderlich, dass man in einer Zeit, die auf Selbstversorgung ausgerichtet war, alles daran setzte, den landwirtschaftlichen Betrieb wieder aufzubauen. 1942 wurde ein Gutshof errichtet, der modernen Ansprüchen genügte. Bis 1947 wurde hauptsächlich Ackerbau betrieben. Erneute Bergschäden, durch die die Ackerflächen vernichtet wurden, machten diese Art der landwirtschaftlichen Betätigung unrentabel.

Anfang 1948 wurde der Betrieb auf Viehhaltung, und zwar auf Rinder- und Schweinezucht, umgestellt. Allerdings wurde der vorhandene Tierbestand, der zum Teil Tbc-verdächtig war, abgeschafft. Aus dem Münsterland kam statt dessen eine kleine Herde rotbunter Tieflandkühe, und mit einem ausgezeichneten Bullen »Hugo«, wurde ein neuer Herdbuchstamm, d. h. mit Zuchtstammbuch, aufgebaut. Zahlreiche Preise, die auf Ausstellungen errungen werden konnten, die hohe Milchleistung und der Fettgehalt der Milch sowie schließlich der aus dem Verkauf von Jungbullen auf Auktionen erzielte Erlös waren anschauliche Belege für den Erfolg dieser Aufbauarbeit. Die Milch wurde zum größten Teil zum verbilligten Preis an die Belegschaft der

Ehrenurkunde für
Eber Berthold

Grube und deren Familienangehörigen abgegeben. Nach Zeugenaussagen konnte die Milch ohne Bedenken im rohen Zustand getrunken werden. Jedenfalls wurde der Rinderbestand als »staatlich anerkannter Tbc- und Bazillus-Bang-Freier-Bestand« laufend kontrolliert. Darüber hinaus kommt dem Betrieb das Verdienst zu, mit dem bunten Vieh aus dem westfälischen Tiefland eine neue Rasse am Mittelrhein heimisch gemacht zu haben, die sehr futterdankbar und darum für dieses Gebiet besonders geeignet ist. 1953 umfasste die Herde schon etwa 50 Tiere.

Im gleichen Jahr, als man sich in Waldalgesheim entschloss, den Betrieb auf die Viehzucht umzustellen, wurde der Schweinebestand durch den Kauf einiger Tiere mit gutem Stammbaum neu aufgebaut. Vor allem der aus einer Auktion in Krefeld stammende Eber »Berthold«, der im Zusammenwirken mit seiner Zuchtsau »Edith« und bald auch anderen Sauen zum Stammvater der Waldalgesheimer Schweinezucht wurde, konnte 1950 sogar den großen »Staatsehren-

Schafzucht

preis« und in der Folge noch viele andere bedeutende Auszeichnungen auf seinem borstigen Buckel vereinen.

Und viele seiner Kinder haben es ihm nachgemacht. Der Panzerschrank der Grube soll voller Auszeichnungen gewesen sein; leider hat bis heute keine davon ihren Weg in das Mannesmann-Archiv gefunden. Lediglich zwei staatliche Urkunden belegen zweifelsfrei den Schweineadel. Eine große Anzahl von Ferkeln wurde den Belegschaftsmitgliedern zu verbilligten Preisen überlassen. Im Durchschnitt fütterte jedes Belegschaftsmitglied ein bis zwei Ferkel im Jahr schlachtreif. Die Herde bestand 1953 aus 120 Tieren.

Weil viel Bruchland vorhanden war, das gerade von Schafen noch beweidet werden konnte, widmete man sich ab etwa 1952 auch der Schafzucht. Der Zuchtbock, selbstverständlich von Zuchtwertklasse »I«, kam diesmal nicht aus dem Münsterland oder vom Niederrhein; in seinen Adern pulsierte das in Schafskreisen hoch geschätzte britische Blut. Entsprechend hoch trug »William« seinen mit Hörnern bewehrten Schädel. Das gilt auch für die übrigen Stammväter dieser rd. 150 Tiere zählenden Herde. Die erste Schur erzielte einen Durchschnitt von über 5,4 kg Wolle pro Tier; die Höchstleistung lag bei 7,6 kg Wolle. Die »Ernten« der folgenden Jahre erbrachten noch weit bessere Ergebnisse.

Es muss nicht eigens erwähnt werden, dass auch andere Tiere zu diesem landwirtschaftlichen Betrieb, der seit Anfang 1953 von einem Diplom-Landwirt geführt wurde, gehörten. Die Eier der hinsichtlich Menge und Aussehen prächtigen Hühnerschar wurden auf dem Frankfurter Wochenmarkt verkauft – ob allerdings, wie von Zeitzeugen glaubwürdig, wenn auch angezwinkert, versichert wird, mit dem für Mannesmann seit 1912 weltweit geschützten Stempelaufdruck, das scheint dem Verfasser eher unwahrscheinlich. Aber wer weiß. Hätte doch auch kaum jemand vermutet, dass sich hinter dem Erzbergbauunternehmer ein »Muster-Bauer« versteckte![1]

---

1 Quellen des Beitrags: Mannesmann-Archiv, Urkundensammlung; M 75.012, M 75.018; Horst A. Wessel, Die landwirtschaftliche Bedeutung der Grube Doktor Geier in Waldalgesheim oder: Nachrichten über den Eber Berthold, die prämierte Zuchtsau Edith und andere Viecher, in: Bingerbrücker und Rupertsberger Geschichte(n) (Mitgliederzeitschrift des Heimatvereins Bingerbrück), Heft 22, April 2005, S. 13–15.

Michael Pohlenz

Das weiße Gold

Bayer zahlt in Naturalien

»Süßer Genuss ohne Karies und Übergewicht – Ende des 19. Jahrhunderts war das noch undenkbar. Durch einen Zufall sollte sich das aber ändern: Als der deutsche Chemiker Constantin Fahlberg mit Sulfonsäure-Derivaten experimentierte, kochte die Brühe über. Fahlberg wischte die Pfütze auf und kühlte seine verbrühte Hand mit den Lippen. Statt eines bitteren Geschmacks spürte er jedoch eine intensive Süße auf der Zunge – Benzosulfimid, das als Saccharin bekannt werden sollte. Heute können Diabetiker ohne Reue Süßes genießen, Übergewichtige und Figurbewusste schwören auf künstlich gesüßte, kalorienarme Light-Produkte.«[1]

Sorgen ganz anderer Art haben die Menschen zum Ende des Zweiten Weltkriegs. Im Mittelpunkt des Alltags stehen nicht Karies und Übergewicht, sondern die Beschaffung der lebensnotwendigsten Güter. Wie viele Unternehmen versucht auch Bayer in Leverkusen die Lebensbedingungen der Mitarbeiterinnen und Mitarbeiter durch die kostenlose Abgabe oder die preiswerte Einkaufsmöglichkeit von Dingen des täglichen Bedarfs zu verbessern. Darunter fallen viele Artikel der so genannten Mangelware wie Kartoffeln, Essig, Waschmittel, Einmachgläser, Gummiringe, Glühbirnen, Fahrradschläuche, Schuhsohlen oder Regenmäntel sowie Kohlen zum Heizen und Kochen. Zu Weihnachten werden Backpulver, Wein und Zigarren an die Belegschaft verteilt.[2] Auch eine Reihe von Dienstleistungen, so unter anderem die Reparatur von Hüten und das Umfärben von Kleidungsstücken, werden angeboten oder vermittelt. Güter und Leistungen werden entweder selber im Unternehmen hergestellt und erbracht oder sind Kompensationsgeschäfte. Eine besondere Rolle spielt dabei der von Bayer in der Nachkriegszeit hergestellte Süßstoff Saccharin.[3]

Für das Werk Leverkusen endet der Zweite Weltkrieg am 14. April 1945 mit der Besetzung durch die 97. US-Infanterie-Division. Nach zwei Monaten unter amerikanischer Besatzung übernehmen die Engländer zur Jahresmitte die Geschäfte der Militärregierung in den Regierungsbezirken Köln und Düsseldorf.[4] Um die Ernährung der Bevölkerung sicher zu stellen und den Ausbruch oder die Verbreitung von Krankheiten und Seuchen zu verhindern, erhält Bayer

---

1 WDR-Stichtag, 27.2.2004: 27. Februar 1879: Die Entdeckung von Saccharin wird bekannt gegeben.
2 BAL 329/835, Direktionsabteilung, Abgaben an Private, 1945–1950.
3 Süßstoffe sind synthetisch hergestellte oder natürliche Ersatzstoffe für Zucker, die eine wesentlich stärkere Süßkraft haben (je nach Süßstoff-Art 10- bis 3.000-fach süßer). Sie haben sehr wenige oder keine Kalorien. Außerdem bieten sie Karies verursachenden Bakterien keine Nahrung, da sie von der Mundflora nicht metabolisiert werden. Die Süßkraft der Süßstoffe wird immer auf Saccharose bezogen, die demnach die Süßkraft 1 hat ..., aus: http://de.wikipedia.org; Saccharin (... Benzosulfimid) Farblose, sehr süß schmeckende Kristalle mit schwach bitterem Nachgeschmack ... S. hat die 550-fache Süßkraft von Saccharose. Es schmeckt noch in einer Verdünnung von 1:200.000 süß ... S. besitzt keinen physiologischen Brennwert ... Aus: www.roempp.com, Copyright 2008 Georg Thieme Verlag. Letzte Aktualisierung: November 2005; vgl. auch: Christoph Maria Merki, Zucker gegen Saccharin, Zur Geschichte der künstlichen Süßstoffe, Frankfurt 1939.
4 BAL 1/4.3, Arthur P. Zwiste, Aufzeichnungen über die Zeit von 1933–1960, Leverkusen 1960.

bereits im Mai erste Produktionsgenehmigungen für den zivilen Bedarf von »Food Products, Medical Supplies, Sanitation Supplies, Soaps and Disinfectants, Liquid Fuels, Fertilizer and Agricultural Chemicals, Food Products«.[5] Unter die letzte Gruppe »Nahrungsmittel« fallen Produkte wie Konservierungsmittel, Lebensmittelfarbstoffe und auch Süßstoff, dessen Produktion auf Vorschlag des Betriebsrats aufgenommen wird.

»Als in den ersten Monaten nach Kriegsende die Belegschaft in äußerster Not war, weil man sich kaum das Allernotwendigste zum Lebensunterhalt beschaffen konnte, machte der Vorsitzende des Betriebsrates, Herr Hochapfel, den verdienstvollen Vorschlag, für die Versorgung der Belegschaft aus eigener Produktion etwas zu tun und zwar die Herstellung von Süßstoff aufzunehmen. Das lag insofern im Bereich sofortiger Möglichkeit, weil wir schon viele Jahre das Zwischenprodukt für Süßstoff fabriziert und bis 1945 an die Firma Heyden (Radebeul. b. Dresden) geliefert hatten.«[6]

Die bisherigen großen Süßstoffhersteller wie die von Heyden A. G. und die Fahlberg List A. G. lagen in Ostdeutschland oder waren durch Kriegszerstörungen und Demontagen nicht in der Lage zu produzieren.[7] Schon ab Juli 1945 wird in Leverkusen Saccharin hergestellt und unter dem Namen »Bayer«-Süßstoff auf den »Markt« gebracht.[8] Beliefert werden in erster Linie – neben den eigenen Mitarbeiterinnen und Mitarbeitern – die Getränke-, Nahrungsmittel- und Konservenhersteller, aber auch die pharmazeutische Industrie, sowie Apotheken, Drogerien und Krankenhäuser. Die Produktion steigt ständig und beträgt 1948 durchschnittlich zehn Tonnen monatlich.[9] Saccharin spielt für den Wiederaufbau des Werks und die Wiederaufnahme der Produktion eine wichtige Rolle und wird vom Unternehmen im Rahmen von Kompensationsgeschäften als Zahlungsmittel für Dienstleister und Lieferanten genutzt.[10] Dazu gehören kleine Handwerksbetriebe und mittelständische Unternehmen ebenso wie die Deutschen Röhrenwerke in Düsseldorf, das Technische Büro von Siemens & Halske in Köln oder Krupp in Essen. Die Beschaffung einer Spezialschleuder für die Penicillinherstellung »kostet« 750 Rollen Süßstoff.[11] Das Walzwerk Neviges, das Reparaturen an elektrischen Motoren im Werk Leverkusen ausführt, bittet »zur Hebung der Arbeitsfreudigkeit unserer Gefolgschaft, auf dem heute oft beschrittenen Wege der Gegenlieferung, für unsere Arbeiten um die Übersendung von Süßstoff«.[12] Als im Sommer 1947 die Kohlezuteilungen reduziert werden, erhält Bayer auf Vermittlung der Getränkeindustrie von der Versorgungszentrale für den Deutschen Bergbau in Essen ein größeres Kohlekontingent, um die kontinuierliche Produktion von Süßstoff für die Limonadenproduzenten sicher zu stellen.[13] Neben den betrieblichen Belangen dienen die Kompensationsgeschäfte auch der Versorgung der Belegschaft mit Lebensmitteln oder Haushaltsgegenständen. Im Jahr 1947 werden zum Beispiel 500 Tisch-, Küchen-, Taschen- und

---

5 BAL 206/6, Besatzung: Anordnungen, Gesetze, Besprechungen, 1945–1956.
6 BAL 1/6.6.18, Verkauf Pharma, S. 174 ff.; zur Geschichte des Süßstoff vgl. auch: www.suessstoff-verband.de/grundlagen/geschichte/.
7 BAL 317/23, Berthold Wenk, Süßstoff, 1946–1953, Produktion von Süßstoff, 20.8.1947.
8 BAL 166/8, Pharma Produkte A-Z, Süßstoff, 1904–1958.
9 BAL 166/8, Pharma Produkte A-Z, Süßstoff, Schreiben Mertens an Wenk, 20.11.1948.
10 BAL 59/333, Ingenieurverwaltung, Abgaben von Süßstoff an Unternehmer, Lieferanten und dgl., 1946–1949.
11 BAL 59/333, Ingenieurverwaltung, Abgaben von Süßstoff an Unternehmer, Lieferanten und dgl., 1946–1949, Süßstoff für Westfalia-Separator AG, Oelde, 1.10.1947.
12 BAL 59/333, Ingenieurverwaltung, Abgaben von Süßstoff an Unternehmer, Lieferanten und dgl., 1946–1949, Schreiben vom 23.1.1948.
13 BAL 1/6.6.18, Verkauf Pharma, S. 177 f.

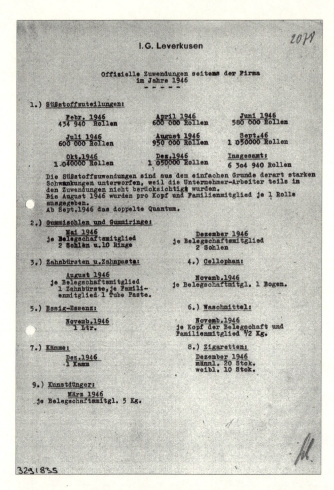

Aufstellung der Sachzuwendungen, 1946 (Bayer AG)

Armbanduhren bei Kienzle in Schwenningen für 50 Kilo Saccharin gekauft und preiswert an die Mitarbeiterinnen und Mitarbeiter abgegeben.[14]

Der in Pulver- und Tablettenform konfektionierte »Bayer«-Süßstoff wird zudem als Gehaltszahlung in Naturalien verwendet. Wochenend- und Feiertagsarbeit, Extraschichten und Überstunden werden mit Saccharin vergütet, besondere Leistungen mit Sonderzuteilungen prämiert.[15] Auch können die Mitarbeiter zusätzliche Kontingente kostengünstig beziehen. Nachdem Saccharin zunächst lediglich an Wechselschichtler ausgegeben wird, erhalten bald alle Belegschaftsmitglieder zwei Rollen Süßstoff monatlich und für jedes Familienmitglied weitere zwei Rollen.[16] Die Süßstoffrollen enthalten jeweils zehn Tabletten mit insgesamt acht

---

14 BAL 214/10.2, Personal- und Sozialwesen, Betriebsrat, Unterlagen Walter Hochapfel, 17.9.1947.
15 BAL 329/835, Direktionsabteilung, Abgaben an Private, Rundschreiben der Sozialabteilung Nr. 1055, 17.7.1947, vgl. auch: BAL 214/6, Personal- und Sozialwesen, Sitzungsprotokolle des Fabrikkontorausschusses, 1940–1950, Niederschrift der Sitzung vom 19.11.1948.
16 BAL 325/45, Direktion Werk Dormagen, Rundschreiben, 1945–1947, Rundschreiben Nr. 4, 2.10.1945.

Süßstoffrolle 1946
(Bayer AG)

Gramm Saccharin, was einer Süßkraft von 2½ Kilo Zucker entspricht.[17] Auch Pensionäre, Witwen und Kriegerwitwen dürfen zu günstigen Konditionen Süßstoff kaufen. Um eine möglichst gerechte Verteilung zu gewährleisten, wird der Bezug detailliert geregelt und von der Sozialabteilung in Zusammenarbeit mit der Abteilung Pharma-Verkauf durchgeführt.[18] 1945 kostet eine Rolle »Bayer«-Süßstoff 1 RM, 1948 zahlen Wechselschichtler 50 Pf., alle übrigen Mitarbeiter 65 Pf.[19]

Das »weiße Gold« dient mehrere Jahre ähnlich den amerikanischen Zigaretten als begehrtes Tauschmittel – legal wie illegal. Obwohl das Unternehmen schon frühzeitig beschließt »zur Unterbindung der Saccharindiebstähle ... die Fabrikation ständig durch Chemiker überwachen zu lassen«[20], berichtet die Rheinische Zeitung am 19. September 1947 unter der Überschrift »Riesenbetrug mit Natron-Süßstoff, in vier Monaten eine viertel Million Mark ergaunert« über eine Gerichtsverhandlung in Köln, einen »15jährigen Großschieber« und seine Komplizen: »Der Saal ist voller Menschen. 22 Angeklagte ... Die Anwälte halten gewissermaßen Versammlung ab, so viele sind ihrer. ... Und alles wegen Süßstoff: Man hört es auf den Gängen, Treppen und in den Sälen. Es ist wie ein Komplexwort. Nur Arsen, Mädchenhandel und Schmuggel konnten früher ähnlich faszinieren. Süßstoff ist auf dem Schwarzen Markt König der Mangelware, er ist das weiße Gold unserer Not. ... Die Angeklagten stammen aus Leverkusen-Wiesdorf, Köln-Mülheim und Riehl. Der jüngste ist 16 Jahre alt; als er gefasst wurde, war er erst 15. Mit 20 Gramm fing es an, erzählt er. Er verkaufte sie mit einem Freund und setzte den Erlös in Zigaretten um. ... Im Mai/Juni 1946 steigt man ins Geschäft. ... Im Verhältnis 1:3 wurden Süßstoff und Natron gemischt; später verschlechterte man die Qualität im Verhältnis 1:5. Insgesamt sind rund sechs Zentner dieses Gemenges als Süßstoff für 1.000 Mark je Kilo in den Schwarzhandel gebracht worden. ... In knapp vier Monaten war das Geld verdient. Tolles

---

17 BAL 1/6.6.18, Verkauf Pharma, S. 175.
18 BAL 221/5, Sozial- und Wohlfahrtsangelegenheiten, Rundschreiben der Sozialabteilung, 1943–1951, Rundschreiben vom 22.8.1947.
19 1946 betrug der durchschnittliche Stundenlohn eines Chemiearbeiters ca. 0,70 RM, 1949 lag der Verdienst bei 1,50 DM/Stunde; vgl. auch: BAL 215/2, Personal- und Sozialwesen, Lohn 1940–1954, Vol. 3., BAL 1/4.1, Geschichtliche Entwicklung der Bayer AG, Belegschaftspolitik, E, Lohn und Gehalt.
20 BAL 166/8, Pharma Produkte A-Z, Süßstoff, Niederschrift der Direktionskonferenz Technisch am 6.8.1946.

Werbung für Bayer-Süßstoff, 1950 (Bayer AG)

Geschäft und eine hundsgemeine Schufterei! ... Im Gebüsch hätten sie den schieren Süßstoff gefunden, sagen sie, aber es sind auch Angestellte von IG-Farben unter den Beschuldigten. Man weiß also Bescheid. Zehntausende Hausfrauen sind betrogen, ... und da sitzen sie nun in Reih und Glied auf der Anklagebank, die es getan haben, vorneweg der Lausejunge im Großschieberformat. ...[21]

Bis auf zwei werden alle Angeklagten wegen fortgesetzten Wirtschaftsverbrechens, gewerbsmäßiger Hehlerei und Preisverstoßes zu Gefängnis- oder Geldstrafen verurteilt. Der jugendliche Hauptangeklagte erhält sieben Monate Jugendgefängnis und eine Geldstrafe in Höhe von 5.000 Mark.[22]

Noch zum Jahresende 1948 geht man bei Bayer davon aus, dass aufgrund des permanenten Zuckermangels der Bedarf der Industrie wie auch der Bäckereien und Großküchen anhalten werde. Die Währungsreform hatte die Nachfrage zunächst gesteigert. Die Produktion für 1949 wird mit 12 Tonnen Süßstoff pro Monat prognostiziert. Allerdings ändert sich die Situation

---

21 BAL 317/23, Berthold Wenk, Süßstoff, 1946–1953, Rheinische Zeitung, 17.9.47.
22 BAL 317/23, Berthold Wenk, Süßstoff, 1946–1953, Kölnische Rundschau, 17.9.47.

durch die allgemeine Verbesserung der Ernährungslage, die zunehmende Konkurrenz durch andere Hersteller und vor allem durch die Aufhebung der Zuckerrationierung im Mai 1951 kurzfristig und drastisch.[23] Da industrielle und private Abnehmer nach Jahren des Verzichts verständlicherweise wieder Zucker bevorzugen, sinken Produktion und Umsatz Anfang der 50er-Jahre um rund 80–90 % gegenüber der Höchstproduktion der vergangenen Jahre.[24] Vertriebs-Verträge werden aufgelöst, der Jahresumsatz, der in »besten Zeiten« bis zu 11 Millionen DM betragen hatte, sinkt auf rund 1,5 Millionen im Jahr 1952[25].

Die Zeit der »Süßstoff-Währung« ist beendet. Adipositas ist noch ein »Fremdwort« und Magersucht kennt man lediglich aus dem Struwwelpeter. Aber Wohlstandsbäuche und Figurbewusstsein wachsen und bringen eine Renaissance der kalorienarmen Ersatzstoffe für Zucker in den so genannten Light-Produkten.[26]

23 BAL 166/8, Pharma Produkte A-Z, Süßstoff, Schreiben Mertens an Wenk, 20.11.1948; vgl. auch: Elke Bickert, Die Entwicklung der Zuckerwirtschaft in Deutschland nach dem Zweiten Weltkrieg, Stuttgart 2001; Manfred Pohl, Die Geschichte der Südzucker AG, 1926–2001, München 2001.
24 BAL 15/D.5.3, Finanzwesen, Umsätze Pharmazeutika, No. 18–40; vgl. auch: BAL 18/10.109-111, Vertreterverträge Pharma.
25 BAL 18/10.111 Vertriebs-Vertrag, Einkaufszentrale der Bäckergenossenschaft Norddeutschlands, Süßstoff, 1949–1950; BAL 317/23, Berthold Wenk, Süßstoff, 1946–1953, Exposé, Süßstoff, 14.9.1953.
26 Bayer produziert weiterhin Süßstoff und vertreibt ihn über seine Tochtergesellschaft DRUGOFA mit Sitz in Köln. 1996 werden die Süßstoff-Marken natreen und Sionon an das niederländische Unternehmen Sara Lee/DE verkauft. Vgl. auch: BAL 6/14, Beteiligungen der I. G. Farbenindustrie AG, Drugofa; vgl. auch: Juliane Scholz, Die Konsumgeschichte des Rübenzuckers und die Entwicklung seiner süßen Konkurrenten Saccharin und Rohrzucker, München 2007

Ralf Banken

»Betr.: Bohren mit Sandstrahlgebläse«
Eine Zahnbehandlungsmethode der 1950er Jahre

Nicht nur wegen des beschriebenen Szenarios größerer Staubmengen in Mund, Nase und Augen dürfte die Lektüre des abgedruckten Geschäftsbriefes die meisten Leser an den eigenen, wieder einmal anstehenden Kontrollbesuch beim Zahnarzt denken lassen.[1] Womöglich löst die Vorstellung, dort selbst mit einer Sandstrahlbehandlung der eigenen Zähne konfrontiert zu werden, sogar ein leichtes Gruseln aus. In der Tat sind die im Brief der Rechtsabteilung der Deutschen Gold- und Silber-Scheideanstalt vorm. Roessler (Degussa) beschriebenen zahlreichen Nachteile des neuartigen Zahnbehandlungsverfahrens aus den 1950er Jahren, wie die Verstaubung der Umgebung und des Mundes des Patienten, wenig dazu angetan, den Zahnarztbesuch angenehmer zu gestalten. Es verwundert daher kaum, dass sich das Sandstrahlen von Zähnen trotz des Vorteils einer weitgehend schmerzfreien Behandlung nicht durchsetzte.[2] Bereits aus der hier vorliegenden zeitgenössischen Beschreibung des Zahnsandstrahlgeräts, des »Airdent« der US-amerikanischen Firma S. S. White aus Philadelphia, treten die Unzulänglichkeiten der neuen Behandlungsmethode zu Beginn ihrer Entwicklung Anfang der 1950er Jahre deutlich hervor.

Man könnte daher schlussfolgern, dass die Erfindung des Beschießens von Zähnen mit Aluminiumoxyd-Partikeln und damit auch die Quelle auf den ersten Blick schnell unter der Rubrik »Skurriles« abgelegt werden kann. Tatsächlich aber wäre dies eine typische Ex-Post-Interpretation. Denn bis heute wird an Pulverstrahlgeräten für die Zahnbehandlung geforscht, und sie sind durchaus bei bestimmten, schmerzfreien Kariesbehandlungen in Zahnarztpraxen im Einsatz – wenn auch selten und wenig flächendeckend.[3]

---

1 Der Geschäftsbrief findet sich in: Evonik Industries AG, Konzernarchiv Frankfurt am Main, Bestand Degussa AG, Rechtsabteilung, DL 11.5./69. Die im Brief aufgeführten Zitate stammen aus der internen Degussa-Korrespondenz zu diesem Geschäftsvorgang und befinden sich ebenfalls in dieser Akte sowie in Evonik Industries AG, Konzernarchiv Frankfurt am Main, Bestand Degussa AG, Rechtsabteilung, DL 11.5./24.
2 Weitere Nachteile des Verfahrens waren das mögliche Einatmen des Staubes, die schwierige Beherrschung dieser Bohrtechnik, das Nachpräparieren der behandelten Zahnstelle sowie die hohen Kosten des »Airdent«-Gerätes.
3 Neben der Zahnreinigung durch Ultraschall, Pulver-Wasser-Luft- oder andere Gemische, z. B. zur Entfernung von Genuss- und Nahrungsmittelverfärbungen, sind heute auch Sandstrahlgeräte auf Aluminiumoxidbasis im Einsatz. Das Verfahren, das nur wenig Verbreitung in Zahnarztpraxen gefunden hat, ist unter dem Fachbegriff der »kinetischen Kavitätenpräparation (KCP)« bekannt. Kleinste Pulverpartikel, wie Aluminumoxid- oder Polykarbonatpartikel, werden dabei von einem starken Luftstrom mit einer Geschwindigkeit von ca. 2.000 km/h aus der Düse transportiert. Beim Auftreffen der aktivierten Teilchen auf der Oberfläche des Zahns wird die Zahnhartsubstanz abgetragen. Die Nachteile der heutigen Technik sind dabei denen der 1950er Jahre ähnlich, d. h. Staubbildung, eingeschränkte Verwendung etc. Daher hat das Verfahren trotz des Vorteils der reduzierten Schmerzempfindung beim Patienten keine größere Verbreitung gefunden. Walter Hoffmann-Axthelm, Die Geschichte der Zahnheilkunde, Berlin 1985², S. 300; O. V., Lexikon Zahnmedizin Zahntechnik. München 2000, S. 675;

Vor allem aber verdeckt eine vorschnelle Auslegung des in der Quelle geschilderten Vorgangs als Kuriosum, dass sich anhand dieses Geschäftsbriefes über eine später gescheiterte Technik sehr gut die Funktionsweise von Unternehmen deutlich machen lässt. So stellt sich beim zweiten Hinsehen schnell die Frage, warum die Degussa denn überhaupt eine Technologie beobachtete, die sie selbst Jahrzehnte zuvor als wenig zukunftsträchtig aufgegeben hatte und auch Anfang der 1950er Jahre sehr skeptisch und als wenig Erfolg versprechend ansah?

Obwohl der Frankfurter Mischkonzern Ende 1950 die ersten Zeitungsmeldungen über den »Airdent« für nicht seriös gehalten hatte, interessierte er sich dann doch für das Verfahren. Der Grund dafür war, dass er den Hersteller S. S. White, einen der ältesten und führenden Produzenten von Zahnbohrsystemen, identifiziert und die Innovation als eine potentiell »gefährliche Konkurrenz« auf dem Dentalsektor wahrgenommen hatte.[4] Allerdings besaß die Degussa selbst zu diesem Zeitpunkt keinen Herstellungsbetrieb für Dental-Bohrmaschinen mehr, da die Fertigung ihrer ehemaligen Tochter Weber & Hampel (W & H) während des Zweiten Weltkrieges von Berlin-Reinickendorf ins österreichische Bürmoos nahe Salzburg verlagert und dort nach Kriegsende unter die Treuhänderschaft des österreichischen Staates gestellt worden war.[5] Aus diesem Grund war auch nicht die Dental-Abteilung oder die ebenfalls mit dem Dentalgeschäft befasste Zweigniederlassung Pforzheim für diese Angelegenheit zuständig, sondern die Rechtsabteilung in der Frankfurter Zentrale. Dort hoffte man noch Anfang der 1950er Jahre, den Betrieb in Bürmoos wieder zurückzuerhalten und arbeitete mit dem Treuhänder des Betriebes und ehemaligen Degussa-Angestellten, dem Diplom-Ingenieur Peter Malata, eng zusammen.[6]

Till Dammaschke, Behandlung der Dentinkaries: »Bohrer« oder minimalinvasiv?, in: www.spitta.de/Produktfamilien/Fachinformationen/Rubriken/Kariologie/86_index.html (Stand 16.4.2008); Adalbert Trefonski, Effektivität von Fluoridierungsmaßnahmen nach Kariesentfernung mit Carisolv™ im Wurzeldentin. Diss. Uni Freiburg 2002.

4 Die noch heute tätige S. S. White Technologies, Inc. wurde 1843 gegründet und stellte zunächst künstliche Zähne her. Bereits ab den 1870er Jahren produzierte das Unternehmen aus Philadelphia (USA) Bohrgeräte für Zahnbehandlungen. Obgleich S. S. White weiterhin auch andere Zahnbohrtechniken anbot, investierten die Amerikaner erhebliche Gelder in die Entwicklung des Zahnsandstrahlens. Bei diesem Verfahren wurde feinkörniges Aluminiumoxyd mit hoher Geschwindigkeit gegen den Zahn geschleudert, um so einen Hohlraum (Kavität) zu präparieren. Siehe zu dieser Technik: Heinz E. Lässig, Rainer A. Müller (Hg.), Die Zahnheilkunde in Kunst und Kulturgeschichte, Köln 1973, S. 141–146; Hoffmann-Axthelm, S. 299; Malvin E. Ring, Geschichte der Zahnmedizin, Köln 1997, S. 306. Zur Wahrnehmung und Beurteilung des Sandstrahlens durch die Degussa ab Dezember 1950 siehe: Evonik Industries AG, Konzernarchiv Frankfurt am Main, Bestand Degussa AG, Rechtsabteilung, DL 11.5./69.

5 Die Degussa hatte ihrer Zweigniederlassung Pforzheim bereits 1923 einen Herstellungsbetrieb für Dental-Bohrmaschinen und einen Betrieb zur Fertigung von Dentalmöbeln für Zahnarztpraxen angegliedert. 1925 erwarb der Frankfurter Konzern den Dental-Instrumentenhersteller Weber & Hampel (W & H) aus Berlin. Nach der Auslagerung der W & H-Produktion nach Bürmoos nahm die Degussa die Fertigung von Dentalinstrumenten nach Kriegsende in Berlin nicht mehr auf und produzierte nur noch einzelne Dentalgeräte für den Zahnarztbedarf (Tiegelschleudern, Dosier- und Mischgeräte etc.), die in engem Zusammenhang mit dem Verkauf von edelmetallhaltigen Zahnlegierungen standen.

6 Ab März 1946 stand der frühere Degussa-Mitarbeiter Peter Malata als Treuhänder dem ausgelagerten Betrieb vor, der zunächst ohne Rechtsform unter dem Namen Dentalwerke Glashütte Bürmoos arbeitete. Durch den österreichischen Staatsvertrag vom 15. Mai 1955 wurde das Unternehmen verstaatlicht und im Juni 1958 erwarb Malata die Firma Dentalwerke Glashütte Bürmoos von der Bundesrepublik Österreich. Die Zusammenarbeit zwischen der Degussa und Malata war freundlich-sachlich, wobei der

Um eine mögliche Konkurrenz auszuschalten und sich ein mögliches Geschäftsfeld frühzeitig zu sichern, versuchte der damalige Leiter der Rechtsabteilung, Dr. Heinz Mayer-Wegelin, eine Lizenz des neuen Sandstrahlverfahrens von S. S. White für Deutschland oder Europa zu erhalten.[7] Dies misslang aber, da White die Technik auf den europäischen Märkten selbst vertreiben wollte. Anfang 1952 stellte das amerikanische Unternehmen das »Airdent«-Gerät auf einer Konferenz in Bonn vor und ein Mediziner verwies dabei auf ähnliche Versuche der Degussa in den 1920er Jahren. Da ein Mitarbeiter des Frankfurter Unternehmens an dieser Tagung teilgenommen und darüber einen Bericht verfaßt hatte, begann man sich in Frankfurt daraufhin wieder stärker für die Konkurrenztechnologie zu interessieren.[8] Mayer-Wegelin war weiterhin skeptisch, was den Erfolg des Sandstrahlens betraf, deshalb holte er über ehemalige Mitarbeiter genaue Informationen zu den frühen, firmeneigenen Experimenten ein. Er hoffte, die Patente von S. S. White anfechten zu können, um seine eigene Verhandlungsbasis für die noch immer gewünschte Lizenzierung zu verbessern.[9]

Dieses Verhalten ist typisch für Unternehmen, die – auch außerhalb der Rechtsabteilungen – in Verfügungsrechten denken und hierbei stets ihren Vorteil suchen, auch wenn das Szenario einer Umsetzung dieser Rechte unwahrscheinlich erscheint Allerdings darf dabei nicht übersehen werden, dass 1952 der Misserfolg trotz der augenscheinlichen Nachteile nicht völlig vorauszusehen war. Sowohl der technische Vorsprung der Amerikaner nach dem Zweiten Weltkrieg als auch ein genereller, optimistischer Fortschrittsglaube ließ das Frankfurter Unternehmen die Möglichkeit in Betracht ziehen, dass die Nachteile des Verfahrens künftig durch Weiterentwicklungen beseitigt werden könnten.

Dass das Verfahren sich später nicht durchsetzte, lag dabei nicht allein an seinen Nachteilen, sondern vor allem an den allgemeinen Verbesserungen in der bisherigen Bohrtechnik. Nachdem die Umlaufgeschwindigkeiten der Elektromotor-getriebenen Bohrer seit den 1930er Jahren bereits von 1.200 auf 24.000 Umdrehungen pro Minute gesteigert worden war, gelang es 1948 einem Schweden, mit einem Luftturbinen-getriebenen Bohrer 60.000 U/min zu erreichen. Jedoch erst die Steigerung der Umlaufgeschwindigkeit auf bis zu 350.000 U/min im Jahr 1957 mit dem gleichfalls Luftturbinen-getriebenen Bohrer »Airotor« – interessanterweise auch von

---

Frankfurter Konzern auf Rechte an der Nutzung der Warenzeichen der W & H-Marken verzichtete. Information des Konzernarchivs der Evonik Industries, Frankfurt am Main.

7 Evonik Industries AG, Konzernarchiv Frankfurt am Main, Bestand Degussa AG, Rechtsabteilung, DL 11.5./24.

8 Siehe zu den Bemühungen der Rechtsabteilung: Evonik Industries AG, Konzernarchiv Frankfurt am Main, Bestand Degussa AG, Rechtsabteilung, DL 11.5./24 und DL 11.5./24. Zu den Vorträgen auf der Bonner Tagung vom 15. und 16. März 1952 vgl.: R. Waldsax, Die Verwendung des Sandstrahlgebläses (Airdent-Verfahren der S. S. White Ges.) zur Kavitätenpräparation, in: O. V., Der kariöse Defekt im vitalen Zahn und seine Behandlung, München 1953, S. 89–92; Ch. Th. Bonsack, Die Verwendung des Sandstrahlgebläses (Airdent-Verfahren der S. S. White Ges.) zur Kavitätenpräparation, in: ebenda, S. 93–95.

9 Nach den Angaben des früheren Degussa-Mitarbeiters Adolf Wendt vom 25. April 1952 hatte das Frankfurter Unternehmen mit dem Dentisten Josef Maurer um 1928 ein Sandstahlgebläse entwickelt, mit dem Zahnkranke schmerzlos behandelt werden konnten. Das Verfahren scheiterte ebenfalls daran, dass man trotz Versuchen mit Masken und Absaugern die Luftwege des Patienten nicht gegen Sand und Staub schützen konnte. Wendt vermutete 1952: »Ich stehe unter dem Eindruck, dass sich der amerikanische Erfinder festgefahren hat, und nun durch seine Veröffentlichung den ihm vielleicht unbekannten deutschen Erfinder veranlassen will, Einspruch zu erheben, um damit über den Stand der hiesigen Arbeiten unterrichtet zu werden.« Evonik Industries AG, Konzernarchiv Frankfurt am Main, Bestand Degussa AG, Rechtsabteilung, DL 11.5./24.

S. S. White – erlaubte den Zahnärzten eine sehr viel präzisere und effektivere Kariesbekämpfung.[10]

Diese Verbesserungen waren fünf Jahre vorher nicht völlig vorauszusehen, jedenfalls nicht von der Rechtsabteilung der Degussa, die weder über das technische Know-how, noch über die notwendigen Marktkenntnisse verfügte.[11] Trotzdem versuchte sich das Unternehmen auf jeden Fall abzusichern und eine Chance auf eine Lizenzfertigung zu erhalten, obgleich von mehreren Seiten stets auf die großen Nachteile des neuen Verfahrens hingewiesen wurde.[12] Auch dies stellt eine typische Vorgehensweise von Unternehmen dar: Die Bemühungen zur Sicherung der eigenen Verfügungsrechte sind in jedem Unternehmen, ebenso wie die hier im Dokument deutlich werdende Marktbeobachtung, eine bürokratische Routine, die zur Bewahrung von Marktchancen und zur Minderung von Unwägbarkeiten der unsicheren Zukunft dient.

Herrn
Dipl.Ing. Malata
i. Fa. Dental-Werke Bürmoos,

B ü r m o o s /Salzburg.
        151/S.   15. April 1952

Sehr geehrter Herr Malata !

Betr.: Bohren mit Sandstrahlgebläse

Herr Dr. Heer von unserer Zweigniederlassung Pforzheim hat der bereits mit Ihnen besprochenen Vorführung in Bonn beigewohnt und darüber folgenden Bericht angefertigt:

»A. Präparations-Hilfsmittel:
 Bohnsack berichtete über neue Bohr- und Schleifmittel. Neben neuen Formen von Finierern und Fissurenbohrern taucht als revolutionierende Neigung der Tungsten-Bohrer (in Deutschland Fa. Busch, Wironit-Bohrer) auf.[13] Der Kopf dieser Bohrer besteht aus Wolfram-Karbid. Man kommt in einer Praxis mit drei Fissuren-, 3 kegelförmigen und 3 Rosenbohrern aus.[14] Die Bohrer haben fast die Lebensdauer von Diamant-Schleifscheiben. Sie haben eine geringe Zahl von Schneidekanten, – der Buschbohrer hat in dieser Hinsicht nach Dr. Waldsax, London, noch zu viel – und müssen mit hoher Drehzahl angewandt werden. Trotz der wenigen Schneidekanten sollen sie angeblich nicht schla-

---

10 Zur Entwicklung der Zahnbohrtechnik siehe Lässig, Müller, S. 141–146; Hoffmann-Axthelm, S. 299–300; Ring, S. 306.
11 Durch die Aufgabe der Produktion gab es zudem im Unternehmen keine technischen Experten und Ansprechpartner für die Juristen der Rechtsabteilung.
12 Siehe etwa den wissenschaftlichen Aufsatz von Bonsack, S. 93–95. Zur letzten dokumentierten Beurteilung durch Mayer-Wegelin im Mai 1952 siehe sein Schreiben an Malata. Evonik Industries AG, Konzernarchiv Frankfurt am Main, Bestand Degussa AG, Rechtsabteilung, DL 11.5./24.
13 Tungsten ist der englische Ausdruck für Wolfram. Als Fissur bezeichnet man Furchen im Kauflächenrelief der Seitenzähne, Finierer sind dagegen spezielle Instrumenten (rotierend oder Handinstrumente) des Zahnarztes zum Glätten der bearbeiteten Zahnstellen.
14 Rosenbohrer oder auch Rundbohrer sind kugelkopfförmige Instrumente zur Kariesbehandlung.

gen (deutscher Preis ca. 5,– DM); äusserlich sind die Bohrer einem Messingschaft und dem blauen Wolfram-Karbid-Kopf erkennbar. Dr. Waldsax, London, führte den Bohrer in einem englischen Farbfilm vor. Die neue Form der Fisdiamanten wurde verschiedentlich lobend erwähnt.

Dr. Keller brachte in der Diskussion, vermutlich im Auftrag von Drendel & Zweiling, anschauliche Bilder und Tabellen über Schleifmittel. Die Imperatorkonstruktionen – auswechselbare Handstückteile mit montierten Diamantsteinen – wurden ebenfalls wiederholt als sehr praktisch bezeichnet.

Das Sensationsthema der Tagung war das Sandstahlgebläse »Airdent«. Dr. Waldsax, London, führte dieses Gerät mit eigenem deutschen Besprechungstext in einem amerikanischen Farbfilm vor. Aus dem Referat von Dr. Waldsax und den Diskussionsbeiträgen anderer Herren (Kantorowiscz, Harndt) konnte man zu dieser Neuerung folgendes hören:

Die Erlernung der Technik der Kavitätenpräparation mit dem Sandstrahlgebläse erfordert eine mehrmonatige Schulung, vor allem erst am Phantom-Modell, da man nicht mehr wie bisher beim Bohren den Tastsinn zur Kontrolle der Schneidetiefe und -richtung anwenden, sondern bei sehr hoher Schnittgeschwindigkeit nur laufend visuell kontrollieren kann.[15] Im erweichten Dentin schneidet der Sandstrahl nicht.[16] Der reflektierende Staub des Strahles wird nicht restlos von dem Staubsaugrohr, das eine Helferin laufend an den Mund des Patienten halten muss, weggesaugt. Folge: Verstaubung der Sprechzimmereinrichtung, Gefahr der Staublungenbildung beim Behandler. Es wurde von einer Unterredung mit amerikanischen Professoren, die im Sommer 1951 in Deutschland Vorträge hielten, berichtet. Darnach seien in den USA erst ½ Dutzend Airdent-Apparate in Betrieb. Die sehr umfangreichen und teuren Apparate würden dort in einem separaten Sprechzimmer aufgestellt, um die Verstaubung des Instrumentariums zu vermeiden. Die Düsen seien im Anfang nach drei Präparationen unbrauchbar gewesen. Die Präparation geschehe schmerzlos. Zahnreinigungen könne man spielend vornehmen; ohne Zweifel werde dabei aber die Schmelzoberfläche angerauht und geschädigt. Allgemein herrschte die Ansicht vor, dass man die Entwicklung dieser Apparatur in den USA erst abwarten müsse, ehe man sie in Deutschland einführe. Die Schwierigkeit und die Unmöglichkeit, mit dem Sandstahlgebläse alle Arbeitsfunktionen der Bohrmaschine zu ersetzen, erfordert zunächst größte Zurückhaltung. Als Kuriosum erwähnte Prof. Kantorowicz, er sei vor 25 Jahren als erster Patient der Welt mit einem Sandstrahlgebläse der der Degussa behandelt worden.«

Was die Schlussbemerkung des Herrn Prof. Kantorowicz anlangt, schreibt dazu unsere Zweigniederlassung Pforzheim folgendes:

»Es wird Sie in diesem Zusammenhang interessieren zu hören, dass zwischen 1928 und 1931 die Degussa längere Zeit mit einem Dentisten Maurer, der damals in Konstanz ansässig war, zusammengearbeitet hat, um dessen Idee auszuwerten, wonach Kavitäten mit dem Sandstrahlgebläse ausgebohrt werden sollten. Auf die damaligen Versuche bezog

---

15 Die Kavitätenpräparation ist ein Oberbegriff für alle Maßnahmen zum Vorbereiten eines defekten Zahnes für die Aufnahme einer Füllung nach Entfernung der Karies.
16 Das Dentin oder auch Zahnbein ist ein direkt unter dem Zahnschmelz liegendes Hartgewebe und stellt die Hauptmasse des Zahnes dar.

sich Prof. Kantorowicz bei seiner Diskussionsbemerkung. Trotz aller Bemühungen ist es damals nicht gelungen, das Problem zu lösen, wie das von der Bohrstelle wegspritzende Schleifmittel unschädlich gemacht werden könne. Der Patient musste Nase und Augen gegen die Staubwolken schützen, die beim Bohren aus dem Mund austraten. Da dieser Schutz niemals vollkommen sein konnte, traten besonders an den Augen unangenehme Reizungen auf. Darüberhinaus ist die Gefahr der Staublunge auch schon damals erkannt worden. Die geschilderten Schwierigkeiten haben dazu geführt, dass Anfang der 30iger Jahre die Abteilung W&H, die sich mit den Versuchen beschäftigte, die Übernahme der Erfindung endgültig abgelehnt hat. Möglicherweise sind in Bürmoos darüber noch Unterlagen vorhanden.«

Mit verbindlichen Grüßen

DEGUSSA

Handschriftliche Unterschrift

(Meyer-Wegelin)

N. B. Wir forschen in Berlin und Konstanz weiter. Möglicherweise finden wir Material, um gegenüber einer kommenden Patentanmeldung der Amerikaner ein Vorbenutzungsrecht geltend machen zu können.

Irmgard Zündorf
Bierpreispolitik

Mit der Einführung der Sozialen Marktwirtschaft in Westdeutschland 1948 wurden die Preise grundsätzlich aus der staatlichen Regulierung entlassen und dem freien Spiel der Kräfte am Markt übergeben. Nach den Preisstopps der NS- und frühen Besatzungszeit sollten Preise ihre Koordinations-, Informations- und Verteilungsfunktion zurückerhalten. Als Gleichgewichtspreise sollten sie Angebot und Nachfrage koordinieren, über die Bewertung der Güter durch die Marktteilnehmer informieren sowie Produkte und Einkommen entsprechend ihrer optimalen Verwendung verteilen. Eine vollständige Preisfreigabe hätte jedoch zu einem Inflationsschub und auch zu realen Belastungen für große Teile der Bevölkerung geführt, mithin auch die Legitimität des neuen Wirtschaftssystems gefährdet. Um dies zu verhindern, sollten bestimmte Güter des Grundbedarfs zunächst weiter bewirtschaftet und ihre Preise staatlich gebunden bleiben. Fast ein Drittel der Preise für Güter des privaten Verbrauchs blieben daher vorerst weiter unter staatlicher Kontrolle.[1]

Ludwig Erhard, der auch als »Vater der Sozialen Marktwirtschaft« bekannte erste Bundeswirtschaftsminister, kämpfte zwar verbissen um die Liberalisierung der Preise. Er konnte sich aber nur nach und nach, Preis um Preis durchsetzen. Zu seinen Widersachern zählte Bundeskanzler Konrad Adenauer, der in diesem Fall sogar Unterstützung nicht nur von seinen Gefolgsleuten, sondern auch von der sozialdemokratischen Opposition erhielt.[2] Dahinter standen freilich nicht nur sozialpolitische Anliegen. Gleichzeitig gab es auch Begehrlichkeiten, bestimmte Preise unter staatlicher Kontrolle zu halten, um diese für die eigenen Partialinteressen einzusetzen. Dies betraf insbesondere die so genannten politischen Preise.[3] Dazu zählen vor allem Preise von Gütern, die täglich konsumiert werden und nur schwer substituiert werden können, da sie zum Grundbedarf gehören. Die Preise dieser Güter des täglichen Massenbedarfs eignen sich in besonderem Maße zur politischen Instrumentalisierung.

In den preispolitischen Debatten der fünfziger Jahre zählten zunächst Brot und Milch zu diesen Gütern. Die Debatten im Kabinett zwischen Erhard und Adenauer, aber auch dem Finanz- oder dem Landwirtschaftsminister drehten sich dabei prominent um die Zusammensetzung des vielfach auch als »Kompromissbrot« bezeichneten Konsumbrotes, wo ausführlich über den staatlich festzuschreibenden Anteil von Roggen- und Weizenmehl gestritten wurde[4], und um den Fettgehalt der Milch. Diese Diskussionen, die in den vierziger Jahren noch Existenzfragen

---

1 Vgl. Herbert Baum, Staatlich administrierte Preise als Mittel der Wirtschaftspolitik. Eine empirische Erfolgskontrolle für die Bundesrepublik Deutschland, Baden-Baden 1980, S. 44; Helmut Bott, Der Anteil staatlich-administrierter Preise am Preisindex der Lebenshaltung, Göttingen 1976, S. 115 ff.; Peter Breitenstein, Staatlich administrierte Preise. Staatliche Preisadministration, Inflation und Konjunktur in der Bundesrepublik Deutschland von 1950 bis 1969, Baden-Baden 1977, S. 96.
2 Eine ausführlichere Darstellung der Preisfreigabediskussionen mit Quellenhinweisen findet sich in: Irmgard Zündorf, Der Preis der Marktwirtschaft. Staatliche Preispolitik und Lebensstandard in Westdeutschland 1948 bis 1963, Stuttgart 2006.
3 Baum, Staatlich administrierte Preise, S. 25.
4 Vgl. 83. Kabinettssitzung am 14.7.1950 TOP B. Brotpreis, in: Kabinettsprotokolle 1950, S. 540 f.; 84. Kabinettssitzung am 18.7.1950 TOP C. Brotpreise, in: ebd.

der Bevölkerung betrafen, lassen sich in den fünfziger Jahren kaum noch aus der wirtschaftlichen Situation heraus erklären. Insgesamt herrschte zu diesem Zeitpunkt in der Bundesrepublik kein Mangel mehr, das durchschnittliche Lebenshaltungsniveau lag inzwischen so hoch, dass eine Brot- oder Milchpreiserhöhung für die Masse der Bevölkerung keinerlei Existenznot mit sich brachte. Bestimmten Produkten wurde jedoch ein existentieller und kultureller Wert beigemessen, der mit dem rein ökonomischen Tauschwert nichts gemein hatte.

Dies lässt sich ganz besonders deutlich am Bierpreis nachvollziehen. Seine politische Instrumentalisierung wurde bereits während der Besatzungszeit diskutiert. So tauchte im November 1948 die Idee auf, gerade bei den trinkfreudigsten Bürgern zusätzlich Kaufkraft abzuschöpfen. Innerhalb der Verwaltung für Wirtschaft wurde festgestellt, dass in der Sowjetischen Besatzungszone ein zwölfprozentiges Bier hergestellt und besonders teuer verkauft wurde, um den erhöhten Erlös für öffentliche Zwecke zu nutzen. Auch in der Planwirtschaft war offensichtlich festgestellt worden, dass ein erhöhter Preis nicht bei allen Produkten zu einem Konsumrückgang führte. Ein vergleichbares Starkbier sollte auch in den Westzonen verkauft werden, um in diesem Fall jedoch den Sondererlös allein für die Landwirtschaft einzusetzen.[5] Diese Idee ließ sich letztendlich nicht umsetzen – vermutlich nicht wegen des beabsichtigten Einkommenstransfers, sondern weil sie auf allgemeine Vorbehalte gegenüber jeglichen Bierpreiserhöhungen traf.

Diese Vorbehalte führten jedenfalls dazu, dass der Bierpreis noch bis in die frühen fünfziger Jahre staatlich reguliert wurde. Die wiederholten Diskussionen um eine Aufhebung der Preisregulierung in diesem Bereich scheiterten zunächst immer wieder am Einwand des Bundesfinanzministeriums, das infolge der Freigabe eine Preiserhöhung erwartete, die wiederum zum Rückgang des Bierkonsums führen und damit die Einnahmen des Staates reduzierten könnte. Diese Argumentation ist zwar nachvollziehbar, aber wenig glaubwürdig, denn tatsächlich wurde wiederholt festgestellt, dass Bierpreiserhöhungen die Trinkfreudigkeit keineswegs dämpften. Im Juli 1952 wurde die Preisfreigabe erneut im Preisrat, einem Gremium, das sich aus Vertretern verschiedener Ministerien unter Vorsitz des Bundeswirtschaftsministeriums zusammensetzte, besprochen. Als Argument gegen die Befürchtungen des Finanzministeriums wurden die erhöhten Bierpreise in Berlin angeführt, die zu keinerlei Konsumrückgang geführt hatten. Grundsätzlich einigten sich die Herren (denn ausschließlich Männer saßen im Preisrat) daher auf die Bierpreisfreigabe, der Zeitpunkt der Maßnahme blieb jedoch offen. Jedenfalls sei eine Freigabe, so das Protokoll, »nicht gerade jetzt in der Zeit des größten Bierkonsums zu empfehlen, sondern hierzu [sei] eine kühlere Jahreszeit abzuwarten«.[6] Offensichtlich erwartete man unabhängig von den voraussichtlich stabilen Steuereinnahmen negative Reaktionen des Wahlvolks, das gerade die Biergärten bevölkerte. Aber noch ein weiterer Punkt war in dieser Diskussion bemerkenswert: Neben der allgemeinen Rücksichtnahme auf die Außentemperaturen sollte für Bayern grundsätzlich eine Sonderregelung geschaffen werden. In diesem Bundesland war der Preis besonders niedrig gehalten worden, eine Freigabe musste somit drastische Preiserhöhungen zur Folge haben. Die Vertreter Bayerns plädierten sogar dafür, dass der Bierpreis allein in ihrem Bundesland grundsätzlich weiter gebunden bleiben sollte, da hier das Bier einen wesentlichen Anteil an den Kosten der Lebenshaltung ausmache und von der Bierproduktion des gesamten Bundesgebietes fast 40 Prozent auf Bayern entfielen. Die Bierpreiserhöhung treffe

---

5 Vermerk Verwaltung für Wirtschaft IA 3 a (Dr. Huppert), 22.11.1948, Betr.: Kaufkraftabschöpfung durch Bier, BAK B 102/3161.
6 Kurzprotokoll der 32. Sitzung des Preisrates am 9.7.1952, BAK B 102/27309; Entwurf des BMWi über Freigabe des Bierpreises, BAK B 102/27308.

also die bayrischen Staatsbürger wesentlich härter als alle anderen und müsse deshalb aufgehalten werden.[7] Tatsächlich blieb der Bierpreis in Bayern noch bis 1958 staatlich reguliert. Bier galt in Bayern als Grundnahrungsmittel, und folgerichtig war der Bierpreis hier, und nur hier, ein eminent politischer Preis. Die bayerische Landespolitik zeichnete sich also schon damals durch eine besondere Rücksichtnahme auf die eigene Bevölkerung aus, deren Biergenuss nicht gestört werden sollte – ebenso wenig durch hohe Preise wie, mehr als fünfzig Jahre später, durch geplante Bierzeltrauchverbote.

7   Ebd.

Frank Uekötter
Das flüssige Gold der Landwirtschaft

Umschlaggestaltungen sind bekanntlich Geschmackssache. Wie illustriert man beispielsweise ein Buch über die moderne Güllewirtschaft? Ist es wirklich für den Absatz förderlich, die übelriechende Masse, die zwangsläufig im Zentrum eines solchen Bandes steht, aus einer Rohrleitung in hohem Bogen dem Beobachter entgegenzuschleudern? Eine solche Abbildung, die wie der Alptraum jedes Lektors klingt, zierte jedenfalls das Cover eines Buches, das der Bayerische Landwirtschaftsverlag 1952 auf den agrarischen Buchmarkt warf. Und das war wohl noch nicht einmal ein publizistischer Betriebsunfall: Für Leo Amschler, den Autor des so frohgemut bebilderten Bandes, war Gülle schließlich nicht einfach eine stinkende Substanz, sondern vielmehr »das flüssige Gold der Landwirtschaft«.[1]

Der größte Teil der deutschen Öffentlichkeit favorisiert bei diesem Thema bekanntlich eine andere, etwas kritischere Sicht. Gülle ist geradezu das Synonym für alles, was an der modernen Landwirtschaft falsch ist: Sie symbolisiert eine ethisch zweifelhafte Massentierhaltung, eine enorme Belastung für das Grundwasser und Gewässer – und natürlich stinkt Gülle zum Gotterbarmen. Kein Aspekt der modernen Intensivlandwirtschaft wurde früher und vehementer attackiert als das Ausbringen tierischer Fäkalien in flüssiger Form, und kein Problem wurde früher von der Politik aufgegriffen; über Gülleverordnungen wurde bereits gestritten, als noch niemand von BSE und Ökowende sprach. Für Kritiker der industrialisierten Landwirtschaft ist die Gülle ein garantierter Trumpf: Spätestens wenn man auf die »Gülletaxis« zu sprechen kommt, die im agrarischen Intensivgebiet Südoldenburg überschüssige Exkremente von den Tierfabriken zu abnahmewilligen Landwirten transportieren und von »Kotpiloten« durch die norddeutsche Tiefebene geschippert werden, hat man das Publikum auf seiner Seite.

Dabei war die Gülletechnik zunächst genau das, wovon heutige Umweltschützer träumen: eine regionale Technologie, perfekt angepasst an die ökologischen Bedingungen einer bestimmten Landschaft. Die Ursprünge der Güllewirtschaft liegen nämlich im Alpenraum, wo sich Landwirte mit einem trickreichen Problem herumschlugen: Wiesen und Weiden gedeihen auch in den Höhenlagen der Alpen prächtig – aber die Rentabilität des Ackerbaus, der das für die übliche Stallmistwirtschaft unverzichtbare Stroh liefert, nimmt mit der Höhe rasch ab und ist über 1.100 Metern Seehöhe nur noch in Ausnahmesituationen möglich. Was lag da also näher, als die Exkremente ohne Strohunterlage zu sammeln, mit Wasser zu versetzen und so auf die Grünflächen zu verteilen? Gülle war »der gegebene Grünlanddünger«, schrieb der österreichische Agrarwissenschaftler Karl Schober in seiner *Düngerlehre* von 1951: Sie drang rasch in den Boden ein und konnte deshalb von den Pflanzen leicht aufgenommen werden.[2] Aufwendig waren nur die Rohrleitungsnetze, die für die Verteilung gebaut werden mussten. Wenn diese aber erst einmal installiert waren, stand dem fröhlichen Düngen nichts mehr im Wege, und

---

1 Leo Amschler, Die moderne Güllerei. Gülle, das flüssige Gold der Landwirtschaft, München 1952.
2 Karl Schober, Düngerlehre. Ein Handbuch für praktische Landwirte und Studierende, Wien und Heidelberg 1951, S. 87.

leistungsstarke Güllepumpen beförderten das Nährstoffgemisch bis auf 200 Meter Höhe und in zwei Kilometer Entfernung.[3]

Gewöhnlich wurde die Gülle vor der Ausbringung mit der zwei- bis dreifachen Menge Wasser verdünnt, um Verätzungen an Pflanzen zu vermeiden.[4] Natürlich roch die Masse auch so noch erbärmlich; aber das war im dünnbesiedelten Alpenraum kein grundsätzliches Problem. Und rochen die Misthaufen der Bauern im Flachland etwa besser? Ein wenig ließ sich der Gestank in Grenzen halten, wenn man die Gülle bei kühlem, windstillem Wetter und bedecktem Himmel ausbrachte; aber wenn sich der Alpenlandwirt an solchen Prinzipien orientierte, dachte er eher an die drohenden Stickstoffverluste.[5] Wie wenig den Landwirten des Alpenraums das Geruchsproblem bedeutete, lässt sich am besten daran ablesen, dass sie hartnäckig daran festhielten, die Gülle vor dem Ausbringen gründlich zu vergären. Da konnten die Agrikulturchemiker noch so behende erläutern, dass die Vergärung die Qualität der Gülle um keinen Deut vermehrte, sondern vielmehr einen Nährstoffverlust bedeutete und Gülle deshalb am besten frisch mit sehr viel Wasser verteilt werden sollte – für die Bauern war nur eine gründlich vergärte Gülle der Verbreitung wert.[6] Und wer sich im Wissenssystem der Landwirtschaft ein wenig auskennt, der weiß: Der Bauer hat immer recht.

In Deutschland wurde die Güllewirtschaft deshalb zunächst nur im Allgäu betrieben, und entsprechend firmierte sie in einschlägigen Publikationen schlicht als regionale Sondertechnik.[7] Noch 1925 sah sich ein Aufsatz zu einer klärenden Fußnote zur Terminologie bemüßigt, denn noch war »der Ausdruck ›Gülle‹ [...] vor allem in Norddeutschland wenig bekannt.«[8] Als Leo Amschler, der ebenfalls aus dem Allgäu stammte, 1952 sein Buch über »die moderne Güllerei« vorlegte, hatte sich der Markt aber schon deutlich gen Norden hin ausgeweitet. Wie so oft bei landwirtschaftlichen Innovationen spielte staatliche Subventionierung eine wichtige Rolle, das nordrhein-westfälische Landwirtschaftsministerium unterstützte beispielsweise 35 Versuchsanlagen, vor allem Grünlandbetriebe in den Höhenlagen des Landes.[9] Wie großzügig man dabei vorging, zeigte sich 1956 bei der Besichtigung einer solchen Anlage in Tatenhausen bei Halle, bei der die Ministeriumsvertreter vor Ort ein wenig perplex waren, als sie erfuhren, dass sie die Einrichtung finanziell gefördert hatten.[10] Im Subventionsdschungel der Landwirtschaft konnten offenbar selbst Insider schon mal den Überblick verlieren.

So wanderte die Gülletechnik von den Alpen in die Mittelgebirge und bald auch weiter ins Flachland. Schon 1958 berichtete ein im Allgäu ansässiger Hersteller erfreut: »Die Gülleanlage als Stallmistkette dringt auch in den norddeutschen Raum vor. Sie beherrscht bald nicht mehr nur den Grünlandbetrieb, sondern erobert sich rasch den Ackerbaubetrieb«.[11] Nur war die Gül-

---

3   Herbert Hoffmann, Max Reiser, Die Gülleanlage, Stuttgart 1934, S. 8. Vgl. auch Rudolf Sandner, Technische Hilfsmittel der Güllewirtschaft, in: Die Technik in der Landwirtschaft 20 (1939), S. 47–50.
4   Arnold v. Nostitz, Josef Weigert, Die künstlichen Düngemittel. Die Handelsdünger unter Berücksichtigung der Wirtschaftsdünger, Stuttgart 1928, S. 62.
5   Hoffmann, Reiser, Die Gülleanlage, S. 31.
6   Vgl. Sandner, Technische Hilfsmittel, S. 47; Hoffmann, Reiser, Die Gülleanlage, S. 15 f.
7   Z. B. in E. Haselhoff, Lehrbuch der Agrikulturchemie. II. Teil: Düngemittellehre, Berlin 1928, S. 58 f., und Max Reiser, Die Wiesen- und Weidewirtschaft im Allgäu unter Berücksichtigung der Güllewirtschaft, in: Verein der Thomasmehlerzeuger (Hg.), Unseren Freunden vom Thomasmehl, Berlin 1929, S. 32–42.
8   Elektro-Journal 5 (1925), S. 141.
9   Hauptstaatsarchiv Düsseldorf NW 131 Nr. 1313 Bl. 9.
10 Hauptstaatsarchiv Düsseldorf NW 131 Nr. 696 Bl. 11–12, 14–16.
11 Hauptstaatsarchiv Düsseldorf NW 131 Nr. 699 Bl. 105.

»Die moderne Güllerei«

lewirtschaft als alpine Sondertechnik an bestimmte Voraussetzungen gebunden. Nicht zufällig findet man sie vor allem in niederschlagsreichen Alpenregionen, denn ohne eine gute Wasserversorgung saß die Güllewirtschaft rasch auf dem Trockenen; im Odenwald mussten deshalb die ersten Gülleanlagen wegen Wassermangel stillgelegt werden.[12] Güllewirtschaft setzte auch die Haltung der Tiere im Stall voraus, was für Regionen mit Weidewirtschaft einen radikalen Einschnitt bedeutete. Weiter beförderte Güllewirtschaft die Verunkrautung, das Ungleichgewicht der Nährstoffe erforderte eine sorgfältig dosierte Ergänzungsdüngung mit künstlichem Handelsdünger, und schließlich zehrte eine intensive Gülledüngung häufig am Humusvorrat des Bodens. Leo Amschler plädierte deshalb nachdrücklich für einen Techniktransfer mit Augenmaß: »Es ist immer wieder zu betonen, daß Gülle ein idealer Dünger für das Grünland sein kann, wenn bei ihrer Anwendung mit Überlegung zu Werke gegangen wird. Gedankenlosigkeit rächt sich überall, so auch hier.«[13]

12 Hauptstaatsarchiv Düsseldorf NW 131 Nr. 698 Bl. 183.
13 Amschler, Die moderne Güllerei, S. 33. Vgl. auch ebd. S. 20, 27, 31, Hauptstaatsarchiv Düsseldorf NW 131 Nr. 698 Bl. 162.

Am folgenreichsten war jedoch die zunehmende Verbreitung der Gülletechnik im Ackerbau. Der Clou der Grünlandwirtschaft mit Gülle war schließlich, dass die innerbetrieblichen Stoffkreisläufe auf Hochtouren gebracht wurden: Extreme Düngungsintensitäten von mehr als 300 Kilogramm Stickstoff pro Hektar und Jahr – das heute rechtlich zulässige Maximum liegt bei 210 Kilogramm![14] – waren nur deshalb praktikabel, weil die Nährstoffe alljährlich drei- bis viermal von der Futterpflanze durch den Darm der Tiere in den Güllebottich rotierten.[15] Beim Ackerbau war zwangsläufig nur ein Kreislauf pro Jahr denkbar; aber das störte die Landwirte immer weniger. Das entscheidende Argument waren die arbeitswirtschaftlichen Vorteile. Bis dahin war das Entmisten des Stalles eine anstrengende und zeitraubende Tätigkeit gewesen – nun erledigte das der Spaltboden und die Schwerkraft.[16] Und das Beste: Man konnte nunmehr expandieren, wie man wollte – Güllewirtschaft war eine klassische Technik für den Großbetrieb, denn nur dort konnte man die erforderlichen economies of scale erzielen, außerdem waren nur finanzkräftige Betriebe in der Lage, die hohen Investitionskosten zu stemmen. Dann musste man eigentlich nur noch den Futtermittelanbau auf Mais umstellen, jene Pflanze, von der die Experten als der »idealen ›Güllefrucht‹« schwärmten: ein besonders nährstoffhungriges Gewächs, das selbst dann nicht eingeht, wenn es buchstäblich in der Scheiße steht.[17] Von der Effizienz der Nährstoffausnutzung sprach bald kaum mehr jemand: Mit brutaler Ehrlichkeit erklärte ein landwirtschaftliches Lehrbuch, der Acker werde in Veredelungsbetrieben »in erster Linie als Verwertungsfläche für die anfallende Gülle gesehen.«[18]

Die Gülletechnik forderte also von den Landwirten nicht nur ein gewisses technisches Know-how, sondern auch die Bereitschaft zur Verdrängung. Ohne eine gewisse Brutalität ging in der Gülletechnik jedenfalls nichts: Wer sich mit der Mechanisierung aller Betriebsteile nicht anfreunden konnte, wer etwas gegen Massenställe hatte oder sich gar Gedanken machte, was es eigentlich für die Bodenfruchtbarkeit bedeutete, wenn man ein ätzendes Gemisch mit schweren Maschinen auf dem Acker verteilte, der war rasch aus dem Geschäft. Natürlich durfte man sich auch nicht zuviel Gedanken über das Wohl der Tiere machen: Bezeichnenderweise galt die strohlose Aufstallung anfangs unter Landwirten noch als »Übel [...], sicher auch aus dem Gefühl heraus, daß die Tiere hart und unbequem liegen müssen.«[19] Aber wenn man solche Hemmungen einfach ablegte, war eigentlich alles in Ordnung: Mehr Vieh produzierte mehr Gülle, mehr Gülle brachte mehr Mais, mehr Mais senkte die Futterkosten, und alles zusammen brachte dem Bauern ein Einkommen, mit dem er, eine gewisse Betriebsgröße vorausgesetzt, das Bauernsterben der Nachkriegszeit überleben konnte. »Gülle = radikalste Rationalisierung« – auf diese simple Formel brachte es 1957 ein ministerieller Vermerk.[20] So hätte es endlos weiter-

---

14 Kuratorium für Technik und Bauwesen in der Landwirtschaft, Faustzahlen für die Landwirtschaft, 13. Aufl. Darmstadt 2005, S. 210.
15 Hauptstaatsarchiv Düsseldorf NW 131 Nr. 698 Bl. 163.
16 Vgl. Hildegard Dörfler, Der praktische Landwirt. Boden, Pflanze, Tier, Technik, Bauwesen, 2. Aufl. München 1983, S. 45.
17 Günter Spielhaus, Gülle paßt gut zu Mais, in: Landwirtschaftliches Wochenblatt Westfalen-Lippe Jg. 137 Nr. 13 (27. März 1980), Ausgabe B, S. 26, 28; S. 26.
18 Günter Spielhaus, Landschaft und Landwirtschaft, in: Klaus-Ulrich Heyland (Hg.), Allgemeiner Pflanzenbau, 7. Aufl. Stuttgart 1996, S. 127–142; S. 129. Ähnlich Jürgen Rimpau, Düngung und ökologische Auswirkungen. Berichterstattung, in: Mit welcher Düngungsintensität in die 90er Jahre? Vorträge und Ergebnisse des DLG-Kolloquiums am 13. und 14. Dezember 1988 in Bad Nauheim, Frankfurt 1989, S. 54–61; S. 58.
19 Walter Stauß, Die leidige Strohfrage, in: Landwirtschaftliches Wochenblatt für Westfalen und Lippe 117 (1960), S. 1202.
20 Hauptstaatsarchiv Düsseldorf NW 131 Nr. 698 Bl. 181.

gehen können, wenn sich nicht irgendwann Protest gegen die fröhliche Güllerei geregt hätte. Es zeigte sich: Das vermeintliche Patentrezept hatte einen enormen Preis.

Als erstes beschwerten sich die Anwohner, die den üblen Gestank nicht mehr aushielten. Als nächstes protestierten die Wasserwerke, die den Nitratgehalt ihres Produkts in bedenkliche Höhen steigen sahen. Kein Wunder: Wenn bis zu 95 Prozent des ausgebrachten Stickstoffs nicht von den Pflanzen genutzt wurden, war eine enorme Belastung des Grundwassers die unvermeidliche Folge.[21] Schon in den 1970er Jahren wurde über gewisse Beschränkungen der Güllewirtschaft diskutiert, und schließlich war es Niedersachsen, das 1983 die bundesweit erste Gülleverordnung erließ. Es war die Zeit des großen ökologischen Aufbruchs: Das Waldsterben bewegte die bundesdeutsche Öffentlichkeit, die Grünen zogen in den Bundestag ein, und Kohlekraftwerke wie Autos bekamen Filter verpasst. Wieso sollte da die Landwirtschaft beiseite stehen? Nur stellte sich rasch heraus, dass in der Landwirtschaft andere umweltpolitische Gebote galten. Oft fehlte es schon an der Lagerkapazität für eine vernünftige Güllewirtschaft. Die wenigsten Landwirte konnten ihre Gülle ein halbes Jahr speichern und waren so gezwungen, auch in der Zeit zwischen der Ernte im Sommer oder Frühherbst und der Aussaat im Frühjahr Gülle zu streuen, auch wenn es keine Pflanzen gab, die die Nährstoffe hätten aufnehmen können. Muss man noch erwähnen, dass die Landwirte für den Bau der Gülletanks beim Staat finanzielle Unterstützung beantragen konnten?[22] Im Februar 2004 erklärte der Leiter des Fachbereichs Landtechnik der Landwirtschaftskammer Weser-Ems Hans-Heinrich Kowalewski, es gebe »immer noch Landwirte, die wissen nicht, welche Nährstoffmengen tatsächlich in ihrer Gülle sind« und »sozusagen im ›Blindflug‹« düngen – mehr als 20 Jahre nach der ersten Düngeverordnung fast schon eine Bankrotterklärung.[23] Bis heute ist die Nitratbelastung des Grundwassers eines der hartnäckigsten Umweltprobleme, das die zaghaften Bemühungen der vergangenen Jahrzehnte nur mühsam in den Griff bekommen.[24] Mit ein paar Filtern und strenger Aufsicht ist es hier schließlich nicht getan: Hier geht es darum, ein Amok laufendes Produktionssystem irgendwie wieder einzufangen.

Und all das, weil die Landwirte im Industrialisierungsrausch der Nachkriegszeit zwar ein technisches System aus dem Alpenraum importierten, nicht aber das dazugehörige Wissen um die ökologischen Implikationen und Voraussetzungen. Es ist irritierend zu sehen, wie viel von den Folgeproblemen der Güllewirtschaft voraussehbar gewesen wäre – wenn man nur einmal mit einem der regionalen Experten gesprochen hätte. Ersatzweise hätte man vielleicht auch einen Mediävisten fragen können. Im Mittelhochdeutschen war Gülle nämlich die Bezeichnung für ein schmutziges Gewässer.[25]

---

21 Wulf Diepenbrock u. a., Spezieller Pflanzenbau, 3. Aufl. Stuttgart 1999, S. 79.
22 Vgl. Staatsarchiv Oldenburg Rep. 410 Akz. 259 Nr. 277–279, 304.
23 Landwirtschaftliches Wochenblatt Westfalen-Lippe Jg. 161 Nr. 7 (12. Februar 2004), S. 65.
24 Vgl. Kommission der Europäischen Gemeinschaften, Bericht der Kommission an den Rat und das Europäische Parlament zur Durchführung der Richtlinie 91/676/EWG des Rates zum Schutz der Gewässer vor Verunreinigungen durch Nitrat aus landwirtschaftlichen Quellen für den Zeitraum 2000–2003, Brüssel 2007.
25 Entymologisches Wörterbuch des Deutschen. Erarbeitet vom Zentralinstitut für Sprachwissenschaft unter der Leitung von Wolfgang Pfeifer, 2. Aufl. Berlin 1993, S. 487.

Frank Uekötter

Max, der Traktor

Direktoren von Max-Planck-Instituten sind gewöhnlich vielbeschäftigte Menschen. Von daher war es durchaus ein besonderes Ereignis, dass der Direktor des Max-Planck-Instituts für Landarbeit und Landtechnik in Bad Kreuznach Gerhardt Preuschen zugleich als Autor eines Romans in Erscheinung trat. Das Buch erschien 1954 unter dem Titel *Unser Max*, wurde im gleichen Jahr im *Landwirtschaftlichen Wochenblatt für Westfalen und Lippe* als Fortsetzungsroman gedruckt und zwei Jahre später noch einmal mit neuem Untertitel, aber unverändertem Inhalt neu aufgelegt.[1] Ob der Roman über den ungewöhnlichen Autor hinaus auch ein literarisches Ereignis war, ist freilich Ansichtssache. Er ist zwar nicht generell schlecht geschrieben, hat eine schlüssige Handlung von Anfang bis Ende, wirkt im Stil aber oft ungelenk, vor allem in den Dialogen. Das lag aber vielleicht auch daran, dass das Buch einen etwas spröden Protagonisten besaß: Max, der Titelheld des Buches, war nämlich ein Traktor.

Im Zentrum des Buches steht die Bauernfamilie Huber, die Anfang der 1950er Jahre vor einer schwierigen Frage steht: Soll der Betrieb einen Schlepper kaufen? Die jungen Leute drängeln, der Vater sträubt sich, gibt aber letztlich nach. Der Roman beschreibt die Folgen für den Betrieb: die Konkurrenz um den prestigereichen Posten des Schlepperfahrers, die Angst des Vaters, nunmehr zum alten Eisen zu gehören, den emotionalen Abschied von den Pferden, die bis dahin als Zugtiere gedient hatten. Nach einigem Zögern macht der Vater den Schlepperführerschein – »Recht so, Huber-Bauer«, lobt ihn dafür der Nachbar, »Der Bauer auf dem Hof muß alles machen können«[2] – und rettet damit seinen Stolz; nur die schmutzige Wartungs- und Reparaturarbeit überlässt er großzügig seinem Sohn. Aber das menschliche Drama verschwindet im Roman immer wieder hinter technischen Erläuterungen. Mit viel Liebe zum Detail wird geschildert, wie man Anfängerfehler im Umgang mit der Schleppertechnik vermeidet: Der Leser erfährt, warum Luftfilter regelmäßig gewartet werden müssen, wie man problematische Bodenverdichtungen bei der Feldarbeit vermeidet, dass man im Gefälle keinesfalls den Gang herausnehmen darf und vieles andere mehr. Begleitet werden diese Erläuterungen durch zahlreiche technische Zeichnungen.

Literaturgeschichtlich handelte es sich damit um ein merkwürdiges Hybrid. Auf der einen Seite trug der Roman deutliche Kennzeichen des klassischen Bauernromans: Er schilderte die Generationenkonflikte in einer bäuerlichen Familie, er beschrieb die Härte, aber auch den Reiz des ländlichen Lebens – und natürlich wurde am Ende geheiratet. Andererseits unterschied sich Preuschens Roman von den Regeln des Genres, indem er ein technisches Artefakt ins Zentrum stellte. Während die Technik sonst in der bäuerlichen Romanwelt nur am Rande vorkam, spielte sie hier eine Schlüsselrolle: Der Roman entfaltet ein detailreiches Panorama der betrieblichen Folgen, die der Schleppergebrauch in einer Bauernfamilie mit sich brachte, schildert das ständige Experimentieren und Improvisieren, auch die Unfallgefahr und die Anfälligkeit des

---

1 Gerhardt Preuschen, Unser Max. Eine Erzählung aus dem Leben einer Bauernfamilie und eine Anleitung für richtigen Schleppereinsatz, München 1954, und ders., Unser Max. Eine Anleitung für richtigen Schleppereinsatz, Bonn u. a. 1956.
2 Preuschen, Unser Max (1954), S. 74.

»Unser Max«

Schleppers für Reparaturen. Die Hauptfiguren wirken dagegen reichlich klischeehaft und entwickeln sich im Laufe des Romans kaum: der eigensinnig-stolze Vater, der technikbegeisterte Sohn, der als Nachfolger längst auserkoren ist, der etwas faule zweite Sohn, die naive Tochter, die nach einem Flirt mit dem Landmaschineningenieur aus der Stadt am Ende doch den fleißigen Bauern vom Talhof heiratet, schließlich die emsige Hausfrau. Dass Preuschen sich nach seinem Romandebüt wieder auf Veröffentlichungen wie *Der Landmaschinenberater* oder *Landwirtschaftliche Betriebsorganisation in der EWG* konzentrierte, war insofern literarisch gesehen durchaus zu verkraften.³

Der Untertitel des Romans versprach »eine Erzählung aus dem Leben einer Bauernfamilie und eine Anleitung für richtigen Schleppereinsatz«. In der zweiten Auflage war im Untertitel nur noch von einer »Anleitung für richtigen Schleppereinsatz« die Rede, und das ließ bereits erkennen, dass die technischen Erläuterungen für Preuschen Vorrang hatten vor einem mit-

---

3   Gerhardt Preuschen, Der Landmaschinenberater, München u. a. 1959; ders., Landwirtschaftliche Betriebsorganisation in der EWG. Anleitung zu zeitgemäßer Betriebsplanung, Essen 1964.

reißenden Plot. In seinem Vorwort betonte er, die Anschaffung eines Schleppers bedeute für bäuerliche Betriebe »eine kleine Revolution, nicht nur im Ablauf der Arbeit, sondern oft genug auch im Familienleben.«[4] Es ging also um die enormen Folgewirkungen des Schlepperkaufs in der bäuerlichen Landwirtschaft, die der Huber-Bauer im Roman folgendermaßen umreißt: »Es ist zwar einfach, einen Schlepper zu kaufen, aber gar nicht so einfach, ihn richtig zu verwenden.«[5] Aber es ging nicht nur um die Probleme, sondern auch darum zu zeigen, dass sie mit ein wenig Mühe und Improvisationsgabe zu bewältigen waren. »Die Familie Huber, eine Bauernfamilie unserer Tage, ist auf ihre Art und Weise mit den Schwierigkeiten fertig geworden«, erklärte Preuschen in seinem Vorwort weiter und äußerte den Wunsch, die Familie Huber möge auf diese Weise »vielen Bauernfamilien ein Vorbild sein«.[6] Damit zielte der Roman auf eine Kernaufgabe des Max-Planck-Instituts für Landarbeit und Landtechnik, die Unterweisung der Landwirte im zweckmäßigen Schleppergebrauch, und so war es nur konsequent, dass Preuschen seinen Roman auch in seiner Veröffentlichungsliste für das Jahrbuch der Max-Planck-Gesellschaft aufführte – wenn auch ein wenig verschämt als letzten Titel der Liste.[7]

Was mochte Preuschen zu dieser ungewöhnlichen Form der Betriebsberatung bewogen haben? Für sich genommen lag das Thema des Romans durchaus auf der Hand. Schlepper waren in den fünfziger Jahren ein, wenn nicht *das* Schlüsselthema der Landwirtschaft, und die Anschaffung eines Schleppers als der Schlüsselmaschine der landwirtschaftlichen Mechanisierung verstand sich bald für jeden anständigen Landwirt von selbst. Die im Roman geschilderte Szene, wie der Sohn der Familie Huber für das Fehlen eines Traktors gehänselt wurde – »neulich haben sie [den Sohn Alois] direkt gefragt, ob er bald eine Urkunde bekäme, weil er der letzte Pferdebauer im ganzen Kreis wäre« –, war alles andere als unrealistisch.[8] Aber warum konzentrierte Preuschen in dieser Situation nicht alle Energien auf die Forschungsarbeit und überließ die Beratungstätigkeit den knapp 3.000 Wirtschaftsberatern, die zur gleichen Zeit in der Bundesrepublik arbeiteten?[9] An Forschungsthemen herrschte angesichts einer sich rapide technisierenden Landwirtschaft ja gewiss kein Mangel. Offenkundig ging es Preuschen um mehr als das bloß technische Funktionieren der landwirtschaftlichen Maschinen. Die Technisierung musste auch geistig bewältigt werden, und gerade hier sah Preuschen erhebliche Defizite.

Deutlich wurde seine Haltung in einem Vortrag, den Preuschen im Oktober 1957 in Oldenburg hielt und der im folgenden Jahr in den *Mitteilungen aus der Max-Planck-Gesellschaft* veröffentlicht wurde. Schon der Titel – »Der Mensch als Grenze der Rationalisierung« – ließ erahnen, dass hier eine durchaus kulturpessimistisch eingefärbte Skepsis regierte und keineswegs das Hohelied der mechanisierten Landwirtschaft gesungen wurde. Leicht führe Rationalisierung laut Preuschen zu einer geistigen Verarmung, wenn es nur noch um das Überwachen automatischer Abläufe ginge; derlei verursache »eine einseitige Nervenbelastung«, die »nur kurzzeitig vom Menschen ertragen werden kann.« Auch das Streben nach der Verkürzung der Arbeitszeit sah Preuschen skeptisch: Europa kenne »den engen Zusammenhang zwischen Lebenserfüllung und Beruf seit Jahrhunderten«, so dass es die Unterstellung, »daß Berufsarbeit nur dazu da ist, um Geld zu verdienen«, nachdrücklich zurückweisen müsse; solche Einstellungen seien

---

4   Preuschen, Unser Max (1954), S. 5.
5   Ebd., S. 138.
6   Ebd., S. 5.
7   Generalverwaltung der Max-Planck-Gesellschaft zur Förderung der Wissenschaften, Jahrbuch 1954 der Max-Planck-Gesellschaft zur Förderung der Wissenschaften e. V., Göttingen 1955, S. 317.
8   Preuschen, Unser Max (1954), S. 10.
9   H. Hartan, Das landwirtschaftliche Beratungswesen in der Bundesrepublik, in: Berichte über Landwirtschaft 37 (1959): 269–288; S. 270 f.

nur für ganz andere Gesellschaften kennzeichnend, »z. B. für die Vereinigten Staaten«. Selbst die Entlastung von schwerer körperlicher Arbeit vermochte Preuschen nicht zu billigen. Diese vermittele »dem Menschen eine größere Arbeitsbefriedigung«, und im übrigen brauche der Mensch »ein gewisses Maß von Muskelarbeit«: »Bereits heute zeichnen sich [...] Krankheiten ab, die auf einem zu starken Muskelschwund beruhen«.[10]

Mit solchen Zweifeln stand Preuschen in der Nachkriegszeit keineswegs allein. Die Maschinisierung der Landwirtschaft war nämlich durchaus keine Entwicklung, die das agrarische Expertensystem freudig ersehnt hätte. Im Gegenteil: In der Beratungsliteratur wimmelte es von Mahnungen zur Zurückhaltung, zur Vorsicht mit komplexen Maschinen, zum Gemeinschaftsbesitz bei teuren Anschaffungen. Zugleich verbreitete sich unter den Beratern aber auch rasch der Eindruck, dass sie von der schieren Wucht der Technisierungswelle geradezu überrollt wurden. »Die Maschinenanschaffung von seiten der Bauern ging so schnell vor sich, dass der Wirtschaftsberater mit dem besten Willen dieser Entwicklung nicht folgen konnte«, hieß es schon 1952 in einem Vortrag vor der Bundeskonferenz für Wirtschaftsberatung.[11] Wenige formulierten ihre Vorbehalte freilich so drastisch wie Preuschen, der 1962 in einem Leitartikel für die *Deutsche Landwirtschaftliche Presse* klagte: »Man hat heute manchmal das Gefühl, daß in der heutigen Landwirtschaft eine Art Panikstimmung herrscht.«[12] Entsprechend gedämpft ist auch der Ausgang seines Romans: Großartige Verbesserungen bringt der Schlepper für den Betrieb der Familie Huber nicht mit sich, manche Arbeiten sind nun bequemer und rascher zu erledigen, aber erst nach einigen zeitraubenden Versuchen. Die finanziellen Vorzüge sind am Ende gering, nicht jedoch die neuen Gefahren – Sohn Alois holt sich bei einem Schlepperunfall eine kräftige Gehirnerschütterung –, aber immerhin wird der designierte Betriebsnachfolger nun nicht mehr verspottet, und außerdem hat der Traktor die angemessene Verheiratung der Tochter befördert. Selbst der zunächst technikeuphorische Sohn kommt zu einer nüchternen Einschätzung, als er, durch seine Gehirnerschütterung ans Bett gefesselt, die eigenen Erfahrungen mit der Schleppertechnik reflektiert: »Man mußte nicht immer das Neueste haben.«[13] Am Ende beschafft sich der Huber-Bauer wieder »ein anständiges Pferd«, weil er nach einigen Monaten mit rein maschineller Traktion beschließt, »daß vollmotorisiert für uns noch nicht das Richtige ist.«[14]

In Wirklichkeit sah die technische Entwicklung in der Landwirtschaft bekanntlich anders aus. Wenn Preuschen in dem erwähnten Leitartikel »Ruhe und Abwarten, besonnene Überlegung und vorsichtiges Rechnen« empfahl, dann war das wenig mehr als das Pfeifen im finsteren Wald.[15] Tatsächlich entwickelte die Maschinisierung der Landwirtschaft eine Eigendynamik, die Zweifler und Zauderer an den Rand und aus dem Geschäft drängte. Binnen weniger Jahre war der Übergang zur Vollmotorisierung flächendeckend vollzogen – und das war nur der Einstieg in eine umfassende Technisierung aller Betriebsteile, die die Landwirtschaft zu einer der kapitalintensivsten Branchen überhaupt machte. Der Anstieg der PS-Zahlen bei den Traktoren ist seit den 1950er Jahren ein ebenso ungebrochener wie unheimlicher Prozess, und so sind auf landwirtschaftlichen Ausstellungen inzwischen Gefährte mit mehr als 500 PS zu bewundern –

---

10 Gerhardt Preuschen, Der Mensch als Grenze der Rationalisierung, in: Mitteilungen aus der Max-Planck-Gesellschaft 1958, S. 89–95; Zitate S. 93, 92, 94.
11 Hauptstaatsarchiv Düsseldorf NW 131 Nr. 797 Bl. 74.
12 Gerhardt Preuschen, Besonnen bleiben, in: Deutsche Landwirtschaftliche Presse 85 (1962), S. 1–2; S. 2.
13 Preuschen, Unser Max (1954), S. 195.
14 Ebd., S. 198.
15 Preuschen, Besonnen bleiben, S. 2.

nebst einem Technikfetischismus, den man im 21. Jahrhundert eigentlich nur noch in sorgsam gehegten Reservaten wie dem Formel-1-Zirkus erwarten würde. Vor diesem Hintergrund wirkt Preuschens Roman im Rückblick fast schon wie eine Verzweiflungstat: die Wortmeldung eines Mannes, der die atemlose Technisierung zutiefst verabscheute, zugleich aber merkte, wie seine Warnungen folgenlos an diesem Prozess abprallten und folglich zu extremen Mitteln griff – dem Mahnruf via Roman.

Es war so gesehen nur konsequent, dass sich Preuschen nach seiner Emeritierung als Direktor des Max-Planck-Instituts 1976 dem Ökolandbau zuwandte und zu einem wichtigen Exponenten der alternativen Landwirtschaft aufstieg.[16] Hier fand er offenkundig das reflektierende, vor- und umsichtig wirtschaftende Milieu, das er in der konventionellen Landwirtschaft so schmerzlich vermisste: Der Ökolandbau war nämlich nicht nur eine selbstbewusste Schöpfung einiger landwirtschaftlicher Dissidenten, sondern auch eine Art Auffangbecken für landwirtschaftliche Ideen, die vom konventionellen Wissenssystem ausgeschieden wurden, weil sie mit dem Leitbild des durchrationalisierten Intensivbetriebs nicht in Einklang zu bringen waren.[17] Aber dieses Reservoir alternativer Ideen konnte erst ab etwa 1980 auch tatsächlich fruchtbar werden, als die ökologischen Kosten der Intensivlandwirtschaft, von der Seuchengefahr bis zur Grundwasserbelastung, nicht mehr zu leugnen waren und hellsichtige Experten wie Preuschen die Ökolandwirtschaft aus der Nische führten; in den 1950er Jahren hätte eine Wendung zur alternativen Landwirtschaft noch geradewegs ins Abseits geführt. Darin bestand schließlich die große Ironie von *Unser Max*: Der Roman warf ein grelles Schlaglicht auf die weithin unterschätzten Probleme des technisierten Bauernhofs – ließ aber zugleich keine grundsätzliche Alternative zur maschinellen Hochrüstung erkennen. Im Gegenteil: Indem der Roman die Begeisterung für Technik gerade in der jungen Generation deutlich hervortreten ließ, ja den Traktor zum Familienmitglied erhob, ließ er zugleich die Kräfte erkennen, die seine Mahnungen zur Vor- und Umsicht so folgenlos werden ließen. Für den Bauern der Nachkriegszeit war die Technik eben nicht nur ein bloßes Hilfsmittel, eine Methode der Arbeitserleichterung – sie wurde auch zum Teil seiner Identität, zu einem Kernelement des bäuerlichen Berufsstolzes. Wer sich für Technik begeistern konnte, Maschinen kompetent bedienen und Reparaturen selbst ausführen konnte, hatte in der Nachkriegszeit gute Chancen – während Leute wie Preuschen, die zur Vorsicht mahnten und »das Erbe der früheren Zeit« retten wollten, auf verlorenem Posten standen.[18] Der Roman, mit dem Preuschen die Technisierung dämpfen oder jedenfalls rationaler gestalten wollte, dokumentierte insofern zugleich, warum Preuschen mit seinen Ansichten scheiterte.

---

16 Vgl. u. a. Gerhardt Preuschen, Mensch und Natur – Partner oder Gegner? Alte Erfahrungen und neue Erkenntnisse, 2. Aufl. Bad Dürkheim 1991; ders., Gerhardt Preuschen, Ackerbaulehre nach ökologischen Gesetzen. Das Handbuch für die neue Landwirtschaft, Karlsruhe 1991; ders., Konrad Bernath, Ulrich Hampl, Umstellung auf ökologischen Landbau. Die grundlegenden Schritte der praktischen Betriebsumstellung, Bad Dürkheim 1999.
17 Dazu ausführlich Frank Uekötter, Die Wahrheit ist auf dem Feld. Eine Wissensgeschichte der deutschen Landwirtschaft (im Erscheinen).
18 Preuschen, Unser Max (1954), S. 5.

André Steiner

»Ein Lob für das Politbüro«?

Die SED-Spitze in der DDR-Wirtschaftslenkung

Anfang November 1963 schrieb SED-Chef Walter Ulbricht an Erich Apel, den Vorsitzenden der Staatlichen Plankommission, dass die ihm übersandte Ausarbeitung zur weiteren Entwicklung des PKW-Baus in der DDR bei ihm Zweifel hinterlasse, »ob der neue PKW und auch der Motor Weltniveau haben«. Der Parteichef verwies weiter »auf die Kritik des ›Stern‹-Redakteurs, der [...] behauptet, daß Wagen mit Zweitaktmotoren in Zukunft schwer absetzbar seien. Ich habe Zweifel, ob die Federung und die Konstruktion mit Rahmen den gegenwärtigen Anforderungen des Weltmarktes entsprechen. Ich schlage vor, den neuen ›Mercedes‹ mittlerer Klasse als Maßstab zu nehmen.«[1] Ulbricht äußerte sich hier zur Entwicklung des neuen Modells des »Wartburg«, der dann neben dem »Trabant« das Straßenbild in der DDR bis zu ihrem Ende prägen sollte.[2] Vor diesem Hintergrund erscheint uns heute der Versuch, die bekannte westdeutsche Marke als Referenzmodell heranzuziehen, eher als Hybris. Allerdings waren Anfang der 1960er Jahre die in der DDR produzierten Autos noch nicht derart vom internationalen Entwicklungsniveau entfernt wie in den 1980er Jahren.

Das ist aber nicht der Gegenstand des vorliegenden Beitrags, sondern es geht darum, in welchem Maße der Parteichef selbst in die DDR-Planwirtschaft eingriff und sich um Details der Wirtschaftslenkung kümmerte und auch kümmern musste. Das erwähnte Schreiben Ulbrichts an Apel ist hierfür ein erstes Beispiel.

Die wirtschaftlichen Institutionen der DDR waren in hohem Maße hierarchisch organisiert und bestanden aus zwei Säulen: der staatlichen Wirtschaftsbürokratie und dem SED-Parteiapparat. Die Kompetenzen dieser beiden griffen ineinander, mitunter arbeiteten sie gegeneinander und in der Spitze waren sie personell verflochten. In der SED beriet und entschied das Politbüro – die Parteispitze im engeren Sinne – alle grundlegenden wirtschaftlichen Fragen. Entscheidend für das Verhältnis zwischen Wirtschaftsbürokratie und Parteiapparat war, dass die staatlichen Instanzen Beschlüsse der Parteispitze übernehmen mussten. Die SED begründete dies mit ihrem Anspruch exklusiv über die Kenntnis des einzuschlagenden Weges zu verfügen. Sie meinte, am besten zu wissen, was erforderlich war, um die wirtschaftliche Leistung zu maximieren. Die Wirtschaftslenkung war – mit leichten Variationen im Zeitablauf – insgesamt hochgradig zentralisiert. Da die Verantwortlichen in der Wirtschaftsbürokratie aller Ebenen immer wieder die Erfahrung machten, dass der Parteiapparat in ihre Arbeit eingriff und sich mit seinen extralegalen Interventionen besser durchsetzte als sie selbst, wandten sie sich immer öfter an ihn und erwarteten schließlich sogar sein Eingreifen.[3]

---

1   Schreiben Walter Ulbrichts an Erich Apel vom 5.11.1963, Stiftung Archiv der Parteien und Massenorganisationen der DDR im Bundesarchiv (im Folgenden: SAPMO-BA) DY30 IV A2/2021/50.
2   Vgl. Reinhold Bauer, PKW-Bau in der DDR. Zur Innovationsschwäche von Zentralverwaltungswirtschaften, Frankfurt/M. u. a. 1999, S. 94 ff.
3   Vgl. u. a. Auszug aus der stenographischen Niederschrift der Beratung über die Durchführung des Planes 1961 ... am 21.6.1961, SAPMO-BA DY30 IV 2/2029/198.

Der SED-Apparat musste letztlich die Arbeit der verschiedenen Wirtschaftsinstanzen koordinieren; denn der dafür zuständige Ministerrat erwies sich als zu schwach, weil sich die nachgeordneten Instanzen bereits an den Parteiapparat gewandt hatten. Auch die personelle Verquickung von Regierung und Parteispitze trug dazu bei. Der SED-Apparat koordinierte aber nicht nur, sondern kontrollierte und korrigierte auch die Politik bei auftretenden Problemen und entschied Meinungsverschiedenheiten innerhalb der Wirtschaftsbürokratie. Die Parteifunktionäre waren selbst nicht in die operative Wirtschaftstätigkeit eingebunden, so dass sie freier (manchmal auch ungerechter) urteilen konnten. Angesichts der Omnipräsenz der SED wurden sie von der Bevölkerung letztlich für die wirtschaftlichen Missstände und Defizite verantwortlich gemacht, auch wenn sie selbst wirtschaftliche Fehlschläge den staatlichen Instanzen anlasteten. Deshalb griff der Parteiapparat auf quasi extralegale Weise in den Wirtschaftsprozess ein. Das war letztlich dem System eigen und nahm teilweise kuriose Züge an. Dies soll im Folgenden mit einigen Beispielen illustriert werden.

Erich Honecker – Nachfolger von Ulbricht – initiierte ein umfangreiches Wohnungsbauprogramm, mit dem die Defizite im Wohnraumangebot beseitigt werden sollten.[4] Dadurch wurden wiederum verstärkt u. a. Tapeten und Badewannen nachgefragt, was im vorhinein offenbar nicht ausreichend bedacht worden war. In der Folge musste sich die SED-Spitze selbst mit der Produktion und dem Angebot dieser Produkte befassen.[5] Auch das Angebot modischer Bekleidung und Schuhe beschäftigte das Politbüro.[6] Die Beispiele lassen sich beliebig für alle möglichen Fragen und Produkte – von Autoersatzteilen über Raschelschlüpfer bis zu Zahnbürsten und Toilettenpapier – aus der Zeit der gesamten DDR-Geschichte erweitern. Ab und an schien selbst Honecker zu viel zu werden und er schimpfte im Politbüro: »Das kann die Regierung nicht von oben alles machen, das muß auch unten geregelt werden.«[7] Schließlich kam es auf diese Weise auch zu folgenreichen Fehlentscheidungen, bei denen sich – wie beim Einsatz vorgeblich besserer Eisenbahnschwellen, die sich später als alkaligeschädigt erwiesen und relativ schnell zerbröckelten – Honecker im Nachhinein beschwerte, dass so etwas das Politbüro doch nicht im einzelnen beurteilen könne.[8] Diese Einsicht blieb aber gewöhnlich solchen Situationen vorbehalten, in denen sich Politbüroentscheidungen später als falsch erwiesen hatten.

Wie weit der Anspruch der SED-Spitze ging, möglichst alles im einzelnen zu steuern, findet sich aber nur selten in allen Details in der schriftlichen Überlieferung. Ab und an scheint diese Obsession jedoch auch in den Akten auf. So beispielsweise im Protokoll eines Gesprächs, das Ulbricht am Rande der Leipziger Frühjahrsmesse im März 1966 mit dem Chef der sowjetischen Plankommission, Nikolai Konstantinowitsch Baibakow führte, in dem es um die künftige wirtschaftliche Zusammenarbeit der östlichen Vormacht und der DDR ging. Dabei schlug Ulbricht einen überlegenen Ton an, weil er mit der in der DDR seit 1963 durchgeführten

---

4 Vgl. zum Kontext André Steiner, Von Plan zu Plan. Eine Wirtschaftsgeschichte der DDR, Berlin 2007, S. 194 ff.

5 Vgl. Protokoll Nr. 9/75 der Sitzung des Politbüros des ZK der SED am 4.3.1975, SAPMO-BA DY30 J IV 2/2A/1860+1861; Protokoll Nr. 12/75 der Sitzung des Politbüros des ZK der SED am 25.3.1975, SAPMO-BA DY30 J IV 2/2A/1867+1868.

6 Protokoll Nr. 6/76 der Sitzung des Politbüros des ZK der SED am 10.2.1976, SAPMO-BA DY30 J IV 2/2A/1952+1953.

7 Staatliche Plankommission, Staatssekretär: Persönliche Niederschrift über die Beratung im Politbüro des ZK der SED zum Beschluss über Maßnahmen zur weiteren Durchführung des Volkswirtschaftsplanes 1976, 18.2.1976, SAPMO-BA DY30/2739.

8 Niederschrift über die Beratung des Politbüros des ZK der SED zum Entwurf des Volkswirtschaftsplanes und des Staatshaushaltsplanes 1988 am 17.11.1987, SAPMO-BA DY30/3755.

Wirtschaftsreform diese auf einem besseren Weg als die Sowjetunion wähnte.[9] So betonte er: »Die UdSSR und die DDR waren lange Zeit in der Schußlinie der Kapitalisten als Leute, die viel von oben administrieren. Wir sind jetzt schon etwas raus aus der Schußlinie.« Man müsse aber dem Westen demonstrieren, dass noch viel mehr möglich sei. Denn – so Ulbricht laut Protokoll – »die westdeutschen Konzerne haben auf der Leipziger Messe Bilder gezeigt mit sauber gekleideten und lachenden Arbeitern und im Hintergrund deren soziale Einrichtungen.« Darauf warf Baibakow an Ulbricht gewandt ein: »Das ist ihnen aber auf der Messe auch sehr gut gelungen. Sie haben so nette Männer und so hübsche Mädchen in sauberen Anzügen und Kleidern auf der Messe, daß einem das Herz lacht.« Der ostdeutsche Parteichef fühlte sich offenbar geschmeichelt und bedankte sich artig: »Das ist ein Lob für das Politbüro. Das Politbüro hat sich z. B. vor 2 Jahren die Frage gestellt, warum immer die Hemden bei uns nicht weiß und die Kragen nicht steif sind. Man muß immer genaue Anweisungen geben, die materielle Interessiertheit entwickeln und kontrollieren. Ohne Leitung und Kontrolle geht es nicht. Es gibt keinen Selbstlauf.«[10] Deshalb musste das Politbüro auch später immer wieder selbst ran. Das Ergebnis ist bekannt.

---

9   Vgl. dazu André Steiner, Die DDR-Wirtschaftsreform der sechziger Jahre. Konflikt zwischen Effizienz- und Machtkalkül, Berlin 1999.
10 Staatliche Plankommission: Notiz über das Gespräch bei Genossen Walter Ulbricht am 16.3.1966, 19.3.1966, SAPMO-BA DY30 IV A2/2021/260.

Reinhold Bauer

Historische Innovationsforschung zwischen Plastikrädern und Radaröfen

Von der Unterdruck-Eisenbahn haben Sie nie gehört? Hydrobergbau ist Ihnen ebenso wenig ein Begriff wie die Kohlenstaub-Lokomotive? Selbst beim Itera-Plastikfahrrad oder beim Elektropflug glimmt kein Erinnerungsfunken auf?[1] Kein Grund zur Sorge: Fast niemand erinnert sich mehr an diese Dinge, es sind »Gescheiterte Innovationen«, deren Existenz über kurz oder lang von der Welt vergessen wurde. In Erinnerung sind bestenfalls die angesichts verlorener Subventionsmillionen spektakuläreren oder aktuelleren Fälle, etwa das in den 1980er Jahren aufsehenerregende Riesenwindrad »Growian« oder der vor einigen Jahren gescheiterte Frachtzeppelin »Cargolifter«.[2]

Gemeinsam ist diesen Vorhaben, dass es sich keinesfalls um völlig phantastische Projekte handelt, deren Misserfolg gleichsam vorprogrammiert war. Nicht von raketengetriebenen Erdsehnenbahnen, rollenden Bürgersteigen, Mittelmeerdämmen oder vom »Perpetuum Mobile« soll hier die Rede sein. Nein, gescheiterte Innovationen sind Erfindungen, die grundsätzlich funktionierten und im Vergleich zur existierenden Technologie auch Vorteile boten, die sich aber dennoch nicht haben durchsetzen können. Ein notwendiges Merkmal der gescheiterten Innovation ist, dass sie es bis in die Wirklichkeit geschafft hat, ein zweites, dass sie diese wieder verlassen hat, ohne das investierte Kapital hereinzuspielen.[3]

Im folgenden sollen einige zumindest auf den ersten Blick möglicherweise kurios erscheinende Fehlschläge dem drohenden Vergessen entrissen werden. Den Anfang macht dabei das bereits erwähnte Plastikfahrrad, das 1982 unter dem Namen »Itera« auf den Markt gebracht wurde.[4] Ursprünglich ging es auf Freizeitbasteleien einiger Volvo-Ingenieure zurück, die ein preiswertes, leichtes und dabei haltbares Rad entwickeln wollten. Tatsächlich erwies sich das entstandene Plastikrad als robust und bequem, bot zudem den Vorteil, aus nur wenigen Einzelteilen zusammengesetzt zu sein. Um aber seinem Rahmen die erforderliche Steifheit zu verleihen, musste das Kunststoff-Spritzgussteil ungewöhnlich dick ausfallen. Herstellungsbedingt waren zudem alle Verstrebungen deutlich zu sehen. Potentielle Käufer empfanden das zukunftsweisende Rad daher als altmodisch und klobig. Seinem Plastikmaterial haftete das Image des

---

1 Siehe: R. Angus Buchanan: The Atmospheric Railway of I. K. Brunel, in: Hans-Joachim Braun (Hg.): Symposium on »Failed Innovations«, Social Studies of Science, 22 (1992), S. 231–243. Jan Hult, The Itera Plastic Bicycle, in: ebd., S. 373–385. Reinhold Bauer, Gescheiterte Innovationen. Fehlschläge und technologischer Wandel, Frankfurt/M. 2006, hier S. 68 ff. und S. 151 ff. Ders.: »Endkontrolle« durch den Nutzer – Entwicklung und Scheitern des Hydrobergbaus in der Bundesrepublik Deutschland, in: Lars Bluma, Karl Pichol, Wolfhard Weber (Hg.): Technikvermittlung und Technikpopularisierung. Historische und didaktische Perspektiven, Münster u. a. 2004, S. 73–85. Ders.: Der Elektropflug als »Medienereignis« im Deutschen Kaiserreich, in: Technikgeschichte, 73 (2006), S. 95–114.
2 Matthias Heymann, Signs of Hybris: The Shaping of Wind Technology Styles, in: Technology and Culture, 39(1998), S. 641–670. Bauer: Gescheiterte Innovationen, S. 11.
3 Bauer: Gescheiterte Innovationen, S. 13 ff.
4 Siehe dazu: Hult, The Itera.

billigen Ersatzes an und das sportliche Design, das der Käufer in den frühen 1980er Jahren von einem futuristischen Rad erwartete, konnte das Kunststoffmodell nicht bieten. Da es preislich etwa im Bereich konventioneller Qualitätsräder lag, sprach auch unter Sparaspekten nichts für den Umstieg aufs Kunststoffrad. Last but not least verlangte die Nutzung des auffälligen Plastikesels »sozialen Mut«: Mit dem ungewöhnlichen Gefährt erregte man Aufsehen, es drohte seinen Besitzer der Lächerlichkeit preiszugeben. Das Ende des Innovationsversuchs liegt auf der Hand: Niemand wollte das hässliche Rad haben, so modern es auch sein mochte. Offenbar hatte man hier am Nutzer vorbei konstruiert.

Schaut man etwas weiter zurück, so stößt man in der Zwischenkriegszeit auf das damals revolutionäre, heute aber fast völlig vergessene Binnenschiffs-Transportsystem »Lastrohrfloß«, das auf den ebenfalls weitgehend vergessenen Schiffbau-Ingenieur Eberhard Westphal zurückging.[5] Der Grundgedanke des neuen Systems war zweifellos bestechend: Genormte »Lastrohren« konnten zu nahezu beliebig langen und mehrere Einheiten breiten floßartigen Schlangen zusammengesetzt werden. Mit Hilfe einer motorisierten Schubeinheit hinten und einer ebensolchen Zugeinheit vorn ließ sich diese Transportschlange dann über die Wasserstraßen bugsieren. Die einzelnen Lastrohren waren dabei nicht nur frei kombinierbar, Spezialkräne konnten sie auch komplett aus dem Wasser heben, entladen oder auf andere Verkehrsträger umsetzen. Das Lastrohrfloß nahm also Eigenschaften der späteren Schubschiffeinheiten vorweg und versprach darüber hinaus eine Flexibilität, wie sie erst der Containerverkehr wieder erreichte.

Unter dem Eindruck der zeittypischen Rationalisierungsbewegung arbeitete Westphal bereits seit den 1920er Jahren an möglichst einfachen Lösungen zur Effektivitätssteigerung des Binnenschiff-Transports. Seine große Stunde schien jedoch in der zweiten Hälfte der 1930er Jahren gekommen: Im nationalsozialistischen Deutschland entwickelte sich unter dem Einfluss der forcierten Aufrüstung und dann des beginnenden Krieges der Binnenschiffs-Transport zu einem Engpassbereich. Unter diesen Bedingungen wurde Westphals Projekt als »Rüstungs-

»Rangierarbeiten« an einem Lastrohrfloß (Abbildung aus: Wessel, Das Lastrohrfloß, S. 39.)

5   Siehe dazu: Eckhard Schinkel, »Ungewöhnliche Probleme mit revolutionären Mitteln lösen«. E. Westphals »Lastrohrfloß« für den Massengut-Transport zwischen den »Hermann Göring Werken« und dem Ruhrgebiet, in: War die Zukunft früher besser? Visionen für das Ruhrgebiet, Bottrop, Essen 2000, S. 209–227. Horst A. Wessel, Das Lastrohrfloß – die Wurzel der Schub- und Container-Schiffahrt, in: Deutsches Schiffahrtsarchiv (1989), S. 23–64.

wirtschaftlich dringende Entwicklungsarbeit« eingestuft und schließlich ab 1940 tatsächlich realisiert.

Trotz seiner unbestreitbaren Vorteile setze sich das neue Transportsystem jedoch auch nach eingehender Erprobung nicht durch. Schuld daran war einerseits der vehemente Widerstand der deutschen Binnenschifffahrts-Organisationen und vor allem des staatlichen Reichsschleppdienstes, die Einnahme- und Einflussverluste befürchteten. Sie hatten schon in den 1930er Jahren begonnen, Westphals Projekt zu torpedieren, und zeigten damit ein für potentielle »Opfer« neuer Technologien durchaus typisches Verhalten.

Entscheidender war aber noch, dass nicht alle Komponenten der »Systemerfindung Lastrohrfloß« rechtzeitig fertig geworden waren: Die für das schnelle löschen, laden oder umsetzen der Laströhren erforderlichen Spezialkräne standen bei Aufnahme der Versuchsfahrten noch nicht bereit. Damit fehlte eine wesentliche Komponente des neuen Transportsystems, das somit sein volles Rationalisierungspotential nicht annähernd hat entfalten können. Nach Ende der Erprobung verschwand das Lastrohrfloß trotz seiner Vorteile in der Versenkung und erlebte auch nach Ende des Krieges keine wirkliche Renaissance. Neben dem anhaltenden Widerstand der erwähnten Gegner war es vor allem der erforderliche enorme Anpassungsaufwand für den Hafenbetrieb, der den Siegeszug des Lastrohrfloßes verhinderte. Ein umfassender Erfolg wäre nur bei Ausstattung zumindest der größeren Hafenanlagen mit den notwendigen Spezialkränen vorstellbar gewesen. Das aber verlangte Vorlaufinvestitionen, die damals niemand zu leisten bereit war.

Dass nicht jede gescheiterte Innovation zwangsläufig für immer und ewig von der Bildfläche verschwindet, mag das Beispiel der Mikrowelle belegen. Mikrowellenöfen sind heute zugegebenermaßen kommerziell höchst erfolgreich, aber sie waren es eben nicht immer. Der erste Versuch, Mikrowellenöfen auf den Markt zu bringen, schlug Ende der 1940er, Anfang der 1950er Jahre gründlich fehl.[6] Kaum jemand konnte sich damals für einen Apparat erwärmen, der in mysteriöser Weise Essen mit Hilfe eines elektromagnetischen Feldes erhitzte.

Zunächst einige Bemerkungen zur Funktion von Mikrowellenöfen: Im Kern besteht eine Mikrowelle genau wie ein Radargerät aus einem pulsierenden Mikrowellensender, dem sogenannten Magnetron. Mit Hilfe dieser Magnetron-Röhre können Mikrowellen gleichsam in ein Metallgehäuse »gesendet« werden, wo ein elektromagnetisches Feld hoher Dichte entsteht. Dessen Energie reicht aus, um die Flüssigkeit in Speisen rasch zu erwärmen.

Bei der Mikrowelle handelt es sich um eine zivile Technologie, die unmittelbar als »spinn of« aus der Rüstungsforschung hervor ging. Die US-amerikanische Rüstungsfirma Raytheon arbeitete in den 1940er Jahren intensiv an der Verbesserung der Herstellungsmethoden für Magnetron-Röhren. Einer häufig kolportierten Anekdote nach, wurde das Prinzip des Mikrowellenherdes per Zufall entdeckt, als einem Ingenieur der Firma Raytheon 1945 beim Herumschrauben an einem Radargerät ein Schokoriegel in der Hosentasche schmolz. Percy Spencer,

---

6   Siehe dazu: Reinhold Bauer, Von Wasserwerfern und Mikrowellen. Überlegungen zu einer Typologie innovatorischen Scheiterns, in: Prokla. Zeitschrift für kritische Sozialwissenschaft (Themenheft »Ökonomie der Technik«), 36 (2006), S. 549–562, hier S. 555 ff. Graeme Gooday, Re-Writing the »Book of Blots«: Critical Reflections on Histories of Technological »Failure«, in: History and Technology, 14 (1998), S. 265–292, hier S. 270. Cynthia Cockburn; Susan Ormrod, Gender and Technology in the Making, London 1993, S. 18 f. Christina Hardymant, From Mangle to Microwave. The Mechanization of Household Work, Cambridge (MA) 1988, S. 134 und 195. Southwest Museum of Engineering, Communication and Computation: Microwave Oven, 12 S., unter: www.smecc.org/microwave_oven.htm, letzter Zugriff am 23.1.2008. Invention of the Microwave Oven, 3 S., unter: www.ieeee-virtualmuseum.org/collection/tech.php?id=2345891&lid=1, letzter Zugriff am 23.1.2008.

Mikrowellenherd »Radarange« neben aktuelleren Geräten (Abbildung: Sammlung des Verfassers)

so hieß dieser Ingenieur, erkannte daraufhin den Zusammenhang zwischen Radarwellen und Erwärmung. Im Auftrag von Raytheon begann er sich nun systematisch mit der Idee des Mikrowellenherdes zu beschäftigen und bereits zwei Jahre später, 1947, konnte der erste entsprechende Ofen auf den Markt gebracht werden.

Ein kommerzieller Erfolg freilich war diese erste Mikrowelle nicht: Der mit 2.000 US-Dollar vergleichsweise teure, kühlschrankgroße Apparat konnte nur an wenige Großküchen verkauft werden, der Einzug in die Privathaushalte gelang ihm nicht. Das die Firma Raytheon ihrem Mammutherd den wenig küchen- und familientauglichen Namen »Radarange« gab, trug nicht eben zur Marktgängigkeit des neuen Produktes bei; zu deutlich war dem Gerät seine militärische Herkunft noch anzumerken. Die Produktion des ersten Mikrowellenofens, der im übrigen Anfang der 1950er Jahre auch in der Bundesrepublik angeboten wurde, musste jedenfalls nach einigen Jahren wieder eingestellt werden. Mitte der 1950er Jahre handelte es sich somit bei der Mikrowelle um eine eindeutig gescheiterte Innovation.

Es bedurfte eines zweiten Anlaufs, um den neuen Ofen zum Erfolg werden zu lassen. Seit den 1960er Jahren bemühten sich vor allem japanische Unternehmen um eine Verkleinerung und Verbilligung der Mikrowelle. Sie schufen damit die Voraussetzungen für den späteren Erfolg der Geräte, die ihren eigentlichen Siegeszug – nun mit deutlich zivilerem Image – allerdings erst seit den frühen 1980er Jahren anzutreten begannen. Freilich musste sich für den Erfolg der Mikrowelle auch die Welt erst ändern: Der kommerzielle Durchbruch gelang der Mikrowelle erst in einer neuen Gesellschaft voller Singlehaushalte und Doppelverdienern mit oder auch ohne Kinder, die es in den 1940er und 50er Jahren noch kaum gegeben hatte. Erst jetzt bestand Bedarf nach einer Rationalisierung des Kochens bzw. einer zeitlichen Entkoppelung von Zubereitung und Verzehr von Mahlzeiten. Dass diese Entwicklung darüber hinaus auf Faktoren wie gezieltem Marketing, dem Aufbau eines breiten Angebots mikrowellengeeigneter Fertiggerichte sowie natürlich dem steigenden gesamtgesellschaftlichen Wohlstand beruhte, liegt auf der Hand. Parallel zur Weiterentwicklung des Gerätes musste sich jedenfalls auch die Welt erst weiterentwickeln, so dass die Technik jetzt mit ihrem Nutzungsumfeld harmonierte.

Schließlich sei noch erwähnt, dass sich die Mikrowellenöfen zwar in den USA, in Deutschland oder Großbritannien sehr gut verkaufen, in Ländern mit anspruchsvollerer Esskultur wie Frankreich oder Italien aber nach wie vor Akzeptanzprobleme haben. Ganz offenbar muss also bei der Frage nach Erfolg oder Misserfolg einer neuen Technologie auch das jeweils spezifische kulturelle Umfeld in den Blick genommen werden.

Abschließend sei hier noch ein Innovationsversuch präsentiert, bei dem bereits in der Entwicklungsphase nahezu alles schief lief, was schief laufen konnte. Die schließlich fehlgeschlagene Markteinführung machte dann das Scheitern perfekt. Die Rede ist von der Video-Disc-Player-Entwicklung, dem sog. Selectavision-System, bei der US-amerikanischen »Radio

Corporation of America«, kurz RCA.[7] Zur zeitlichen Einordnung: Das grundsätzliche Entwicklungsvorhaben wurde bei RCA bereits 1965 in Angriff genommen, erst 1976 begann dann aber die Weiterentwicklung der zunächst entstandenen Laborgeräte zu marktfähigen Produkten, die tatsächliche Markteinführung folgte 1981 und schon 1984 stellte RCA die Produktion des Video-Disc-Players wieder ein.

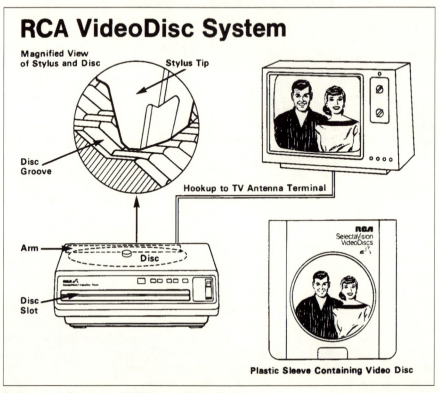

Funktionsprinzip Selectavision (Abbildung aus: Graham, S. 16.)

Was war passiert? In erster Linie konnte RCA zu keinem Zeitpunkt der Entwicklungsarbeiten ein stabiles Umfeld für die Arbeit am Video-Disc-System schaffen. Es fing damit an, dass zu Beginn des Entwicklungsprozesses keine klare Zielvorgabe formuliert worden war, klar war lediglich, dass eine Art Heimkino-System entstehen sollte. Innerhalb des Konzerns verfolgten daher konkurrierende Entwicklerteams unterschiedliche Lösungswege: von klassischen photobasierten Wiedergabegeräten über Magnetband-Systeme bis zum schließlich durchgesetzten Video-Disc-System. Das schließlich favorisierte Systeme funktionierte ähnlich wie ein klassischer Schallplattenspieler, nur dass auf den neuen Bildplatten nicht nur Audiodaten, sondern auch Videodaten analog gespeichert wurden, die mit Hilfe einer Diamantnadel abgetastet werden konnten. Selbst nachdem innerhalb der Forschungs- und Entwicklungsstellen

---

7   Siehe dazu: Margaret Graham, B. W.: RCA and the VideoDisc: The Business of Research, Cambridge (MA); London 1986.

die Arbeit auf das Video-Disc-System konzentriert worden war, hakte es noch bei der notwendigen Zusammenarbeit mit dem Produktionsbereich. Dessen Führung bevorzugte mit Blick auf Produktionserfordernisse wie auf vermutete Marktchancen – wie sich noch zeigen sollte durchaus zurecht – nach wie vor einen Magnetband-Videorekorder. Die Unstimmigkeiten innerhalb der Entwicklungsabteilung und zwischen Entwicklung und Produktion verzögerten das Projekt natürlich und erzeugten ein Klima bedrohlicher Unsicherheit. Die Firmenleitung von RCA reagierte misstrauisch und versuchte durch erhöhten Erfolgsdruck schnelle Ergebnisse zu erzwingen. Insbesondere die weitere Finanzierung der Entwicklungsarbeiten wurde in Frage gestellt und von zeitlich eng getakteten Erfolgskontrollen abhängig gemacht. Die intensive Überwachung der Produktentwicklung führte aber mitnichten zu optimalen Ergebnissen: Die Mitarbeiter der Forschungs- und Entwicklungsabteilung verfolgten nun nicht mehr die eigentlich sinnvollsten, sondern die mit Blick auf die Erfüllung des Entwicklungsplans günstigsten Lösungen. D. h. die Entwickler verhielten sich nun taktisch, um ihr Budget zu sichern. Eine offene Kommunikation zwischen Firmenleitung und Entwicklungsabteilung war unter diesen Umständen nicht mehr möglich: Das Management informierte die Entwickler nicht über die mittelfristige Firmenstrategie, die Entwickler das Management nicht über auftauchende Probleme. Insgesamt führte diese Kommunikationsblockade zu weiterem Vertrauensverlust und wiederholt zu gravierenden Brüchen im Entwicklungsprozess. In der Phase der Produktionsüberleitung von Selectavision eskalierten die schwelenden Konflikte zwischen Entwicklung und Produktion, was zu weiteren Verzögerungen führte. Die unzureichend informierte Firmenleitung kündigte viel zu früh die bevorstehende Markteinführung des neuen Heimkino-Systems an und baute damit zusätzlichen, unproduktiven Erfolgsdruck auf. Ohne dass die Chancen des neuen Systems wirklich ausreichend geklärt worden wären, kam es schließlich 1981 noch nicht voll ausgereift auf den Markt. Angesicht der hochgespannten Erwartungen, welche die vorangegangene Öffentlichkeitsarbeit von RCA geweckt hatte, musste der noch reichlich fehlerbehaftete Video-Disc-Player die potentielle Kundschaft enttäuschen. Obwohl die Geräte nach der Markteinführung weiter verbessert wurden, konnte das verspielte Verbrauchervertrauen nicht zurückgewonnen werden. Hinzu kam, dass man sich bei RCA im Vorfeld der Markteinführung zu wenig darum gekümmert hatte, ein ausreichend breites und attraktives Programmangebot aufzubauen. Im Fachhandel konnten nur wenige Filme auf Bildplatten erworben werden und Videotheken, in denen damals Magnetband-Videokassetten schon ganz selbstverständlich ausgeliehen werden konnten, führten Video-Discs gar nicht. Im Ergebnis musste die Produktion der Selectavision-Player wegen mangelnder Nachfrage schon 1984 wieder eingestellt werden, womit Entwicklungsgelder in Millionenhöhe verloren gingen. Der spätere Siegerzug der DVD zeigt allerdings, dass auch in diesem Fall die grundsätzliche Produktidee nur vorübergehend scheiterte.

Dieser kurze Einstieg in die Welt der gescheiterten Innovationen könnte im Grunde fast beliebig fortgesetzt werden, da der Friedhof fehlgeschlagener Entwicklungen schließlich zum bersten voll ist.[8] Bereits Untersuchungen für die 1960er Jahre haben gezeigt, dass in der Industrie etwa 85 Prozent der Entwicklungszeit auf Produkte verwandt wird, die nie auf den Markt

---

8   Frei nach Bernard Réal: »Le cimitière des innovations non difussées est plein a craquer«. Siehe: Bernard Réal, La puce et le chomage. Essai sur la relation entre le progrès technique, la croissance et l'emploi, Paris 1990, S. 26.

95

gelangen.⁹ Es spricht wenig für die Vermutung, dass dieser Anteil sich inzwischen wesentlich verringert habe. Scheitern, nicht Erfolg, ist also der Regelfall.

Trotzdem interessiert sich bis heute kaum jemand für die Geschichte des Scheiterns. Einerseits hängt das sicherlich damit zusammen, das Innovation immer noch gedankenlos mit Erfolg gleichgesetzt wird. Unter dem Einfluss dieses Denkens droht aber die Forderung nach steigender Innovationsfähigkeit zur Leerformel zu verkommen. Die tatsächlichen Bedingungen für innovatives Handeln, die stets vorhandenen Risiken des Scheiterns, geraten aus dem Blick. Der zweite weit trivialere Grund für die unzureichende Aufmerksamkeit, die gescheiterten Innovationen bisher geschenkt wurde, ist rein praktischer Natur: Unternehmen haben wenig Interesse daran, ihre Archive für die Untersuchung von Fehlschlägen zu öffnen. Über Misserfolge spricht man einfach nicht gern.¹⁰

Dass sich die Beschäftigung mit dem Scheitern aber lohnen kann, zeigt, so hoffe ich, schon dieser kleine Überblick. Er verdeutlicht, dass Innovationsversuche häufig an ganzen Problembündeln scheitern. Bestimmte Ursachen spielen dabei erwartungsgemäß eine große Rolle, etwa innertechnische Schwierigkeiten, wirtschaftliche Faktoren wie Anschaffungs- und Nutzungskosten oder die spezifische Konkurrenzsituation. Deutlich wird aber auch, dass sich die Ursachen des Scheiterns nicht ausschließlich auf diese »harten« Faktoren reduzieren lassen. Zu erkennen sind Problemstränge, die sich aus dem jeweiligen Innovationszeitpunkt, Fehlprognosen der Marktentwicklung, einer Fehleinschätzung von Nutzerbedürfnissen, zu hohen Anpassungserfordernissen an das Nutzungsumfeld oder – genereller – mangelndem Verständnis für die »Verwendungskultur« ergeben können.¹¹

Dem historischen Technikforscher bietet die Analyse von Fehlschlägen die Chance, den Charakter technischen Wandels deutlicher zu akzentuieren. Die Entwicklung neuer Technologien – ob letztlich erfolgreich oder nicht – beruht immer auf einer Art Handeln unter Informationsmangel, unter unklaren Bedingungen. Unsicherheiten sind angesichts dieser unklaren Bedingungen »endemisch«, das Risiko des Scheiterns ist immer gegeben. Bei erfolgreichen Innovationen droht der Erfolg selbst den Blick auf diese unvermeidbaren Entstehungsbedingungen zu verstellen.¹²

Eine Technikgeschichtsschreibung, die sich ganz überwiegend mit der erfolgreichen Verwertung und Umsetzung technischer Ideen beschäftigt, entwirft zwangsläufig ein verzerrtes Bild des historischen Prozesses. Der Eindruck entsteht, die technische Entwicklung sei einem geraden, rationalen Pfad aus der Vergangenheit in die Gegenwart gefolgt. Tatsächlich zeigt schon ein oberflächlicher Blick auf praktisch jeden beliebigen Teilbereich der Technik, dass es diesen unterstellten geraden Entwicklungsweg nicht gegeben hat. Die Vorstellung, vermeintlich objektive technikwissenschaftliche Kriterien, ökonomische Rationalität und die »Weisheit des Marktes« würden im Sinne einer »darwinistischen Selektion« garantieren, dass sich immer die jeweils »beste« Technik durchsetzt, muss jedenfalls als reiner Mythos zurückgewiesen werden.¹³

---

9 Andrew Robertson, The Management of Industrial Innovation. Some Notes on the Success and Failure of Innovation, London 1969, hier insbesondere S. 3.
10 Fast alle der von mir auf der Suche nach Material zu gescheiterten Innovationen angeschriebenen Firmen bzw. Firmenarchive antworteten jedenfalls ablehnend, konnten in der eigenen Geschichte keine fehlgeschlagenen Innovationen entdecken oder zumindest keine entsprechenden Unterlagen mehr finden. Vgl. auch: Bauer: Gescheiterte Innovationen, S. 38.
11 Bauer: Gescheiterte Innovationen, S. 33 ff. und S. 289 ff.
12 Bauer: Wasserwerfer S. 561.
13 Ebd., S. 561 f.

II. Mentalitäten, Personen, personelle Beziehungen

Ralf Stremmel
Alfred Krupp – Strafmandat für 1 PS

Es geschah am hellichten Tag. Man schreibt Dienstag, den 18. Januar 1853. Alfred Krupp, hoffnungsvoller und hoffnungsfroher Unternehmer aus Essen, erhält in Mülheim an der Ruhr ein Strafmandat, und zwar für ein Fehlverhalten im Straßenverkehr. Wie konnte es dazu kommen?

Fünfzig Jahre vor der beginnenden Motorisierung im Verkehrswesen war der Mensch, wollte er geschwind von einem Ort zum anderen gelangen, aufs Pferd angewiesen. Alfred Krupp, ein begeisterter Reiter, hatte auch an diesem kalten Wintertag auf dem Gelände seiner Gussstahlfabrik, wo er inmitten von Fabrikhallen, Maschinengebäuden und Schornsteinen wohnte, sein Tier gesattelt, um im zwölf Kilometer entfernten Mülheim etwas zu erledigen.

Alfred Krupp (1812–1887) im Reitanzug, um 1885

Wahrscheinlich war er in munterer Stimmung. Euphorisches Wohlgefühl wäre jedenfalls leicht zu erklären, denn die Geschäfte liefen vorzüglich.[1] Mit der Erfindung des nahtlosen Eisenbahnradreifens war ihm eine epochale technische Revolution gelungen. Radreifen ohne Schweißnaht machten das Eisenbahnfahren weitaus sicherer und vor allem schneller. Bald würden im In- und Ausland alle entsprechenden Patente erteilt sein und die ersten Großaufträge kommen. Das müsste, da war sich Krupp sicher, den endgültigen Durchbruch für seine Firma bedeuten. 1826 hatte er von seinem früh verstorbenen Vater einen hoch verschuldeten Kleinbetrieb übernommen und Jahrzehnte ums Überleben gekämpft.

---

1 Zur Person von Alfred Krupp und zur Geschichte des Unternehmens im 19. Jahrhundert insbesondere Lothar Gall, Krupp. Der Aufstieg eines Industrieimperiums, Berlin 2000. Burkhard Beyer, Vom Tiegelstahl zum Kruppstahl. Technik- und Unternehmensgeschichte der Gussstahlfabrik von Friedrich Krupp in der ersten Hälfte des 19. Jahrhunderts, Essen 2007. Ältere, immer noch lesenswerte Biographie von Wilhelm Berdrow, Alfred Krupp, 2 Bde., Berlin 1927. Zum unternehmerischen Verhalten Krupps jetzt auch Jürgen Lindenlaub, Die Finanzierung des Aufstiegs von Krupp. Die Personengesellschaft Krupp im Vergleich zu den Kapitalgesellschaften Bochumer Verein, Hoerder Verein und Phoenix 1850 bis 1880, Essen 2006.

Jetzt, im Januar 1853, beschäftigte die Firma immerhin schon 400 Arbeiter und hatte im Jahr zuvor 725 Tonnen Gussstahl produziert.

Aber nicht allein beruflich, auch privat fügte sich zu dieser Zeit vieles glücklich zusammen. In Köln hatte der 40-jährige Junggeselle eine zwanzig Jahre jüngere Frau kennen und lieben gelernt: Bertha Eichhoff. In wenigen Wochen bereits sollte Verlobung gefeiert werden.

Dies war die Situation, in der Krupp nach Mülheim aufbrach, und dort, in der Eppinghofer Straße, passierte es. Krupp, in Eile und im Hochgefühl seiner Erfolge, ritt einen scharfen Galopp. Zu seinem Unglück stand die Polizei in der Nähe und beobachtete ihn. Der Gendarm von Morsey meinte nicht nur einen »kurzen Handgallopp« gesehen zu haben – schon der war strafbar –, sondern einen regelrechten »Attaquen-Gallopp«, wie er der Justiz nüchtern mitteilte.[2] Wie auch immer: Krupp war zu schnell geritten, und das stellte einen Verstoß gegen § 13 des Mülheimer Straßen-Ordnungs-Polizei-Reglements von 1828/41 dar. Dort hieß es in umständlicher Juristensprache: »Das schnelle Fahren und Reiten in den mehrentheils mit Frachtkarren passirt werdenden Straßen hier in der Stadt ist aufs strengste zur Vorbeugung von Unglücksfällen untersagt, und sind die Herrschaften für die Entgegenhandlungen ihrer Untergebenen verantwortlich.«[3]

»Wilder Galopp«, Karikatur, gezeichnet von Alfred Krupp, 1877

Alfred Krupp beschäftigte zwar vierhundert »Untergebene«, aber in diesem konkreten Fall war er selbst verantwortlich und er musste sich persönlich für sein Verhalten rechtfertigen. Offensichtlich hatte er die Passanten gefährdet. Folge: Krupp erhielt ein Strafmandat, und zwar über drei Taler. Das entsprach etwa dem Wochenverdienst eines durchschnittlichen Krupp'schen Arbeiters. Also keine völlig zu vernachlässigende Größenordnung. Andererseits hatte die Firma im Jahr zuvor 30.000 Taler Gewinn gemacht!

Dennoch erschien Krupp die Strafe deutlich zu hoch, ganz und gar unverhältnismäßig, ja willkürlich. Wollte man an ihm, dem wohlhabenden Fabrikanten aus der Nachbarstadt, ein

---

2 Gerichtsurteil vom 1.3.1853: Historisches Archiv Krupp, FAH 2 D 4.
3 Mülheimer Straßen-Ordnungs-Polizei-Reglement, 1828/41: Stadtarchiv Mülheim an der Ruhr, 1200/206.

Exempel statuieren? Das ließ er nicht mit sich machen und legte vor Gericht Einspruch ein. Zwar leugnete er nicht, zu schnell geritten zu sein, aber gegen die Geldstrafe ging er an. Am 1. März 1853 trat die Königliche Kreisgerichts-Commission zu Bruch in öffentlicher Sitzung zusammen und verhandelte seinen Einspruch – und Krupp hatte zumindest teilweise Erfolg: Der Richter ermäßigte die Strafe auf einen Taler. Aber ob er unter dem Strich tatsächlich günstiger abschnitt, bleibt unklar, denn der Essener Unternehmer musste auch die Gerichtskosten bezahlen. Wie hoch diese waren, lässt sich leider nicht mehr ermitteln. Alfred Krupp dürfte dies auch gleichgültig gewesen sein; angesichts der Beträge ging es hier offenkundig um eine prinzipielle, nicht um eine materielle Frage.

So kurios diese Episode aus dem Leben Alfred Krupps auch erscheinen mag, sie wirft doch Schlaglichter auf den Charakter dieses Mannes und auf Erfolgsfaktoren seines Wirkens als vielleicht bedeutendste Persönlichkeit der Industrialisierung in Deutschland. Geschwindigkeit, Schnelligkeit, Tempo – das markierte nicht nur Krupps Reitstil, sondern auch seine Unternehmensphilosophie. Rasches Eingehen auf die Erfordernisse des Marktes, schnelle Umsetzung technischer Innovationen – ob bei der Entwicklung des Radreifens oder der Gussstahlkanone –, sofortiges Reagieren gegen Aufmüpfigkeit und Eigen-Sinn von Arbeitern – all das durchzieht den Lebensweg Krupps. Ebenso prägend war seine Bereitschaft zu unternehmerischem Risiko. Man mag sagen: So riskant wie der »Attaquen-Gallopp« für die Umstehenden, so riskant wurde Krupps bedingungslose Expansions- und Investitionsstrategie in Zeiten von Rezession oder Depression.

Jüngste Forschungen haben eindrücklich belegt, dass der Inhaber die Gewinne der Firma Fried. Krupp in ausgesprochen hohem Maße reinvestierte und dass diese Politik einen wesentlichen Faktor für das enorme Wachstum des Unternehmens und das Überrunden von Konkurrenten bildete. Sparsamkeit im Privaten, ja Geiz in Kleinigkeiten zeigen sich auch im Kampf gegen drei Taler Strafe. Wie überhaupt die Tatsache, dass Alfred Krupp sich dieses Vorfalls persönlich annahm und Zeit dafür opferte, von seinem Wunsch nach Kontrolle zeugt, von einem latenten Misstrauen gegen Dritte und auch von seiner Furcht, die Dinge nicht mehr steuern zu können. Tausende von Notizen an Mitarbeiter und Direktoren demonstrieren, wie Krupp die Firma bis ins Detail regierte und auch in Alltagsgeschäfte eingriff. Er scheute sich beispielsweise lange Zeit nicht, selbst in den Fabrikhallen nach dem Rechten zu sehen und dabei eine Art Personalcontrolling zu treiben. Dem einen sei »wegen Faulheit nachzugehen«, der andere sei »träge«, ein weiterer laufe »ohne Grund herum« und der letzte bringe »zu wenig fertig«.[4] Der sowohl in solchen Bemerkungen als auch im Kampf gegen das Strafgeld durchscheinende misstrauisch-rechthaberische Charakterzug sollte sich in den letzten Lebensjahren Alfred Krupps noch erheblich verstärken und gestaltete das Zusammenleben mit ihm nicht einfach.

Auf ein Weiteres ist hinzuweisen: Krupp tritt in der Geschichte um das Strafmandat selbstbewusst und durchsetzungsstark auf. Ohne diese Eigenschaften wäre es ihm trotz der Gunst der Zeit schwer gefallen, aus seinem kleinen Handwerksbetrieb einen Weltkonzern zu schmieden. Dass er sein Leben und Wirken in großen Teilen als permanenten Kampf deutete und danach handelte, lässt sich nicht erst 1853 spüren.

Mit dem Strafmandat wird sich Krupp wohl nicht mehr lange beschäftigt haben, denn ganz andere, ungleich gewichtigere Ereignisse warteten. Am 21. März 1853 erteilte Preußen endlich das Patent auf die nahtlosen Radreifen, am 19. Mai heiratete Krupp und am 16. Juni besuchte der Prinz von Preußen, der spätere deutsche Kaiser Wilhelm I., das Werk. Diese Visite bedeutete Anerkennung und die Chance auf weiteres Florieren der Gussstahlfabrik. Das Jahr 1853,

---

4 Zitate Alfred Krupps über Arbeiter, ca. 1837: ebd., FAH 2 A 8.

das mit einem ›Knöllchen‹ so unerfreulich begonnen hatte, entwickelte sich zu einem ersten Höhepunkt im Leben von Alfred Krupp.

Ganz in Vergessenheit geriet das Strafmandat freilich nicht. Man bewahrte das Gerichtsurteil auf, vielleicht als humoristische Reminiszenz an vergangene Tage. Schließlich gelangte das Schriftstück zu Beginn des 20. Jahrhunderts in das neu gegründete Krupp-Archiv,[5] wo es unter vielen anderen Dokumenten noch heute eines der Mosaiksteinchen darstellt, aus denen sich ein Bild der Zeit und ein Bild des Menschen Alfred Krupp zusammensetzen lässt.

---

5 Zum Archiv siehe Ralf Stremmel, 100 Jahre Historisches Archiv Krupp. Entwicklungen, Aufgaben, Bestände, München/Berlin 2005.

Manfred Grieger

Betriebsjagd

Unternehmerische Repräsentationsform
und bürgerliche Geselligkeit seit der Hochindustrialisierung

Viele Wirtschaftsbürger waren Jäger. Gleichwohl haben die Bürgertumsforschung und die Unternehmensgeschichtsschreibung außer Acht gelassen, dass solch unterschiedliche Großunternehmen wie Krupp, das Volkswagenwerk und die Dresdner Bank in den Betriebsjagden eine mehr als auffällige Gemeinsamkeit aufweisen. Der Erwerb von Eigenjagden, die Pacht und Verwaltung von Jagdbezirken bilden recht unbekannte Felder der Unternehmenstätigkeit, zudem gehörte die Jagdausübung auch im Hinblick auf den Zeitaufwand zu den konstitutiven Kategorien von Bürgerlichkeit im 19. und 20. Jahrhundert.

Die Jagd, die zu eigenen betrieblichen Organisationsstrukturen führte, findet aber auch im Unternehmensschriftgut, etwa in Korrespondenzakten, in nicht unerheblichem Maße Niederschlag. Im Lichte der bislang kaum herangezogenen Dokumente kann von einem fein gewobenem Netzwerk gesprochen werden, das als soziales Geselligkeits- und Distinktionssystem funktionierte. Ein Abgleich mit den Beständen des Krupp-Archivs, das mehr als 200 Akteneinheiten ausschließlich zu Jagdangelegenheiten aufbewahrt, führte vor Augen, dass die betriebliche Verwaltung der Eigenjagden und der gepachteten Jagden, die zahlreiche Personen involvierende Ausrichtung von Jagden, die Fachpersonal erfordernden Hegemaßnahmen, der nicht unerhebliche Aufwand bei Bau und Unterhalt von Jagdhäusern und -gebäuden und schließlich die Berücksichtigung von Jagdgelegenheiten bei Auslandsreisen auf mehr als auf individuelle Leidenschaften verweisen.

Kennzeichnete die Jagd eine ganze Entwicklungsepoche der Menschheit, als kleine Horden sammelnd und jagend durch die Natur streiften, entstand die Jagd als Repräsentations- und Distinktionssystem bereits in der griechischen Antike. In unserer Region beendete die freie Jagd erst die spätkarolingische Adelsherrschaft.[1] Ein Adelsprivileg entstand, das gerade auch als Beizjagd zum festen Teil der ritterlich-höfischen Kultur wurde. In der Frühen Neuzeit rankten sich um die Jagd massive weltliche Konflikte mit den Bauern, die über die Wildschäden und die Jagdfronen klagten.[2] Zugleich steigerte sich am absolutistischen Hof die »eingestellte« Jagd mit ihren Wildparks und Hirschhatzen zum Geld fressenden und absurden Spektakel.[3] Vor diesem Hintergrund stieg der Wilderer, der sich das Wild des Adligen unberechtigt aneignete, gleichsam zum Sozialrebellen auf.[4]

---

1 Aus der Fülle der Literatur etwa Werner Rösener: Geschichte der Jagd, Düsseldorf; Zürich 2004.
2 Hans Wilhelm Eckardt: Herrschaftliche Jagd, bäuerliche Not und bürgerliche Kritik, Göttingen 1976.
3 »Jagd, welch fürstliches Vergnügen.«. Höfische Jagd im 18. Und 19. Jahrhundert. Hg. Staatliches Museum Schwerin, Schwerin 2000.
4 Norbert Schindler: Wilderer im Zeitalter der Französischen Revolution. Ein Kapitel alpiner Sozialgeschichte, München 2000.

Erst die 1848er-Revolution räumte mit den adligen Jagdprivilegien auf. Wenn auch der parlamentarischen Demokratie der Durchbruch versagt blieb, entschied die Frankfurter Nationalversammlung gegen die Stimmen der Konservativen am 20. Dezember 1848 die entschädigungslose Aufhebung des Jagdrechts auf fremden Grund und Boden sowie ein Ende der Jagddienste. Stattdessen erhielten die Grundeigentümer das Jagdrecht; den Einzelstaaten wurde die gesetzliche Regelung der Jagdausübung übertragen. Im Zuge der Restauration erlaubte das Preußische Jagdgesetz vom 7. März 1850 allerdings nur Grundeigentümern mit einem Besitz von mehr als 75 Hektar Land die Eigenjagdausübung, so dass das Gros der Bauern, aber nicht zwingend Besitzbürger von der Jagd ausgeschlossen blieben. Bürgerliche übernahmen zunehmend Landgüter oder pachteten Gemeindejagden, doch viele adlige Jäger diskreditierten die neue Gruppe der Jagdausübenden als »Sonntagsjäger«, die während ihrer auf den Sonntag begrenzten Freizeit zum Schuss kommen wollten. Staatlicherseits wurde dem Eindringen von Bürgerlichen in diese adlige Geselligkeitsform durch Erlass eines Sonntagsjagdverbots entgegengewirkt. Bildete bei den von alltäglicher Arbeitsmühe freigestellten Adligen die Jagd einen Kernbereich der habituellen Nobilität, stießen bürgerliche Jäger, zumal auf eigenem Grund und Boden, wie den großflächigen Hüttenwerken und Schachtanlagen der Industriezentren an Rhein und Ruhr, in ein älteres Refugium des Adels vor.[5]

Das Familienunternehmen Krupp gab dem Zeitalter der Großindustrie einen weltbekannten Namen. Die in den letzten Jahren intensivierten Forschungen das haben das tradierte Bild vom profitgierigen Rüstungsfabrikanten des Wilhelminismus und des Nationalsozialismus mit neuen Facetten versehen[6] – doch zur Jagd findet sich kaum eine Zeile.[7] Doch wer von bürgerlichen Selbstbilder und kommunikativen Netzwerken der Großbürger sprechen will, der darf über die Jagd nicht schweigen.

Alfred Krupp (1812–1887), der risikobereite Gusstahlfabrikant mit Zeug zum »Kanonenkönig«,[8] agierte als Wirtschaftsbürger in der Nähe der Adelsspitze des preußischen Staates. Gleichwohl soll ihm ein ausgeprägter Antiaristokratismus zu Eigen gewesen sein, weshalb ihm das Wörtchen »von« gar »verhasst« war.[9] Der Selfmademan Alfred Krupp, an dessen Loyalität zum Kaiser nicht gezweifelt werden konnte, betrachtete sich als Repräsentant einer neuen Zeit, in der die Leistung anstatt Herkunft zählte. Die Industriemoderne vertrug sich aber gerade bei Alfred Krupp gut mit einer autokratischen Leitungs- oder besser seine Herrschaftsform und einem betrieblichem Spätabsolutismus. Allerdings blieb Alfred Krupp im Herzen doch ein Bürgerlicher, der nicht nach Adelsinsignien strebte. Vor diesem Hintergrund kann der Bau der Villa Hügel eher als Zeichen bürgerlichen Stolzes, denn als ungebrochene Adaption adliger

---

5   Hierzu schweigt die ansonsten verdienstvolle Studie von Wolfram G. Theilemann: Adel im grünen Rock. Adliges Jägertum, Großprivatwaldbesitz und die preußische Forstbeamtenschaft 1866–1914, Berlin 2004.
6   Aus der Fülle der Literatur etwa Lothar Gall: Krupp. Der Aufstieg eines Industrieimperiums, Berlin 2000; Werner Abelshauser: Rüstungsschmiede der Nation? Der Kruppkonzern im Dritten Reich und in der Nachkriegszeit 1933 bis 1951, in: Krupp im 20. Jahrhundert. Die Geschichte des Unternehmens vom ersten Weltkrieg bis zur Gründung der Stiftung. Hrsg. von Lothar Gall, Berlin 2002, S. 267–472.
7   Eine der wenigen Ausnahmen bildet die Erwähnung des »von Friedrich Alfred Krupp erworbene und von der Familie gern besuchte Jagdhaus Sayneck« durch Karin Hartewig: Der sentimentalische Blick. Familienfotografien im 19. und 20. Jahrhundert, in: Bilder von Krupp. Fotografie und Geschichte im Industriezeitalter. Hrsg. von Klaus Tenfelde, München 1994, S. 215–239, hier 229 und 231.
8   Lothar Gall: Krupp. Der Aufstieg eines Industrieimperiums, Berlin 2000, S. 133.
9   Lothar Gall: Krupp. Der Aufstieg eines Industrieimperiums, Berlin 2000, S. 157.

Repräsentationskultur und Hofhaltung angesehen werden.[10] 1870 pachtete Alfred Krupp von der Stadt Kettwig Jagdrechte, um andere Jagdberechtigten vom parkähnlichen Grundstück um die Villa Hügel fern zu halten.[11]

Der durch Asthma und Gelenkrheumatismus körperlich angegriffene Erbe Friedrich Alfred Krupp (1854–1902) entwickelte sich demgegenüber zum Parteigänger des Wilhelminismus mit Hang zum adligen Habitus.[12] Nicht allein, dass er bei seiner Partnerwahl schon früh an Margarethe von Ende, einer jungen Frau aus reichsfreiherrlichen Geschlecht, Gefallen fand, was seinen Vater ziemlich erboste. Zum 1. Mai 1884 erwarb Friedrich Alfred das Jagdschloss Sayneck im Sayntal.[13] In einem Schreiben an seinen Vertrauten Glasmacher, der auch schon bei der Anbahnung seiner schließlich von Alfred Krupp 1882 doch noch gebilligten Heirat hilfreich war, gab er am 4. Mai 1883 an, den Vater in seinen »Privatangelegenheiten« grundsätzlich nicht mehr fragen wollen. Da er überdies davon überzeugt war, dass ihm »gelegentl. Jagen wohl« tue, tätigte er den Kauf »trotz seiner [Alfred Krupps, MG] Abneigung mit gutem Gewissen«.[14] Von Alexander Graf von Hachenburg, Prinz von Sayn und Wittgenstein im Frühjahr 1881 erbaut und im Folgejahr erweitert, ergänzte Friedrich Alfred das Anwesen in den folgenden Jahren um ein Wohnhaus für betriebliche Forst- und Jagdschutzbeamte, um ein Wirtschaftsgebäude mit Abstell- und Lagerräumen, um einen Pferdestall und eine Wagenhalle. Darüber hinaus ließ der Krupp-Chef einen Schießstand mit einer Schießbahn von 100 Metern erstellen. Später folgten Badehaus und Wildkammer sowie Teichanlage für Forellen, eine Uhu-Hütte, Wasser- und Stromversorgung sowie Personalunterkunft. Schließlich kam auch noch eine Tankstelle hinzu.

Friedrich Alfred schuf sich im Sayner Tal jenen Ort der Abgeschiedenheit und mit mehreren Tausend Hektar Wald, Wiesen und besten Forellengewässern ein Jagddorado. Spätestens nach 1887, als der Tod des industriellen Übervaters Alfred dem Nachfolger freie Bahn gab, erweiterte sich die Jagd zu einem quasi aristokratischen Herrschaftssymbol. Weit entfernt von der bürgerlichen »Sonntagsjägerei«, zog Friedrich Alfred eine professionelle Jagdstruktur auf; die Jagdsaison gipfelte Ende November in der alljährlichen Jagdwoche in Sayn. In den 1880er und 1890er Jahren kamen Reviere in Oberheid, Deesen, Isenburg und anderen Orten hinzu. Der Teilnehmerkreis war in etwa gleichbleibend, wie den gedruckten Schießlisten entnommen werden kann. Wegen der Unterschiedlichkeit und Größe der angepachteten Reviere wurden den Jagdteilnehmern relativ weite Wege abverlangt, so dass die Jagdgäste mitunter per Sonderzug transportiert werden mussten. Nachdem die Tagesstrecke gelegt und verblasen war, gab Friedrich Alfred in aller Regel ein »Jagdsouper«. Der mit der Jagd verbundene Aufwand war nicht unerheblich und umfasste auch kulturelle Leistungen, etwa Jagdkunst oder auch eigens in Auftrag gegebenen Dichtungen, die des Abends zu bekannten Weisen gesungen wurden. Vor diesem Hintergrund ist es womöglich nicht ganz unbegründet, von Resten höfischer Kultur im Verhaltenshaushalt dieses Großbürgers zu sprechen. Die Selbstpräsentation als jagdeifriger Mann und als Kernfigur einer geselligen Zusammenkunft mögen den finanziellen Deckungsbeitrag mehr als gelohnt haben, einmal mehr als zu den Jagden Persönlichkeiten aus Wirtschaft,

---

10 Henning Rogge: Villa Hügel. Das Wohnhaus Krupp in Essen, Berlin 1984; Der Hügel: Villa und Park. Hrsg. von Gereon Buchholz und Norbert Beleke, Essen 1999; Renate Köhne-Lindenlaub: Die Villa Hügel. Unternehmerwohnsitz im Wandel der Zeit, München 2002.
11 Pachtverträge der Gemeinde-Jagd zwischen Alfred Krupp und der Stadt Kettwig vom 15.4.1870 (Krupp-Archiv, FAH 21/1620).
12 Gall, Krupp, S. 250.
13 Karlheinz Schönberger: Das Jagdschloß Sayneck im Sayntal, in: Heimat-Jahrbuch des Landkreises Neuwied 1973, siehe auch www.bendorf-geschichte.de/bdf-0120.htm.
14 Friedrich Alfred Krupp an Glasmacher vom 4. Mai 1883 (Krupp-Archiv, FAH III D 64).

Kultur und Staat eingeladen wurden, mit denen Interessengespräche außerhalb jeder Tagesordnung geführt werden konnten. Die Jagdgesellschaft bildeten eine spezifische Geselligkeitsform des Bürgertums außerhalb der Salons, die Übergangsbereiche zu Repräsentationsformen der Wilhelminischen Herrschaft aufwiesen.[15]

Unter Gustav Krupp von Bohlen und Halbach, der nach seiner Heirat der Alleinerbin Bertha Krupp 1906 in die Leitungsspitze eintrat, erlebte das Jagdwesen eine weitere Blüte. Nachdem kurzfristig beim Tode Friedrich Alfreds über eine Kündigung der Jagden im Sayner Gebiet nachgedacht worden war, brachte der adlige Diplomat neue Jagden in seine Hand: Blühnbach in Österreich, Mittenwald, Lippborg, Marienwasser (bei Weeze) und Lünten-Alstättte (bei Ahaus) dienten alsbald regelmäßig der Jagd. Der diesem Zweck gewidmete Zeitaufwand des Oberhaupts eines weltweit tätigen Familienunternehmens war erstaunlich, so dass die Jagd neben der Repräsentationsfunktion auch eskapistische Motive einschließen mochte. Um nur ein Beispiel zu nennen: Gustav Krupp von Bohlen und Halbach liebte geradezu die Elchjagd in Norwegen, so dass ihn in den Jahren der Weltwirtschaftskrise nur die Devisenbewirtschaftung an ausgiebigen Jagdreisen hinderte.[16] Auch auf dem Hügel wurde die Jagd intensiviert, Fasanerie betrieben und munter zu Jagden eingeladen. Die Einladungs- und Gästelisten lesen sich in den 1930er Jahren wie ein recht komplettes Who's who der Nazi-, Staats- und Wirtschaftseliten. NSDAP-Gauleiter Walter Terboven gehörte ebenso dazu, wie der Angehörige des Freundeskreises RFSS Wilhelm Tengelmann, der es im Hauptberuf zum Vorstandsvorsitzenden des Bergbauunternehmens GBAG gebracht hatte. Vielleicht ist vor diesem Hintergrund auch nachvollziehbar, dass in den letzten Kriegsmonaten nach dem NSDAP-Gauleiter von Moselland, Gustav Simon der DAF-Chef Robert Ley und der Generalstab der Wehrmacht in Sayneck domizilierten.

Die Jagd schlich sich geradezu in das betriebliche Repräsentanzssystem ein. Von den ersten Gründergenerationen noch weithin unbeachtet, griff der erste Großerbe quasi als Instrument zur Abstreifung des übermächtigen Vaters zur Büchse. Auf dem Ansitz entstand der »tatkräftige Mann«, der in seiner Konfrontation mit dem Wild und der Natur eine Gegenexistenz zum ökonomischen Funktionsträger erlebte. Die archaisch-eingreifende Seite des Konzernlenkers wurde anderen Herrschaftseliten anlässlich gemeinsamer Jagden vorgeführt, sofern nicht am Rande von jagdlichen Veranstaltungen geschäftliche Themen besprochen wurden. Die dritte Generation erfuhr durch die Einheiratung eines Diplomaten von Adel seine Nobilisierung, woraufhin sich bei der Betriebsjagd der Übergang zum Pomp ergab, so dass sich adliger und großbürgerlicher Habitus auf diesem Feld annäherten.[17] Deshalb lohnt es auch, die Fährte aufzunehmen, die die Jagd durch die Entwicklungsgeschichte des Bürgertums zieht.

---

15 Ernst Siebel: Der großbürgerliche Salon, 1850–1918. Geselligkeit und Wohnkultur, Berlin 1999.
16 Die Jagden in Norwegen füllen insgesamt 9 Aktenbände (Krupp-Archiv, FAH 211687 und 1690–1697).
17 Morten Reitmayer: »Bürgerlichkeit« als Habitus. Zur Lebensweise deutscher Großbankiers im Kaiserreich, in: Geschichte und Gesellschaft 25 (1999); S. 66–93.

Hendrik Fischer

Messen ohne Maß

Wege und Irrwege des Gottlieb Schnapper-Arndt (1846–1904)

Gottlieb Schnapper-Arndt (1846–1904); aus: Leon Zeitlin (Hg.), Dr. Gottlieb Schnapper-Arndt. Vorträge und Aufsätze, Tübingen 1906, Heliogravüre vor S. I

Verschrobene Charaktere sind in der Wissenschaft wohl keine Seltenheit. Allgemein bekannt ist in dieser Hinsicht der große Philosoph Immanuel Kant mit seinem extrem regelhaften Lebenswandel, der »an rigorosen Pedantismus streifte.«[1] Als ein weiteres Exemplar dieser Gattung kann etwa der Ökonom Adam Smith angesehen werden. Dieser war dafür bekannt, mit wackelndem Kopf und in ein lebhaftes Selbstgespräch vertieft durch die Gassen von Glasgow zu wandeln – er selbst kolportiert die Episode, wie eine Marktfrau bei seinem Anblick der anderen zuraunte: »Wie kann man einen, der so übergeschnappt ist wie der, frei herumlaufen lassen«.[2]

Ein besonders schönes Beispiel für die These, dass Gelehrsamkeit nicht selten mit Schrulligkeit einher geht, ist wohl der Privatgelehrte Gottlieb Schnapper-Arndt (1846–1904),[3] der sich als Sozialstatistiker und Wirtschaftshistoriker einen Namen machte.

Er wurde in Frankfurt am Main als Kind der angesehenen jüdischen Bürgersfamilie Schnapper geboren, die in den besten Kreisen der Stadt verkehrte – sein Pate war der wohlhabende Bankier Anselm Rothschild.[4] Seit Kindesbeinen

---

1 So schon Carl von Prantl, Art. »Kant, Immanuel«, in: ADB, Bd. 15, Leipzig 1882, S. 81–97, hier: S. 95.
2 Vgl. etwa: Ian Simpson Ross, Adam Smith. Leben und Werk, Düsseldorf 1998, S. 445–448 oder Gerhard Streminger, Adam Smith, Reinbek bei Hamburg 1989, S. 109.
3 Nach seiner Hochzeit mit Johanna Arndt 1880 fügte Gottlieb Schnapper seinem Familiennamen den ihren hinzu. Obwohl er erst 1887 von der königlich preußischen Regierung in Wiesbaden die offizielle Genehmigung hierfür erwirkte, publizierte er bereits vorher unter »Schnapper-Arndt«, so dass er in diesem Artikel konsequent so benannt wird. Vgl. hierzu etwa: Marie Klee, Schnapper-Arndt als Statistiker, Darmstadt 1926, zugl. Diss. Frankfurt a. M. 1926, S. 8, Fn. 1.
4 Leon Zeitlin, Gottlieb Schnapper-Arndt. Eine biographische Skizze vom Herausgeber, in: Ders. (Hg.), Dr. Gottlieb Schnapper-Arndt. Vorträge und Aufsätze, Tübingen 1906, S. 1–10, hier: S. 1–2. Siehe zu seiner Herkunft auch: Lujo Brentano, Dr. Gottlieb Schnapper-Arndt, in: Süddeutsche Monatshefte, 3. Jg. (1906), Bd. 2, S. 207–210, bes. S. 209.

plagte ihn ein mysteriöses »Fußleiden«,[5] das in biographischen Skizzen über ihn zwar stets erwähnt, nie aber näher bezeichnet wird. Hier ist davon die Rede, weil es für Schnapper-Arndts Lebensweg wie auch für seine Forschungskonzeption bestimmend war. Zunächst, da es ihn vom Schulbesuch abhielt und das offensichtlich zum Stubenhockerdasein verdammte Kind zum eifrigen Leser schwieriger Bücher machte – sein Schüler, Verehrer und Biograph Zeitlin weiß etwa von antiker Philosophie und volkswirtschaftlichen Schriften zu berichten.[6] Zum zweiten, weil der 30-jährige Schnapper-Arndt, um besagtes Fußleiden zu kurieren, den Badeort Königstein im Taunus aufsuchte, von dort aus – angeregt von der Lektüre des Kapitals von Karl Marx – aufbrach, um in den Dörfern der Umgebung das Leben der armen heimgewerblich tätigen Bevölkerung kennenzulernen. Sein Leiden scheint also bereits soweit geheilt gewesen zu sein, dass er Wanderungen nicht zu scheuen brauchte.

Die Zustände, die er im Hohen Taunus sah, erschienen ihm – wie gesagt als Kind wohlhabender Eltern behütet in Frankfurt aufgewachsen – fremd und elend. Und interessant genug, um noch viele Studienreisen dorthin zu unternehmen: »Ich wollte die Lage einer bestimmten blutarmen Bevölkerung von Zwergbauern und Hausindustriellen schildern und kam erst selbständig, dann besonders angefeuert durch meine Bekanntschaft mit Le Play darauf, daß die peinliche Zergliederung einiger Haushaltungen das geeignetste Mittel sein dürfte, die herrschenden Zustände anschaulich und mir selbst und andern überzeugend darzustellen«,[7] so begründet Schnapper-Arndt selbst, weshalb er mit seinen Studien begann, in deren Zentrum also das Leben kleiner Heimarbeiterfamilien stehen sollte.

Als ein wissenschaftliches Vorbild griff Schnapper-Arndt – wie er oben selbst berichtete – auf die Familienmonographien des Franzosen Frédéric Le Play zurück. Dieser hatte in den 1830er bis 50er Jahren ganz Europa bereist und versucht, die unterschiedlichen Lebensumstände der Bevölkerung dadurch einzufangen, dass er »typische« Haushalte sehr genau beschrieb und Haushaltsbudgets aus ihren Einnahmen und Ausgaben konstruierte.[8] Dessen großes Werk »Les Ouvriers Européens«[9] bezeichnete Schnapper-Arndt selbst als »das merkwürdige Buch eines merkwürdigen Mannes«[10] – ob ihm bewusst war, wie sehr dieses Urteil auch auf ihn selbst und seine Studien zutreffen sollte, ist nicht überliefert. Denn Schnapper-Arndt verwendete Le Plays

---

5   Zeitlin, Gottlieb Schnapper-Arndt, S. 2 und auch Karl Bücher, Haushaltungsbudgets oder Wirtschaftsrechnungen?, in: Zeitschrift für die gesamte Staatswissenschaft 62. Jg. (1906), S. 686–700, hier: S. 686.
6   Zeitlin, Gottlieb Schnapper-Arndt, S. 2.
7   Gottlieb Schnapper-Arndt, Sozialstatistik (Vorlesungen über Bevölkerungslehre, Wirtschafts- und Moralstatistik). Ein Lesebuch für Gebildete, insbesondere für Studierende, hg. von Leon Zeitlin, Leipzig 1908, S. 392.
8   Zu Le Play und seiner Vorgehensweise siehe etwa Hans Zeisel, Zur Geschichte der Soziographie, in: Marie Jahoda, Paul F. Lazarsfeld. Die Arbeitslosen von Marienthal. Ein soziographischer Versuch mit einem Anhang zur Geschichte der Soziographie, 2. Aufl. Allensbach/Bonn 1960, S. 101–138, hier: S. 112–114 oder mit ausführlicher Behandlung der von Le Play aufgenommenen deutschen Haushalte: Wolfgang Zorn, Deutsches Arbeiterleben um 1850 im Blickfeld des französischen Sozialpolitikers Le Play, in: Hansjoachim Henning, Dieter Lindenlaub und Eckhard Wandel (Hg.), Wirtschafts- und sozialgeschichtliche Forschungen und Probleme. Karl Erich Born zur Vollendung des 65. Lebensjahres zugeeignet von Kollegen, Freunden und Schülern, St. Katharinen 1987, S. 119–138.
9   Frédéric Le Play, Les ouvriers européens, études sur les travaux, la vie domestique et la condition morale des populations ouvrières de l'Europe, précédées d'un exposé de la méthode d'observation, 2 Bde, 1. Aufl. Paris 1855 ; auf 6 Bde. erweiterte 2. Aufl. Tours 1877–1879.
10 Schnapper-Arndt, Sozialstatistik S. 385.

Methode nicht bloß, wie zahlreiche Schüler in dessen Nachfolge,[11] sondern trieb sie gewissermaßen auf die Spitze. Er betrieb im Rahmen seiner Studien über die Dörfer des Hohen Taunus gleichsam »soziale Miniaturmalerei«[12], indem er die Lebensweise einer Chausséearbeiter-, einer Nagelschmied-, einer Handsticker- und einer Weber-Familie bis ins kleinste Detail zu erfassen suchte, bis hin zu einer Auflistung, wie viele Möhren wochentags in den Kochtopf wanderten.

Aufgrund seines Familienvermögens konnte er seine Forschungsvorhaben planen, ohne darüber nachzudenken, welchen Aufwand der wissenschaftliche Ertrag rechtfertigte, und widmete sich geraume Zeit der Erforschung eines einzelnen Haushaltes.[13] Der Nationalökonom Karl Bücher berichtet in einem durchaus anerkennenden, wenn auch durchweg mit einem Schuss liebevoller Ironie gewürzten Nachruf, wie er dem Privatgelehrten gegenüber »einmal halb im Scherze bemerkte: ›Wer den Haushalt eines ländlichen Hausindustriellen verstehen will, der sollte sich auf ein paar Monate bei der Familie einmieten und ihre Mahlzeiten teilen‹.«[14] Schnapper-Arndt hingegen nahm »diesen Hinweis so ernst, dass er einen längeren Aufenthalt im Schwarzwalde nahm.«[15] Das Ergebnis dieser haushaltswissenschaftlichen Grundlagenforschung der aufwändigsten Art war die Beschreibung der Lebensführung des Schwarzwälder Uhrschildmalers P. P., die Schnapper-Arndt 1880 veröffentlichte.[16] Mit gleicher Akribie erforschte er später die karge Hauswirtschaft des alten Rikele, einer schwäbischen Näherin, die für seine Frau arbeitete.[17] »Für alles, was das tägliche Leben [...] anging, hatte er Interesse; nach vielem fragte er jene einfachen Menschen, über das sie nie nachgedacht hatten und worüber sie keine Rechenschaft geben konnten«,[18] so berichtete Karl Bücher über Schnapper-Arndts Forschungen, in die er von dem Rat suchenden Privatgelehrten einbezogen wurde – und das offensichtlich mehr, als ihm lieb war. Er hatte Schnapper-Arndt bereits Mitte der 1870er Jahre

---

11 Ernst Engel berichtete 1895 von bereits erschienenen 117 Studien Le Play'scher Art, wobei zu diesem Zeitpunkt immer noch neue Untersuchungen hinzukamen (Ernst Engel, Die Lebenskosten belgischer Arbeiterfamilien früher und jetzt, Dresden 1895, S. 27–28). Zur Bewertung dieser Arbeiten als wenig eigenständige Nachahmungen siehe: Zeisel, Zur Geschichte, S. 114 oder auch Imogen Seger, Vorwort zur Dritten Auflage, in: Gottlieb Schnapper-Arndt, Hoher Taunus. Eine sozialstatistische Untersuchung in fünf Dorfgemeinden. Bearbeitet von E. P. Neumann, Allensbach/Bonn 1975, S. VII–XXXIV, hier: S. X.

12 Bücher, Haushaltungsbudgets, S. 692. Vgl. zu dieser Charakterisierung der Arbeiten Schnapper-Arndts auch: Toni Pierenkemper, Haushaltsrechnungen in der historischen Wirtschafts- und Sozialforschung. Ein Überblick, in: Ders. (Hg.), Zur Ökonomik des privaten Haushalts. Haushaltsrechnungen als Quelle historischer Wirtschafts- und Sozialforschung, Frankfurt a. M./New York 1991, S. 13–33, hier: S. 19–20.

13 Vgl. hierzu etwa: Bücher, Haushaltungsbudgets, S. 690.

14 Ebd., S. 688.

15 Ebd.

16 Gottlieb Schnapper, Beschreibung der Wirthschaft und Statistik der Wirthschaftsrechnungen der Familie eines Uhrschildmalers im badischen Schwarzwald. Aufgenommen an Ort und Stelle, im Herbst 1878, in: Zeitschrift für die gesamte Staatswissenschaft, 36. Jg. (1880), S. 133–156. Wiederabdruck in: Leon Zeitlin (Hg.), Dr. Gottlieb Schnapper-Arndt. Vorträge und Aufsätze, Tübingen, 1906, S. 168–189 und selbständiger Nachdruck Stuttgart 1990.

17 Gottlieb Schnapper-Arndt, Nährikele. Ein sozialstatistisches Kleingemälde aus dem schwäbischen Volksleben, in: Süddeutsche Monatshefte, 1. Jg. (1904), H. 2, wieder abgedruckt in: Leon Zeitlin (Hg.), Dr. Gottlieb Schnapper-Arndt. Vorträge und Aufsätze, Tübingen 1906, S. 190–257.

18 Bücher, Haushaltungsbudgets, S. 688.

kennengelernt.[19] Zwischen 1878 und 1881 war Bücher Redakteur der Frankfurter Zeitung;[20] in diesen Zeitabschnitt fällt die engste Verbindung zwischen ihm und Gottlieb Schnapper-Arndt. Jener hatte 1877 eine Stelle als Volontär am von Ernst Engel geleiteten Preußischen Statistischen Bureau angetreten,[21] verfolgte aber in den Ferien weiterhin seine Studien zum Leben der Unterschichten in den Taunusdörfern – und mit ihnen Karl Bücher.

Denn wer Büchers Nachruf auf Schnapper-Arndt liest, kann sich des Eindrucks nicht erwehren, Bücher habe diesen wohl als einen Freund, aber auch als eine Heimsuchung empfunden. Der Privatgelehrte wandte sich mit den Problemen bei der Aufstellung der Haushaltsbudgets aus den im Taunus erhobenen Daten an Bücher »und besprach mit mir die vielerlei Schwierigkeiten und Zweifel, welche ihm dabei aufstiessen.«[22] Bücher, dessen Vater Landwirtschaft betrieben hatte, versuchte also Schnapper-Arndt zu helfen, etwa bei der Prüfung der Plausibilität von Angaben der von ihm befragten Familien. Denn dem Stadtkind und Büchergelehrten Schnapper-Arndt fehlte »jegliche praktische Anschauung und Erfahrung von den Lebensverhältnissen seiner ›Untersuchungsobjekte‹«.[23] Bücher berichtet etwa, »dass er für den täglichen Kartoffelverbrauch einer Familie von 7 erwachsenen Personen nach deren Angaben eine Gewichtsmenge in ihr Budget eingestellt hatte, die ich mich erbot allein auf einen Sitz aufzuessen, und dass ich ihn von diesem grotesken Irrtum erst überzeugen konnte, als ich ihm das angegebene Quantum auf der Küchenwaage meiner Haushälterin vorwog.«[24] Die Verzweiflung Büchers über seine Vereinnahmung durch Schnapper-Arndt wird im weiteren Verlauf seines Nachrufs überdeutlich: »Viele Wochen hindurch erschien er fast täglich am frühen Nachmittag in meiner Wohnung und verliess mich selten vor einbrechender Dunkelheit: die Prüfung von Hunderten von Einzelposten auf ihre objektive Richtigkeit, ohne die Auskunftspersonen zur Stelle zu haben, war eine schier verzweifelte Aufgabe.«[25] Man sieht Bücher förmlich den Kopf schütteln über Schnapper-Arndts »minutiöse Gründlichkeit, die seine Freunde oft in Verzweiflung gebracht hat.«[26] Abschließend urteilt er mit wenig verhohlenem Schaudern: »Solchen Aufwand an Zeit konnte nur ein Mensch treiben, der über dieses kostbarste menschliche Gut frei und unbehindert durch materielle Sorgen und Berufspflichten verfügte, und der in naiver Unschuld auch die kostbare Zeit anderer bis zur äussersten Grenze des Möglichen in Anspruch nahm.«[27] Mit den Studien über die Dörfer des Hohen Taunus nahm es bekanntlich dennoch ein gutes Ende, sie mündeten in Schnapper-Arndts Dissertation, mit der er 1882 in Tübingen promovierte.[28]

---

19 Ebd., S. 686.
20 Walter Braeuer, Artikel »Bücher, Karl Wilhelm«, in: Neue Deutsche Biographie, Bd. 2, Berlin 1955, S. 718–719. Dass er Frankfurt 1881 verließ, um sich in München zu habilitieren, berichtet Bücher auch selbst in Bücher, Haushaltungsbudgets, S. 691.
21 Zeitlin, Gottlieb Schnapper-Arndt, S. 3.
22 Bücher, Haushaltungsbudgets, S. 687.
23 Ebd., S. 688.
24 Ebd.
25 Ebd.
26 Ebd.
27 Ebd., S. 690.
28 Vgl. etwa Art. »Schnapper-Arndt, Gottlieb«, in: Handwörterbuch der Staatswissenschaften, Bd. 7, 3. Aufl. Jena 1911, S. 314–315. Erstmals veröffentlicht wurde die Dissertation als Gottlieb Schnapper-Arndt, Fünf Dorfgemeinden auf dem Hohen Taunus. Eine socialstatistische Untersuchung über Kleinbauernthum, Hausindustrie und Volksleben (Staats- und sozialwissenschaftliche Forschungen, Bd. 4, H. 2), Leipzig 1883. Das Werk wurde – allerdings in den statistischen Angaben unvollständig – wieder aufgelegt als: Gottlieb Schnapper-Arndt, Hoher Taunus. Eine sozialstatistische Untersuchung

Ansonsten führte seine Pedanterie häufig dazu, dass sich der Privatgelehrte schwer damit tat, begonnene wissenschaftliche Arbeiten abzuschließen oder als publikationswürdig anzusehen. Dies traf vor allem für Schnapper-Arndts Tätigkeit als Wirtschaftshistoriker zu. Jahrzehnte lang widmete er sich der Erforschung historischer Lebens- und Wirtschaftsformen vor allem in seiner Heimatstadt Frankfurt am Main. Deren Stadtarchiv und das Darmstädter Haus-, Hof- und Staatsarchiv boten ihm hierfür eine breite Fundgrube an Quellen.[29] Und auch hier wies seine Forschung eine auf die Spitze getriebene Penibilität auf – weit über das in der Wissenschaft übliche und notwendige Maß hinaus. »Die peinliche Genauigkeit und strenge Quellenkritik, die Sorgfalt und Liebe, mit der Schnapper-Arndt sich in Einzelheiten zu versenken pflegte, seine stete Neigung, einmal angeschnittene wissenschaftliche Fragen auch restlos zu durchdringen, ließen seine wissenschaftlichen Arbeiten nur langsam voranschreiten«,[30] urteilte etwa Karl Bräuer, der mit der Herausgabe von Schriften aus Schnapper-Arndts Nachlass beschäftigt war. Sogar Leon Zeitlin, sein wohlwollender, ja bewundernder Biograph kommt nicht umhin festzustellen, dass »die peinlich genaue Gründlichkeit, die all' seine Arbeiten in so hohem Maße auszeichnet, [...] ihn immer und immer wieder zögern [ließ], großangelegte, lange Jahre hindurch in intensiver Weise betriebene, wirtschaftsgeschichtliche Forschungen zum Abschluß zu bringen.«[31] Zeitlin spielt damit vor allem auf Schnapper-Arndts *opus magnum* an, eine »Geschichte des Geldverkehrs, der Preise und der Lebenshaltung in der Reichs- und Handelsstadt Frankfurt a. M. und in Deutschland überhaupt vom Ausgange des Mittelalters bis zum Beginn des 19. Jahrhunderts«.[32] Mit dieser Studie verbrachte Schnapper-Arndt insgesamt mehr als zwanzig Jahre seines Lebens[33] und so nimmt es nicht Wunder, dass sowohl Zeitlin als auch die Historische Gesellschaft der Stadt Frankfurt, die das Werk nach Schnapper-Arndts plötzlichem Tod postum veröffentlichen wollte, davon ausgingen, die Arbeit sei weitgehend fertig und fast publikationsreif. Diese Hoffnung trog jedoch, wie Bräuer rasch feststellte. In seiner manischen Akribie hatte sich Schnapper-Arndt derartig in den Details seiner Studie verloren,

---

in fünf Dorfgemeinden (Klassiker der Umfrage-Forschung, Bd. III), Allensbach 1975. Eine Zusammenfassung publizierte Schnapper-Arndt bereits als Gottlieb Schnapper-Arndt, Fünf Dorfgemeinden auf dem hohen Taunus (Auszug ...), in: Bäuerliche Zustände in Deutschland, Bd. 1 (Schriften des Vereins für Socialpolitik, Bd. 22), Leipzig 1883, S. 145–167.

29 Vgl. hierzu: Karl Bräuer, Vorrede, in: Ders. (Hg.), Studien zur Geschichte der Lebenshaltung in Frankfurt a. M. während des 17. und 18. Jahrhunderts. Auf Grund des Nachlasses von Gottlieb Schnapper-Arndt, Bd. 1: Darstellung, Frankfurt a. M. 1915, S. XXI–XXXII, hier: S. XXIII. Einige kleinere wirtschaftshistorische Studien veröffentlichte Schnapper-Arndt noch zu Lebzeiten: Gottlieb Schnapper-Arndt, Mittheilungen über jüdische Interieurs zu Ende des siebzehnten Jahrhunderts, in: Zeitschrift für die Geschichte der Juden in Deutschland, Bd. 2 (1888), H. 2, S. 182–193; Gottlieb Schnapper-Arndt (Hg.), Wanderjahre des Johann Philipps Münch als Kaufmannsjunge und Handlungsdiener 1680–1694. Von ihm selbst beschrieben anno 1698, Frankfurt a. M. 1895; Gottlieb Schnapper-Arndt, Aus dem Budget zweier Schuhmachergesellen des XVII. Jahrhunderts. Nach alten Vormundschaftsrechnungen, Deutsche Geschichtsblätter, Bd. 3 (1901), S. 77–96. All diese Arbeiten sind wieder abgedruckt bei Leon Zeitlin (Hg.), Dr. Gottlieb Schnapper-Arndt. Vorträge und Aufsätze, Tübingen 1906. Andere gab Karl Bräuer im Auftrag der Historischen Kommission der Stadt Frankfurt a. M. postum heraus, siehe hierzu: Karl Bräuer (Hg.), Beiträge zur Frankfurter Finanzgeschichte. Aus dem Nachlaß von Dr. Gottlieb Schnapper-Arndt, Frankfurt a. M. 1910 und Karl Bräuer (Hg.), Studien zur Geschichte der Lebenshaltung in Frankfurt a. M. während des 17. und 18. Jahrhunderts. Auf Grund des Nachlasses von Gottlieb Schnapper-Arndt, 2 Bde., Frankfurt a. M. 1915.
30 Bräuer, Vorrede, S. XXII.
31 Zeitlin, Dr. Gottlieb Schnapper-Arndt, S. III.
32 Zeitlin, Dr. Gottlieb Schnapper-Arndt, S. 27, Fn. 2, bzw. Bräuer, Vorrede, S. XXI.
33 Bräuer, Vorrede, S. XXV.

dass er in all den Jahren nicht über quellenkritische Vorarbeiten hinausgekommen war. Bräuer beschreibt Schnapper-Arndts Vorgehensweise symptomatisch anhand seiner Untersuchungen über die Entwicklung der Lebenshaltung in Frankfurt. Um die Ausgabenwerte der einzelnen Haushalte im Zeitverlauf seriös vergleichen zu können, musste er sich zunächst mit der Entwicklung der Preise beschäftigen. Hier stieß er aber wiederum auf das Problem sich verändernder Währungsbezeichnungen, was ihn zu umfangreichen Studien über die Münz- und Geldgeschichte Frankfurts anhielt. Diese setzten ihrerseits jedoch eine Kenntnis »über das verwickelte Maß- und Gewichtswesen des alten Frankfurt« voraus. Und so kommt Bräuer zu dem bitteren Fazit: »An der Eigenart seiner Arbeitsweise und seinem allzu frühen Tod ist die Ausführung seines Planes gescheitert.«[34] Aus der geplanten Veröffentlichung von Schnapper-Arndts großem Werk wurde also nichts, Bräuer musste sich mit einer Edition der als Grundlage vorgesehenen Frankfurter Quellen begnügen.

Als Schnapper-Arndt 1904 mit nur 57 Jahren starb, hatte er sich trotz oder vielleicht gerade durch seine eigenartige Methode einen Name in Statistik und Ökonomie gemacht. Und so würdigten ihn einige der renommiertesten Wirtschaftswissenschaftler seiner Generation. Neben dem schon häufig zitierten Karl Bücher verfasste auch Lujo Brentano einen Nachruf. Auch er hält Schnapper-Arndts soziale Miniaturen für »Kabinettsstückchen«, peinlich genau recherchiert und liebevoll gearbeitet, und billigt ihnen nur eine geringe allgemeine Aussagekraft zu. Jedoch charakterisiert er Schnapper-Arndt als einen Mann von hohen geistigen und moralischen Fähigkeiten. »Er war ein mathematischer Kopf von großer Denkschärfe und ein Mann von unerbittlicher Gerechtigkeit und Wahrhaftigkeit.«[35] Dieses Urteil sei hier zu Schnapper-Arndts Ehrenrettung bei all seiner schrullig anmutenden Detailversessenheit bekräftigt. Seine Aussagen zur sozialstatistischen Theorie und seine Darstellung über deren Entstehung sind nach wie vor lesenswert.[36] Im Übrigen sah Schnapper-Arndt seine sozialstatistische Methode keineswegs als Königsweg und der quantitativen Sozialforschung überlegen an. Er verstand seine Forschungen vielmehr ergänzend zu einer auf ganzjährig geführten Haushaltungsbüchern beruhenden statistischen Erfassung. Denn sie könne Informationen über Haushalte der Ärmsten liefern, von denen keine genauen Aufzeichnungen zu erhalten seien.[37]

---

34 Bräuer, Vorrede, S. XXIII–XXV, Zitate: S. XXV.
35 Brentano, Dr. Gottlieb Schnapper-Arndt, S. 209.
36 Gottlieb Schnapper-Arndt, Zur Methodologie socialer Enquêten. Mit besonderem Hinblick auf die neuerlichen Erhebungen über den Wucher auf dem Lande, erweiterte Bearbeitung eines in den Berichten des Freien Deutschen Hochstiftes abgedruckten Vortrages, Frankfurt a. M. 1888, wieder abgedruckt in: Leon Zeitlin (Hg.), Dr. Gottlieb Schnapper-Arndt. Vorträge und Aufsätze, Tübingen 1906, S. 60–98 oder Gottlieb Schnapper-Arndt, Zur Theorie und Geschichte der Privatwirtschaftsstatistik, (Sonderabdruck aus dem Bulletin de l'Institut International de Statistique, Bd. 13, H. 2), Leipzig 1903, wieder abgedruckt in: Leon Zeitlin (Hg.), Dr. Gottlieb Schnapper-Arndt. Vorträge und Aufsätze, Tübingen 1906, S. 16–59.
37 Vgl. Schnapper-Arndt, Sozialstatistik, S. 394–395. Auf diese Selbsteinschätzung Schnapper-Arndts macht auch Uwe Spiekermann aufmerksam (Uwe Spiekermann, Haushaltsrechnungen als Quellen der Ernährungsgeschichte. Überblick und methodischer Problemaufriß, in: Dirk Reinhardt, Uwe Spiekermann, Ulrike Thoms (Hg.), Neue Wege zur Ernährungsgeschichte. Kochbücher, Haushaltsrechnungen, Konsumvereinsberichte und Autobiographien in der Diskussion, Frankfurt a. M. u. a. 1993, S. 51–85, hier: S. 57). Die methodische Diskussion der Jahrhundertwende (der hier bereits oft zitierte Nachruf Karl Büchers war einer der prominenten Beiträge zugunsten der »Haushaltungsbuchmethode« und gegen die Enquête oder die »Soziale Miniatur«; s. Bücher, Haushaltungsbudgets), findet sich zusammengefasst bei: Gerhard Albrecht, Haushaltungsstatistik. Eine literarhistorische und methodologische Untersuchung, Berlin 1912, vor allem S. 43–50.

Und in dieser Perspektive sind besagte Miniaturgemälde sozialer Zustände mittlerweile zu wertvollen Quellen über das Leben von ländlichen Unterschichtenhaushalten im Kaiserreich geworden. In ihrer Detailliertheit bieten sie der Forschung eine willkommene Bereicherung angesichts der spärlich gesäten quantitativ-statistischen Quellen zur Lebenshaltung unterer Bevölkerungsschichten.[38] Dies bleibt als Vermächtnis Gottlieb Schnapper-Arndts, dieses wahrlich merkwürdigen Mannes, der beim Budgetieren, Wiegen und Messen im Dienste der Wissenschaft kein Maß kannte.

---

38 So äußerte sich auch Toni Pierenkemper, Informationsgewinne und Informationsverluste einer Analyse von Haushaltsrechnungen auf massenstatistischer Basis – am Beispiel ausgewählter bürgerlicher Haushalte im 19. Jahrhundert, in: Ders. (Hg.), Zur Ökonomik des privaten Haushalts. Haushaltsrechnungen als Quelle historischer Wirtschafts- und Sozialforschung, Frankfurt a. M./New York 1991, S. 61–75, hier: S. 72.

Marcel Boldorf
Bankraub
Ein Stiefkind der wirtschaftshistorischen Forschung

Kurios ist, dass sich die vielbändigen großen Bankengeschichten zum Thema Bankraub beharrlich ausschweigen. Aber auch in der Kriminalitätsgeschichte vermisst man die Fachliteratur zu der Deliktform, obwohl sich gerade diese historiographische Subdisziplin im letzten Jahrzehnt nicht über einen Mangel an Veröffentlichungen beklagen kann. Gehen wir den Ursprüngen des Bankraubs auf die Spur...

1883 berichtete der Neue Pitaval, eine »Sammlung der interessantesten Criminalgeschichten aller Länder aus älterer und neuerer Zeit« aus dem merkwürdigen, aber faszinierenden Land jenseits des Atlantiks: »Im Westen der Vereinigten Staaten, an den Grenzen der Civilisation, besonders in den Gegenden, wo durch den Bergbau edle Metalle zu Tage gefördert werden, haben sich seit Jahren Hunderte und Tausende von wilden, gesetzlosen Menschen zusammengefunden. Leute, welche mit der Justiz in Conflict gekommen sind, Abenteurer, Glücksjäger, Spieler von Profession, Männer, denen weder das Eigenthum noch das Leben anderer heilig ist, pflegen in großer Anzahl gerade in jene Districte zu gehen, weil dort die Verhältnisse noch ungeordnet sind und die Behörden geringe Autorität besitzen.«[1] Der Autor brachte die Mentalität, die sich im Westen der USA entwickelt hatte, mit den Ereignissen des Bürgerkrieges (1861–1865) in Verbindung, der zu einer verbreiteten Zügellosigkeit geführt habe: »Als Friede geschlossen war, verwandelten sich Guerillas und Jayhawkers in gewöhnlich Räuber- und Mörderbanden. Unter selbstgewählten Führern brandschatzten sie die Städte und Dörfer, plünderten die Banken, überfielen die Eisenbahnzüge und verbreiteten eine Schreckensherrschaft, die fast schlimmere Zustände erzeugt als vorher der Bürgerkrieg.«

Spektakuläre Ereignisse wie die Postkutschen-, Bank- und Zugüberfälle der Reno-Gang oder Jesse James in den 1860er- und 1870er-Jahren galten im Deutschen Kaiserreich als typisch amerikanische Phänomene, als Delikte, deren einheimische Parallelen in weiter historischer Ferne angesiedelt waren. Zwar kannte man auch in Mitteleuropa den Postkutschenraub, den Überfall auf mobile Geldtransporter, der vor allem für das letzte Drittel des 18. Jahrhunderts und die Zeit der Napoleonischen Besatzung nachgewiesen werden kann.[2] Doch schien das eigentliche Delikt des Bankraubs vor dem europäischen Kontinent halt zu machen, denn es mangelt ab Hinweisen auf die Überfälle von Geldinstituten.

In den alteuropäischen wie in den amerikanischen Bankraubszenarien sticht eine Gemeinsamkeit ins Auge: Die Raubüberfälle wurden meist von umherschweifenden Banden verübt, die sich schleunigst von dem Ort ihrer Tat entfernten – über Land in ein entferntes Gebiet, wo sie der Verfolgung der Behörden zu entkommen suchten. Insofern war diese Art des Raubüberfalls

---

1 Straßen-, Eisenbahn- und Bankräuber in Amerika, in: Der Neue Pitaval (Neue Serie) 18 (1883), S. 1.
2 Carsten Küther, Räuber und Gauner in Deutschland, Göttingen 1976; ders.: Räuber, Volk und Obrigkeit. Zur Wirkungsweise und Funktion staatlicher Strafverfolgung im 18. Jahrhundert. In: Heinz Reif (Hrsg.): Räuber, Volk und Obrigkeit. Studien zur Kriminalität in Deutschland seit dem 18. Jahrhundert, Frankfurt/Main 1984.

ein ländliches Phänomen. Mobile Überlandtransporte und ländliche Kreditinstitute waren leichter anzugreifen als Banken in urbanen Gebieten. Günstig wirkte sich im Alten Reich wie auch in den USA das Fehlen einer zentralen Strafverfolgungsautorität aus. Dieser Lücke verdankten die Pinkertons, das erste privatpolizeilichen Detektivbüro der USA, 1852 ihre Gründung.

Bankräuber hatten in den USA einen weiteren Vorteil. Die europäischen Länder gaben noch Ende des 19. Jahrhunderts nur sehr große Banknoten heraus, die im privaten Zahlungsverkehr kaum eine Rolle spielten. In den USA waren hingegen bereits kleine Geldscheine als alltägliches Zahlungsmittel im Umlauf.[3] Somit bestand die Möglichkeit, größere Summen erbeuteten Geldes relativ problemlos abzutransportieren, was die Verbreitung des Deliktes im Allgemeinen begünstigte und einer weiteren Bankraubvariante den Weg öffnete, die vornehmlich in Großstädten angesiedelt war: dem heimlichen Einbruch in Verbindung mit Tresorknackerei. Die Hausse dieses urbanen Typus lag zeitlich ebenfalls nach dem Bürgerkrieg und hatte in New York City ein Zentrum. Im Gegensatz zu den Überfällen der Revolverhelden des Wilden Westens waren die Tresoreinbrüche eine handwerklich geprägte Einkommensform, die eine gewisse Intellektualität voraussetzte.

Die Umstände, die eine Verbreitung der Deliktform begünstigten, schienen im Europa des 19. Jahrhunderts nicht mehr gegeben zu sein. Zwar stieg in der Frühphase der Industrialisierung das Finanzvolumen beständig, und die Zahl der kleinen Sparkassen vermehrte sich.[4] Allerdings waren die kleinen Geldinstitute fast ausschließlich in regionalen Zentren ansässig. Die Sparkassen lagen als zentrale Institute für ihr Umland inmitten einer urbanen Zone. Als Zielobjekte für einen Überfall waren sie aufgrund schlechter Fluchtmöglichkeiten nicht lohnend, denn ein Entfernen vom Tatort hätte wohl nur zu Fuß stattfinden können. Die Postkutschenräuber des 18. Jahrhunderts konnten noch die Weite des Raumes nutzen, um sich der Verhaftung zu entziehen. Raubüberfälle verloren im Laufe des 19. Jahrhunderts an Bedeutung und tauchten in der preußischen Kriminalstatistik ebenso wenig wie der hier interessierende Bankraub auf.[5] In der Phase der Urbanisierung wuchs die Kontrolle innerhalb städtischer Agglomerationen. Um 1800 waren die Polizeikräfte noch dünn gesät, doch Mitte des Jahrhunderts stand ein potentieller Täter einer wachsenden Überwachungstätigkeit des Staates gegenüber. Die Zeit nach 1850 gilt als Modernisierungs- und Expansionsphase der Berufspolizei, die Polizeidichte stieg markant an, sodass sich die Strafverfolgungspraxis verbesserte.[6] Unter diesen Bedingungen mussten interessierte Delinquenten befürchten, sogleich gefasst zu werden. In der Tat scheint der misslungene Überfall auf eine Nebenstelle der Reichsbank im hessischen Friedberg 1910 der erste in Deutschland nachweisbare Bankraub gewesen zu sein.[7]

Der Durchbruch des Bankraubdeliktes lag im 20. Jahrhundert. Organisatorisch traten Veränderungen im Geldwesen ein, die sich auf die Handlungsstrategien potentieller Bankräuber niederschlugen. Das Transaktionsvolumen der privaten Haushalte stieg so stark, dass verbesserte Methoden des Geldtransfers zwischen den Geldinstituten notwendig wurden. Im Deutschen Reich führte ein Gesetz von 1908 das Girokonto als Verrechnungskonto ein. Die Sparkassen

---

3   Karl Erich Born: Geldtheorie und Geldpolitik II: Geldgeschichte. In: Handwörterbuch der Wirtschaftswissenschaften, Bd. 3. Stuttgart u. a. 1981, S. 370 f.
4   Eckhard Wandel, Banken und Versicherungen im 19. und 20. Jahrhundert, München 1998, S. 4.
5   J. Illing, Die Zahlen der Kriminalität in Preußen für 1854 bis 1884, in: Zeitschrift des Königlich Statistischen Bureaus 25 (1885), S. 73–92.
6   Ralph Jessen: Polizei im Industrierevier. Modernisierung und Herrschaftspraxis im westfälischen Ruhrgebiet 1848–1914, Göttingen 1991, S. 111. Helmut Thome, Kriminalität im Deutschen Kaiserreich, in: Geschichte und Gesellschaft 28 (2002), S. 526 f.
7   Der Bombenanschlag auf das Friedberger Rathaus, in: Der Pitaval der Gegenwart 7 (1912), S. 216 f.

schlossen sich in den einzelnen Bundesstaaten zu Giroverbänden zusammen, so dass eine Geldverrechung untereinander ermöglicht wurde. Mit der Gründung der Deutschen Girozentrale 1918 setzte sich der bargeldlose Zahlungsverkehr landesweit durch. Diese Entwicklung verringerte die Zahl der großen Geldtransporte, und das Bankgebäude rückte selbst als Zielobjekt für die potentiellen Täter in den Blickpunkt. Ferner sorgte die Inflation von 1923 dafür, dass Papiergeld zum eigentlichen Zahlungsmittel wurde und die Scheidemünzen demgegenüber nur noch einen geringen Wert hatten. Dadurch schien der Millionencoup machbar, denn das Problem des Abtransports war nun zu meistern.

Nachdem in den USA bereits vor dem Ersten Weltkrieg der Fall des spektakulären Betrügers, Safeknackers und Bankräubers Adam Worth Schlagzeilen machte,[8] gelangte Ende der 1920er Jahre auch in Deutschland ein einzelner Fall zu großer Bekanntheit: derjenige der Gebrüder Sass. Ziel ihres heimlichen Einbruchs war 1929 die Berliner Filiale der Diskonto Gesellschaft am Wittenbergplatz.[9] Bezeichnenderweise war ihre Tat kein Raubdelikt, das mit Schnelligkeit und Gewaltandrohung vorging, sondern ein heimliches Verbrechen. Die Einbrecher stiegen in die Bank durch einen Lüftungsschacht ein, der über die Kellerräume eines Nachbargebäudes zu erreichen war. Sie erweiterten diesen zu einem Stollen, und konnten ihre Schweißgeräte zum Einsatz bringen. Die Vorbereitungen zu der Tat hatten Wochen, vielleicht sogar Monate gedauert, denn die Arbeiten konnten nur nachts oder am Wochenende ausgeführt werden. Die Polizei bezifferte den Gesamtwert der geraubten Wertgegenstände auf 1,2 bis 2 Millionen Reichsmark. Die Gebrüder Sass zählten zu den ersten Delinquenten, die sich die Unübersichtlichkeit und Anonymität der Großstadt Berlin zunutze machten.

Nach dem Zweiten Weltkrieg bauten die Geschäftsbanken ein weitverzweigtes Netz von Filialen auf. Die damit einhergehende Geldhortung an vielen Stellen im Lande verhalf dem Bankraub in Deutschland zu seinem eigentlichen Durchbruch. Etwa in den 1960er Jahren ist, auch im internationalen Kontext, die Hochphase des Banküberfalls anzusiedeln. Wie in einem 1970 veröffentlichten Buch über die Grundlagen der Kriminalistik geschrieben steht: Der Überfall auf die Ein-Mann-Zweigstelle von Geldinstituten sei eine Art »deutscher Volkssport« geworden.[10] Ein Blick auf die Statistik bestätigt dieses Bild: In der Bundesrepublik Deutschland verzehnfachte sich die Zahl der erfassten Überfälle innerhalb von eineinhalb Jahrzehnten: 1962 zählte man bundesweit 57 Fälle, und 1978 waren es schon 565.[11] Zusätzlich wurden in dem letztgenannten Jahr noch 152 Überfälle auf Geld- und Werttransporte registriert. Die Motorisierung durch Mopeds und Autos erlaubte eine rasche Flucht, der schnelle Coup wurde für jedermann möglich. Bei der Verheimlichung der Tat kam den Bankräubern die gestiegene gesellschaftliche Anonymität zustatten. Jedoch sank mit der Masse auch die Klasse der Taten. Nur 30.000 DM konnten die Bankräuber im Schnitt erbeuten, auch wenn sie im Vorfeld meist viel höhere Summen erwarteten.[12] Im Vergleich zu den Tresorknackern waren die Bankräuber der Nachkriegszeit häufig Amateure, denen Spezialkenntnisse für andere Delikte fehlten. Der Bankraub bot sich als einfache Möglichkeit zum schnellen Geld dar, wies daher aber auch eine hohe Aufklärungsquote auf.

---

8   Ben Macintyre, Der unglaubliche Mr Worth. Ein Gentlemanverbrecher aus der guten alten Zeit, München 1997.
9   Ekkehard Schwerk, Die Meisterdiebe von Berlin. Die »Goldenen Zwanziger« der Gebrüder Sass, Berlin 1984.
10 Wolf Middendorff, Bankraub. Eine kriminologische Studie im Anschluß an den Fall V., in: Archiv für Kriminologie 165 (1980), S. 44.
11 Franz Császár, Der Überfall auf Geldinstitute. Eine kriminologische Untersuchung, Wien/New York 1975, S. 11.
12 Wolfgang Servay,/Jürgen Rehm, Bababank-Überfall, in: Psychologie heute 14 (1987), S. 48.

Wolfgang König

Der Professor und sein Kollege:

Szenen aus dem Hochschulleben – Franz Reuleaux und Alois Riedler[1]

Die hier erzählte Geschichte besitzt einen Text und einen Subtext. Der Subtext ist in akademischen Kreisen allgemein bekannt und kursiert in zahlreichen Fassungen. Ich gebe ihn hier in Form einer erweiterten Schöpfungsgeschichte wieder.

Als Gott am Ende des sechsten Tages seine Schöpfung betrachtete, war er stolz und zufrieden. Auf den ersten Blick schien alles bestens gelungen. Beim zweiten jedoch stiegen leise Zweifel in ihm auf: Irgend etwas schien zu fehlen – nämlich das, was man heutzutage als »Sahnehäubchen« bezeichnet, etwas ganz besonderes. Glücklicherweise überkam ihn just in diesem Moment ein brillanter Einfall. Er krönte sein Werk durch eine ganz außergewöhnliche Zugabe: den deutschen Professor. Und dieser geriet ihm so, wie wir ihn alle kennen: geistreich, souverän, tolerant, ständig die Grenzen des Wissens erweiternd, sich mit großer Hingabe seinen Studenten widmend – und was der besten Eigenschaften noch mehr sind.

Alois Riedler

So weit – so gut. Leider gab es in der Folge Schwierigkeiten. Der Himmel war auch nicht mehr das, was er einmal war. Mittlerweile hatte er sich in eine konstitutionelle Theokratie verwandelt. Gremien sorgten dafür, dass auch noch der geringste Gesichtspunkt bei den göttlichen Entscheidungen berücksichtigt wurde; Gleichstellungsbeauftragte wachten über den Abbau von Hierarchien und Privilegien.

---

1 Die Geschichte habe ich auf der Absolventenfeier 2007 der Fakultät »Geisteswissenschaften« der Technischen Universität Berlin vorgetragen. Eine distanziert-wissenschaftliche Fassung findet sich in Wolfgang König, Künstler und Strichezieher, Konstruktions- und Technikkulturen im deutschen, britischen, amerikanischen und französischen Maschinenbau zwischen 1850 und 1930, Frankfurt am Main 1997, S. 55 ff.; dort auch die Belege.

Und diesen Instanzen stach es als Dorn ins Auge, dass so etwas Einmaliges wie der Professor die restliche Schöpfung abwertete.

Nach langen Sitzungen, Gutachten und Verhandlungen blieb Gott nichts anderes übrig, als sein finales Schöpfungswerk, den Professor, zu relativieren. Er stellte ihm etwas zur Seite, was geeignet schien, die Strahlkraft des Professors empfindlich zu dämpfen: Dieses etwas war der Kollege.

Soweit der Subtext. Und nun zum Text: Die Geschichte spielt im späten 19. Jahrhundert an der Maschinenbauabteilung der Technischen Hochschule Berlin. Mit dem älteren Franz Reuleaux und dem jüngeren Alois Riedler lehrten damals zwei Professoren an der Hochschule, welche diametral entgegengesetzte Vorstellungen zum Maschinenbaustudium vertraten. Reuleaux wollte allseitig gebildete, theoretisch beschlagene Führungspersönlichkeiten erziehen, Riedler die Industrie mit praktischen Problemlösern versorgen.

Als Riedler 1888 an die Berliner Hochschule berufen wurde, entfachte er – wie er später selbst schrieb – einen 7-jährigen Krieg gegen das Übergewicht der theoretischen Schule seines Kollegen Reuleaux. Ein Höhepunkt der Auseinandersetzungen bildete Riedlers 1896 erschienenes Buch »Das Maschinen-Zeichnen«. Darin griff er das in der Architektur und in der Denkmalpflege bewährte didaktische Mittel auf, als richtig und falsch bewertete Lösungen nebeneinander zu stellen. Und was bot sich für die falschen Lösungen konstruktiver Aufgaben Besseres an als die Arbeiten seines Kollegen Reuleaux und dessen Schüler. Riedler schlachtete das weit verbreitete Lehrbuch seines Kollegen Reuleaux aus sowie Schülerzeichnungen, wobei er schon mal genüsslich vermerkte, dass diese bei Reuleaux »mit hervorragendem Erfolge« studiert hätten.

Damit dürfte er dem Kollegen eine empfindliche Niederlage zugefügt haben. Reuleaux kapitulierte jedenfalls, indem er sich 1896 entnervt vom Lehramt zurückzog. In den folgenden beiden Jahrzehnten zeigte sich allerdings, dass der streitbare Riedler eine Schlacht gewonnen hatte – aber nicht den Krieg. Der eine Kollege lag erschlagen am Boden; aber aus dem akademischen Gestrüpp tauchten immer wieder neue auf. Mit ihnen lieferte sich der kampfeslustige Maschinenbauer so manche Schlacht, bis er selbst die Walstatt räumen musste.

Märchen enden üblicherweise: Und wenn sie nicht gestorben sind, dann leben sie noch heute. Doch dies ist eine wahre Geschichte (notabene: wie die Historiker sie erzählen). Sie könnte deswegen so enden: Riedler und Reuleaux sind längst gestorben, doch zahlreiche Kollegen leben auch heute noch.

Franz Reuleaux

Dietmar Bleidick

Emil Kirdorf, der Staat und die Banken
Die Demontage eines Managers im Kaiserreich

Anfang des 20. Jahrhunderts entwickelte sich ein Streit um die Besitz- und Machtstrukturen im Ruhrbergbau. Nach rund 50-jähriger Abstinenz begann der preußische Staat durch umfangreiche Ankäufe von Zechen und Grubenfeldern einen über den gesetzgeberischen Rahmen hinausgehenden Einfluss auf die Branche zu nehmen. Ausschlaggebend für das erneute Engagement war einerseits die starke Konzentrationstendenz im Bergbau während des vorangegangenen Wirtschaftsbooms und andererseits die Mengen- und Preispolitik des Rheinisch-Westfälischen Kohlen-Syndikats (RWKS), das in der nun heraufziehenden Wirtschaftskrise das Angebot verknappte und dadurch die sogenannte Kohlennot provozierte. Neben einer mäßigenden Wirkung in diesem Bereich versprach man sich auf Seiten des Staates von eigenen Zechen eine Sicherung des Bedarfs der Staatseisenbahnen, des Heeres und der Marine. 1901/02 gingen die Zeche Waltrop, Grubenfelder im Raum Recklinghausen sowie aus dem Besitz August Thyssens die Zeche Gladbeck und die Grubenfelder der Gewerkschaft Bergmannsglück in Gelsenkirchen-Buer an den Staat über. Thyssen wurde durch den Verkaufserlös wahrscheinlich vor dem Bankrott gerettet. Dementsprechend begrüßten alle Verantwortlichen des Ruhrbergbaus das Auftreten des Staates als einzigem Investor auf dem Höhepunkt der Krise. Anders sah die Lage zwei Jahre später auf, als Handelminister Theodor Möller entgegen seinem Versprechen, keine weiteren Interessen im Ruhrgebiet zu verfolgen, mit Hilfe von Eugen Gutmann, Generaldirektor der Dresdner Bank, versuchte, mit der Bergwerksgesellschaft Hibernia das drittgrößte Unternehmen der Branche im Rahmen einer heimlichen feindlichen Übernahme für den Staat zu erwerben. Im Sommer 1904 entbrannte eine wahre Übernahmeschlacht, die als »Hibernia-Affäre« über Monate die deutsche Öffentlichkeit in Atem hielt, ging es doch um die Frage, ob der Staat in der Lage war, seine wirtschaftspolitischen Vorstellungen durchzusetzen. Den im Ruhrbergbau in großem Umfang engagierten Großbanken gelang es schließlich, das Vorhaben zu verhindern. Möller wurde zum Opfer seiner ungeschickten Strategie, verstrickte sich zudem in argumentative Widersprüche und musste schließlich 1905 zurücktreten.

Die folgende Episode aus der Zeit der ersten Zechenkäufe durch den Staat offenbart, welchen vergleichsweise schwachen Stellenwert Emil Kirdorf, der einflussreichste Vertreter des Ruhrbergbaus, besaß, als er über Wochen von Bankenvertretern unter Anwendung subtiler Methoden über die Zukunft des Unternehmens im Unklaren gelassen wurde. Kirdorf war seit Gründung der Gelsenkirchener Bergwerks-AG (GBAG) 1873 ihr Generaldirektor, Aufsichtsratsvorsitzender des RWKS und in leitenden Positionen bergbaulicher Interessengruppen. Ihm gegenüber stand die Disconto-Gesellschaft (DC) als Hausbank. Ihr Geschäftsinhaber Adolph von Hansemann, einer der Nestoren des deutschen Bankwesens, hatte maßgeblich bei der Gründung der GBAG mitgewirkt und nahm ebenfalls seit 1873 die Funktion des Verwaltungsratsvorsitzenden inne, dem 1902 weitere vier Vertreter der DC, darunter der stellvertretende Vorsitzende, angehörten. Ähnlich stark war die DC bei der Union AG in Dortmund und der Bochumer Bergbau AG vertreten und gehörte damit zusammen mit der Deutschen Bank zu den einflussreichsten Geldhäusern in der Ruhrindustrie.

Im November 1901 stieg der Börsenkurs der GBAG, was Kirdorf dazu veranlasste, bei seiner Hausbank die Hintergründe dieser Kurssteigerung zu hinterfragen. Ende des Monats informierte ihn Alfred Lent, Mitglied des Aufsichtsrats der GBAG und Geschäftsinhaber der DC über mögliche Ursachen:[1] Im preußischen Handelsministerium bestehe zwar der Wunsch, »ein paar gute im Betriebe stehende Zechen anzukaufen«, aber es scheine, dass »von dort kein Auftrag zur Eingabe von Offerten gegeben sei«. Bisher gebe es nur lockere Besprechungen, ob man überhaupt Angebote entgegennehmen wolle. Die »Hauptmacher in der Angelegenheit« seien daher Carl Klönne, Vorstandsmitglied der Deutschen Bank, und Ludwig Max Goldberger[2], die in den letzten Wochen Aktien der GBAG und der Harpener Bergbau-AG aufgekauft hätten. Dennoch glaubte Lent nicht an ein Vorgehen Klönnes im Eigeninteresse bzw. zur Stärkung der Position der Deutschen Bank bei der GBAG. »Meine persönliche Meinung geht dahin, dass die

Adolph von Hansemann; Quelle: Gelsenkirchener Bergwerks AG (Hg.), Zur Feier des 25-jährigen Bestehens der Gelsenkirchener Bergwerks-Actien-Gesellschaft zu Rheinelbe bei Gelsenkirchen, Düsseldorf 1898 (O.P.)

Disconto-Gesellschaft zur Verstaatlichung von Gelsenkirchen nicht ihre Hälfte leisten wird, macht der Staat oder ein Konsortium Klönne-Hanau[3] eine derartige Offerte den Actionären, daß für diese gegen den heutigen Kurs ein einmalig großer Gewinn liegen würde.« Zugleich relativierte er jedoch, »man muß sich auf alles gefaßt machen«, zumal es nicht unmöglich sei, dass Verstaatlichungsbestrebungen im Landtag eine Mehrheit fänden. »Vom allgemeinen Standpunkt kann man nicht dagegen sein, wenn der Staat [...] auch im bedeutendsten Kohlenrevier in Westfalen Kohlenbergbau treibt.« Dass Kirdorf, der die Konzentrationsbewegung der Branche in den letzten 20 Jahren vorangetrieben und im Sommer auf die Verkäufe an den Staat noch direkt eingewirkt hatte, nun selbst betroffen war, verlieh der Angelegenheit eine besonders pikante Note.

Kirdorfs Reaktion auf diese Ausführungen ist leider nicht überliefert, doch dürfte er sich in höchster Erregung befunden haben, da er sich nun laufend von Lent über die neuesten Gerüchte

---

1 Bergbau-Archiv beim Deutschen Bergbau-Museum (BBA) 55/402: Schreiben Lent an Kirdorf vom 28. November 1901.
2 Goldberger war neben Eugen Gutmann einer der Mitgründer der Dresdner Bank, widmete sich nach seinem Abschied 1889 aber hauptsächlich der Wirtschafts- und Interessenpolitik. Anfang des 20. Jahrhunderts war er u. a. führendes Mitglied des Hansabundes und Präsident des Vereins Berliner Kaufleute und Industrieller.
3 Gustav Hanau war Mitbegründer und Geschäftsinhaber der Rheinischen Bank, die eng mit der Dresdner Bank verbunden war.

Abb.: Emil Kirdorf; Quelle: Gelsenkirchener Bergwerks AG (Hg.), Zur Feier des 25-jährigen Bestehens der Gelsenkirchener Bergwerks-Actien-Gesellschaft zu Rheinelbe bei Gelsenkirchen, Düsseldorf 1898 (O.P.)

und Entwicklungen unterrichten ließ. Lent bemühte sich, Licht in die Angelegenheit zu bringen, und suchte Anfang Januar 1902 zwecks eindeutiger Klarstellung sogar Handelsminister Möller auf, »der nicht so recht mit der Sache heraus wollte«. Es bestände auch noch kein Angebot des Konsortiums Klönne-Hanau, das wohl aber in der nächsten Zeit folgen werde.[4] »Die Börse will aber von einem Herunterfallen [...] Klönnes beim Minister wissen. [...] Ob die Trauben sauer geworden sind oder es sich nur um eine taktische Maßnahme handelt, um die Kurse fallen zu lassen«, bleibe abzuwarten, denn wer könne schon »in die Scala des Kleeblatts Klönne, Hanau und Goldberger sehen«.[5]

In der zweiten Januarwoche 1902 bekamen die Sorgen Kirdorfs neue Nahrung, zumal von der DC keine eindeutige Stellungnahme zur Abwehr eines möglichen Verstaatlichungsangebots zu erhalten war. Vielmehr ließen die Äußerungen der angesprochenen Direktoren darauf schließen, dass ihre Entscheidung allein vom geschäftlichen Interesse des Bankhauses, aber nicht von dem der GBAG und schon gar nicht von dem der Angestellten der GBAG abhing. Kirdorf kokettierte zwar gerne mit seiner Rolle als »bezahlter Arbeiter [...], der verpflichtet ist, seine Aufgabe zu erfüllen« und negierte in der Öffentlichkeit auch den Einfluss der Banken im Bergbau,[6] doch zeigt dieses Beispiel die wahren Verhältnisse in der Branche, deren Unternehmen in besonderen Situationen ohne weiteres zum Spielball der Bankeninteressen werden konnten.

Auf die unbefriedigenden Nachrichten Lents wandte Kirdorf sich an Joseph Hoeter, den stellvertretenden Aufsichtsratsvorsitzenden der GBAG.[7] Hoeter war bis Juni 1900 Leiter der Zentralabteilung des Handelsministeriums gewesen und dann als Direktoriumsmitglied und Geschäftsinhaber zur DC gewechselt, besaß also herausragende Verbindungen zu Regierungs-

---

4 BBA 55/402: Schreiben Lent an Kirdorf vom 6. Januar 1902.
5 Ebd.: Schreiben Lent an Kirdorf vom 17. Dezember 1901.
6 Verein für Socialpolitik (Hg.), Verhandlungen der Generalversammlung in Mannheim 1905 (SVfS, Bd. 116), Leipzig 1906, S. 277: »Niemals ist der Einfluß der Großbanken in der Großindustrie Rheinlands und Westfalens so gering gewesen, wie er zur Zeit ist. Man kann heute im Gegenteil sagen [...]: Die Großbanken buhlen um das Wohlwollen der Industrie, aber nicht etwa umgekehrt.«
7 BBA 55/402: Schreiben Kirdorf an Hoeter vom 7. Januar 1902.

kreisen.⁸ Kirdorfs Brief enthielt eine seltsame Mischung aus Anschuldigungen und Forderungen, die seinem Selbstverständnis als Unternehmer-Manager entsprach, aber auch seine Unfähigkeit bewies, andere Standpunkte zu akzeptieren.⁹ Er konstatierte, dass die Verstaatlichung der GBAG immer näher rücke, »und wenn die Spekulanten-Gruppe eine namhafte Quote unseres Aktienkapitals besitzt, und die Regierung den Ankauf entscheiden will, so werden auch Sie, die führenden Herren, d. i. die Discontogesellschaft, nicht länger widerstreben wollen und dann ist der Generalversammlungsbeschluss nur noch eine Form«. Nach diesem persönlichen Affront wies er Hoeter an, »Hansemann zu bestimmen«, sofort den Aufsichtsrat einzuberufen, um eine Kapitalerhöhung zu beschließen, die Abfindung der leitenden Direktoren auf sechs Mio. Mark festzulegen und diesen einen Arbeitsvertrag auf 20 Jahre zu geben.

Hoeter antwortete dementsprechend kühl und knapp. Kirdorf solle sich nicht durch Börsengerüchte beunruhigen lassen, außerdem sei die Gefahr vorüber. Zwar wünsche Möller die Verstaatlichung der GBAG, aber Oberberghauptmann Gustav von Velsen sei dagegen, weil der erste Schritt den zweiten nach sich ziehe und die Verstaatlichung des ganzen Bergbaus an der Ruhr folgen würde.¹⁰ Diese weitere Verunsicherung Kirdorfs¹¹ verstärkte er noch durch die strikte Zurückweisung der Forderung nach einer Absicherung des Direktoriums, die in dieser Form »über das Maß der Gepflogenheiten« hinausgehe. Mit Sicherheit kannte Hoeter zu diesem Zeitpunkt die Hintergründe des Anfang Januar innerhalb einer Woche erfolgten enormen Kursanstiegs der GBAG-Aktien von 164 % auf 181 %. Dass er Kirdorf diese aus verletzter Eitelkeit verschwieg, ist nicht anzunehmen, vielmehr dürfte es sich um eine gezielte Politik der Nicht- oder Desinformation gehandelt haben, die ihr Ziel erreichte. In dieses Bild passten auch die unterschiedlichen Verhaltensweisen der beiden Bankvertreter. Auf der einen Seite der zumindestens aus Sicht Kirdorfs bemühte Lent, der ihn mit Informationen versorgte und dessen in persönlichem Ton gehaltene Korrespondenz schon fast auf ein freundschaftliches Verhältnis zu dem Manager schließen lässt, dann Hoeter, der faktisch die offizielle und nüchterne, aber abweisende Ebene vertrat, und schließlich die Zurückhaltung des indirekt angesprochenen von Hansemann, der sich nicht selbst äußerte, sondern Hoeter als Sprachrohr gebrauchte.

Kirdorf befand sich nun in einem Wechselbad der Gefühle und trug durch eine auf einer Sitzung des Bergbau-Vereins gemachte und in die Presse gelangte Aussage über seine Befürchtungen noch zur allgemeinen Verwirrung bei. Täglich mehrten sich in der Öffentlichkeit die Gerüchte um den Ankauf von Bergwerken durch den preußischen Staat, blieben aber zunächst unbestätigt und wurden schließlich von der Deutschen Bank in der Presse dementiert.¹² Von Hansemann maßregelte jetzt Kirdorf knapp und nüchtern, dass die ganze Aufregung durch Börsenspekulanten »ohne irgendwelche Beteiligung einer namhaften Bank« hervorgerufen worden sei, und er wohl zugeben müsse, dass er sich »ohne Grund aufgeregt« habe.¹³

---

8   Wie Klönne und Lent beaufsichtigte auch Hoeter zahlreiche Unternehmen in verschiedenen Branchen.
9   Carl Fürstenberg charakterisierte Kirdorf als eine »viel zu derbe, gerade Natur, als daß er sich mit Erfolg in das Ränkespiel der inneren Politik hätte mischen können«. Hans Fürstenberg, Carl Fürstenberg. Die Lebensgeschichte eines deutschen Bankiers 1870–1914, Berlin 1931, S. 374.
10 BBA 55/402: Schreiben Hoeter an Kirdorf vom 8. Januar 1902.
11 Ebd.: Schreiben Kirdorf an Hoeter vom 9. Januar 1902, in dem er sich beschwerte. Kirdorf ging jetzt sicher davon aus, dass die GBAG mit Hilfe der Disconto-Gesellschaft verstaatlicht werde.
12 Ebd.: Z. B. Rheinisch-Westfälische Zeitung vom 10. Januar 1902, Morgen- und Abendausgabe.
13 Ebd.: Schreiben von Hansemann an Kirdorf vom 10. Januar 1902.

Erst nachdem Kirdorf über Robert Müser von der Harpener Bergbau-AG die Versicherung Klönnes erreicht hatte, er habe nichts mit den Verstaatlichungsversuchen der GBAG zu tun,[14] reifte bei ihm die Überzeugung, dass »die Sache endgültig erledigt ist«. In einem Brief an Lent gab er seiner Erleichterung Ausdruck: »Ob jemals aufgeklärt wird, wer das frivole Spiel angefangen hat, scheint mir zweifelhaft, man hat es von Regierungsseite aber zu weit kommen lassen, um Aufklärung für die Öffentlichkeit zu wünschen.«[15] Kirdorf zeigte sich zufrieden, »endlich wieder zur Ruhe zu kommen, auch wenn ich die gemachte persönliche Erfahrung schmerzlich bedauere«. Scharfe Kritik, die mit Enttäuschung verbunden war, übte er an von Hansemann. »Ich habe die Überzeugung, [...] daß unser Herr Vorsitzender kalten Herzens die gesammte Direktion und Zubehörige hätte uns frei fallen lassen, wenn ihm das für das Geschäft besser paßte. [...] Ich, der ich mich in fast 30-jähriger Dienstzeit bei minderhalb krankhaftem und überarbeitetem Zustand auch zwar häufig als ›verkehrter und reizbarer Kerl‹ gezeigt habe, aber stets unermüdlich im Interesse meines Dienstes thätig gewesen bin und jedenfalls unser persönliches Interesse stets zurückgesetzt habe, wäre mir doch zu blamabel vorgekommen, wenn ich mich plötzlich vor die Thür gesetzt und auf eine Kommisstelle beim Syndikat verwiesen gesehen hätte.«[16]

Dass Möller wirklich mit Hilfe der Deutschen Bank die GBAG aufkaufen wollte, erscheint mehr als zweifelhaft. Ein Ankauf des größten deutschen Bergbauunternehmens hätte den durchschnittlichen Jahresetat der Bergverwaltung mehr als überschritten und wäre damit wohl auf Widerstand im Parlament gestoßen. Zudem wäre er ein Zeichen für eine Gesamtverstaatlichung der Branche gewesen, die wohl weder wirtschaftspolitisch intendiert war noch von Banken und Unternehmen toleriert worden wäre, wie sich zwei Jahre später bei der Hibernia zeigte. Naheliegender ist wohl die Annahme, dass angesichts der Krisenpolitik des RWKS ein Versuch zur Disziplinierung des Syndikats im Vordergrund stand, durch den mit aller Härte die Möglichkeit eines sehr starken Staatsbergbaus im Ruhrrevier aufgezeigt wurde. Zur Unterstreichung der Drohung erfolgte die Einflussnahme direkt über Kirdorf, die Leitfigur des Ruhrbergbaus. Denkbar ist aber auch, dass Möller von persönlichen Motiven geleitet wurde. Er war Mitinhaber und Aufsichtsrat der AG für Kohlendestillation, die mit ihren Handelskokereien in Konkurrenz zum RWKS stand und daher vom Syndikat bekämpft wurde. Verkaufsverhandlungen mit der GBAG zerschlugen sich 1896 auf Initiative Kirdorfs, der die zu hohen Preisvorstellungen bemängelte. Möller könnte daher seine Position zur Revanche an Kirdorf genutzt haben. Dieser nannte sein 1905 in Mülheim bezogenes neues Anwesen »Streithof« und zeigte damit, welche Spuren die Auseinandersetzungen bei ihm hinterlassen hatten.

---

14   Ebd.: Schreiben Kirdorf an Hoeter vom 10. Januar 1902.
15   Ebd.: Schreiben Kirdorf an Lent vom 11. Januar 1902.
16   Kirdorf war wahrscheinlich bereits zu diesem Zeitpunkt der am besten bezahlte »Manager-Unternehmer« der Ruhrindustrie. 1911 verdiente er inklusive Tantiemen 900.000 Mark und damit annähernd soviel wie verschiedene »Eigentümer-Unternehmer«.

Werner Plumpe
Carl Duisberg und der tote Hund

Im Bayer-Archiv in Leverkusen findet sich im Nachlaß Carl Duisbergs[1] eine Akte mit der Aufschrift »Verkehrsunfälle«.[2] Diese Akte ist nicht sonderlich umfangreich, dokumentiert aber doch alle Fälle, in denen Duisbergs Auto in Verkehrsunfälle verwickelt war oder Verstöße gegen die Regeln des Straßenverkehrs anhängig wurden. Dabei von »Duisbergs Wagen« zu sprechen, ist in der Tat richtig. Denn obwohl Carl Duisberg bereits seit 1902 mobilisiert war, vor allem um die häufigen Besuche in Leverkusen reibungslos zu ermöglichen, fuhr er nicht selbst, sondern ließ sich chauffieren. Das »Strafregister« Duisbergs ist nicht lang, aber erheblich. Immerhin starben bei Unfällen mit Duisbergs Wagen zwei Menschen; einer wurde schwer verletzt. In allen drei Fällen kam es zu Gerichtsverfahren gegen Duisbergs Chauffeure, deren Ausgang indes nicht dokumentiert ist. Diese Unfälle waren nicht die einzigen Vorkommnisse. Vielmehr findet sich in der Akte auch eine Reihe von Verstößen gegen Geschwindigkeitsbegrenzungen, technische Vorschriften und Parkverbote. Dabei ist nicht nur auffällig, daß Duisbergs Chauffeure mit einer gewissen Regelmäßigkeit wegen zu schnellen Fahrens aktenkundig wurden, sondern mehr noch die Energie, die Duisberg aufbrachte, um gegen die entsprechenden Verwarnungen und Bußgeldbescheide vorzugehen. Einige Beispiele mögen dies belegen. Am 12. Januar 1907 erhielt Duisberg eine Anzeige der Ortspolizeibehörde von Hilden mit der Androhung eines Bußgeldbescheides über drei Mark, da an seinem Wagen vorschriftswidrig eine mehrtönige Hupe angebracht sei. Dieser Anzeige veranlaßte Duisberg am 25.1.1907 zu einem geharnischten Brief an den Hildener Bürgermeister. Er habe lediglich eine eintönige Hupe der Marke »Grack«, die sich von gewöhnlichen Hupen nur dadurch unterscheide, »daß der Ton tiefer und schnarrender« ist. Und er fuhr fort: »Durch Inaugenscheinnahme des Instrumentes würden Sie sofort die Irrtümlichkeit Ihrer Ansicht einsehen und mir damit die Unannehmlichkeit nach dem Amtsgericht Gerresheim reisen zu müssen, ersparen.« Denn dort hätte Duisberg die Hupe vorführen müssen, falls es zu einer Gerichtsverhandlung gekommen wäre. Als Direktor der Farbenfabriken sei, so Duisberg, seine Zeit dafür zu knapp bemessen. Es komme ihm keineswegs auf die drei Mark an, aber er könne auch nicht einlenken: »Es handelt sich bei der fraglichen Angelegenheit um einen prinzipiellen Fall, der für alle Automobilbesitzer, vor allem auch für den Automobilclub, dem ich als Mitglied angehöre, den Kaiserlichen Automobilclub zu Berlin, von der größten Bedeutung ist.« Einmal in Rage legte Duisberg nach: »Die Tatsache, daß ich seit 4 Monaten und zwar fast täglich mit meinem Wagen hier in Elberfeld fahre und dabei dauernd die Warnungszeichen mit der eintönigen Hupe ›Grack‹ gebe, daß ich in dieser Zeit 2 mal wöchentlich durch Vowinkel, Haan, Hilden, Opladen nach Leverkusen und zurück

---

1 Carl Duisberg (1861–1935), seit 1900 Direktor der Farbenfabriken vormals Fried. Bayer & Co, Elberfeld/Leverkusen, Mitbegründer der IG Farben und in den 1920er Jahren Präsident des Reichsverbandes der Deutschen Industrie. Als grober Überblick zur Person eignen sich die Autobiographie: Meine Lebenserinnerungen. Hrsg. auf Grund von Aufzeichnungen, Briefen und Dokumenten von Jesco von Puttkamer, Leipzig 1933; Hans Joachim Flechtner, Carl Duisberg. Vom Chemiker zum Wirtschaftsführer, Düsseldorf 1959.
2 BAL 300–076. Alle Quellenzitate, wenn nicht anders angegeben, aus dieser Akte.

gefahren bin und dieses Signal ertönen ließ, ohne daß auch nur ein einziges Mal, ausgenommen jene Meldung, die Sie zu der Strafverfügung veranlaßt hat, eine Anzeige erfolgt ist, obgleich man bekanntlich von der Polizei den Automobilen in unnachsichtigster Weise entgegentritt, dürfte eigentlich genügen, um Sie von der Unrichtigkeit Ihrer Ansicht zu überzeugen.«

Dem hatte es Duisberg also gegeben. Ob er die drei Mark zahlen mußte, ist nicht überliefert, aber nicht wahrscheinlich. Das zeigen andere Begebenheiten. Die Hupenaffäre war keineswegs ein Einzelfall. Schon im Mai 1905 hatte es einen vergleichbaren Vorfall gegeben. Da hatte ein Polizeiwachtmeister Duisberg wegen zu schnellen Fahrens auf der Provinzialstraße Köln–Mainz angezeigt. Duisbergs Auto sei bei der Durchfahrt von Godesberg erheblich schneller gewesen als der vorgeschriebene »mäßige Trab«. Auch diesen Vorwurf bestritt Duisberg vehement; überdies sei er gar nicht selbst gefahren. In der folgenden Verhandlung wurde Duisbergs Chauffeur gleichwohl schuldig gesprochen; er mußte 20 Mark bezahlen, ersatzweise vier Tage Haft antreten. Duisberg ging selbstredend in die Berufung, in der nun ausführlich darüber gestritten wurde, ob ein Polizist mit bloßem Auge die Geschwindigkeit eines Autos einschätzen könne. Auch wenn das Gericht der Auffassung des Beamten zuneigte, das Auto sei schneller gewesen, als ein mäßig trabendes Pferd laufe, wurde Duisberg mangels Beweisen freigesprochen. Das Procedere wiederholte sich in den kommenden Jahren regelmäßig. So wurde Duisberg 1910 vorgeworfen, durch zu schnelles Fahren das Durchgehen eines Pferdes in der Nähe Eichstätts verursacht zu haben; 1921 sei der Chauffeur zu schnell durch den Ort Feldkirchen gerast. 1923 bestritt Duisberg schließlich den Vorwurf, zu schnell durch die Bahnhofstraße in Rastatt gefahren zu sein mit dem Hinweis, ein einzelner Beamter könne so etwas doch überhaupt nicht feststellen. Der verwendete »Stoppapparat« funktioniere bei geringfügigen Geschwindigkeitsüberschreitungen gar nicht. Und er machte auch gleich das hinter der Verkehrskontrolle steckende Motiv namhaft: »Es liegt mir fern, den Verdacht zu haben, als wenn die Stadt Rastatt gerade in diesem Umstande (daß Reisen in das unbesetzte Gebiet von Leverkusen aus schwiyrig und teuer waren, und daher ein persönliches Erscheinen von Duisberg bei einer möglichen Gerichtsverhandlung unwahrscheinlich war, W.P.) eine Gelegenheit erblickte, für ihren Säckel eine willkommene Bereicherung zu finden, doch dürften derartige Verärgerungen dazu führen, daß man es sich mehr und mehr überlegt, überhaupt noch Autoreisen außerhalb des besetzten Gebietes zu unternehmen.«[3] Diese Argumente sind heute nur zu bekannt; offensichtlich waren sie auch dem überaus selbstbewußten Leverkusener Fabrikdirektor geläufig, der sich wiederholt in seinem Ego verletzt sah und daher aus kleinen Verkehrssachen große Affären machte. Es steckte aber auch ein eigenartiger Geiz hinter derartigen Einsprüchen, der ein bezeichnendes Licht auf Duisberg wirft, der 1914 einer der bestverdienenden deutschen »Manger« war. So ging er auch gegen einen Strafbescheid über fünf Mark wegen des Befahrens einer gesperrten Straße vor, die er offensichtlich hatte benutzen lassen, um eine ansonsten fällige Brückengebühr von 20 Pfennig zu umgehen. Selbst Park- und Halteverbote konnten Duisberg erheblich erzürnen.

Und dann der tote Hund. Am 22.10.1912 fuhr Chauffeur Hartung die Familie Duisberg (Carl Duisberg, Duisbergs Frau Johanna, Tochter Hildegard und Hausdame Minna Sonntag) von Leverkusen zurück nach Elberfeld. Kurz hinter Haan kam es zu einem Unfall kam. Als Hartung ein Fuhrwerk der Landwirtschaftlichen Brennerei Hoppenhaus überholte, sprang ihm ein Hund vor den Wagen. Der Hund wurde überrollt – und lief noch kurzzeitig weiter oder war sofort tot. Die Aussagen widersprechen sich, doch Chauffeur Hartung hielt den Vorfall wohl für so unbedeutend, daß er einfach weiterfuhr. Der Hundebesitzer, besagte Landwirtschaftliche

---

3 Carl Duisberg an das Badische Bezirksamt in Rastatt, 15.6.1923.

Brennerei, sah das indes anders und verlangte 150 Mark Schadensersatz[4] von Carl Duisberg, den dieser selbstredend nicht zahlen wollte. Daraufhin fuhr man in Haan schweres Geschütz auf: Der Wagen sei viel zu schnell gefahren, und vor allem, er habe sich nach dem Unfall geradezu »fluchtartig« entfernt. Sollte Duisberg nicht zahlen, schrieb ihm die Brennerei am 6.11.1912, gehe die Sache zum Gericht. Bei Duisberg war man freilich mit einer derartigen Drohung an den Richtigen geraten. Er schrieb postwendend (am 7.11.1912) per Einschreiben zurück, daß »es ihm selbstverständlich doch gar nicht einfallen« könne, »den Sachverhalt anders darzustellen, wie er von mir, meiner Frau, meiner Tochter und unserer Hausdame miterlebt worden ist, während Sie die Angelegenheit doch nur vom Hörensagen kennen. Ich konstatiere also nochmals, daß wir nicht überschnell gefahren sind, denn wir konnten gar nicht schnell fahren, weil wir sonst mit Ihrem Wagen oder mit den Chausseebäumen karamboliert wären.« Besonders empörte ihn der Vorwurf der Fahrerflucht: »Von einer fluchtartigen Entfernung kann gar keine Rede sein, da wir zwar merkten, daß der Hund unter das Automobil kam, aber auch sahen, daß er nicht liegen blieb, sondern noch fortlief, also annehmen mußten, daß er mit dem Leben davongekommen sei.« Also fürchtete er auch eine mögliche Klage nicht: »Wenn Sie im übrigen die Angelegenheit ›vor das Gericht bringen wollen‹, also mich wegen Schadensersatz belangen wollen, so mögen Sie das tun: ich sehe der Klage mit aller Ruhe entgegen.«

Und so kam es, wie es kommen mußte. Das Amtsgericht Mettmann wurde mit der Angelegenheit befaßt; es tagte insgesamt dreimal, und zwar am 17.1.1913, am 21.2.1913 und am 28.5.1913. Zeugen wurden gehört und vereidigt, Sachverständige hinzugezogen. Die strittigen Punkte waren sehr rasch klar. Der Kläger behauptete, Duisbergs Wagen sei zu schnell gefahren und habe nicht rechtzeitig durch Huptöne gewarnt. Dann wäre es nämlich gar nicht erst zum Unfall gekommen, da besagter Hund eine polizeiliche Ausbildung besessen habe und bei rechtzeitiger Warnung die Straße freigemacht hätte. Duisbergs Seite vertrat hingegen die Auffassung, man sei langsamer gefahren als erlaubt und habe mehrfach gehupt. Der Unfall sei passiert, da der Kutscher zu langsam nach rechts ausgewichen sei und im Moment des Überholens überdies mit der Peitsche nach dem an den Pferden hochspringenden Hund geschlagen habe. Allein deshalb sei dieser auf die linke Fahrbahn gesprungen und unter den rechten Vorderreifen geraten. Der schließlich vereidigte Fuhrmann bestritt nicht, einen Hupton gehört zu haben; ein einzelner Ton sei aber viel zu wenig gewesen, und überdies sei das Auto ja auch zu schnell gefahren.

Am 28.5.1913 wies das Gericht die Klage kostenpflichtig ab. Die überhöhte Geschwindigkeit kurz nach dem Ortsausgang Haan, wo die 20-km/h-Begrenzung für den innerörtlichen Verkehr endete, sei nicht bewiesen. Daß der Chauffeur gehupt habe, werde auch vom Kläger nicht bestritten, sondern lediglich moniert, daß dies in zu geringem Maße geschehen sei. Hier sei aber nun festzuhalten, daß der Hupton für Menschen gedacht sei und nicht für Tiere. Der Fuhrmann habe den Ton gehört und das Fuhrwerk nach rechts an den Straßenrand gefahren. Allein dieser Umstand zeige, daß ausreichend gewarnt worden sei. Zudem hätte weiteres Hupen nur die Pferde scheu gemacht. Daher kam das Gericht zu der Auffassung, daß der Unfall nicht passiert wäre, »wenn der Fuhrmann des Klägers auf den Hund mehr geachtet ... hätte.« Die Angaben des Klägers, der Hund habe unmittelbar nach dem Unfall tot mitten auf der Straße gelegen, wurde überdies durch Zeugenaussagen nicht bestätigt.

---

4 Angesichts durchschnittlicher Jahreseinkommen von Facharbeitern in diesen Jahren von 1.500 bis 1.800 Mark war die Schadensersatzforderung gepfeffert, mochte allerdings mit dem besonderen Wert des Hundes zusammenhängen, von dem allerdings nur überliefert ist, daß er eine Polizeiausbildung hatte.

Duisberg selbst war bei den Gerichtsverhandlungen nicht anwesend; aber seine Tochter und seine Hausdame wurden als Zeugen vernommen, allerdings nicht vereidigt. Einen Eid schwören mußten hingegen die Zeugen des Klägers sowie ein unbeteiligter Maurer, der das wiederholte Hupen gehört haben wollte. Gleichwohl: Auch wenn den Duisbergschen Damen unmittelbar geglaubt wurde (eine Vereidigung blieb aber vorbehalten), den einfachen Zeugen hingegen nicht, war das keine Klassenjustiz, sondern wohl schlicht sachlich richtig. Diese Geschichte steht daher auch für nichts anderes als für sich selbst. Der generelle Umgang von Carl Duisberg mit Verkehrsfragen zeigt indes einen modernen Menschen, der spielend in die gegenwärtige Welt des ADAC gepaßt hätte. Und es zeigt einen energischen und selbstbewußten, durchsetzungsstarken Mann, der das Geld im Zweifelsfall bis auf den Pfennig zusammenhielt.

Jörg Lesczenski

»Hübsch, aber unbedeutend«

August Thyssen, das weibliche Geschlecht und das bürgerliche Liebesideal

Als der Großindustrielle August Thyssen (1842–1926) kurz nach dem Ende des Ersten Weltkriegs auf sein Verhältnis zu seinen vier Kindern Fritz, August junior, Heinrich und Hedwig zurückblickte, kam er zu einem ausnehmend nüchternen Ergebnis: »Eigentlich war ich mit allen meinen Kindern s[einer] Z[eit] überworfen, mindestens war u[nser] Verhältnis sehr getrübt.«[1] Sein Urteil gibt in der Tat die Beziehungen zu seinen Nachkommen – auch und gerade zu seinen Söhnen – treffend wieder. Seit den ausgehenden 1890er-Jahren bestimmten nicht Harmonie und Eintracht, sondern tiefe Dissonanzen das Familienleben. Dabei schlugen namentlich bei den Auseinandersetzungen um die Wahl der Lebenspartnerinnen die Wellen hoch, die bei August Thyssen, der selbst keine glückliche Ehe erfuhr und 1885 geschieden wurde, regelmäßig auf Missfallen, vorübergehend auch auf schroffe Ablehnung stieß.

Seit den ausgehenden 1890er-Jahren geriet er zunächst mit Fritz (1873–1951) aneinander, der in seinen Erinnerungen keine Zweifel zuließ, wie er seine Eheschließung mit Amélie Zurhelle (1877–1965), Tochter einer Fabrikantenfamilie aus Mülheim am Rhein, im Januar 1900 einordnete. Er folgte seinem Herzen, heiratete aus Liebe und nahm den Hochzeitstag »als den größten Glückstag« seines Lebens wahr.[2] Die Entscheidung stieß bei seinem Vater auf wenig Sympathie. Nachdem er Erkundigungen über die Familie Zurhelle einholen ließ, stand sein Urteil fest. Sein Sohn dürfe mit Amélie keine Beziehung eingehen, da sich in ihrer Familie eine erblich bedingte Geisteskrankheit nachweisen lasse, von der auch bereits die zukünftige Schwiegertochter betroffen sei; ein Argument, das sich durchaus im Einklang mit den bürgerlichen Familiendebatten um 1900 befand. Die Angst vor Erbkrankheiten erwies sich in den einschlägigen bürgerlichen Zeitschriften als ein Zeitphänomen. Möglicherweise waren auch die eher bescheidenen finanziellen Ressourcen der Familie Zurhelle eine weiterer Grund, der Wahl seines Sohns mit Vorbehalten zu begegnen. Von seinem Urteil überzeugt, ließ er bis zur Heirat nahezu nichts mehr unversucht, um Fritz von seiner Entscheidung abzubringen.

Anfangs wurde der Streit in einem »sehr erregten Briefwechsel, in welchem beiderseits mit verletzenden Ausdrücken Stellung genommen wurde«, ausgetragen.[3] August Thyssen verlangte, die Beziehung zu beenden, um ihn schließlich zu einer ›Bedenkzeit‹ von drei Jahren zu überreden.[4] Wie sehr der Streit allerdings weiter brodelte, zeigte die Verlobung: Nach eigenem Bekunden musste sich Fritz mit Amélie heimlich verloben.[5] Schließlich gab sich Thyssen,

---

1 ThyssenKrupp Konzernarchiv (= TKA) A/15805: Brief August Thyssens an Heinrich Thyssen-Bornemisza, Schloss Landsberg, 30. Juli 1919.
2 TKA 22125: Fritz Thyssen: Mein Leben. Brüssel, den 9. Juni 1949, S. 2.
3 Zum folgenden vor allem: TKA A/936: Aussage Hedwig Pelzers vor dem Königlichen Oberlandesgericht Düsseldorf, 20. Juni 1918. Zum Konflikt siehe zusammenfassend auch: Otto Eglau, Fritz Thyssen. Hitlers Gönner und Geisel, Berlin 2003, S. 31 ff.
4 TKA A/1769: Schreiben Direktor Zerwes, Friedrich-Wilhelms-Hütte, an Herrn. Schröder, Oberregierungsrath a. D., Direktor des Schaffhausen'schen Bankvereins Köln, 4. Februar 1898.
5 TKA A/22125: Fritz Thyssen: Mein Leben, S. 2.

der in Briefen davon sprach, Fritz »als Sohn nicht mehr anerkennen« zu wollen, nicht mehr damit zufrieden, die Auseinandersetzung lediglich mit dem gesprochenem und geschriebenem Wort zu bestreiten. Gegenüber seiner Mutter Hedwig bekundete Fritz seine Angst, dass sein Vater offenbar auch bereit sei, ihn in ein »Sanatorium« einliefern zu lassen und flüchtete während des Streits vorübergehend in die Arme seiner Mutter. Nachdem August Thyssen weder in schriftlicher Form, noch mit Entführungsszenarien zu seinem Ziel kam, schlug er noch einen weiteren Weg ein und verweigerte Fritz die weitere pekuniäre Unterstützung. Sein Sohn zeigte sich allerdings abermals hartnäckig und wollte sich durch die Schachzüge seines Vaters nicht »kleinkriegen« lassen[6]. Auch der Versuch, Fritz durch die Verweigerung finanzieller Zusagen beizukommen, verlief letztlich erfolglos. Wie sehr Fritz entschlossen war, den väterlichen Angriffen zu trotzen, zeigte sich im Frühjahr 1898. Eher wäre er bereit, mit seinem Vater zu brechen, auf eine Laufbahn im Konzern zu verzichten und eine Position in einem Stahlwerk in St. Petersburg anzunehmen, als von seiner großen Liebe Amelié zu lassen.[7]

Was die Partnerwahl seines Sohnes anging, blieb Thyssen auch nach der Heirat wenig versöhnlich. Zwei Jahre nach der Vermählung stellte er heraus, dass Fritz gegen seinen Willen geheiratet habe und beklagte sich über die »vielen Reisen« seines Sohnes, die er gemeinsam mit Amélie unternehme. Daneben hegte er grundsätzliche Zweifel, ob seine Schwiegertochter einen guten Einfluss auf Fritz ausübe, der »durch seine Gattin nicht gehoben« werde. Amélie sei »hübsch, aber unbedeutend«, habe »nur Sinn für Äußerlichkeiten, wie man dies in allerbesten Häusern« zeige.[8]

Dramatischer in seinen Folgen entwickelte sich der Zwist um die Heiratsabsichten August juniors (1874–1943), die für Thyssen zwar nicht die tiefere Ursache, aber sehr wohl willkommener Anlass waren, ein – letztlich gescheitertes – Entmündigungsverfahren auf den Weg zu bringen. waren. Im März und April 1904 klärte August junior seinen Vater darüber auf, dass er sein »langjähriges Verhältnis am Skala-Theater in Paris, [...] Fräulein Lucy Nanon, eine Sängerin« heiraten und »dies durch alle Zeitungen bekannt machen« werde.[9] Den Worten ließ er rasch Taten folgen. Im Mai erfuhr die Öffentlichkeit von seiner Verlobung mit der Pariser Sängerin.[10] Aus der Sicht seines Vaters hatte sich sein Sohn mit seinen Heiratsabsichten endgültig diskreditiert, die er zum Anlass nahm, an der psychischen Gesundheit August juniors zu zweifeln, ihm ein gänzlich »unnatürliches Verhalten« zu unterstellen und ein Entmündigungsverfahren anzustrengen. Das Eingeständnis August juniors, die Verlobung sei lediglich fingiert gewesen, um seinen Vater persönlich zu treffen, nahm er als zusätzlichen Affront wahr: »Ich wusste nicht und konnte nicht wissen, dass Deine Verlobung [...] von Dir aus fingiert war, um mich zu kränken, denn ich hatte dies für ganz unmöglich gehalten, dass ein Kind gegen seinen Vater solch unglaubliche Mittel anwenden kann«.[11]

Wenn die Auseinandersetzungen um die potentiellen Ehegattinnen August juniors danach nie mehr eine so folgenschwere Episode nach sich ziehen sollte, schaltete sich Thyssen bis an sein

---

6 TKA A/936: Aussage Hedwig Peltzers.
7 Eglau, Fritz Thyssen, S. 35.
8 TKA A/9570: Brief August Thyssens an Carl Klönne, o. O., 11. Juli 1902.
9 TKA A/934: Brief August Thyssen juniors an August Thyssen, Berlin, Continental-Hotel, 21. April 1904.
10 TKA A/934: Statt besonderer Anzeige. Lucy Nanon, Paris. August Thyssen jun., Mülheim a. d. Ruhr. Verlobte. Im Mai 1904. Die Nachricht über die Verlobung wurde u. a. in der Kölnischen Zeitung platziert.
11 TKA A/886: Brief August Thyssens an August Thyssen junior, o. O., o. D. (vermutlich 21./22. Juni 1910).

Lebensende wiederholt in die Privatsphäre seines Sohns ein. Seit Dezember 1922 hatte Thyssen junior die Absicht, die geschiedene Gräfin Schaffgotsch zu heiraten, der nach ihrer missglückten Ehe noch der feste Halt fehle, und die ihr Leben nunmehr gleichsam als ein »steuerloses Schiff« führe.[12] Die Heiratspläne seines Sohnes kommentierte August Thyssen mit deutlichen Worten: »Du schreibst mir, dass die Gräfin ein steuerloses Schiff geworden ist [...]. Mir kannst Du nicht zumuten, sie als Schwiegertochter aufzunehmen, da sie nach Deinen eigenen Worten sich steuerlos in der Welt bewegt. [...] Auch Du wirst das steuerlose Schiff nicht lenken können, nur wird es Dich mit in den Abgrund reißen, wovor ich Dich mit allen Mitteln, die mir zu Gebote stehen, bewahren will. Ich kann Dich daher nur dringend bitten, die Gräfin zu vergessen und Dich zu ermannen, Deinen Verstand und nicht Dein schwaches Herz zu Rate zu ziehen. In Deinem Alter darf man sich von einem falschen Weibe nicht beherrschen lassen, welches steuerlos durch die Welt schwimmt.«[13] Auch wenn Thyssen junior die Wahl seiner Lebenspartnerin nochmals verteidigte, auf seine bedingungslose Liebe zur Gräfin Schaffgotsch hinwies und mit einem Seitenhieb auf seinen Vater daran erinnerte, dass eine »Eherirrung [...] keine Schande« und bereits »den besten und klügsten Menschen passiert« sei, fügte er sich schließlich doch dem väterlichen Willen und gab seine Absichten auf. »Durch den Widerstand von Seiten Vaters« habe er »den Gedanken einer Ehe mit Gräfin Schaffgotsch aufgeben müssen.«[14]

Ob August Thyssen genauso entschlossen in die Heiratsabsichten Heinrichs (1875–1947) eingriff, der 1906 die 19-jährige Baronesse Margareta Bornemisza (1887–1971) ehelichte und sich ein Jahr später als mittlerweile ungarischer Staatsbürger von seinem Schwiegervater adoptieren ließ, lässt sich nicht eindeutig beantworten. Mit der Wahl Heinrichs hatte er sich offenkundig zunächst angefreundet und fand an seiner zukünftigen Schwiegertochter durchaus Gefallen. Nachdem die Familie Bornemisza im September 1905 erstmals auf Schloss Landsberg verweilte, wusste er Hugo Stinnes zu berichten, dass die »Braut [...] sogar einen recht guten Eindruck« mache und er genauso wie Stinnes hoffe, dass Heinrich mit Margit glücklich werde.[15] Im Rückblick stellte er jedoch eher seine Vorbehalte gegen die Verlobung heraus. Mit der Wahl der zukünftigen Ehegattin setzte sich für ihn die Reihe der Fehltritte Heinrichs in den Jahren nach der Jahrhundertwende bruchlos fort. Sein ungenügender Leistungswille und auch die Verlobung mit Margit hätten bei ihm Gefühle der Verzweiflung, ständigen Kummers und großer Sorge ausgelöst.[16]

Thyssen hegte latente Zweifel, ob Heinrich von seiner Ehegattin genügend Unterstützung erfahre. Er misstraute seiner Schwiegertochter Margareta, unterstellte ihr egoistische Beweggründe und zweifelte, ob sie bereit sei, die eigenen Interessen zugunsten ihres Ehemanns zurückzustellen. In späteren Jahren gab er seiner Besorgnis Ausdruck, dass Margit »zu gerne die Gesellschaften liebt« und womöglich »das Opfer nicht bringen kann«, das bei den zahl-

---

12 TKA A/15805: Brief August Thyssen juniors an August Thyssen, Berlin-Tiergarten, 6. Dezember 1923; Brief August Thyssen juniors an August Thyssen, o. O., 24. September 1923.
13 TKA A/15805: Brief August Thyssens an August Thyssen junior, Mülheim/Ruhr, 28. September 1923.
14 TKA A/15805: Brief August Thyssen juniors an Carl Härle, Berlin, 2. Oktober 1923; Brief August Thyssen juniors an Heinrich Thyssen-Bornemisza vom 7. Dezember 1923.
15 Brief August Thyssens an Hugo Stinnes, Mülheim/Ruhr 2, 25. September 1905, in: Manfred Rasch, Gerald D. Feldman (Hg.), August Thyssen und Hugo Stinnes. Ein Briefwechsel 1898–1922, bearb. von Vera Schmidt, München 2003, S. 331 f.
16 TKA A/15805: Brief August Thyssens an Heinrich Thyssen-Bornemisza, Schloss Landsberg, 30. Juli 1919.

reichen Krankheiten Heinrichs »unbedingt notwendig ist«.[17] Darüber hinaus monierte er die Lebensführung Margits und erinnerte an die Tugend der Sparsamkeit, die von seinen Schwiegertöchtern vernachlässigt werde: »Deine Frau halte möglichst kurz. Sie scheint mir eine große Geldverschwenderin zu sein. Fritz habe ich auch zur Sparsamkeit mit seiner Frau angehalten. Gott gebe, dass Sie meinen Rat befolgen. Wir müssen unseren Mitmenschen sein sehr gutes Beispiel geben, wenn wir unsere Mitarbeiter zur Sparsamkeit anhalten wollen«.[18]

Wird der Streit zwischen Vater und Söhnen um die Wahl ihrer Lebenspartnerinnen seiner heftigen Rhetorik sowie der mitunter weitreichenden juristischen Folgen entkleidet und die Argumente Thyssens genauer in die Familiengeschichte eingeordnet, bleibt zunächst festzuhalten: Sein Verhalten gegenüber seinen (zukünftigen) Schwiegertöchtern wurde entscheidend von einem tiefem Misstrauen bestimmt. Er begleitete das Privatleben seiner Nachkommen mit der ständigen Furcht, dass sich ihre Lebenspartnerinnen außerhalb der von ihm gewünschten Familienordnung stellten. In seiner Wahrnehmung taten Amelié und Margit entschieden zu wenig dafür, den an seine Söhne gestellten Familienauftrag zum Erfolg zu verhelfen: Um die Traditionen und das Lebenswerk einer Unternehmerfamilie fortzuführen, hielt Thyssen es für unerlässlich, seine Söhne vor den vermeintlich ›schlechten Einflüssen‹ der Lebenspartnerinnen schützen, zumindest regelmäßig zu warnen.

Viel spricht dafür, sein Misstrauen vor allem als eine Folge der eigenen »Eheirrung«, der eigenen gescheiterten Ehe zu verstehen. Rund ein Jahr nachdem seine erste eigene Firma Thyssen & Co. die Produktion aufgenommen hatte, heiratete er am 29. November 1872 die erst 18-jährige Hedwig Pelzer (1854–1940), Tochter einer alteingesessenen Mülheimer Textilindustriellenfamilie, die zum Kreis der lokalen Wirtschaftselite gehörte. Die Hoffnungen und Wünsche, die August und Hedwig in ihre Ehe setzten, erfüllten sich für beide allerdings nicht – zumindest nicht auf Dauer. Je länger ihre Ehe fortdauerte, desto deutlicher klafften die unterschiedlichen Erwartungshaltungen und Lebensentwürfe auseinander. Thyssens Wunsch, das gemeinsame Leben ganz in den Dienst des Unternehmens zu stellen, stieß bei Hedwig, der die regelmäßige Abwesenheit Thyssens und die fehlende Nähe ihres Ehegatten nicht gefielen, im Laufe der Jahre auf immer weniger Gegenliebe. Auch ihre Hoffnung, dass mit dem beruflichen Aufstieg ihres Mannes ein repräsentativerer Lebensstil einhergehe, traf bei August Thyssen auf wenig Verständnis, der ein ausschweifendes geselliges Leben nicht als seine erste Bürgerpflicht verstand. Als Hedwig eine Beziehung mit Georg Carl Freiherr von Rotsmann (1836–1891), Kavalleriemajor und Großherzoglicher Badekommissar zu Nauheim einging, später eine Fehlgeburt erlitt und Thyssen die Vaterschaft von sich wies, fand die Ehe alsbald ihr Ende. Auf Antrag August Thyssens wurde die Ehe im Dezember 1885 geschieden.

Nachdem sich bereits Hedwig nicht bereit gezeigt hatte, die von ihm als richtig erachteten Position in der Familie anzunehmen und statt dessen desavouierte, packte ihn nun die Angst, dass es seinen Söhnen nicht anders ergehe. Offenkundig machte er immer wieder Parallelen zwischen seiner geschiedenen Frau und den Partnerinnen seiner Söhne aus, insbesondere zu Fritz' Gattin Amelié. Eine »hübsche«, aber eher »unbedeutende« Frau an seiner Seite zu wissen, die hauptsächlich ihrem »Sinn für Äußerlichkeiten« nachgehe, hielt er offenkundig sowohl in seiner eigenen als auch in der Ehe von Fritz für aller Laster Anfang (August Thyssen sollte sich im übrigen gründlich täuschen: In der an Scheidungen nicht armen Familiengeschichte

---

17 TKA A/15805: Brief August Thyssens an Heinrich Thyssen-Bornemisza, Schloss Landsberg, 19. April 1922.
18 TKA A/15806: Brief August Thyssens an Heinrich Thyssen-Bornemisza, Mülheim/Ruhr, 13. Oktober 1925.

hatte gerade die stets als glücklich beschriebene Ehe zwischen Fritz und Amelié lebenslang Bestand).[19]

Darüber hinaus sind die Streitigkeiten nicht nur aus der Perspektive der Familiengeschichte, sondern auch vor dem Hintergrund der längerfristigen Entwicklung von »Bürgerlichkeit« bemerkenswert. Die Auseinandersetzungen verweisen auf die in ihrem Gewicht veränderten Kriterien der Partnerwahl zwischen den Generationen. August Thyssen setzte sich mit den in seinen Augen wenig erfreulichen Eigenschaften seiner Schwiegertöchter zu einer Zeit auseinander, als in den bürgerlichen Debatten über das Familienleben schon längst in einem bis dahin unbekannten »literarischen Feldzug«[20] mit immer größerer Überzeugung davon die Rede war, die Partnerwahl und die Eheschließung ausschließlich auf die Liebe zu gründen. Als wichtigstes Merkmal einer funktionierenden Ehe galt seit dem frühen 19. Jahrhundert zunehmend die »Emotionalisierung und Intimisierung«[21] der bürgerlichen Familie, die das Verhältnis der Ehepartner untereinander, aber auch die Beziehung der Eltern zu ihren Kindern bestimmen sollte. Auch wenn der bürgerlichen Gesellschaft keineswegs das Privileg zufällt, die Liebe ›erfunden‹ zu haben, war es dennoch das Verdienst bildungsbürgerlicher Kreise, ihr während des 18. Jahrhunderts zu einer herausgehobenen Bedeutung verholfen zu haben.

Der Aufstieg des Liebesideals mit »quasi-religiöser Sinnstiftung«[22] fand in der persönlichen Wertehierarchie Thyssen augenscheinlich keinen herausragenden Platz. Vor allem aus Liebe seine Wahl zu treffen (wie sein Sohn Fritz), war für August Thyssen ein Argument, dass ihm eher wenig überzeugend erschein. Statt dessen wog er aus seiner Sicht ›rational‹ ab und fragte besonders danach, wie die Heirat auf die Reputation und die weitere Entwicklung der Unternehmerfamilie zurückwirkt. Sich zu »ermannen« hieß für ihn zeitlebens, der Ratio zu folgen und nicht dem »schwachen Herzen« nachzugeben.

Anders als zu seinen Schwiegertöchtern und seiner geschiedenen Frau Hedwig, der er lange die alleinige Schuld an der gescheiterten Ehe zuwies, pflegte Thyssen innerhalb der Familie zu seinen Schwestern ein inniges Verhältnis. Nicht nur wegen ihrer beachtlichen materiellen Unterstützung in jenen Jahren, als er die Expansion seiner Stammfirma Thyssen & Co. vorantrieb, verband ihn eine herzliche Beziehung zu Balbina (1846–1935), die seit 1877 im nicht weit entfernten Düsseldorf wohnte und August Thyssen bei seinen häufigen Reisen nach Düsseldorf, oft zu Gast hatte. Ebenfalls regelmäßig sah er seine Schwester Therese (1854–1920), die um 1900 gleichfalls Düsseldorf zu ihrem Wohnsitz wählte und häufig Gast auf Schloss Landsberg war. Er hielt aber auch den Kontakt zu Luise (1840–1902), die er nach ihrem Eintritt in den Ursulinenorden oft mit Blumenspenden ihrer Arbeit unterstützte.

Bei allem schmerzhaften Erfahrungen einer gescheiterten Ehe und bei allem Misstrauen gegenüber den Lebenszielen seiner Schwiegertöchter – dem »Kosmos des Weiblichen«[23] verschloss sich August Thyssen keineswegs. Er sah es gerne, wenn seine männlichen Gäste auf

---

19 Eglau, Fritz Thyssen, S. 34.
20 Heidi Rosenbaum, Formen der Familie. Untersuchungen zum Zusammenhang von Familienverhältnissen, Sozialstruktur und sozialem Wandel in der deutschen Gesellschaft des 19. Jahrhunderts, 7. Auflage, Frankfurt am Main 1996, S. 264.
21 Rebekka Habermas, Frauen und Männer des Bürgertums. Eine Familiengeschichte (1750–1850). Göttingen 2000, S. 259.
22 Anne-Charlott Trepp, Emotion und bürgerliche Sinnstiftung oder die Metaphysik des Gefühls: Liebe am Beginn des bürgerlichen Zeitalters, in: Manfred Hettling, Stefan-Ludwig Hoffmann (Hg.), Der bürgerliche Wertehimmel. Innenansichten des 19. Jahrhunderts. Göttingen 2000, S. 47.
23 TKA Z//01: Carl Friedrich Baumann, Vom Kosmos des Weiblichen auf Schloss Landsberg, Vortrag vor der Vereinigung deutscher Wirtschaftsarchivare, Fassung zum 8. Mai 1996.

Schloss Landsberg in Begleitung ihrer Ehefrauen erschienen und er ging nach seiner Scheidung auch nichteheliche Beziehungen ein. Eine zweite Heirat schloss er allerdings aus, ja er denke überhaupt nicht daran, erneut zu heiraten, was – so Thyssen 1916 – in seinem Alter auch »ein großer Leichtsinn sein würde«.[24]

---

24 TKA NJT/02: Brief August Thyssens an Rosa Metzger, o. O., 19. Mai 1916.

Hans-Hermann Pogarell

Der »Schimmelreiter« Ernst Koenigs
oder die Kunst der Camouflage im Ersten Weltkrieg

Der Erste Weltkrieg von 1914–1918, den der amerikanische Diplomat und Historiker George F. Kennan einmal als »Urkatastrophe des 20. Jahrhunderts« bezeichnet hat, ist bis heute in den damals am Krieg beteiligten Ländern wie Deutschland, Frankreich, Großbritannien und den USA fest in kollektiver Erinnerung geblieben. Die Materialschlachten an der Somme und vor Verdun sind Sinnbild für den Tod von Millionen Soldaten während des Kriegs.[1]

Maßgebliche Bedeutung für die Führung des Kriegs erlangte sehr rasch die deutsche chemische Industrie, die im Sommer 1914 auf einen Kriegsausbruch nicht im Mindesten vorbereitet war und zunächst auch nicht mit einem länger andauernden Krieg rechnete. Mit der sich alsbald abzeichnenden Ausweitung des Kriegs trat an die Stelle der Produktion von synthetischen Farbstoffen und anderen Produkten nun immer mehr die Herstellung von Sprengstoffen, Pulver und später auch von chemischen Kampfstoffen. Ohne das Know-how und die Produktionskapazitäten der chemischen Industrie wäre die Rüstungsproduktion des Deutschen Reichs schon bald nach Kriegsbeginn an seine Grenzen gestoßen.

Bei den Farbenfabriken vorm. Friedr. Bayer & Co. – so der damalige offizielle Name von Bayer – war Generaldirektor Carl Duisberg die Schlüsselfigur, die für die zunehmende Umstellung der Produktion auf Rüstungsgüter verantwortlich war. Sein patriotisches Engagement während des Kriegs ist bekannt und in der Literatur mehrfach beschrieben worden.[2] Er zählte einerseits zu den großen Wirtschaftsführern seiner Zeit, kümmerte sich seinem Naturell entsprechend aber auch um – aus heutiger Sicht – viele scheinbar nebensächliche Detailfragen. Kurz nach Ausbruch des Kriegs erhält er einen Brief von Dr. Ernst Koenigs vom 18. Oktober 1914 aus Demmin, Vorpommern, in dem dieser den Generaldirektor der Farbenfabriken um Auskunft in einer »militärischen Frage« bittet:

»Sehr geehrter Herr Geheimrat! ... Ich bin seit dem 1. Oktober hier im 9. Ulanenregiment als Kriegsfreiwilliger eingetreten; heute wurde ich um Rat gefragt nach einer braunen Farbe um Schimmel braun zu färben. Der Regimentskommandeur will Versuche machen mit Kaliumpermanganat; ich glaube, dass es zwar unschädlich aber nicht sehr haltbar ist. Ohne jede Literatur weiss ich keine Farbe, die sich kalt oder lauwarm anwenden lässt, nicht allzu empfindlich ist bei unreinem, etwas fettem Pferdefell und einigermassen echt ist gegen Licht und Schweiss und nicht ausblutet. Vielleicht gibt es einen geeigneten Farbstoff, den man auf Braunsteinbeize niederschlagen kann. Wenn Sie, wie ich vermute, in Leverkusen bereits Versuche gemacht haben,

---

1 Vgl. einführend Gerhard Hirschfeld; Gerd Krumeich; Irina Renz, (Hrsg.), Enzyklopädie Erster Weltkrieg, Paderborn 2003.
2 Thomas Portz, Großindustrie, Kriegszielbewegung und OHL, Siegfrieden und Kanzlersturz: Carl Duisberg und die deutsche Außenpolitik im Ersten Weltkrieg, Lauf a. d. Pegnitz 2000; Hans Klose, Carl Duisberg – politische und soziale »Aspekte« eines Lebens –, Diss., Köln 1991; Gottfried Plumpe, Die I. G. Farbenindustrie AG, Wirtschaft, Technik und Politik 1904–1945, Berlin 1990; Margit Szöllösi-Janze, Fritz Haber 1868–1934, Eine Biographie, München 1998.

wäre ich für die Mitteilung der Resultate sehr dankbar, wenn nicht, bitte ich um Ihren Rat und würde mich besonders freuen, wenn Sie einige Farbproben mit Vorschrift mitschicken würden. Die Frage ist bei dem großen Pferdemangel von einiger Wichtigkeit; allerdings sehe ich ein, dass die Lösung der Frage recht schwierig ist.«[3]

Die »militärische« Frage, in der sich Koenigs an Duisberg wandte, war also eine Frage der Tarnung oder wie es bis zur Zeit des Ersten Weltkriegs noch hieß: der Camouflage. Den bis dahin beim deutschen Militär üblichen, aus der französischen Sprache übernommenen Begriff »Camouflage« wollte man allerdings aus patriotischen Gründen nicht mehr weiter verwenden. Er wurde deshalb durch das mittelhochdeutsche Wort »Tarnung« abgelöst und setzte sich in der Folgezeit auch im allgemeinen Sprachgebrauch in Deutschland durch. Bis zur Zeit des Ersten Weltkriegs spielte die Tarnung von Soldaten und Kriegsmaterial nur eine ganz untergeordnete Rolle. Doch die moderne Kriegführung führte hier zu einem völligen Umdenken.

»Statt der bunten und mit glänzenden und reflektierenden Zierstücken besetzten Uniformen wurden nun solche getragen, die sich farblich der Umgebung anpassten: feldgrau, oliv oder sandfarben, im Schnee streifte man weiße Overalls über.«[4] Koenigs ging in seinen Gedanken, als Ulan durchaus verständlich, noch einen Schritt weiter.

Wer war dieser Ernst Koenigs, der sich in der heute eher seltsam anmutenden Angelegenheit direkt an den Generaldirektor der Farbenfabriken wandte? Er verfügte selbst über sehr gute chemische Kenntnisse und hatte offenbar auch eine persönliche Beziehung zu Carl Duisberg hatte. Tatsächlich war Duisberg mit Koenigs und dessen Familie bestens vertraut. Ernst Koenigs wurde am 9. Dezember 1878 als Sohn des Bankdirektors im A. Schaafhausen'schen Bankverein, Ernst Friedrich Wilhelm Koenigs, in Köln geboren. Er studierte Chemie zunächst in München und dann bei Emil Fischer (1902 Nobelpreis für Chemie) in Berlin. 1903 ging er als Assistent zu Albert Ladenburg an die Universität Breslau. Neben seiner Universitätstätigkeit arbeitete er aber auch zusätzlich für Bayer auf »chemotherapeutischem Gebiet und über Farbstoffe«. Den Weg zur Chemie fand Ernst Koenigs über seinen Onkel Wilhelm Koenigs, der ein bekannter Alkaloidchemiker war und in München im Chemischen Laboratorium bei Adolf von Baeyer (1905 Nobelpreis für Chemie) arbeitete.[5] Wilhelm Koenigs war darüber hinaus ein alter Freund von Duisberg aus gemeinsamen Münchener Studientagen. Und auch dessen Schwester Elise Koenigs gehörte zu Duisbergs Freundeskreis. Sie war in Berlin als großzügige Mäzenin von Kunst und Wissenschaft hervorgetreten. 1912 erhielt sie für ihre langjährige finanzielle Unterstützung der Preussischen Akademie der Wissenschaften von dieser die Goldene Leibniz-Medaille verliehen. Sie war damit die erste und bis 1944 einzige Frau, der diese Ehre zuteil wurde.

---

3 Ernst Koenigs an Carl Duisberg, 18.10.1914, BAL, Autographensammlung Duisberg. Ein weiteres Beispiel für Duisbergs Engagement auch in »kleinen« Dingen und wieder in Sachen Tarnung ist ebenfalls in der Autographensammlung überliefert. Am 9. September 1916 erhält er einen Brief von Hauptmann de le Roi, Feldluftschiffer-Abteilung No. 1, in dem dieser Vorschläge zur Tarnung von Fesselballonen gegen »feindliche Flieger« durch Vernebelung macht und Duisberg um Rat bittet, inwieweit diese Vorschläge realisierbar sind. Duisberg antwortet de le Roi bereits einen Tag später. Er bietet zwar keine unmittelbare Lösung an und verweist auf die generellen Schwierigkeiten mit »chemischem Nebel«, verspricht aber, sich weiter dem Thema zu widmen. Just an dem Morgen habe er, Duisberg, übrigens auch Gelegenheit gehabt »... mit Exzellenz Ludendorff ... über Fliegerabwehr zu sprechen.«; de le Roi an Carl Duisberg, 5.9.1916, BAL, Autographensammlung Duisberg, Carl Duisberg an de le Roi, 10.9.1916, BAL, Autographensammlung Duisberg. Den freundlichen Hinweis auf den Briefwechsel zwischen de le Roi und Duisberg verdanke ich Frau Dr. des. Kordula Kühlem, Universität Bonn.
4 Hirschfeld, Enzyklopädie, S. 404 f.
5 Walter Hückel, Ernst Koenigs 1878–1945, in: Chemische Berichte Volumen 83 Nr. 2, S. XV, 1950.

Sie setzte sich unter anderem. gegen Gustav Krupp von Bohlen und Halbach durch, der 1912 ebenfalls für die Leibniz-Medaille vorgeschlagen worden war.[6] Von Duisberg weiß man, dass er und seine Familie gemeinsame Ferien mit ihr verbrachten, und er sie gelegentlich in Charlottenburg besuchte, wenn er geschäftlich in Berlin war.[7]

Doch nicht nur Ernst Koenigs schreibt an diesem Tag an Carl Duisberg. Seine Frau Elly fügt am Ende des Briefs eine eigene kurze Passage hinzu. Darin heißt es unter anderem:
»Sehr verehrter Herr Geheimrat! Ich habe meinen Soldaten besucht, heut auf den Sonntag »geh ich mit ihm«! Es geht uns recht gut; ich möchte, ich könnte als Marketenderin mit! ...«

Sowohl die Bitte von Ernst Koenigs als auch die Anmerkung seiner Frau Elly sind von einer Unbekümmertheit gekennzeichnet, die noch nichts vom Schrecken des Kriegs erahnen lässt.

Duisberg gibt das Schreiben an den damaligen Leiter der Hauptfärberei in Leverkusen, Dr. Hans Walther, zwecks Prüfung weiter. Doch der kann keine eindeutige Empfehlung geben.

Am 22. Oktober schreibt Duisberg an Koenigs zurück. Nach einer einleitenden Passage, in der er Koenigs alles Gute und die »... Gelegenheit, die Russen zu attackieren und ordentlich zu versohlen ...« wünscht, formuliert er in Anlehnung an den Rat von Walther folgendermaßen: »Was das grosse Problem des Färbens von Schimmeln anbetrifft, so schreibt darüber unsere Färberei folgendes: »Derartige Versuche sind bisher noch nicht gemacht worden. Wasserlösliche Farbstoffe scheiden aus, da sie nicht haltbar fixiert werden können; Deckfarben deshalb, weil sie gleichzeitig die Hautöffnungen zukleben. Es bleibt also nur das Färben mit anorganischen oder organischen Produkten übrig, die, wie Permanganat, Braunstein abscheiden, oder wie Paraphenylendiamin und seine Derivate, die sich durch Oxydation braun oxydieren lassen. Da das Paraphenyldiamin selbst sehr giftig ist, so käme wohl nur seine Sulfosäure in Betracht, die die Actien-Gesellschaft für Anilin-Fabrikation zu Berlin S O 36, An der Treptower Brücke, – Agfa genannt – als Eugatol in den Handel bringt und die angeblich ungiftig sein soll.« Es empfiehlt sich deshalb wohl, wenn Sie mit Permanganat, das ich Ihnen empfehlen würde zuerst zu probieren, keinen Erfolg haben, dann sich vielleicht an die Agfa zu wenden, da diese Firma überhaupt viel grössere Erfahrungen in der Pelzfärberei besitzt wie wir; es ist dies ein Gebiet, um das wir uns bisher wenig oder gar nicht gekümmert haben.«[8]

Ob Ernst Koenigs dem Rat von Duisberg gefolgt ist und sich mit seinem Anliegen an die Agfa gewandt hat, ist nicht überliefert. Die Frage, wie man Schimmel am besten färbt, muss also offen bleiben. Aber im Verlauf des Kriegs stellte sich ohnehin heraus, dass berittene Soldaten von immer geringerer Bedeutung waren. Die mit »Lanze, Säbel und Karabiner« ausgerüsteten Reiter waren für viele militärische Operationen schlichtweg nicht mehr geeignet. Das und die immer größere Pferdeknappheit führten dazu, dass ab Oktober 1916 die meisten Kavalleriedivisionen aufgelöst und die Soldaten als Fußtruppen eingesetzt wurden.[9] Auch Koenigs war von diesen Veränderungen betroffen. Ab 1917 war er aufgrund seiner chemischen Kenntnisse als Divisions-Gasschutzoffizier tätig. An seiner Person wird anschaulich deutlich, welche Veränderungen die Kriegsführung im Ersten Weltkrieg genommen hatte. Als 36-jähriger Kriegsfreiwilliger war Koenigs bei den noch mit Lanzen bewaffneten Ulanen eingetreten, das Kriegs-

---

6 Annette Vogt, Vom Hintereingang zum Hauptportal? Lise Meitner und ihre Kolleginnen an der Berliner Universität und in der Kaiser-Wilhelm-Gesellschaft, Stuttgart 2007, S. 57 ff. Ich danke Frau Dr. Annette Vogt vom MPI für Wissenschaften, Berlin, für Ihre freundlichen Informationen über Elise Koenigs.
7 Ernst Koenigs an Carl Duisberg, 22.12.1904, BAL, Autografensammlung Duisberg.
8 Carl Duisberg an Ernst Koenigs, 22.10.1914, BAL, Autografensammlung Duisberg.
9 Hirschfeld, Enzyklopädie, S. 610.

ende erlebte er als Offizier, der sich mit der Abwehr von chemischen Kampfstoffen beschäftigte. Koenigs erlitt durch eine Explosion eine schwere Verletzung am Kehlkopf, die sein Sprachvermögen dauerhaft schädigte. Dennoch konnte er nach dem Krieg seine Lehrtätigkeit in Breslau weiter fortsetzen. Er blieb der Stadt und der Universität über viele Jahre verbunden, ehe er am 16. Juni 1945 an den Folgen einer Blutvergiftung in einem Breslauer Krankenhaus starb.[10]

---

10 Walter Hückel, Ernst Koenigs 1878–1945, in: Chemische Berichte Volumen 83 Nr. 2, S. XVI f., 1950.

Thomas Welskopp
Das Wannenbad im Röhrenwerk

Dass Hüttendirektoren eine verantwortungsbeladene Tätigkeit ausüben, ist nicht nur dem Unternehmenshistoriker bewusst. Das galt Mitte der 1920er Jahre sicherlich besonders, als immer noch empfindliche Einschränkungen der Produktion die Wirtschaftlichkeit vieler Eisen- und Stahlwerke im Ruhrgebiet bedrohten. Aber dass diese direktorische Verantwortung Mitte der 1920er Jahre im Röhrenwerk des »Phoenix« in Düsseldorf-Oberbilk das Hygieneverhalten der weiblichen Angestellten umfasste, eröffnet einen neuen Erkenntnishorizont. Gleiches ließe sich über den Befund sagen, dass undiszipliniertes Badeverhalten zu dieser Zeit offenbar das soziale Herrschaftsgefüge des Hüttenbetriebs bedrohte.

Denn anders wäre kaum zu erklären, dass Beschwerden eines nachrangigen Bademeisters nicht nur den Weg auf den Schreibtisch des Werksdirektors gefunden, sondern sogar eine Reaktion desselben ausgelöst hatten, vermutlich in der Form einer Aufforderung an den beschuldigten Bürovorsteher oder Abteilungsleiter der Werksverwaltung, zu den Vorwürfen des Beschwerdeführers Stellung zu nehmen. Anscheinend war der Rüffel des Hüttendirektors Respekt einflößend genug für dessen Adressaten, um sich mit dem vorliegenden, leider nicht namentlich unterzeichneten Schriftstück ausführlich zu rechtfertigen, nicht ohne die vermeintliche Schuld dabei den auf Sauberkeit bedachten Damen in die Schuhe geschoben und sich devot für die bei der Affäre entstandenen Unannehmlichkeiten entschuldigt zu haben.

Leider handelt es sich bei dem hier dokumentierten und diskutierten Brief, der offensichtlich eine Abschrift ist, um ein isoliertes Einzelstück in einer sehr heterogenen Akte. Weder die ursprüngliche Beschwerde des Ordnung liebenden Bademeisters noch die Reaktion des Hüttendirektors sind in der Akte überliefert. Auch unsere Frage nach dem Ausgang der Episode bleibt vom Material unbeantwortet: Hat Direktor Probst die Entschuldigung des Bürovorstehers gnädig aufgenommen? Hat der Hygienestandard der Beschäftigten des »Phoenix« unter dem undisziplinierten Badebetrieb nachhaltig gelitten? Sind der Bürovorsteher und Fräulein Degenkolb vielleicht doch noch zusammengekommen? (Von Frau Entgens in diesem Zusammenhang ganz zu schweigen ...)

22.7. [19]25.

Herrn Direktor P r o b s t   Röhrenwerk I.

Betrifft: Einhaltung der Badezeiten

Der Ihrem obigen Schreiben beigefügte von mir unterzeichnete Zettel hatte nicht den Zweck auf den Bademeister einen gewissen Druck auszuüben. Vor der Unterzeichnung des Zettels habe ich an Fräulein Degenkolb die Frage gerichtet, ob es überhaupt seitens der Betriebsdirektion gestattet sei zu der von ihr gewünschten Zeit zu baden.

Daraufhin wurde mir von Fräulein Degenkolb erklärt, daß andere Damen regelmäßig außerhalb der normalen Zeiten badeten; es bedürfe hierzu einer Bescheinigung, daß der betreffende Angestellte für die Zeit das Büro zum baden [sic!] verlassen könne. Dies war der Sinn des von mir unterzeichneten Zettels. Soweit ich feststellen konnte hat Fräulein

> Degenkolb nur einmal und Frau Entgens überhaupt noch nicht außerhalb der vorgesehenen Zeit ein Bad genommen.
>
> Immerhin bedaure ich, durch die Unterzeichnung des Zettels Anlaß zu der Klage gegeben zu haben.
>
> Bemerkt sei, daß mir von einer w i e d e r h o l t e n Bitte den beiden mir unterstellten Damen eine entsprechende Anweisung zu geben, nicht bekannt ist.
>
> [Anonymus]

Quelle: Mannesmann-Archiv, Bestand P: »Phoenix«. Aktien-Gesellschaft für Bergbau u. Hüttenbetrieb, Abteilung Düsseldorfer Röhren- u. Eisenwalzwerke, Oberbilk, P 2 25 40: Sozialpolitik nach 1918, unpaginiert.

Weniger rätselhaft für den Unternehmenshistoriker der 1920er Jahre ist dagegen der Zusammenhang zwischen Röhrenproduktion und Wannenbädern. Die Rationalisierungswelle der Nachkriegszeit hatte sich in der Eisen- und Stahlindustrie gerade des Ruhrgebiets (zu dem wir identitätswidrig in diesem Sonderfall das Werk in Düsseldorf-Oberbilk zählen wollen) auf die so genannte Wärmewirtschaft konzentriert. Durch weitest mögliche Ausnutzung der Gichtgase von den Hochöfen sowie der an Brennwert noch reicheren Abgase aus den Kokereien und Siemens-Martin-Öfen versuchten sich die Werke von einem externen Energieeinsatz möglichst unabhängig zu machen. Gigantische Rohr- und Pipelinenetze verbanden die verschiedenen Produktionsstufen eines typischen gemischten Hüttenwerks (Hochofen-, Stahl- und Walzwerke) miteinander. In riesigen Gebläsehallen trieben Gas betriebene Gebläsemaschinen die Heißwinderzeugung für die Hochöfen an; Gasdynamos sorgten für die Stromerzeugung. Ziel dieser Rationalisierungspolitik war, über den zur Roheisenerschmelzung notwendigen Koks keine teure zusätzliche Kohle und keine Elektrizität von außen mehr zukaufen zu müssen.

Die erfolgreichsten Hüttenwerke an der Ruhr erreichten bald eine »negative« Energiebilanz. Das heißt, sie erzeugten in ihrem Betriebsverbund mehr Energie als sie verbrauchten.[1] Das wiederum erklärt, warum manche Werke, zum Teil im Schatten ihrer Koksofenbatterien, teils anderswo, Badestätten für ihre Belegschaftsmitglieder einrichteten. Freibäder, manchmal mit Solewasser aus nahe gelegenen Kohlezechen gespeist, luden nicht nur die Kinder der Beschäftigten zum Schwimmen, sondern dienten Ende der 1920er Jahre auch als Trainingsgelände für Lehrlinge im Rahmen einer teilmilitarisierten Ausbildung (DINTA).[2] Wannen- und Duschbäder, geheizt von den Anlagen der Wärmewirtschaft, waren für die Arbeiter und Angestellten nach der Schicht zugänglich, eine wegen der katastrophalen Wohnsituation im Ruhrgebiet damals gern in Anspruch genommene Innovation im Rahmen einer »sozialen Betriebspolitik«, die darauf ausgerichtet war, erfahrene Arbeitskräfte an ihre Arbeitsplätze zu binden. Obwohl für den »Phoenix« in Düsseldorf-Oberbilk keine zusätzlichen Informationen über entsprechende Badeeinrichtungen auffindbar sind, ist ein ähnlicher Zusammenhang nahe liegend.

Doch die Quelle »sprudelt« nicht nur in Bezug auf den seinerzeitigen betriebstechnischen Stand der Dinge. Sie bietet auch Einblicke in das soziale Gefüge der Hüttenwerke Mitte der 1920er Jahre. Zunächst spiegelt sie den späten und zögerlichen, im Zuge des Ausbaus der Werksverwaltungen aber auch unwiderstehlichen Einzug von Frauen in die »Männerindustrie« der

---

1 Christian Kleinschmidt, Rationalisierung als Unternehmensstrategie. Die Eisen- und Stahlindustrie des Ruhrgebiets zwischen Jahrhundertwende und Weltwirtschaftskrise, Essen 1993, S. 142 ff.
2 Wolfgang Schulze u. Günter Richard, Historische Luftbilder des Ruhrgebietes 1924–1938, Essen 1991, S. 77.

Eisen- und Stahlherstellung. Von der zunehmend nach Taylorschen Prinzipien vorangetriebenen Arbeitsteilung in den Unternehmensverwaltungen waren auf dem »Phoenix« offenbar auch die zuvor überaus schlanken bürokratischen Werksleitungen nicht unbetroffen geblieben. Die Ausdifferenzierung in weitgehend schematische und mechanische Bürotätigkeiten – Sekretärinnen, Stenotypistinnen – ging Hand in Hand mit der Feminisierung dieser Arbeitsbereiche, während die Frauen in den Werkshallen typischerweise weiterhin nichts zu suchen hatten. Arbeitsteilung und Feminisierung produzierten auch eine tiefer gestaffelte Hierarchie in den Verwaltungen, wobei die »Aufseherberufe« im Angestelltenbereich, die »Bürovorsteher« und »Abteilungsleiter« im Verständnis der Zeit »selbstredend« *männliche* Positionen waren. Zugleich zeigt die Quelle, wie zahlenmäßig begrenzt diese Feminisierungsprozesse in der Hüttenindustrie im allgemeinen und auf Werksebene im besonderen blieben, denn es steht zu erwarten, dass der auskunftsfreudige Bürovorsteher mit den erwähnten Angestellten Degenkolb und Entgens sämtliche ihm unterstehenden weiblichen Beschäftigten aufgezählt hatte.

Gewaltig war das Autoritätsgefälle, will man dem vorliegenden Schreiben Glauben schenken, auch innerhalb der »männlichen« Betriebshierarchie, und zwar wahrscheinlich schärfer ausgeprägt in der relativ »neuen« Angestelltenschaft als in den Produktionsbetrieben, in denen in dieser Industrie während der 1920er Jahre fast durchgehend ein militantes, kämpferisches Klima herrschte. Dazu trug nicht nur der periodische Radikalismus der Hüttenarbeiter bei, sondern mehr noch der kompromisslose und brutale »Klassenkampf von oben«, den die Unternehmer und Verbände der Eisen- und Stahlindustrie gegen die neu eingerichteten Betriebsräte und gewerkschaftlichen Interessenvertretungen ihrer Belegschaften führten. Dieser eskalierte zum »Ruhreisenstreit« von 1928, der größten Flächenaussperrung in der Hüttenindustrie in der Zwischenkriegszeit.[3]

Dabei sah es trotz einer sich zwischen 1924 und 1928 erholenden Konjunktur auf dem Arbeitsmarkt nicht rosig aus. Eine spürbare Sockearbeitslosigkeit schmälerte die Kampfkraft der Belegschaften und setzte die einzelnen Arbeitskräfte einem erheblichen Beschäftigungsrisiko aus. Auch solche Erwägungen können den untertänigen Ton, den die Stellungnahme des Bürovorstehers anschlägt, koloriert haben. Fräulein Degenkolb scheint dagegen ein etwas selbstbewussteres Auftreten an den Tag gelegt zu haben, wenn sie sich nicht sogar, wie der Bürovorsteher insinuiert, auf Kosten seiner Autorität Privilegien unrechtmäßig erschlichen hatte.

Dennoch erschütterte der Vorgang augenscheinlich den totalen Kontrollanspruch, den die Hüttenbetriebsleitungen in den 1920er Jahren gegen vielfältige Selbststorganisations- und Usurpationsversuche ihrer Belegschaften aufrecht zu erhalten versuchten.[4] Das Nehmen eines Wannenbades auf dem »Phoenix« erscheint als eine bürokratisch geregelte Prozedur, die von der ausdrücklichen Erlaubnis mehrerer Instanzen abhängig war. Es scheint feste Badezeiten gegeben zu haben und einen Bademeister, der diese überwachte. Verließen Angestellte wie Fräulein Degenkolb und Frau Entgens vorübergehend ihren Dienstbereich während der Arbeitszeit – z. B. für ein Wannenbad –, brauchten sie dafür den schriftlichen Dispens ihres unmittelbaren Vorgesetzten. Vor diesem Hintergrund nimmt sich das Baden außerhalb der fixen Regeln als eine außerordentliche Lockerung der Sitten aus. Gepaart mit dem Anschein der Autoritätsanmaßung, die der offenbar rangbewusste Bademeister in den Erlaubnisschein des Bürovorstehers

---

3 Thomas Welskopp, Arbeit und Macht im Hüttenwerk. Arbeits- und industrielle Beziehungen in der deutschen und amerikanischen Eisen- und Stahlindustrie von den 1860er bis zu den 1930er Jahren, Bonn 1994, Teil IV.
4 Karl Lauschke u. Thomas Welskopp (Hg.), Mikropolitik im Unternehmen. Arbeitsbeziehungen und Machtstrukturen in industriellen Großbetrieben des 20. Jahrhunderts, Essen 1994.

von Fräulein Degenkolb hineingelesen hatte, geriet der Vorgang zu einer brisanten Erschütterung der Ordnung auf der Hütte, die das resolute Eingreifen des Werksdirektors Probst erforderlich machte. Zumindest muss dieser das so gesehen haben, wenn er es für nötig befand, sich in Querelen auf einer untergeordneten Angestelltenebene in einem nichtsensiblen Bereich seiner Produktionsstätte einzumischen.

Dabei war doch nicht viel passiert. Die brave Frau Entgens hatte überhaupt nicht gegen die Regeln verstoßen, und das umtriebigere Fräulein Degenkolb aus dem Versuch, ein Sonderrecht durchzusetzen, kein dauerhaftes Privileg machen können. Aber augenscheinlich kostete es beträchtlichen Aufwand auf dem »Phoenix«, um sauber zu bleiben, und man konnte sich gewaltigen Ärger einhandeln, wenn man dies nicht innerhalb der fixen Regeln tat.

Michael Pohlenz
Corporate Identity at its best
Carl Duisbergs Grabmal

Vom Chemiker zum Wirtschaftsführer, so überschreibt der Biograf Hans-Joachim Flechtner das Leben Carl Duisbergs[1]. Eine Karriere als Chemiker, Generaldirektor der Farbenfabriken vorm. Friedr. Bayer & Co., als Vorsitzender des Reichsverbands der Deutschen Industrie und einem der bedeutendsten Wirtschaftsführer seiner Zeit ist Carl Duisberg allerdings nicht vorherbestimmt. Der am 29. September 1861 in Wuppertal- Barmen geborene Duisberg entstammt bescheidenen Verhältnissen. Nach den Vorstellungen des Vaters soll er die kleine Bandwirkerei übernehmen, die der Großvater gegründet hatte und an die eine kleine Landwirtschaft angeschlossen ist. Die Mutter unterstützt jedoch den Wunsch, Chemiker zu werden und ermöglicht dem begabten Sohn den Besuch des Gymnasiums. Nach seinem Abitur 1878 beginnt Duisberg sein Chemiestudium zunächst in Göttingen. 1880 wechselt er nach Jena an den Lehrstuhl von Prof. Anton Geuther. Bereits 1882 schließt er das Studium mit einer Promotion über Acetessigester ab. Nach kurzer Arbeitslosigkeit und einer schlecht dotierten Privatassistenzstelle in Jena meldet sich Duisberg als Einjährig-Freiwilliger beim Ersten Bayerischen Leibregiment in München. Neben seinem Militärdienst arbeitet der Chemiker halbtags am Institut des berühmten Chemikers Prof. Adolf von Baeyer. Die berufliche Karriere Duisbergs beginnt 1883 mit einem Vorstellungsgespräch bei Carl Rumpff, dem Vorstandsvorsitzenden der damaligen Farbenfabriken. Rumpff, der begabte junge Chemiker sucht, bietet Duisberg zunächst einen befristeten Forschungsauftrag an der Universität Straßburg an. Ein Jahr später erhält Duisberg eine Festanstellung bei Bayer. Bereits zwei Monate später wird das erste Patent auf seinen Namen angemeldet. Vier Jahre später erhält er Prokura. 1900 wird er zum Vorstandsmitglied gewählt, und von 1912 bis 1925 leitet er den Konzern als Generaldirektor.[2] Auch in anderer Hinsicht ist die Beziehung zu Rumpff für Duisberg entscheidend. Bei ihm lernt er seine zukünftige Frau Johanna Seebohm, die Nichte des Vorstandsvorsitzenden, kennen.

Carl Duisberg ist eine der zentralen Figuren in der Geschichte des Bayer-Konzerns und der deutschen Chemie- und Pharmaindustrie insgesamt. Sein Einfluss auf nahezu alle Entwicklungen in den einzelnen Konzernzweigen ist maßgeblich für den Fortschritt von Bayer auf dem Weg zum Weltkonzern. Insbesondere die Gründung, Planung und der generalstabsmäßige Aufbau des Standorts Leverkusen gilt als Meilenstein in seinem Lebenswerk[3]. Unter seiner Ägide werden in den Bayer-Werken die Lebensbedingungen der Arbeiterinnen und Arbeiter umfassend verbessert. Duisberg zählt zu den »modernen« Unternehmern, deren Selbstverständnis sowohl von patriarchalischem Führungsstil als auch der sozialen Verpflichtung der Gesellschaft gegenüber geprägt ist. Als Duisberg am 19. März 1935 im Alter von 74 Jahren stirbt, gibt es kaum

---

1 Hans-Joachim Flechtner, Carl Duisberg, Vom Chemiker zum Wirtschaftsführer, Düsseldorf 1959.
2 Ab 1925 ist er Vorsitzender des Aufsichts- und Verwaltungsrats der I. G. Farbenindustrie, der auch die Bayer-Werke angehören.
3 1912 verlegt Bayer seinen Sitz von Wuppertal – Elberfeld nach Leverkusen. 1913 beginnt der Aufbau des Werks in Dormagen.

eine Ehrenbezeugung, die ihm nicht zuteil wurde. In seiner Biografie finden sich zahlreiche Ehrendoktortitel, Ehrenbürgerschaften und Ehrensenatorentitel. In einem Nachruf der Londoner Times heißt es: »Sein Land verliert mit ihm einen Mann, den man als den bedeutendsten Industriellen ansehen kann, den die Welt bisher gehabt hat.«[4]

Von Anfang an betrachtet Carl Duisberg die Farbenfabriken Bayer als »sein« Unternehmen. »Gleich im ersten Jahr erhielt ich 9.000 Mark Tantieme. Für diese 9.000 Mark kaufte ich mir dann die ersten Farbenfabrikenaktien zum Kurse von 80 Prozent. Nun fühlte ich mich als Mitinhaber und handelte entsprechend. ... Wenn ich merkte, daß jemand den Interessen der Firma zuwiderhandelte, trat ich dem entgegen. Ich habe stets so gehandelt und mich dabei immer als Eigentümer gefühlt.«[5] Dazu gehört auch, dass er seine Dienstvilla genau gegenüber der Leverkusener Hauptverwaltung bauen lässt und die Vorstände und Direktoren vertraglich dazu verpflichtet, in Werksnähe zu wohnen. Von seinem Naturell her ist Duisberg zeitlebens ein »Macher« im Dienste »seines« Unternehmens, der weder beruflich noch privat die Dinge dem Zufall überlässt. Mit großem Engagement widmet er sich sowohl zukunftsorientierten Konzeptionen als auch der Lösung von Detailfragen.[6] (s. a. Kapitel Schimmelreiter/Pogarell). Dazu kommt eine Mischung aus Eitelkeit und Stolz auf das Erreichte, sowie ein – seiner Stellung durchaus angemessenes – Talent zur Selbstdarstellung. Dies belegen zahlreiche Fotografien und Kunstwerke wie Portraits, Büsten oder auch Medaillen.

Eine Kombination seines vorausschauenden Planens, mit dem Bedürfnis auch Einzelheiten zu kontrollieren und dem Hang zur Selbstinszenierung findet sich vereint im »Floratempel«, seiner Grabstelle. Inspiriert durch den Apollotempel im Schlosspark von Versailles, beauftragt Carl Duisberg den befreundeten Bildhauer Fritz Klimsch 1918 auf eigene Kosten mit der Anfer-

Weltreise Johanna und Carl Duisberg, Indien 1928 (Bayer AG)

4 www.bayer.de/de/Carl-Duisberg.aspx.
5 Carl Duisberg, Meine Lebenserinnerungen, Leipzig 1933, S. 40.
6 Vgl. auch Kapitel, Hans-Hermann Pogarell, »Der Schimmelreiter ...«.

tigung eines Rundtempels und einer Floradarstellung aus Muschelkalk und Marmor.⁷ Nachdem die Arbeiten offensichtlich zunächst für seinen Garten gedacht sind, beschließt Duisberg, den Floratempel als Grabstelle für sich und seine Frau vorzusehen und gestalten zu lassen.⁸ 1920 – Duisberg ist noch keine 60 Jahre alt und bei bester Gesundheit – stellt er den notwendigen Antrag beim Regierungspräsidenten in Düsseldorf.⁹ Zwei Jahre später wird ihm die Erlaubnis zur Benutzung der Unterkellerung des Floratempels als Gruftgewölbe für sich und seine Frau erteilt, »unter der Bedingung, dass die Gruft luftdicht abgeschlossen und der Eingang dazu gut verschlossen ist.«¹⁰

In den folgenden Jahren wird die Anlage mehrfach nach Duisbergs Ideen und Vorstellungen und der künstlerischen Beratung und Mitwirkung von Fritz Klimsch um- und ausgestaltet. Weitere Plastiken »Prometheus« und »Tatkraft« sowie »Demut« und die »Rosenstreuende« sind ihm beziehungsweise seiner Frau Johanna gewidmet.¹¹ Die Zweiteilung der Anlage in eine männliche und eine weibliche Seite, sowie die Auswahl der Plastiken bezeugen Duisbergs – für seine Generation durchaus übliches – Rollenverständnis der Geschlechter. Die Flora als reiche Spenderin symbolisiert darüber hinaus das Engagement der Familie. Eine Umfassungsmauer mit Reliefs der Tageszeiten als Symbol von Werden und Vergehen, zwei Portraits und eine Gedenktafel kommen hinzu.¹² Umfangreicher Schriftwechsel belegt die über viele Jahre und in aller Freundschaft geführten Diskussionen über Materialien und Detail der Gestaltung. Duisberg folgt in den meisten Fällen dem künstlerischen Rat des von ihm mäzenatisch geförderten Künstlers, wie auch dessen finanziellen Forderungen – allerdings nicht immer und nicht zu jedem Preis: »... Den in Aussicht

Johanna und Carl Duisberg, Leverkusen 1927 (Bayer AG)

---

7 Fritz Klimsch (1870–1960) deutscher Bildhauer, Senator der Preußischen Akademie der Künste, Professor an den Vereinigten Staatsschulen in Berlin; zum Verhältnis von Duisberg zu Klimsch vgl. auch: Dieter Schütz, Bayer als Mäzen, Carl Duisberg als Förderer der Künste, Köln 1994.
8 BAL 238/5, Kunst, Denkmäler und Grabmäler, 1915 ff.
9 Bestattungen außerhalb von Friedhöfen sind nur mit Sondergenehmigungen der entsprechenden Ordnungsbehörde möglich. Vgl. auch: http://de.wikipedia.org/wiki/Bestattungsgesetz.
10 BAL 238/5, Kunst, Denkmäler und Grabmäler, 1915, Schreiben vom 11.5.1922.
11 Johanne (genannt Johanna) Duisberg, geb. Seebohm, 21.3.1864–6.10.1945.
12 BAL 238/5, Kunst, Denkmäler und Grabmäler, 1915; auf Vorschlag von Klimsch wird das Porträt von Johanna Duisbergs mit dem Spruch »Die Liebe höret nimmer auf« und das Porträt Duisbergs mit dem Schlussreim des Türmerlieds aus Goethes »Faust«: »Ihr glücklichen Augen, was ihr je gesehen – es sei wie es wolle – es war doch so schön« versehen.

Blick vom Kasino auf den Floratempel, 2001 (Bayer AG)

genommenen Betrag von M 8.000.– kann ich mit Rücksicht auf die bevorstehende Winternot breiter Schichten der Bevölkerung auch in unserer Stadt leider nicht konzedieren. Zumal die Werksangehörigen meiner Firma würden die Vergabe künstlerischer Aufträge in Anbetracht der traurigen Zeiten zumindest nicht verstehen. Trotzdem würde ich an der Ausführung festhalten, wenn Sie mir im Preise weiter entgegenkämen und die Gesamterstellung für Mark 6.000 übernehmen.[13]

Im Jahr 1933 wird die Grabanlage mit der Inschrift »RUHESTÄTTE/VON/CARL/DUISBERG/DR. PHIL/DR. ING. EH./DR. MED. HC. DR. DER STAATSW. EH./DR. DER NATURW. EH./DR. DER RECHTS. EH./DR. DER THEOLOGIE EH./PROFESSOR/ GEHEIMER REGIERUNGSRAT/EHRENBÜRGER DER STADT LEVERKUSEN/ UND/JOHANNE DUISBERG GEB SEEBOHM« fertig gestellt. Ebenfalls zu Duisbergs Lebzeiten werden von Klimsch zwei Grabplatten angefertigt und mit den Geburtsdaten versehen. Dass sein Geburtsdatum versehentlich falsch eingetragen ist, fällt erstaunlicherweise erst nach seiner Beerdigung auf und wird umgehend von Klimsch korrigiert. »... Ich bedaure, dass dieser ganz blödsinnige Fehler mit dem 31ten September gemacht wurde, wundere mich aber, dass keinem in Leverkusen bei Ablieferung der Platten diesen Fehler bemerkt hat. ...«[14]

Entsprechend seiner Einstellung und Bindung zum Unternehmen lässt Carl Duisberg den Floratempel in unmittelbarer Werksnähe und in einer Achse mit dem Kasino der Leitenden Angestellten errichten. Vom Wintergarten des ehemaligen Beamtenkasinos und heutigen

13 BAL Autographen Sammlung Duisberg, Brief an Klimsch zur Anfertigung eines Reliefs vom 13.10.1931.
14 BAL 238/5, Kunst, Denkmäler und Grabmäler, 1915, Schreiben vom 27.3.1935: Der Geburtstag von Carl Duisberg ist der 29.9.1861.

Betriebsrestaurants war und ist seine Grabstätte zu sehen.[15] Kasino und Tempel stehen auch in unmittelbarer Nachbarschaft zur Duisberg-Villa, seiner »Dienstwohnung«. Im Jahr 1963 wird das Privathaus abgerissen. Heute steht an gleicher Stelle, die im Jahr 2002 eingeweihte, moderne Bayer-Konzernzentrale. So hat Duisberg nach wie vor »sein« Werk, aber auch die Belegschaft und seine Nachfolger im Vorstand »im Blick«.

Die Grabstätte von Johanna[16] und Carl Duisberg, der Floratempel, ist öffentlich zugänglich und ebenso wie der Nähe gelegene Japanische Garten einen Besuch wert.[17] Die Adresse lautet: Leverkusen – Carl-Duisberg-Park.[18]

---

15 Vgl. auch: www.bayer-gastronomie.de.
16 BAL 300/183, Carl Duisberg, Johanna Duisberg 1913–1946. Johanna Duisberg überlebt ihren Mann um zehn Jahre und stirbt am 6. Oktober 1945 in Garmisch-Partenkirchen. Wegen des Kriegsendes wird sie erst ein Jahr später nach Leverkusen überführt und am 19.7.1946 im Floratempel beigesetzt.
17 Die Anlage des Japanischen Gartens geht ebenfalls auf die Initiative von Carl Duisberg zurück. Vgl. auch: www.leverkusen.de/stadtportrait/sehenswertes/sp_auto_260.cfm?men=stadtportrait&sub=sehenswertes.
18 Vgl. auch: www.strasse-der-gartenkunst.de/205.html.

Christian Kleinschmidt

»Menschenauslese«, Erbgut und berufliche Leistung, oder:

Warum der Westfale für Schwerarbeit geeignet ist und der Schwarzwälder besser Uhren baut

Menschenauslese – der Begriff scheint aus dem »Wörterbuch des Unmenschen« zu stammen und so gar nicht in einen Kuriositätenband zu passen. »Auslese« ist tatsächlich ein zentraler Begriff der nationalsozialistischen Eugenik, wobei die »rassischen Eigenschaften« des deutschen Volkes geschützt und verbessert werden sollten. Unter »positiver Eugenik« verstand man die Förderung bestimmter Eigenschaften durch eine entsprechende Heirats- und Nachwuchspolitik. »Negative Eugenik« hingegen meinte die »Ausmerzung« rassisch oder sozial unerwünschter Eigenschaften durch Heiratsbeschränkungen, Sterilisation oder Vernichtung menschlichen Lebens. Nationalsozialistische »Rasseexperten« erstellten genealogische, erbbiologische und medizinische Gutachten, auf deren Grundlagen Juden, Zigeuner oder »Mischlinge« ausgesondert und andererseits die »deutsche Rasse« reingehalten werden sollte. Eine politische Umsetzung erfuhren diese vermeintlich wissenschaftlichen Annahmen u. a. in Form eines Gesetzes zur Verhütung erbkranken Nachwuchses, im Rahmen des nationalsozialistischen Euthanasie-Programms und im Zuge der Zwangssterilisationen, wobei Kinder und Erwachsene als »geisteskrank«, »nutzlos«, »unerwünscht« und »minderwertig« definiert und in letzter Konsequenz planmäßig deportiert und ermordet wurden.

Aus heutiger Perspektive erscheint es vollkommen unverständlich, warum sich eine solche Pseudowissenschaft mit den entsprechend furchtbaren Konsequenzen in Deutschland überhaupt etablieren konnte. Eugenik und »Auslese« sind jedoch kein nationalsozialistisches Phänomen, und schon gar nicht allein auf Hitlers Weltanschauung und Rassevorstellungen zu beschränken, nach denen der Bessere und Stärkere gefördert, der Schwächere sich unterordnen oder »ausgemerzt« werden sollte.

Bereits in den 1920er Jahren wurden, nicht nur in Deutschland, entsprechende Überlegungen in Richtung einer größeren Planbarkeit gesellschaftlich erwünschter menschlicher Eigenschaften diskutiert. Diese Vorstellungen waren in zahlreichen europäischen Staaten verbreitet und basierten im wesentlichen auf vereinfachten Vorstellungen der Lehren Charles Darwins, Francis Galtons und der Mendelschen Vererbungslehre mit dem Ziel, erbkranke Menschen von der Fortpflanzung auszuschließen. In der bereits vor dem Ersten Weltkrieg gegründeten »Deutschen Gesellschaft für Rassenhygiene« waren vor allem Hochschullehrer zusammengeschlossen, die bereits in dieser Zeit, vor allem aber in den 1920er Jahren über entsprechende Maßnahmen der »Auslese« und »Ausmerze« diskutierten. Selbst das Preußische Ministerium für Volkswohlfahrt entwickelte zu Beginn der 1920er Jahre Überlegungen zur Ausstellung von Gesundheitszeugnissen, Eheverboten und Sterilisation aus eugenischer Indikation.[1]

---

1 Uffa Jensen, Artikel »Auslese« und Manfred Vasold, Artikel »Medizin«, in: Enzyklopädie des Nationalsozialismus, hg. von Wolfgang Benz, Hermann Graml u. Hermann Weiß, München, 3. Aufl. 1998, S. 383 f. und S. 235–238.

Vor diesem Hintergrund ist es wenig erstaunlich, daß der Begriff »Auslese« auch in der Industrie adaptiert wurde. »Menschenauslese« war dort spätestens seit den 1920er Jahren ein gebräuchlicher Terminus, worunter im Sinne der aufkommenden wissenschaftlichen Betriebsführung und der sogenannten Psychotechnik effektivere Formen der Arbeitsorganisation und -ausbildung verstanden wurden – der »richtige Mann am richtigen Arbeitsplatz« hieß die Devise. Dabei ging es vor allem um die Auswahl von Lehrlingen durch Einstellungstests und Eignungsprüfungen, um die »Konkurrenzauslese« bei einem Überangebot von Bewerbern, um Maßnahmen der systematischen Schulung im Zuge einer planmäßigen Qualifikation von Berufsanfängern, die tatsächlich auf neuen Erkenntnissen der psychologischen und Ausbildungsforschung beruhten. Die Unternehmen insbesondere der Schwerindustrie richteten dementsprechend seit Beginn der 1920er Jahre »Psychotechnische Begutachtungsstellen« ein, die Teil umfangreicher Rationalisierungsmaßnahmen und einer wissenschaftlichen Betriebsführung waren und zugleich auch eine Disziplinierung der Arbeiterschaft zum Ziel hatten. Unterstützt wurden die Unternehmen dabei vom »Deutschen Institut für technische Arbeitsschulung« (Dinta), welches vor allem in Großunternehmen an Rhein und Ruhr die neuen Methoden der Psychotechnik, der Arbeitsorganisation und Arbeitsplatzgestaltung umsetzten.[2] Das Dinta wurde 1933 in die »Deutsche Arbeitsfront« (DAF) integriert.

Themen der nationalsozialistischen Rassen- und Stammeslehre vermischten sich schließlich auch mit Aspekten der Berufsausbildung und der »Arbeitsauslese«. Die Leistungssteigerung der Wirtschaft und die »Wehrhaftmachung des Volkes« im Zuge der Kriegsvorbereitung führten in den 1930er und 40er Jahren zu den seltsamsten Auswüchsen. Rasse und Beruf wurden dabei in einen engen Zusammenhang gerückt, und so gingen einzelne »Wissenschaftler« nicht nur von einem spezifischen Nationalcharakter, sondern auch von »Stammescharakteren« aus sowie von »völkischen und stammlichen Berufsbegabungen«, nach denen sich die »deutschen Stämme« in ihrer Eignung für bestimmte Berufe unterschieden. Kurios, ja geradezu grotesk mutet ein Bericht des ansonsten seriösen »Ausschuß für Betriebswirtschaft« des Vereins Deutscher Eisenhüttenleute (VDEh) Mitte der 1930er Jahre an, in dem ernsthaft über die »Stammesbegabung« deutscher Eisenhüttenleute diskutiert wurde. Walther Schulz, Direktor des Provinzialinstituts für Arbeits- und Berufsforschung, berichtete beim VDEh wie auch in der Werkzeitschrift des größten deutschen Stahlunternehmens, der Vereinigte Stahlwerke AG, über »Menschenauslese und Eisenhüttenindustrie«, wobei sich auf der Basis tausender Begutachtungen jugendlicher Arbeiter zeige, daß, »der Westfale, besonders der Siegerländer, der Ostpreuße, der Oberschlesier und der Saarländer eine ausgesprochene Leistungsfähigkeit für die Schwerarbeit (Eisen-, Stahl-, Steingewinnung und -verarbeitung) und für die mechanische Metallbearbeitung [besitze], die bei den Rheinländern, Thüringern und Sachsen fehlt«. Doch handele es sich bei letzteren deshalb nicht gleich um nutzlose Menschen, so Schulz, denn bei ihnen zeige sich »eine besondere Eignung für feinmechanische (Feinmechaniker, Optiker) oder kunsttechnische Berufe ... Die Erfahrung hat weiterhin gelehrt, daß beispielsweise eine Uhrenindustrie nur in Gebirgstälern sowohl in Deutschland als auch in der Schweiz gedeiht: hier wohnen die besinnlichen Menschen, die sich für diese Art der Arbeit besonders eignen«. Die Arbeit des Westfalen oder des Oberschlesiers werde mit »Hingabe der ganzen Persönlichkeit« und einem »Hochgefühl der eigenen Kraft« verrichtet. Deshalb, so Schulz: »Besucht die Arbeitsplätze der ausgesprochenen Schwerarbeit: Stehen hier Menschen in arteigener Arbeit, so werdet ihr finden, daß sie innere Einstellung und echte Arbeitsgesinnung in sich tragen und still und zufrieden und glücklich sind«. Schulz gab zu bedenken, daß »noch 3,5 Millionen Volks-

---

2 Peter C. Bäumer, Das Deutsche Institut für technische Arbeitsschulung, München 1930.

genossen auf dem falschen Arbeitsplatz stehen, so daß ein Großteil ihrer Arbeitskraft ungenutzt bleibt«. Viel zu wenig würde dabei berücksichtigt, daß Leistung »Ausdruck der Rasse« sei und die Verschiedenheit der menschlichen Leistung auf der Verschiedenheit der Erbanlagen beruhe.³

So kurios und fest schon lächerlich diese Pseudowissenschaft aus heutiger Perspektive anmutet: Mit Blick auf die Auswüchse zeitgenössischer Soziologie und Volkstumsforschung und deren Auswirkungen verlieren diese Aussagen ihre Harmlosigkeit. Schulz war immerhin Direktor des Provinzialinstituts für Arbeits- und Berufsforschung, das u. a. mit dem Dinta, dem Arbeitswissenschaftlichen Institut der Deutschen Arbeitsfront (AWI), der von Wilhelm Brepohl 1935 gegründeten »Forschungsstelle für das Volkstum im Ruhrgebiet« sowie mit den Landesarbeitsämtern zusammenarbeitete. Auch Brepohl sprach davon, »den Menschen des Ruhrgebiets in seiner Rasse, Volkszugehörigkeit und Beruf bedingten Eigenart« zu betrachten, ging von »Sonderbegabungen und -fähigkeiten der Ruhrgebietsmenschen« aus und forderte eine »kulturelle Verwestdeutschung«.⁴ Eine solche »Industrievolkskunde« stellte die legitimatorische Basis dar für die nationalsozialistische Vorstellung der Überlegenheit einer »nördlichen Rasse«, was andererseits die Forderung nach Unterordnung der »minderwertigen« Völker und Rassen wie Polen und andere Osteuropäer implizierte – mit allen Konsequenzen der nationalsozialistischen »Auslese« und »Ausmerze«.

Das wissenschaftliche Niveau dieser Art von Volkskunde lag etwa auf dem Niveau von Volksweisheiten wie »Schuster, bleib bei deinen Leisten«, die vor diesem Hintergrund allerdings ihre Harmlosigkeit verloren. Trotz viel positiver Resonanz gab es jedoch selbst in der Zeit des Nationalsozialismus Bedenken gegen diese Form der »biologisch-psychologischen Berufskunde«, und das Reichsarbeitsministerium ging auf Distanz zu Schulz' Forschungen. Schließlich führte der »totale Krieg« seine Überlegungen ad absurdum, denn nun war die »Mobilisierung aller vorhandenen Leistungsreserven« gefragt, und die »gegenwärtige bevölkerungs-, wirtschafts- und wehrpolitische Lage Deutschlands [mache] den Einsatz auch des letzten arbeitsfähigen Volksgenossen zu einer dringenden Notwendigkeit«, wie Schulz 1939 selbst formulierte.⁵ Eine Unterscheidung zwischen Rheinländern, Westfalen und anderen »Stämmen« machte da wenig Sinn.

Eine Karriere in der Nachkriegszeit hat Schulz sich nicht verbaut. Nach der Einstufung als »Unbelasteter« im Entnazifizierungsverfahren arbeitete er als freiberuflicher Psychologe in der Industrie, im Wintersemester 1958/59 sogar als Lehrbeauftragter für praktische Psychologie an der Wirtschaftshochschule Mannheim, wo er sich – wie könnte es anders sein – u. a. mit Fragen der Personalauslese und Eignungsdiagnose auseinander setzte.⁶

---

3 Walther Schulz, Menschenauslese, vor allem in der Eisenhüttenindustrie, in: Stahl und Eisen 57, 1937, S. 1133–1142; ders., Erbgut, Erziehung und berufliche Leistung. Ein Beitrag zur Psychologie des Arbeitseinsatzproblems, in: Das Werk XVI, 1936, S. 483–492 u. 531–538.
4 Zit. nach Johannes Weyer, Die Forschungsstelle für das Volkstum im Ruhrgebiet (1935–1941) – ein Beispiel für Soziologie im Faschismus, in: Soziale Welt 35, 1984, S. 132, 133, 134. S. a. Michael Jankowski, »Arbeitseinsatz und Berufsberatung werden somit zugleich zu einem rassischen Ausleseproblem«, in: Erika Welkerling; Falk Wiesemann (Hg.), Unerwünschte Jugend im Nationalsozialismus, Essen 2005, S. 81–117.
5 Jankowski, Arbeitseinsatz und Berufsberatung, S. 111.
6 Ebd. S. 111 f.

Grazyna Buchheim/Christoph Buchheim

Vollbier, Dünnbier und die Bayern

Ludwig Siebert, Ministerpräsident von Bayern und Bayerischer Wirtschaftsminister, schrieb am 18. April 1940 einen Brief an den Reichsernährungsminister.[1] Darin führte er aus, dass der Stammwürzegehalt des Vollbiers seit Dezember 1939 von 11 bis 14 Prozent auf 9 bis 10,3 Prozent herabgesetzt worden und mit Wirkung vom 19. Mai 1940 eine zweite Senkung auf sechs Prozent schon beschlossen sei. Ein solch dünnes Bier gehöre jedoch zur Klasse der Einfachbiere, das bisher in Bayern nur als sogenanntes Erntebier von Landarbeitern zum bloßen Durstlöschen getrunken worden sei. Da »das Bier in den Lebensgewohnheiten der bayerischen Bevölkerung einen *Haupternährungsfaktor* bildet«, riefen diese Maßnahmen »eine starke Beunruhigung« hervor. Diese würde sich noch verschlimmern, wenn, was diskutiert werde, jenes mindere Bier mit den Sätzen für Vollbier besteuert werde, wo doch Einfachbiere bisher nur halb so hoch belastet worden seien. Daher bitte er den Reichsernährungsminister dringend, sich für die Beibehaltung der niedrigeren Besteuerung dieses Biers als Einfachbier einzusetzen. Der Wunsch, »die besonderen Verhältnisse im Lande Bayern bezüglich des Inhaltes des Bieres, der Menge und des Preises zu prüfen«, solle jedoch nicht verstanden werden, »als ob für die Bevölkerung der bayerischen Gaue etwas besonders verlangt würde. Ich bitte vielmehr zu würdigen, dass nun einmal die Verhältnisse auch in dieser Hinsicht in Großdeutschland verschiedenartig sind. [...] Im Lande Bayern und bei der bayerischen Bevölkerung ist eben das Bier nicht in erster Linie Genuss-, sondern *Nahrungsmittel*. Eine jahrhundertelange geschichtliche und wirtschaftliche Entwicklung lässt das Braugewerbe im Lande Bayern anders werten, als es irgendwo anders der Fall ist.«

In der Tat spielte Bier als Getränk in Bayern eine wesentlich wichtigere Rolle als im Rest des Deutschen Reichs. So wurden in Bayern im Jahr 1929 im Durchschnitt etwa 205 Liter Bier pro Kopf der Bevölkerung verbraucht, während dieser Wert sich im deutschen Zollgebiet insgesamt lediglich auf 90 Liter belief. Nach einem Rückgang während der Weltwirtschaftskrise stieg der Bierkonsum bis 1939 erneut auf 186 Liter in Bayern (rechts des Rheins) an, wohingegen er im Altreich in jenem Jahr im Mittel nur noch bei gut 74 Litern lag.[2] Dementsprechend hoch war die Belastung der Bayern durch die Biersteuer. Deren Aufkommen betrug 1929 412 Millionen RM, wovon auf Bayern allein 160 Millionen entfielen. Auf den Kopf der Bevölkerung gerechnet waren das 6,60 RM im Durchschnitt des Deutschen Reichs, in Bayern dagegen 21,70 RM. Damit war die Biersteuer von ihrem Ertrag her in Bayern die zweitwichtigste Steuer nach der Einkommensteuer; letztere erbrachte in jenem Jahr rund 32 RM pro Kopf der bayerischen Bevölkerung, jedoch mehr als 48 RM im Mittel des Gesamtreichs.[3] Das zeigt, dass die Bayern damals weniger wohlhabend waren als die deutsche Bevölkerung im Durchschnitt; dennoch

---

1 Bundesarchiv Berlin R 43 II/613.
2 Statistisches Jahrbuch für den Freistaat Bayern 1930, S. 138; 1934, S. 134; 1936, S. 6 (Bevölkerung wurde interpoliert); Statistisches Handbuch von Bayern, München 1946, S. 9, 83; Statistisches Jahrbuch für das Deutsche Reich 1932, S. 315; Statistisches Handbuch von Deutschland 1928–1944, München 1949, S. 495.
3 Statistisches Jahrbuch für den Freistaat Bayern 1930, S. 524, 526.

hatten sie lediglich aufgrund ihrer Konsumgewohnheiten ein Vielfaches an Biersteuer zu zahlen. Sie konnten sich demnach zu Recht diskriminiert fühlen.

Nach 1929 stieg die relative steuerliche Mehrbelastung der Bayern infolge der Biersteuer dann eher noch an. Denn zum einen wurde durch die Notverordnung des Reichspräsidenten vom 26. Juli 1930 den Kommunen die Möglichkeit eröffnet, eine Gemeindebiersteuer mit nach Stammwürzegehalt gestaffelten Sätzen, für Vollbier z. B. fünf RM pro Hektoliter, einzuführen,[4] wovon angesichts der katastrophalen Finanzlage vieler Gemeinden in großem Umfang Gebrauch gemacht worden sein dürfte. Seit Anfang 1939 wurde die Gemeindebiersteuer allerdings nicht mehr erhoben, zum Ausgleich jedoch die Reichsbiersteuer um vier RM pro Hektoliter erhöht.[5] Dazu kam, dass der Pro-Kopf-Verbrauch an Bier in Bayern, wie gesehen, 1939 nur etwa zehn Prozent unter dem von 1929 lag, in Deutschland insgesamt jedoch um fast 20 Prozent. Und schließlich wurde durch die Kriegswirtschaftsverordnung vom 4. September 1939 für Bier (und Tabak) ein Kriegszuschlag in Höhe von 20 Prozent des Einzelhandelspreises eingeführt, was in etwa eine Verdoppelung des Biersteuersatzes, den der Verbraucher zu tragen hatte, bedeutete.[6] Dazu kam eine schrittweise Senkung des zulässigen Stammwürzegehalts im Lauf des Krieges, ohne dass allerdings die Forderung des Bayerischen Ministerpräsidenten nach einer entsprechenden Verringerung der Biersteuer erfüllt worden wäre. So wurde das den vollen steuerlichen Abgaben unterliegende Vollbier zum Kriegslagerbier, das ab Mitte November 1943 nur noch einen Stammwürzegehalt von 2,7 Prozent (bis 7,5 Prozent) zu haben brauchte.[7] Trotz der massiven Qualitätsverschlechterung, die den Nährwert entsprechend reduzierte, und trotz Erhöhung des Preises[8] infolge der größeren Steuerbelastung, änderten die Bayern offensichtlich aber ihre Gewohnheiten nicht und tranken weiterhin eine viel größere Menge dieses nun qualitativ höchst minderwertigen Bieres als die sonstigen Deutschen,[9] das jetzt im Volksmund »Hopfenbrause« hieß.[10]

Allerdings war der Bierverbrauch in Bayern nicht schon immer höher als in anderen Gegenden Deutschlands gewesen. Vielmehr wurde noch im frühen 16. Jahrhundert in Norddeutschland vielfach mehr Bier getrunken als im Süden. Der Bierkonsum der Bevölkerung stieg in jenem Jahrhundert insgesamt aber an, und im Zuge dessen holte Süddeutschland auf. Am Ende des 16. Jahrhunderts dürften dann gemäß einer vorsichtigen Schätzung pro Einwohner und Jahr 400 bis 600 Liter Bier verbraucht worden sein, also wesentlich mehr als selbst in Bayern während der 1920er und 30er Jahre.[11] Einzelangaben sind sogar häufig noch höher; so erhielt ein Schäfer in Schlesien jährlich 2.900 Liter, die Bediensteten des Klosters Metten bekamen bis zu 1.440 Liter, und für Patres errechnet sich ein Verbrauch, der nicht selten bei drei bis vier Liter täglich lag. Allerdings dürften die genannten und ähnliche Deputate häufig nicht von den

---

4 Reichsgesetzblatt (RGBl.) 1930 I, S. 314.
5 Die Finanzwirtschaft der öffentlichen Verwaltung im Deutschen Reich (= Statistik des Deutschen Reichs, Bd. 528 II), Berlin 1939, S. 23.
6 Ebd., sowie: Die Finanzwirtschaft der öffentlichen Verwaltung im Deutschen Reich (= Statistik des Deutschen Reichs, Bd. 548 II, Teil C), Berlin 1941, S. 11.
7 RGBl. 1943 I, S. 651.
8 Statistisches Handbuch von Deutschland, S. 467.
9 Für das Deutsche Reich insgesamt vgl. Statistisches Handbuch von Deutschland, S. 495; für Bayern dagegen ist charakteristisch, dass sich die Biererzeugung zwischen 1939 und 1943 jedenfalls nur um weniger als ein Viertel verminderte; Statistisches Handbuch von Bayern, S. 83.
10 Nach Auskunft einer Mitarbeiterin des Bayerischen Statistischen Landesamts.
11 Hans Huntemann, Bierproduktion und Bierverbrauch in Deutschland vom 15. bis zum Beginn des 19. Jahrhunderts. Diss. Göttingen 1970, S. 128–130.

Empfängern allein, sondern zusammen mit Familienangehörigen konsumiert worden sein; und Klöster hatten einen Anreiz, den Eigenverbrauch an Bier möglichst hoch anzugeben, da dieser steuerfrei war. Im Übrigen war das Biertrinken nicht nur eine Sache vor allem der Männer, sondern es war durchaus üblich, dass Frauen ebenfalls regelmäßig Bier konsumierten. Selbst Kinder erhielten beträchtliche Mengen Bier; so kalkulierte man in einem dänischen Arbeitshaus 1621 für sie mit 700 Litern pro Kopf und Jahr.[12] Ja, auch bereits Säuglingen wurde Bier gegeben und dies von Ärzten sogar empfohlen.[13]

Seit dem Ende des 18. Jahrhunderts nahm der Bierkonsum jedoch ab. Die Trinkgewohnheiten änderten sich, und das Bier wurde zunehmend durch neu aufgekommene Getränke, wie Kaffee, Tee und Kakao, ersetzt.[14] Diese Entwicklung wurde dadurch noch unterstützt, dass vor allem der Kaffeepreis relativ zu dem des Bieres im Verlauf des 18. Jahrhunderts sank, obwohl letzteres stets das preiswertere Getränk blieb. Das Kaffeetrinken setzte sich in Norddeutschland stärker als im Süden und viel stärker als in Bayern durch, wozu im Norden auch noch ein sehr vermehrter Konsum von Branntwein kam.[15] Im Hinblick auf das eingangs zitierte Dokument bedeutet das also, dass die dort beschriebene Sonderstellung Bayerns bezüglich des Bierverbrauchs sich erst seit dem 18. Jahrhundert herausgebildet hatte.[16]

Bier war nicht nur Getränk. Vielmehr nutzte man Bier und Anwendungen mit Bier offenbar auch als Arznei bei verschiedenen Krankheiten, in angewärmtem Zustand zum Einreiben müder Füße, als Hilfsmittel zum Mästen von Geflügel oder zur Erzeugung von Bieressig. Vor allem aber wurde es noch zur Zubereitung von Speisen gebraucht, wobei besonders Brotsuppen auf Bierbasis beliebt waren.[17] Bier war demnach in der Tat auch deshalb ein Nahrungsmittel, weil es ein offenbar unentbehrliches Element der Herstellung alltäglicher Gerichte war.

Bier, was getrunken wurde, sollte dagegen primär den Durst löschen. Daher ist es auch nicht erstaunlich, dass meist Dünnbier oder allenfalls Halb- und Tischbiere genossen wurden. Gemäß Hans Huntemann, von dem die oben angeführte Schätzung für den durchschnittlichen Bierverbrauch gegen Ende des 16. Jahrhunderts stammt, waren unter den 400 bis 600 Litern, die der jährliche Bierkonsum pro Konsum ausmachte, nur etwa 50 Liter Vollbier.[18] Dünnbier, auch Kofend genannt, wurde hergestellt, indem der Treber, d. h. die nach dem Brauen übrig gebliebenen Rückstände der Maische, mit Wasser übergossen und mit dem Hopfen nochmals aufgekocht wurde;[19] es hatte einen Stammwürzegehalt von weniger als zwei Prozent.[20] Sein Alkohol-

---

12 Ebd., S. 126–128; Gunther Hirschfelder, Alkoholkonsum am Beginn des Industriezeitalters (1700–1850). Vergleichende Studien zum gesellschaftlichen und kulturellen Wandel, Bd. 2: Die Region Aachen, Köln 2004, S. 118–120.
13 Huntemann, Bierproduktion, S. 187.
14 Oekonomische Encyclopädie begründet von Johann Georg Krünitz, 242 Bde., Berlin 1773–1858. Online-Ausgabe, Stichwort »Trinken«, Bd. 188, S. 183–187.
15 Huntemann, Bierproduktion, S. 183–189, 227–232.
16 Heinrich Tappe, Auf dem Weg zur modernen Alkoholkultur. Alkoholproduktion, Trinkverhalten und Temperenzbewegung in Deutschland vom frühen 19. Jahrhundert bis zum Ersten Weltkrieg, Stuttgart 1994, S. 72–91, 102.
17 Krünitz, Stichworte »Bier-Suppe«, »Bier-Mus«, »Bier-Essig«; vgl. auch: Der vollkommene Bierbrauer. Oder kurzer Unterricht alle Arten Biere zu brauen, Frankfurt 1784 (Reprint Leipzig), S. 17–22; Gustav W. L. Hopff, Das Bier in geschichtlicher, chemischer, medizinischer, chirurgischer und diätetischer Beziehung, Zweibrücken 1846 (Reprint Leipzig).
18 Huntemann, Bierproduktion, S. 130.
19 Krünitz, Stichwort »Bier-Brauen«, Bd. 5, S. 155.
20 Für diese Information danken wir Frau Dr. Silvia Glaser, Leiterin der Abteilung Gewerbemuseum und Design des Germanischen Nationalmuseums in Nürnberg.

gehalt betrug daher nur rund ein Viertel Prozent,[21] was etwa dem des heutigen alkoholfreien Bieres entspricht.[22] Halbbier war dagegen eine Mischung von gleichen Anteilen Kofend und Vollbier, während Tischbier ein Abfallprodukt der Doppelbier-Erzeugung war.[23] Da im Verlauf des 15. Jahrhunderts aus einem bestimmten Malzeinsatz immer mehr Vollbier gebraut wurde,[24] kann man annehmen, dass der Stammwürzegehalt des Halb- und Tischbiers den des Einfachbiers der 1920er und 30er Jahre kaum übertroffen und damit bei zwei bis 5,5 Prozent gelegen hat.[25]

Wenn also der Hinweis des Bayerischen Ministerpräsidenten, dass Bier bei den Bayern ein »Haupternährungsfaktor« sei, wohl 1940 nicht mehr zutraf – schließlich belief sich der durchschnittliche Verbrauch an Bier selbst in Bayern damals auf nur noch rund ein Drittel der Menge, die um 1600 konsumiert worden war –, so stimmte die Aussage doch im Hinblick auf die Frühe Neuzeit. Die Ironie der Geschichte besteht aber darin, dass der Stammwürze- und Alkoholgehalt des bei der breiten Bevölkerung nicht nur Bayerns damals meistgetrunkenen Biers eher noch unter dem des Kriegslagerbiers der Zeit des Zweiten Weltkriegs lag. Es ähnelte dem »Erntebier« und wurde in der Tat, wie für dieses vom Bayerischen Ministerpräsidenten erwähnt, zum Durstlöschen getrunken. Denn es war, was ja eben deshalb wesentlich war, dünn, aber es war auch gesotten und enthielt damit häufig weniger Keime als Wasser. Daher war jenes sogar auch für Kleinkinder wohl wirklich oft gesünder als dieses; denn »das Bier ist als Ersatz des Wassers zu benutzen in Gegenden, die kein gutes Wasser haben, oder für Menschen, die einen zu schwachen Magen [haben].«[26] Dass dieses Zitat sich auf Vollbier bezieht, kann jedoch nur ein Trinker annehmen!

21 Der Alkoholgehalt von Bier liegt etwa bei einem Viertel des Stammwürzegehalts; siehe Anne Friedrich, Strukturwandel im Bierverbrauch und Bierabsatz unter besonderer Berücksichtigung von Bayern, Diss. Nürnberg 1959, S. 23.
22 Rolf Lohberg, Das große Lexikon vom Bier, Ostfildern o. J., S. 25.
23 Krünitz, Stichwort »Bier-Brauen«, Bd. 5, S. 156.
24 Huntemann, Bierproduktion, S. 22; nach Auskunft von Herrn Dr. Heinrich Tappe, Kurator des Brauerei-Museums in Dortmund, lag der Alkoholgehalt des Biers in der Frühen Neuzeit generell wohl nur bei 1,5 bis drei Prozent.
25 Lexikon vom Bier, S. 16; der Alkoholgehalt von Einfachbier liegt bei 0,5 bis 1,5 Prozent.
26 Krünitz, Stichwort »Trinken«, Bd. 188, S. 238.

Harald Wixforth

Hitler als Schlichter

Der Konflikt um die Filiale Eger und ein Vermittlungsgesuch eines Mitschülers

1. Die Vorgeschichte

Expansion und Großraumwirtschaft – zwei zentrale Pfeiler des NS-Ideologiegebäudes, zwei grundlegende Ziele des Regimes, die es ab 1938 rücksichtslos, mit militärischen Mitteln und oft mit brutaler Gewalt gegen die Zivilbevölkerung verwirklichen wollte. Bereits seit dem Winter 1937/38 war klar, dass die Zerschlagung der Ersten Tschechoslowakischen Republik und die Ausbeutung ihrer Ressourcen eines der wichtigsten Expansionsziele des NS-Regimes bildete. Seit diesem Zeitpunkt verfolgten Hitler und seine Satrapen das Ziel, die Tschechoslowakei zu destabilisieren. Politisch und wirtschaftlich geschwächt sollte sie nach einem Krieg besetzt und in den deutschen Herrschaftsraum eingegliedert werden. Der »Anschluss« Österreichs sowie die sich im Frühjahr 1938 zuspitzende »Sudetenkrise« bestärkten Hitler in seiner Absicht, möglichst bald gegen die Tschechoslowakei »loszuschlagen«, auch um den Preis eines große Teile Europas erfassenden Kriegs. Die Verhandlungsinitiative des britischen Premierministers Neville Chamberlain, die zum »Münchener Abkommen« führte, entschärfte die politische Krise und führte zu einem äußerst brüchigen Frieden, wie sich schnell erweisen sollte. Am 29. September 1938 einigten sich Deutschland, Italien, Frankreich und Großbritannien im »Münchener Abkommen« auf die Modalitäten, nach denen die Tschechoslowakei die Gebiete in ihren Grenzregionen abtreten musste, die mehrheitlich von einer deutschen Bevölkerung bewohnt wurden. Als unmittelbare Folge dieses Diktat, durch das die Tschechoslowakei ca. ein Drittel seiner Bevölkerung und einen nicht unbeträchtlichen Teil seines Industriepotentials verlor, rückten ab dem 1. Oktober 1938 deutsche Truppen nach dem auf der Konferenz festgelegten Plan in das in vier Gebietsabschnitte aufgeteilte Sudetenland ein.[1]

Für einige deutsche Großunternehmen wie die I. G. Farben oder die Reichswerke Hermann Göring, aber auch für die Großbanken und einige Regionalinstitute war die Münchener Konferenz das definitive Signal, ihre Expansion in das gerade annektierte Gebiet zu beginnen.[2] Dabei

---

1 Akten zur deutschen auswärtigen Politik (1918–1945), Serie D (1937–1945), Band 2: Deutschland und die Tschechoslowakei (1937–38), Baden-Baden 1950, S. 810/11, Dok. 674, Aufzeichnung des Legationsrates Erich Kordt (Büro des Reichsaußenministeriums) über die zweite Besprechung zwischen dem britischen und französischen Premierminister, dem Duce und dem Führer in München; S. 812/13, Abkommen zwischen Deutschland, Großbritannien, Italien und Frankreich vom 29. September 1938. Zur Sudetenkrise und zum Münchner Abkommen: Keith Robbins, München 1938. Zur Krise der Politik des Gleichgewichts, Gütersloh 1969; Ronald M. Smelser, Das Sudetenproblem und das »Dritte Reich« 1933–1938, München u. Wien 1980; Volker Zimmermann, Die Sudetendeutschen im NS-Staat. Politik und Stimmung der Bevölkerung im Reichsgau Sudetenland, 1938–1945, Essen 1999, sowie allgemeiner gefasst: Ian Kershaw, Hitler, 1936–1945, Stuttgart 2000, S. 149–180.
2 Siehe hierzu: Staatsarchiv Nürnberg, KV-Prozesse, Fall 11 (Wilhelmstraßen-Prozess), NI-5701 (NID-5701), Memorandum der Reichswerke Hermann Göring, Linz vom 20. Oktober 1938: Interessen in

waren sie jedoch an Vorgaben gebunden, die von der Reichsregierung und den Institutionen des NS-Herrschaftsapparates erstellt worden waren, um die Umgestaltung der Wirtschaft im Sudetenland und die ökonomische Penetration zu kanalisieren. Trotz einiger geheimer Sondierungen während des Sommers 1938 befassten sich die Reichsbehörden in Berlin jedoch erst nach dem »Münchener Abkommen« und dem Einmarsch deutscher Truppen in das Sudetenland am 1. Oktober 1938 konkret mit der Umgestaltung des dortigen Bankwesens. Zwischen dem 1. und 5. Oktober 1938 fanden in Berlin mehrfach Besprechungen zwischen Vertretern des Reichswirtschaftsministeriums, des Reichskommissariats für das Kreditwesen sowie einiger Groß- und Regionalbanken statt, auf der die Kompetenzen für die anstehende »Neuordnung« und die ersten Schritte dazu festgelegt wurden. Schließlich folgte man der Kompetenzabgrenzung, die auch im bisherigen Reichsgebiet für Fragen der Bankenorganisation galt. Das Reichskommissariat für das Kreditwesen unter seinem Leiter Friedrich Ernst sollte über die Struktur des Bankwesens im Sudetenland entscheiden, während Beschlüsse über währungspolitische Fragen, über bankinternen Probleme wie Liquidität und Rentabilität in den Kompetenzbereich des Reichswirtschaftsministeriums fielen.[3]

Am 14. Oktober 1938 entschied der Reichskommissar für das Kreditwesen, Friedrich Ernst, nach einem gut zwei Wochen dauernden Entscheidungsfindungsprozess, dass die Dresdner Bank das sudetenländische Filialnetz der Böhmischen Escompte-Bank und Creditanstalt (Bebca) sowie vier Niederlassungen der Živnostenská banka erhalten sollte, während er der Deutschen Bank das Filialnetz der Böhmischen Union-Bank sowie der Deutschen Agrar- und Industriebank zuordnete. Die Allgemeine Deutsche Creditanstalt (ADCA) aus Leipzig konnte einen großen Teil des Filialnetzes der Bank für Handel und Industrie aus Prag sowie der Böhmischen Industrialbank übernehmen. Zudem sollten ihr die meisten Niederlassungen der Anglo-tschechoslowakischen und Prager Creditbank übertragen werden. Kleinere reichsdeutsche Provinzbanken sowie einige Privatbankhäuser erhielten die restlichen Niederlassungen dieser drei Prager Banken sowie Zentralen und Zweigstellen einiger lokal operierender sudetenländischer Institute. Die Creditanstalt-Wiener Bankverein und die Länderbank Wien AG wurden nach Südmähren zugelassen.[4] Am 14. Oktober 1938 verfasste Ernst einen Brief, adressiert an die Vorstände der Dresdner Bank, der Deutschen Bank und der ADCA, in dem er die Verhandlungen mit den jeweiligen Prager Instituten über die Filialübernahme freigab. Zudem machte er zum ersten Mal Angaben darüber, wie viele Niederlassungen den reichsdeutschen Banken im

---

den abgetretenen sudetendeutschen Gebieten; NI-11867 (NID-11867), Affidavit von Josef Kalfuss, 1936–1945 Finanzminister der Tschechoslowakei bzw. der Regierung des Protektorates Böhmen und Mähren über die wirtschaftliche Ausbeutung des Protektorates durch die Dresdner Bank unter Schutz und Förderung der deutschen Regierung.

3 Rossiskij Gosudarstvennij Voennyj Archiv v Moskve (RGVA Moskau), Fond 1458, Findbuch 10, Akte 232, Bl. 117–19, Vermerk des Oberregierungsrats Joachim Riehle aus dem Reichswirtschaftsministerium vom 11. Oktober 1938 über eine Besprechung am 5. Oktober 1938; Findbuch 10, Akte 227, Bl. 30–32, Aktenvermerk von Dr. Kurt Wolf vom Reichskommissariat für das Kreditwesen vom 10. Oktober 1938 über eine Besprechung bei Ministerialdirektor Kurt Lange im Reichswirtschaftsministerium am 5. Oktober 1938.

4 RGVA Moskau, Fond 1458, Findbuch 10, Akte 227, Bl. 228, Brief Ernsts an die Vorstände der Deutschen Bank und der Dresdner Bank vom 14. Oktober 1938; Bl. 230, Brief Ernsts an den Vorstand der Allgemeinen Deutschen Creditanstalt (ADCA) vom 14. Oktober 1938. Ausführlich dazu: Harald Wixforth, Auftakt zur Ostexpansion. Die Dresdner Bank und die Umgestaltung des Bankwesens im Sudetenland 1938/39, Dresden 2001, S. 101–105, S. 110–114.

Sudetenland zugewiesen werden sollten.[5] Die Dresdner Bank hatte sich bei der Umgestaltung des sudetenländischen Bankwesens mit ihren Wünschen durchsetzen können, während ihre große Konkurrentin, die Deutsche Bank, mit der zweitbesten Option vorlieb nehmen musste.[6]

Nach weiteren Gesprächen mit Vertretern der Kreditinstitute übermittelte Reichskommissar Ernst Mitte November 1938 den Berliner Ministerien, aber auch den beteiligten Banken einen Plan über die Filialverteilung. Danach sollte die Deutsche Bank mit sechzehn Filialen und einer Kassenstelle, die Dresdner Bank mit dreizehn Filialen und vier Kassenstellen, die ADCA mit dreizehn Niederlassungen und drei Kassenstellen und die Commerzbank mit sieben Filialen und einer Kassenstelle im Sudetenland präsent sein.[7] Da dieser Plan die Verhandlungsergebnisse zwischen Ernst den involvierten Banken berücksichtigte, bot er zunächst keinen Anlass für weitere Konflikte.[8] Mit diesem Schritt war die Umgestaltung des Bankwesens im Sudetenland zum großen Teil abgeschlossen. Innerhalb von zwei Monaten waren die Niederlassungen der Prager Institute auf Banken aus dem »Altreich« oder aus Österreich übergegangen. Dabei wurden die Filialnetze so stark ausgedünnt, bis die nach Auffassung des Reichswirtschaftsministeriums und des Reichskommissariats für das Kreditwesen stark »übersetzte« Bankenstruktur jenen Kriterien angepasst war, die auch im Reich galten. Im Sudetenland war nahezu die Hälfte aller Niederlassungen der Prager Banken geschlossen worden – ein erheblicher Verlust an Kundennähe in der Kreditwirtschaft, vor allem aber ein erschreckender Substanzverlust für die Prager Institute. Für die reichsdeutschen Banken brachte der Aufbau der neuen Filialstruktur eine erfreuliche Ausweitung ihrer Geschäftstätigkeit. Dennoch artikulierte sich an der von Ernst vorgenommenen und am 1. Dezember 1938 vom Reichswirtschaftsministerium sanktionierten Filialverteilung Kritik. Vielen reichsdeutschen Instituten ging die Schließung von Niederlassungen zu weit, so dass sie eine Neufestsetzung der Filialverteilung bzw. eine »Kompensation« für etwaige »Härtefälle« verlangten. Bereits im Dezember 1938, vor allem aber ab Anfang 1939 war absehbar, dass die Frage der Filialverteilung für die nächsten Monate noch eine Menge an Konfliktstoff beinhalten würde.[9]

---

5 RGVA Moskau, Fond 1458, Findbuch 10, Akte 227, Bl. 228, Brief des Reichskommissars für das Kreditwesen vom 14. Oktober 1938 an die Vorstände der Deutschen Bank und der Dresdner Bank; Fond 1458, Findbuch 10, Akte 227, Bl. 230, Brief des Reichskommissars für das Kreditwesen vom 14. Oktober 1938 an den Vorstand der ADCA.
6 Wixforth, Auftakt zur Ostexpansion, S. 90–103.
7 RGVA Moskau, Fond 1458, Findbuch 10, Akte 227, Bl. 450, Plan über die Filialverteilung vom 18. November 1938.
8 RGVA Moskau, Fond 1458, Findbuch 10, Akte 228, Bl. 12, Aktenvermerk des Assessors Schreihage vom Reichskommissariat für das Kreditwesen vom 28. November 1938 über eine Unterredung zwischen Ernst, Ministerialrat Wolf, Oberregierungsrat Riehle und dem Wirtschaftsbeauftragten Henleins, Wolfgang Richter, am 22. November 1938.
9 RGVA Moskau, Fond 1458, Findbuch 10, Akte 228, Bl. 275, Brief des Reichskommissars für das Kreditwesen an den Reichskommissar für die sudetendeutschen Gebiete, z. Hd. Herrn Wolfgang Richter, vom 2. Dezember nebst Plan über die Filialverteilung vom 1. Dezember 1938. Vgl. auch Wixforth, Auftakt zur Ostexpansion, S. 122/23.

2. Der Konflikt um die Filiale Eger

In der Aufstellung des Reichskommissars für das Kreditwesens vom 1. Dezember 1938 über die Verteilung der Filialen, welche von reichsdeutschen Banken übernommen werden sollten, war der Dresdner Bank auch der Standort Eger zugewiesen worden. Schnell zeigte sich jedoch, dass mit dieser Entscheidung Probleme verbunden waren. Auch die Deutsche Bank und die Commerzbank waren nach Eger zugelassen worden, so dass die Dresdner Bank bald befürchtete, die Berliner Institute würden sich hier unnötig scharfe Konkurrenz machen. Beim Reichskommissar für das Kreditwesen fragte die Dresdner Bank daher Anfang Dezember 1938 an, ob sie anstelle von Eger in Asch eine Niederlassungen eröffnen dürfe.[10]

Nach kurzen Verhandlungen gaben sowohl der Reichskommissar für das Kreditwesen, als auch der Reichskommissar für die sudetendeutschen Gebiete dazu ihr Plazet, forderten allerdings, dass die Dresdner Bank dafür nicht auf den Standort Eger, sondern auf Mährisch-Schönberg verzichten sollte.[11] Gegen diese Entscheidung protestierten sowohl Vertreter der Egerländer Industrie, als auch der lokalen Kreditwirtschaft. Sie glaubten, dass bei einer Präsenz von drei Berliner Instituten in Eger das dortige Bankwesen »übersetzt« sei, zudem die lokalen Kreditgenossenschaften und Sparkassen kaum noch profitabel arbeiten könnten.[12] Dieser Protest trug Früchte. Reichskommissar Ernst ordnete Ende Dezember 1938 an, dass die ehemalige Bebca-Filiale in Eger doch nicht von der Dresdner Bank weitergeführt werden sollte.[13] Die Dresdner Bank akzeptierte dieser Entscheidung, da sie den Standort Asch ohnehin für wichtiger als Eger hielt. Sie plante daher, die ehemalige Bebca-Filiale in Eger innerhalb der nächsten zwei Monate zu schließen. Von diesem Schritt wären insgesamt 14 Angestellte betroffen gewesen, die auf eine Übernahme durch die Dresdner Bank gehofft hatten.[14] Als sich diese Überlegungen konkretisierten, riefen sie unter der Belegschaft der Niederlassung starke Beunruhigung hervor. Als ein Protest gegen die beabsichtigte Maßnahme bei der neuen Gebietsdirektion der Dresdner Bank in Reichenberg keinen Erfolg brachte, wandten sich die Angestellten der Filiale aus Eger direkt an Hermann Göring, um ihn zu bitten, für den Erhalt ihres Arbeitsplatzes bei der Dresdner Bank zu intervenieren.[15] Göring schaltete sich jedoch nicht in diese Angelegenheit ein und ver-

---

10   RGVA Moskau, Fond 1458, Findbuch 10, Akte 228, Bl. 266, Aktenvermerk des Assessors Schreihage vom Reichskommissariat für das Kreditwesen vom 1. Dezember 1938 über die Filialverteilung; Fond 1458, Findbuch 10, Akte 228, Bl. 267, Brief des Reichskommissars für das Kreditwesen vom 1. Dezember 1938 an den Vorstand der Dresdner Bank.
11   RGVA Moskau, Fond 1458, Findbuch 10, Akte 228, Bl. 333, Brief des Reichskommissars für die sudetendeutschen Gebiete an den Reichskommissar für das Kreditwesen vom 12. Dezember 1938.
12   RGVA Moskau, Fond 1458, Findbuch 10, Akte 228, Bl. 338, Brief des Reichskommissars für das Kreditwesen an den Reichskommissar für die sudetendeutschen Gebiete vom 23. Dezember 1938; Fond 1458, Findbuch 10, Akte 228, Bl. 340/41, Eingabe der Kreditanstalten aus dem Egerland an den Reichskommissar für das Kreditwesen vom 12. Dezember 1938; Fond 1458, Findbuch 10, Akte 228, Bl. 404/05.
13   RGVA Moskau, Fond 1458, Findbuch 10, Akte 228, Bl. 337, Aktenvermerk des Assessors Schreihage vom Reichskommissariat für das Kreditwesen vom 23. Dezember 1938; Brief des Reichskommissars für das Kreditwesen vom 23. Dezember 1938 an die Egerer Sparkasse vom 23. Dezember 1938.
14   Dresdner Bank AG Frankfurt, Rechtsabteilung, Akte 363, Geschäftsübernahmevertrag zwischen der Dresdner Bank und der Bebca Prag vom 4. Februar 1939, Anlage 27, S. 4.
15   RGVA Moskau, Fond 1458, Findbuch 10, Akte 234, Bl. 17/18, Telegramm der Gefolgschaft der Bebca-Filiale in Eger an Ministerpräsident Hermann Göring vom 28. Dezember 1938; Fond 1458, Findbuch 10, Akte 234, Bl. 19, Brief des Reichswirtschaftsministeriums an den Reichskommissar für das Kreditwesen vom 3. Januar 1939.

wies die Bebca-Angestellten an das Reichswirtschaftsministerium. In der Dringlichkeit ihres Anliegens sahen diese sich jedoch bestätigt, als der Reichskommissar für das Kreditwesen am 25. Januar 1939 der Dresdner Bank zwar die Genehmigung zur Eröffnung einer Filiale in Asch erteilte, von ihr jedoch die schnelle Schließung der Niederlassung in Eger forderte.[16]

Angesichts dieser für sie ungünstigen Entwicklung versuchte die Belegschaft ihren Protest zu intensivieren und den Druck auf die Berliner Behörden zu erhöhen. Bereits Anfang Januar 1939 hatte ein Prokurist der Niederlassung, der mit Hitler zusammen eine Klosterschule in Oberösterreich besucht und mit ihm sogar zusammen in einem Kirchenchor gesungen hatte,[17] diesem unter Hinweis auf ihre alte Freundschaft einen Brief geschrieben, in dem er »den Führer und lieben Freund« bat, sich persönlich für den Erhalt der Bebca-Filiale in Eger und für ihre Überleitung auf die Dresdner Bank einzusetzen.[18] Als Argument für sein Anliegen führte der Prokurist Heinz Brunbauer an, dass diese Niederlassung nicht nur eine der ältesten und ertragsstärksten der Bebca, sondern auch eine unentbehrliche Stütze der heimischen Wirtschaft im gesamten Egerland sei. Die Schließung der Filiale würde nicht nur für die Dresdner Bank einen immensen Prestigeverlust, sondern für die gesamte Industrie der Region einen kaum reparablen Schaden hervorrufen, der auch nicht durch die Präsenz anderer reichsdeutscher Institute in Eger kompensiert werden könne.[19] Nun schickte Brunbauer diesen Brief an Hitler ab mit der Bitte, sich für sein Ansinnen einzusetzen. Weder die Reichskanzlei, noch Hitlers persönlicher Chefadjutant Wilhelm Brückner[20] sahen zunächst eine Veranlassung, sich in diese Auseinandersetzung einzuschalten. Der Glaube Brunbauers und des Personals in der Bebca-Filiale in Eger, dass Hitler persönlich in dieser Angelegenheit für sie erfolgreich intervenieren würde, war jedoch nicht zu erschüttern. Zunächst schien es jedoch, als ob die Entscheidung des Reichskommissars für das Kreditwesen nicht angetastet würde. Die ehemalige Bebca-Filiale in Eger sollte nicht von der Dresdner Bank weitergeführt werden. Der Konflikt nahm jedoch während des gesamten Frühjahrs 1939 an Schärfe zu. Während dieser Zeit sah die Dresdner Bank davon ab, den Geschäftsbetrieb in der Niederlassung einzustellen.[21]

Angesichts einer drohenden Verhärtung der Fronten fragte die Dresdner Bank im Juni 1939 erneut beim Reichskommissariat für das Kreditwesen an, ob sie die Niederlassung in Eger doch nicht für eine kurze Zeit weiterführen solle. Dies wurde mit dem Hinweis auf die scharfe Konkurrenz unter den Kreditinstituten an diesem Standort abgelehnt.[22] Im Juni 1939 nahm der Konflikt jedoch eine unvorhergesehene Wendung. Angesichts der abermaligen Ablehnung

---

16 RGVA Moskau, Fond 1458, Findbuch 10, Akte 234, Bl. 115, Brief des Reichskommissars für das Kreditwesen an die Dresdner Bank vom 25. Januar 1939.
17 RGVA Moskau, Fond 1458, Findbuch 2, Akte 81, Bl. 121, Beglaubigung der Abtei des Benediktinerstiftes Lambach an der Traun vom 14. Oktober 1938 über den gemeinsamen Schulbesuch von Adolf Hitler und Heinz Brunbauer in der Abtei von 1895 bis 1900. Zu Hitlers Schulzeit siehe: Ian Kershaw, Hitler, 1889–1936, Stuttgart 2000, S. 44–47.
18 RGVA Moskau, Fond 1458, Findbuch 2, Akte 81, Bl. 157, Brief des Prokuristen Brunbauer der Bebca-Filiale in Eger an Adolf Hitler vom 6. Januar 1939.
19 RGVA Moskau, Fond 1458, Findbuch 2, Akte 81, Bl. 158–160, ebenda.
20 Zur Person und zum beruflichen Werdegang Wilhelm Brückners siehe: Hermann Weiß (Hg.), Biographisches Lexikon zum Dritten Reich, Frankfurt 1998, S. 64.
21 RGVA Moskau, Fond 1458, Findbuch 2, Akte 81, Bl. 77, Brief des Reichskommissars für das Kreditwesen an den Reichsstatthalter für den Sudetengau am 12. Mai 1939.
22 RGVA Moskau, Fond 1458, Findbuch 2, Akte 81, Bl. 113, Aktenvermerk des Regierungsrates Claus vom Reichskommissariat für das Kreditwesen vom 6. Juni 1939; Fond 1458, Findbuch 2, Akte 81, Bl. 125, Aktenvermerk des Assessors Schreihage vom Reichskommissariat für das Kreditwesen vom 19. Juni 1939 über eine Unterredung mit Vertretern des Deutschen Genossenschaftsverbandes.

des Reichskommissariats für das Kreditwesen, den Fortbestand der Bebca-Filiale in Eger zu genehmigen, richtete Brunbauer erneut ein geradezu wehleidiges Schreiben an Hitler und wiederholte seine Bitte. Er insistierte noch einmal nachdrücklich darauf, »dass die Entscheidung des Reichskommissars für das Kreditwesen in Berlin nicht zur Durchführung kommt.«[23] Um seiner Forderung noch mehr Nachdruck zu verleihen, schickte Brunbauer ein Schreiben mit ähnlichem Inhalt auch an Göring. Bei beiden suchte er zudem um eine persönliche Aussprache nach, um ihnen die Dringlichkeit der Angelegenheit zu verdeutlichen.[24]

Eine persönliche Audienz bei Hitler oder Göring konnte Brunbauer zu dieser Zeit noch nicht erreichen. Immerhin gelang es ihm aber, sein Anliegen im Reichskommissariat für das Kreditwesen bei einem Besuch Mitte Juni 1939 in Berlin vorzubringen, wo man sich von der von ihm ins Feld geführten alten »Freundschaft mit dem Führer« sichtlich beeindruckt zeigte. Brunbauer insistierte bei Reichskommissar Ernst nachdrücklich darauf, dass die Dresdner Bank am Standort Eger bleiben müsse. Als Argument für seine Forderung führte er an, dass die Bebca dort nicht nur eine rentable Niederlassung betrieben habe, sondern auch ihr Geschäft für die heimische Industrie von immenser Bedeutung sei. Ein Tausch Eger gegen Asch sei zudem für die Industrie des Egerlandes nur schwer zu akzeptieren.[25] Mit seinem Schritt hatte Brunbauer als Emissär der Belegschaft offenbar einen Alleingang unternommen, der weder mit der Gebietsdirektion der Dresdner Bank in Reichenberg, noch mit ihrer Zentrale in Berlin abgestimmt worden war. Aus diesem Grund bat er die Mitarbeiter des Reichskommissariat, gegenüber der Dresdner Bank Stillschweigen zu bewahren. Mit der Dresdner Bank wollte sich Brunbauer erst dann in Verbindung setzen, wenn die Berliner Behörden positive Signale in Richtung Erhalt der Niederlassung aussenden würden.[26]

3. Die Lösung

Soviel Hartnäckigkeit beeindruckte offenbar auch Hitler und seine Satrapen. Mit Schreiben vom 26. Juni 1939 forderte Hitlers Chefadjutant Wilhelm Brückner auf dessen Weisung hin Reichswirtschaftsminister Funk auf, »die Angelegenheit noch einmal nachprüfen zu lassen und zu erwägen, ob es nicht möglich ist, die Filiale in Anbetracht der Härte gegenüber den Beamten dieser Filiale weiter bestehen zu lassen.«[27] Das Reichswirtschaftsministerium stand

---

23 RGVA Moskau, Fond 1458, Findbuch 2, Akte 81, Bl. 154–56, Brief des Prokuristen Brunbauer der Dresdner Bank-Filiale in Eger an Hitler vom 26. Juni 1939. Hier heißt es weiter: »Nachdem die Entscheidung des Reichskommissars für das Kreditwesen in Berlin einen, die Wirtschaft im engeren Egerlande schädigenden Beschluss darstellt, so glaube ich einen nationalsozialistischen Pflichtdienst zu erfüllen, wenn ich die massgebenden Stellen des Staates von den letzten Geschehnissen unterrichte ... Seit 6 Monaten führe ich um die Erhaltung meiner Filiale einen zähen Kampf und habe oft den Eindruck, als ob hinter mir Kräfte am Werk sind, die meine ehrlichen Bestrebungen sabotieren.«
24 RGVA Moskau, Fond 1458, Findbuch 2, Akte 81, Bl. 164–67, Brief Brunbauers an Göring vom 18. Juni 1939.
25 RGVA Moskau, Fond 1458, Findbuch 2, Akte 81, Bl. 127, Aktenvermerk des Assessors Kalkstein vom Reichskommissariat für das Kreditwesen vom 30. Juni 1939 über einen Besuch des Prokuristen Brunbauer von der Dresdner Bank-Filiale in Eger am 21. Juni 1939.
26 RGVA Moskau, Fond 1458, Findbuch 2, Akte 81, ebenda. Hier hieß es dazu: »Brunbauer ist ein alter Schulfreund des Führers. Er will gelegentlich dem Führer einen Besuch abstatten und evtl. auch bei Feldmarschall Göring vorsprechen.«
27 RGVA Moskau, Fond 1458, Findbuch 2, Akte 81, Bl. 153, Brief des persönlichen Adjutanten Hitlers, Wilhelm Brückner, an Reichswirtschaftsminister Walter Funk vom 27. Juni 1939; Fond 1458,

nun unter Zugzwang. Nach weiteren intensiven Beratungen mit dem Reichskommissariat für das Kreditwesen, dem Reichsbankdirektorium und dem Stabe Henlein schickte die Berliner Behörde Brückner einen Monat später ein Antwortschreiben. Die lange Verzögerung wurde damit begründet, dass man den Fall bei verschiedenen Stellen noch einmal habe beraten müssen. Die Berliner Behörde sprach sich ebenso wie das Reichskommissariat für das Kreditwesen von aller Schuld für das aufgetauchte Problem frei. Vielmehr belastete sie die Dresdner Bank. Diese habe den Standort Eger zunächst abgelehnt und sich für Asch entschieden und erst nach Protesten der Belegschaft sich nochmals für den Erhalt der ehemaligen Bebca-Filiale eingesetzt. Aufgrund dieser Haltung der Dresdner Bank seien aber andere Banken nach Eger zugelassen worden, so dass für die Dresdner Bank angesichts der scharfen Konkurrenz unter den Kreditinstituten dort kein Platz mehr sei.[28]

Um keine unnötigen Konflikte mit der Reichskanzlei hervorzurufen bot das Reichswirtschaftsministerium in dem Schreiben auch eine Lösung des Problems an. Zum einen verwies es auf das Angebot der Dresdner Bank, die ehemaligen Bebca-Angestellten in anderen Filiale im Reichsgebiet weiter zu beschäftigen. Zum anderen regte es an, dass andere reichsdeutsche Banken, die nach Eger oder benachbarten Standorten zugelassen worden waren, die Belegschaft übernehmen sollten.[29] Diese Reaktionen aus Berlin konnte die Belegschaft der ehemaligen Bebca-Filiale nicht beruhigen. Brunbauer wandte sich in einem erneuten Schreiben Ende Juli 1939 an Reichskommissar Ernst mit der Bitte, ihm persönlich noch einmal den Sachverhalt vortragen zu dürfen. Ernst stellte eine Unterredung für Mitte August in Aussicht, machte aber sonst keine weiteren Zugeständnisse.[30] In der Zwischenzeit hatten Ernst und seine Mitarbeitern, nachdem sie sich mit der Zentrale der Dresdner Bank abgestimmt hatten, Kontakt mit Vorstandsmitgliedern der Commerzbank aufgenommen, um bei dieser die Weiterführung der ehemaligen Bebca-Filiale und die Übernahme des Personals zu erreichen.[31] Am 29. Juli 1939 erklärte sich die Commerzbank grundsätzlich mit einem solchen Schritt einverstanden. Sie sicherte zudem zu, das gesamte Personal zu übernehmen und wenn eben möglich auch in Eger zu belassen, so dass niemand versetzt werden müsse. Allerdings seien noch Verhandlungen mit der Dresdner Bank über den Preis des Bankgebäudes und die tarifliche Eingruppierung der Angestellten erforderlich.[32] Angesichts dieser Verständigung waren alle Beteiligten in Berlin erleichtert, dass sich eine Lösung des Konflikts anzubahnen schien. Die Angestellten in der Niederlassung in Eger sahen dies jedoch anders. Sie wollten auf keine Fall zur Commerzbank überwechseln, die ihrer Meinung nach »im Sudetenland keine Gegenliebe findet und deshalb wohl auch die gesamte

---

Findbuch 10, Akte 82, Bl. 238–41, Brief Brunbauers an Reichswirtschaftsminister Funk vom 30. Juni 1939.

28 RGVA Moskau, Fond 1458, Findbuch 2, Akte 81, Bl. 150/51, Brief des Reichswirtschaftsministeriums an SA-Obergruppenführer Wilhelm Brückner vom 22. Juli 1939; Fond 1458, Findbuch 10, Akte 82, Bl. 251–54, Brief Brunbauers an Brückner vom 22. Juli 1939.

29 RGVA Moskau, Fond 1458, Findbuch 2, Akte 81, Bl. 152, ebenda; Bl. 149, Brief des Reichswirtschaftsministeriums an den Reichskommissar für das Kreditwesen vom 22. Juli 1939, Fond 1458, Findbuch 10, Akte 82, Bl. 255, Vermerk Riehles vom 22. Juli 1939; Bl. 256/57, Brief Funks an Brückner vom 22. Juli 1939.

30 RGVA Moskau, Fond 1458, Findbuch 2, Akte 81, Bl. 181–83, Brief Brunbauers an den Reichskommissar für das Kreditwesen vom 26. Juli 1939.

31 RGVA Moskau, Fond 1458, Findbuch 2, Akte 81, Bl. 192, Aktenvermerk des Ministerialrates Wolf vom Reichskommissariat für das Kreditwesen vom 1. August 1939 über Verhandlungen mit dem Vorstandsmitglied Hettlage von der Commerzbank am 29. Juli 1939.

32 RGVA Moskau, Fond 1458, Findbuch 2, Akte 81, Bl. 187/88, Brief der Commerzbank an den Reichskommissar für das Kreditwesen vom 29. Juli 1939.

Gefolgschaft nicht übernehmen und bezahlen könne«.³³ Der energische Hinweis von Reichskommissar Ernst und seinen Mitarbeitern, eine solche Einschätzung entspräche kaum den Tatsachen, zudem solle man erst die weiteren Verhandlungen zwischen den beiden Kreditinstituten und mit dem Reichskommissariat für das Kreditwesen abwarten, vermochte Brunbauer und seine Kollegen dennoch kaum zum Einlenken zu bewegen.³⁴

Knapp zwei Wochen später mussten er und die anderen Belegschaftsmitglieder ihre Abwehrhaltung gegen diesen Plan jedoch aufgeben. Brunbauer war inzwischen von Hitler empfangen worden, hatte diesem den Sachverhalt vorgetragen, jedoch nicht die erhofften positiven Signale erhalten. Hitler hatte ihm zugesichert, sich für seine »Angelegenheit« einzusetzen, jedoch keine Revision des von den Berliner Behörden vorgelegten Plans in Aussicht gestellt. Statt dessen ordnete er an, alle sozialen Belange der Belegschaft aus Eger bei der Überleitung auf eine neue Filiale »voll und ganz zu berücksichtigen.« Der Eindruck drängt sich auf, dass Hitler sich nicht intensiver mit der Materie befassen, seinen Schulfreund aber auch nicht verprellen wollte. Sich intensive mit Detailfragen zu beschäftigen, war Hitler offenbar zuwider. Gleichzeitig musste er seinem Schulfreund gegenüber jedoch den Anschein des allgewaltigen und stets um das Wohl der »Gefolgschaft« besorgten »Führers« wahren. Er versprach ihm daher, sich bei den Banken für eine Lösung im Interesse der Belegschaft einzusetzen, ohne jedoch konkret zu werden. Vor diesem Hintergrund hielt Brunbauer weitere Anstrengungen für den Erhalt einer Filiale der Dresdner Bank in Eger für nicht mehr notwendig, glaubt er doch, dass die Schlichtung des »Führers« für alle das Beste sei. Sowohl er selbst wie auch seine Kollegen in Eger waren nach dieser Entwicklung bereit, in die Dienste der Commerzbank überzuwechseln, sofern ihnen die gleichen tarifrechtlichen Arbeitsbedingungen wie vorher garantiert würden.³⁵

Die Commerzbank sicherte ihren neuen Mitarbeitern dies auch zu, nachdem es sich mit der Dresdner Bank über die genauen Modalitäten der Filialübergabe verständigt hatte. Diese ließ durch ihren Direktor Richter gegenüber dem Reichskommissariat für das Kreditwesen ihre Zustimmung zu diesem Schritt erklären, auch wenn sie sich ausdrücklich vom Vorgehen Brunbauers distanzierte.³⁶ Offensichtlich hatte eine intensive Verhandlungsrunde zwischen dem Aufsichtsratsvorsitzenden der Dresdner Bank, Carl Goetz, und einem Vorstandsmitglied der Commerzbank, Professor Karl Hettlage, ein solches Ergebnis ermöglicht. Hitler selber dürfte eine solche Regelung nicht erst ermöglicht haben. Ohne eine exakte vertragliche Fixierung wurden in einem zwischen beiden Banken abgestimmten Verfahrensplan die einzelnen

---

33   RGVA Moskau, Fond 1458, Findbuch 2, Akte 81, Bl. 202/03, Aktenvermerk des Ministerialrates Wolf vom Reichskommissariat für das Kreditwesen vom 5. August 1939 über einen Anruf des Prokuristen Brunbauer vom gleichen Tag; Fond 1458, Findbuch 2, Akte 81, Bl. 251, Brief des Reichswirtschaftsministeriums (Ministerialrat Riehle) an das Reichskommissariat für das Kreditwesen, z. Hd. Herrn Ministerialrat Wolf, vom 17. August 1939.

34   RGVA Moskau, Fond 1458, Findbuch 2, Akte 81, Bl. 203, Aktenvermerk des Ministerialrates Wolf vom Reichskommissariat für das Kreditwesen vom 5. August 1939 über einen Anruf des Prokuristen Brunbauer vom gleichen Tag; Fond 1458, Findbuch 10, Akte 82, Bl. 258, Brief von Ernst an Funk vom 30. August 1939.

35   RGVA Moskau, Fond 1458, Findbuch 2, Akte 81, Bl. 241, Aktenvermerk des Assessors Schreihage vom Reichskommissariat für das Kreditwesen vom 21. August 1939 über eine Unterredung mit dem Prokuristen Brunbauer aus Eger.

36   RGVA Moskau, Fond 1458, Findbuch 2, Akte 81, Bl. 241, Aktenvermerk des Assessors Schreihage vom Reichskommissariat für das Kreditwesen vom 21. August 1939 über Gespräche mit Direktor Schilling von der Commerzbank sowie Direktor Richter von der Dresdner Bank.

Schritte für die Filialübertragung festgehalten.[37] Nach den getroffenen Regelungen wollte die Commerz- und Privatbank die Belegschaft der Filiale in Eger zu den alten Konditionen sowie das Bankgebäude inklusive Inventar übernehmen. Die Dresdner Bank kaufte dafür von ihr im Gegenzug das ehemalige, nun nicht mehr genutzte Bankgebäude des Barmer Bankvereins in Essen.[38] Am 22. August 1939 teilte die Dresdner Bank dem Reichskommissar für das Kreditwesen mit: »Hierdurch erlauben wir uns, Ihnen davon Kenntnis zu geben, dass wir unsere Niederlassung Eger am 31. des Monats schließen. Das Geschäft werden wir nach einer Übereinkunft mit der Commerzbank AG versuchen, auf deren Niederlassung Eger zu übertragen.«[39] Zwei Tage später bestätigte die Commerzbank diesen Sachverhalt.[40] Die Genehmigung des Reichskommissariats für das Kreditwesen und des Reichswirtschaftsministerium war angesichts dieser Übereinkunft nur noch eine Formsache. Der mehr als ein halbes Jahr andauernde Konflikt um die Aufrechterhaltung der ehemaligen Bebca-Filiale in Eger war damit beendet.[41]

4. Fazit

Die Auseinandersetzung um die Filiale Eger zeigt, dass nicht alle Bebca-Angestellten die Entscheidungen akzeptierten, die in Berliner Behörden oder der Zentrale der Dresdner Bank bei der »Neuordnung« der sudetenländischen Kreditwirtschaft gefällt wurden. Sie waren durchaus bereit, dagegen anzugehen, für ihre Interessen zu kämpfen und dabei unkonventionelle Methoden einzusetzen. Sowohl die Dresdner Bank als auch die zuständigen Behörden wurden durch dieses Vorgehen überrascht. Ihre Irritation steigerte sich noch, als die Belegschaft in Eger bei Hitler und seinem Stab Gehör zu finden schien. Nun wollte keine der Behörden ihr Gesicht verlieren, aber auch keinen Konflikt mit Hitler und seinen Satrapen hervorrufen. Erst nachdem sich Hitler für die vom Reichswirtschaftsministerium und dem Reichskommissariat für das Kreditwesen skizzierte Lösung ausgesprochen hatte, jedoch den Anschein einer gütigen Schlichtung im Interesse Aller erweckte, gaben die ehemaligen Bebca-Angestellten ihren Kampf auf. Sie waren im Glauben an seine gewichtige Fürsprache, ohne dass sie von ihm tatsächlich konkrete Unterstützung erhalten hatten. Die schließlich gefundene Lösung, die von Hitler selber keineswegs fixiert worden war, sorgte nicht nur bei den involvierten Reichsstellen, sondern auch bei der Dresdner Bank für Erleichterung. Sie hatten weder ihr Gesicht verloren, noch an Autorität eingebüßt. Hitler hatte dagegen mit seinem Scheinmanöver das Vertrauen eines Teils der neu in das »Reich« eingegliederten »Volksgemeinschaft« aus dem Sudetenland gewonnen

---

37 RGVA Moskau, Fond 1458, Findbuch 2, Akte 81, Bl. 245–47, Brief der Commerzbank vom 19. August 1939 an die Direktion der Dresdner Bank; Bl. 248, Aktenvermerk von Reichskommissar Ernst vom 6. September 1939. Erstaunlicher Weise führte auf Seiten der Dresdner Bank der Aufsichtsratsvorsitzende Goetz die Verhandlungen mit der Commerzbank, und nicht das für das Sudetenland zuständige Vorstandsmitglied Karl Rasche.
38 RGVA Moskau, Fond 1458, Fond 2, Akte 81, Bl. 247, Brief der Commerzbank vom 19. August 1939 an die Direktion der Dresdner Bank.
39 RGVA Moskau, Fond 1458, Findbuch 10, Akte 228, Bl. 338, Brief der Dresdner Bank an den Reichskommissar für das Kreditwesen vom 22. August 1939.
40 RGVA Moskau, Fond 1458, Findbuch 2, Akte 81, Bl. 239, Brief der Commerzbank an den Reichskommissar für das Kreditwesen vom 24. August 1939; Bl. 244, Brief der Commerzbank an den Reichskommissar für das Kreditwesen vom 1. September 1939.
41 RGVA Moskau, Fond 1458, Findbuch 2, Akte 81, Bl. 241, Schreiben von Ministerialrat Wolf vom Reichskommissariat für das Kreditwesen vom 30. August 1939 an das Reichswirtschaftsministerium.

und damit eine weitere Facette der Mär des allwissenden und allgewaltigen »Führers« hinzugefügt – ein Verfahren, das er in den folgenden Jahren noch häufig praktizieren und das zu einem integralen Bestandteil seines Herrschaftsstils werden sollte.

Stephanie Tilly

Vom besseren Leben und dem Leben der Besseren
Über die Funktionsweise des Rationalisierungs-Kuratoriums der deutschen Wirtschaft (RKW) in den Augen zeitgenössischer Beobachter

»*Der weiße Neger Wumbaba*«. Unter diesem Titel hat Axel Hacke, Kolumnist des Magazins der Süddeutschen Zeitung, vor einigen Jahren ein kleines Buch des »Verhörens« herausgebracht – eine kuriose Textsammlung, die aus Leserzuschriften hervorgegangen war. Aufgerufen, ihm Beispiele für Texte von Liedern – oder auch Begriffe – zukommen zu lassen, die Leser gehört, durch »Verhören« falsch eingeprägt und memoriert hatten, teilte die Leserschaft dem Kolumnisten ihre ärgsten »Verhörer« mit, aus denen der Autor ein wahres Florilegium an Mißverständnissen zusammengetragen hat. Titelgebend für das Bändchen war die phonetisch ähnliche, inhaltlich jedoch stark verformte Variante einer Textzeile des bekannten Abendliedes von Matthias Claudius: »Der Mond ist aufgegangen.« Bekanntlich heißt es hier schon in der ersten Strophe: »(...) der Wald steht schwarz und schweiget/und aus den Wiesen steiget/der weiße Nebel wunderbar« – ein Leser hatte als Kind offenbar stets den »weißen Neger Wumbaba« vor Augen, wenn er diese Zeilen aus dem Gedächtnis nachträllerte.[1]

Archive fungieren als Gedächtnis der Schriftlichkeit – demnach sind »Verhörer« hier kaum aufzuspüren. Aber »Verschreiber« – ihr schriftliches Pendant – werden gelegentlich archiviert. Wohl jeder kennt die vielzitierten, beinahe schon klassisch anmutenden Stilblüten aus Behördenschreiben, amtlichen Berichten oder Geschäftsbriefen – wie etwa den tragischen Fall des jähen Schockfrostens des Absenders nach Erledigung seiner Korrespondenz (*nach Diktat vereist*), die ungeahnte Mobilität von Straßenkreuzungen oder anderen räumlichen Gegebenheiten (*Entfernen des Unfallortes*) oder vergleichbare Un-Sinnigkeiten.[2] Wenn man bedenkt, dass Korrespondenzen oft aus Diktaten hervorgegangen sind, so scheinen Verhörer, Verschreiber und Versprecher aber durchaus als verwandte und vergleichbare Phänomene.

Echte Verschreiber – Buchstabendreher, ausgelassene oder vertauschte Wörter – passieren, so darf man annehmen, unfreiwillig. Ebenso ungeplant, so darf man weiterhin schlußfolgern, geschieht ihr Transfer in das qua offizieller Funktionszuschreibung unerbittliche Erinnerungsvermögen eines historischen Archivs. Dies ist kein Kuriosum im eigentlichen Sinne. Doch zumindest ein kleines bißchen kurios mutet ein Verschreiber an, wenn sich aus dem Kontext eine neuartige Sinnstiftung oder Deutungsmöglichkeit ergibt.

Diese bis hierhin doch recht allgemeinen Deduktionen seien an einem kurzen Beispiel illustriert. Dieses führt in die fünfziger Jahre des 20. Jahrhunderts und wirft ein Schlaglicht auf die

---

1 Axel Hacke/Michael Sowa, Der weiße Neger Wumbaba. Kleines Handbuch des Verhörens, München 2004.
2 Vgl. für eine Sammlung von Stilblüten etwa Emil Waas, »Es fängt damit an, daß am Ende der Punkt fehlt.« Stilblüten aus amtlichen und privaten Schreiben, München ¹⁴1978 sowie Boris Wittich (Hg.), Zeugen liegen bei. Stilbüten aus Polizeiberichten und Gerichtsverhandlungen, München 1976 sowie die Kolumne »Das Beste aus meinem Leben« von Axel Hacke im Magazin der Süddeutschen Zeitung.

163

Tätigkeit des »Rationalisierungs-Kuratoriums der Deutschen Wirtschaft«, kurz RKW.[3] Diese Einrichtung, die Nachfolgeorganisation des 1921 gegründeten »Reichskuratoriums für Wirtschaftlichkeit« hatte sich der Aufgabe verschrieben, als »Mittler der Rationalisierung« die Idee der Rationalisierung zu verbreiten. Ziel war es, die Produktivität der deutschen Wirtschaft in der Nachkriegszeit zu erhöhen – und damit das Wachstumspotential der Volkswirtschaft zu erschließen und technologische Rückstände gegenüber anderen Ländern aufzuholen. Als eine Art Selbstverwaltungskörperschaft strukturiert, war die Organisation als industrienahes Beratungsorgan konzipiert, das durch das Bundeswirtschaftsministerium gefördert wurde.[4] Die Scharnierposition zwischen Staat und Wirtschaft schien sich in der Praxis unbefriedigend zu gestalten und das RKW in der Praxis zu einer Quasi-Behörde avancieren zu lassen.

»Die Geschäftsführung besteht aus zu vielen Beamten«, befand ein westfälischer Unternehmer, Herr P., im Jahr 1955.[5] »Welchen Zweck haben (…) die sogenannten Berater, die selten zu erreichen sind und offenbar (…) nur dann zur Verfügung stehen, wenn sie nichts besseres zu tun haben?« Die Innovationskraft des RKW ließ denn auch zu wünschen übrig: »Der Vorstand scheint mir aus zu betagten Herren zu bestehen«, urteilte der Unternehmer, »was zur Folge hat, daß wenig Initiative von ihm zu erwarten ist.« Zudem seien die Angestellten des RKW vielfach »Herren, die in der Industrie nicht recht vorwärts gekommen sind und im RKW nun ruhig und wenig beaufsichtigt arbeiten können.« Den vom RKW vorgeschlagenen Rationalisierungspfaden seien demnach auch nur »eigenartige ›Erfolge‹« beschieden.[6]

Mit diesem an den BDI-Präsidenten Fritz Berg gerichteten Lamento war der Unternehmer Herr P. einer Anregung des Verbandes beratender Ingenieure gefolgt – denn ein Ingenieur hatte den Unternehmer um eine kritische Eingabe beim BDI gebeten. Über den Wortlaut der durch Herrn P. formulierten Intervention gab sich der Ingenieur im Nachhinein gleichwohl »erschüttert«, hatte doch das Anliegen des Ingenieurs ursprünglich bloß darin bestanden, darauf hinzuweisen, das RKW solle nunmehr angemessen durch die Industrie finanziert werden. Von der Sorge des Ingenieurs über mögliche Folgen einer zu scharf formulierten Kritik zeigte sich der Unternehmer, Herr P., jedoch wenig beeindruckt. »Ich glaube nicht, dass ich mit meinem Brief an Herrn Berg etwas verkorkst habe«, schrieb er zurück, »denn vorläufig habe ich noch nicht einmal eine Bestätigung des Briefs erhalten.«[7]

Die Unzufriedenheit mit dem RKW hatte in industriellen Kreisen schon einige Jahre zuvor an Kontur gewonnen. Die Düsseldorfer Ausstellung »Alle sollen besser leben!« (kurz ASOBEL) im Jahr 1953 warb damit, dass Rationalisierung jeden anginge.[8] Ein besseres Leben für alle, so das Motto, das Verbraucher und Produzenten, dabei vor allem kleine und mittlere Unternehmen, ansprechen wollte. Rationalisierung solle über die Erschließung brachliegender Potentiale und Produktivitätsreserven letztlich allen Bürgern eine bessere Lebensqualität ermöglichen.

Die kapitalismuskritische DDR-Forschung betrachtete das RKW als Werkzeug des Monopolkapitals, sah in der Rationalisierungsausstellung ein »betrügerisches Manöver« und inter-

---

3 Zur Geschichte und Organisationsstruktur des RKW vgl. Hans Wolfgang Büttner, Das Rationalisierungs-Kuratorium der Deutschen Wirtschaft, Düsseldorf 1973.
4 Büttner, Rationalisierungs-Kuratorium, S. 34 ff.
5 WWA Dortmund, F 189 Nr. 10. Schreiben an Fritz Berg vom 13.9.1955.
6 Ebd.
7 WWA Dortmund, F 189, Nr. 10, 4.11.1955.
8 Alle sollen besser leben! Große Rationalisierungs-Ausstellung 1953, Düsseldorf 1953.

pretierte das Ausstellungsmotto als »ebenso verlogene wie demagogische Losung«.[9] Im Rückblick lässt sich auch ohne ideologische Brille resümieren, dass die Resonanz auf die Ausstellung eher verhalten war und die Ausstellung hinter ihren informatorischen Zielen zurückblieb.

Bei aller Skepsis, die der westfälische Unternehmer, Herr P., in seiner späteren Korrespondenz gegenüber der Arbeit des RKW an den Tag legen sollte, mochte er die weit verbreitete Kritik an der Ausstellung im Jahr 1953 noch nicht so recht teilen. Allenfalls könnte eine an eine freudianische Fehlleistung gemahnende Umdeutung des Ausstellungsmottos die innere Distanz des Beobachters verraten.

»Die Ausstellung ›Alle Besseren sollen leben‹ hat ja schon allerlei Kritik auf den Plan gerufen«, schrieb Herr P. an einen Geschäftspartner. »Ich würde mich gerne mit Ihnen über die Ausstellung unterhalten, die ich im großen und ganzen ganz gelungen finde.«[10]

Alle Besseren sollen leben – so also das alternative Motto der Rationalisierungsausstellung im Jahr 1953? Dauerhaft verschriftlicht regt die interne Variante in der Retrospektive zum Nachdenken an. Welchen *Besseren* mochten die von der Ausstellung publizierten Rationalisierungspfade nun Gestaltungsspielraum zum *Leben* versprochen haben? Dechiffrierte Herr P. hier unbewusst das Ausstellungsmotto im Sinne der marxistischen Kritik am staatsmonopolistischen Kapitalismus? Ging es um das zynisch-überspitzt formulierte Axiom der Wettbewerbsfähigkeit *besser* rationalisierter Unternehmen auf dem Weltmarkt? Die Sequenz laienpsychologischer oder rezeptionsgeschichtlicher Ausdeutungen ließe sich fortführen. Immerhin scheint der Unternehmer selbst tatsächlich eine »Rationalisierung für jedermann« im Blick gehabt zu haben, empfahl er doch, »daß das RKW in Zukunft sein Augenmerk stärker auf den Handel als auf die Fertigung richten muss, wenn die Erfolge der Rationalisierung auch für den kleinen Mann sichtbar werden sollen.«[11]

Und so führt die textimmanente Auslegung wieder auf die Eingangsthese zurück. Verhört oder verschrieben, archiviert, verschroben mutiert und nach Ablauf der Sperrfristen reichlich Angriffsfläche für verschwiemelt-überfrachtete Ausführungen bietend, bleibt auch die Variation des Ausstellungsmottos, was sie ist. »*Alle Besseren sollen leben*« – wohl kein provokanter Appell für ein Leben der *Besseren*, vielmehr ein schlichter Verschreiber mit Potential für kuriose Aufladung. Mehr als ein halbes Jahrhundert später scheint die virtuelle Welt – jenseits der Archive – Abhilfe zu versprechen: Die Internetseite www.vertippdich.de bietet einen Modus zum Umgang mit »Verschreibern« an – gleichwohl nicht den Tippfehler produzierenden Schreiberlingen selbst, sondern deren potentiellen Profiteuren. Denn: »vertippte« Angebote werden vom virtuellen Kunden nicht gefunden und bergen daher Chancen für Schnäppchenjäger. Gnade dem, der sich verschreibt? Den Text auf Papier werden die Archive jedenfalls bewahren – und die Glosse, die sich dem Verschreiber verschrieben hat, bleibt weder vor Verschreibern gefeit noch vom Gedächtnis der Schriftlichkeit verschont.

---

9   Willi Ehrlich, Das »Reichskuratorium für Wirtschaftlichkeit« und das »Rationalisierungskuratorium der deutschen Wirtschaft (RKW)« eine Organisation der deutschen Monopole. Eine ideengeschichtliche Studie, Diss. Berlin (Ost) 1964, S. 261.
10 WWA Dortmund, F 189, Nr. 10, 5.8.1953.
11 Ebd.

Werner Bührer

Fritz Berg, Konrad Adenauer und die »Bergfeste«

Über die privaten Vergnügungen deutscher Unternehmer wissen wir nicht allzu viel. Dass »gemeinsames Ballern und Bechern«[1] – und wahrscheinlich noch Golf spielen und Reiten – dazu gehörten und gehören, dürfte jedoch kaum in Zweifel gezogen werden. Wer zur Wirtschaftselite – zumal an Rhein und Ruhr – zählte und auf sich hielt, besaß, ob als Firmeneigentum oder in Pacht, zumindest *eine* eigene Jagd oder nahm regelmäßig an Jagdgesellschaften teil. Bei solchen weidmännischen Veranstaltungen floss üblicherweise »reichlich Alkohol«.[2] Freilich fanden sich für feuchtfröhliche Exzesse auch andere Anlässe zur Genüge. Legendär waren insbesondere die »Saufgelage«[3] im Anschluss an Veranstaltungen des Bundesverbands der Deutschen Industrie (BDI), etwa die jährlich stattfindenden Mitgliederversammlungen oder unregelmäßig stattfindende »Herrenabende«, für die sich unschwer Anlässe finden ließen. Fritz Berg, der erste und langjährige Präsident des BDI, scheint ein besonderes Faible für solche Vergnügungen entwickelt zu haben.

Berg, Jahrgang 1901, ein mittelständischer Unternehmer aus dem sauerländischen Altena, gelangte 1949 einigermaßen überraschend an die Spitze des neu gegründeten wirtschaftspolitischen Dachverbands der Industrie. Der Inhaber einer Draht- und Matratzenfabrik, als Student Mitglied einer schlagenden Verbindung, hatte von 1937 bis Kriegsende der NSDAP angehört und im System der nationalsozialistischen Wirtschaftslenkung die Leitung eines Fachverbands bzw. einer Fachgruppe innegehabt. Dass er über Verbandserfahrungen verfügte und diese auch beim Wiederaufbau der Verbandsorganisation nach 1945 unter Beweis stellte, gleichwohl nicht die »Prominenz der führenden Konzernherren von der Ruhr« erreichte, prädestinierte ihn, auch wegen seiner englischen Sprachkenntnisse, zum Kandidaten für den Spitzenposten der Industrie in der Bundesrepublik.[4] Wohlwollende Biographen porträtieren Berg »trotz weltweiter Reisen und vieler Auslandsaufenthalte« als »heimatverbunden«: »Gern nimmt er am geselligen Leben seiner ... Geburtsstadt Altena teil ... Wer den Sauerländern bei aller Dickschädeligkeit und manchmal rauhem Umgangston die Freude am geselligen vergnügen und die Fähigkeit, sich zu amüsieren, abstreitet, sollte sich einmal davon überzeugen, mit welchem Übermut bei ländlichen Schützenfesten und der zweimal jährlich stattfinden Kirmes« die Bevölkerung auf den Beinen ist. »Und niemand wundert sich in Altena und Umgebung, wenn man Fritz Berg als Schützenbruder ... beim Wettschießen antrifft.« Berg, so heißt es weiter,

---

1   Nina Grunenberg, Die Wundertäter. Netzwerke der deutschen Wirtschaft 1942–1966, München 2006, S. 144.
2   Cornelia Rauh-Kühne, Zwischen »verantwortlichem Wirkungskreis« und »häuslichem Glanz«. Zur Innenansicht wirtschaftsbürgerlicher Familien im 20. Jahrhundert, in: Dieter Ziegler (Hg.), Großbürger und Unternehmer. Die deutsche Wirtschaftselite im 20. Jahrhundert, Göttingen 2000, S. 232 (Anm. 50).
3   Volker R. Berghahn/Paul J. Friedrich, Otto A. Friedrich, ein politischer Unternehmer. Sein Leben und seine Zeit, 1902–1975, Frankfurt am Main/New York 1993, S. 226.
4   Ebd.

bevorzuge »die aktive, weniger die passive Freizeitgestaltung«, also neben Golf und Jagen auch Reiten.[5]

Wirft man einen Blick in aktuelle Untersuchungen zum Wertehaushalt deutscher Manager, sucht man solche Wesensmerkmale und Charakteristika allerdings vergeblich. Sie könnten sich allenfalls hinter Kategorien wie »Authentizitätswerte« oder »soziale Werte« verstecken. Damit sind im ersten Fall unter anderem »Gradlinigkeit«, »Offenheit«, »Treue zu sich selbst«, »Glaubwürdigkeit« und »Direktheit« gemeint, im zweiten beispielsweise »Teambewusstsein«. Und in einer Befragung, die Auskunft geben soll über die Wertehierarchie der deutschen Wirtschaftselite, rangieren »Liebe zum Leben« und »Frohsinn« auf einer Skala von 1 (keine Bedeutung) bis 6 (sehr große Bedeutung) immerhin bei 4,7 bzw. 4,6.[6] Vielleicht haben sich die Gepflogenheiten seit den 1950er und 1960er Jahren gar nicht so sehr gewandelt, sondern nur die Begriffe, mit denen sie belegt werden.

Zu Fritz Bergs »Authentizitätswerten« zählte jedenfalls auch und nicht zuletzt das »Bechern«. Otto A. Friedrich, ein feingeistiger Hamburg-Harburger Industrieller, Generaldirektor der Phoenix AG und später in Diensten des Flick-Konzerns, konnte sich als Präsidiumsmitglied des BDI davon persönlich ein Bild machen. In seinen Tagebuchaufzeichnungen berichtet er wiederholt von alkoholischen Eskapaden im Anschluss an BDI-Abendveranstaltungen, etwa die notorischen Empfänge zu Jahresbeginn, für die sich die Bezeichnung »Bergfest« einbürgerte. Häufig fanden solche gesellschaftlichen Ereignisse mit anschließendem »Saufgelage« im Hotel Excelsior in Köln statt, dem bevorzugten Veranstaltungsort des BDI. Dort vernahm Friedrich eines Morgens im Februar 1954 beim Frühstück »laute Töne aus der Bar«. Später erfuhr er, dass »Berg und Prinz Louis Ferdinand dort seit vergangener Nacht ›saufen‹« und dies »noch bis mittags um 12 Uhr fortgesetzt« hätten. Abends beim Essen mit Kollegen tauchte Berg, der allem Anschein nach über ein enormes Stehvermögen verfügte, aber noch nicht wieder ganz nüchtern war, in Begleitung seiner Frau bereits wieder auf. Der BDI-Präsident, vermerkte Friedrich nicht ohne einen gewissen Respekt, »brachte in seinem angeheiterten Zustand ziemliches Leben in die Bude, d. h. in das gesamte Restaurant ...«.[7]

Gestiftet wurde diese Tradition alkoholreicher Gelage allerdings schon einige Jahre früher, bei der Gründung des Spitzenverbands im Oktober 1949. Diesem Akt waren wochenlange, zähe Verhandlungen zwischen Repräsentanten der Schwerindustrie und der Konsumgüterindustrie, zwischen »Nord« und »Süd«, zwischen Kammer- und Verbandsfunktionären über organisatorische, personelle und finanzielle Fragen vorausgegangen, die sich noch bis unmittelbar vor Beginn der Gründungsversammlung am 19. Oktober um 16 Uhr 20 hinzogen. An der Veranstaltung im »Excelsior« nahmen mehrere frisch gekürte Bundesminister teil, unter ihnen Wirtschaftsminister Ludwig Erhard, der zu einer kurzen Ansprache auch das Wort ergriff.[8] Der Bundeskanzler war nicht anwesend, weil er auch bei der Gründung des Deutschen Gewerkschaftsbundes in München wenige Tage zuvor gefehlt hatte. Adenauer würdigte indes

---

5 Johannes Hermanns, Fritz Berg, Freudenstadt 1966, S. 52 f. (= Persönlichkeiten der Gegenwart, Heft 2).
6 Eugen Buß, Die deutschen Spitzenmanager – Wie sie wurden, was sie sind. Herkunft, Wertvorstellungen, Erfolgsregeln, München/Wien 2007, S. 108 u. 116.
7 Otto A. Friedrich, Logbuch II, 1.1.–28.2.1954, Einträge v. 15.1. und 18.2. – Für die Möglichkeit der Einsichtnahme in die Aufzeichnungen Friedrich danke ich Herrn Paul A. Friedrich. Die Logbücher werden inzwischen im NL Friedrich im Archiv der Christlich-Demokratischen Politik in Sankt Augustin aufbewahrt.
8 Vgl. Bericht über die Gründung des Ausschusses für Wirtschaftsfragen der industriellen Verbände (= BDI-Drucksache Nr. 2).

die Gründung des Spitzenverbandes, damals noch unter dem sperrigen Namen »Ausschuss für Wirtschaftsfragen der industriellen Verbände«, dadurch, dass er das Präsidium des Spitzenverbands bereits einen Tag später zu empfangen wünschte. In weiser Voraussicht beschlossen die Verbandsgründer jedoch, wie einer der Beteiligten berichtete, »um eine Verlegung des Termins zu bitten, weil man befürchtete, dass die Herren nach einem ausgedehnten Empfangsabend unter Umständen eine leichte ›Fahne‹ vor sich hertragen könnten«.[9] Das war ohne Zweifel eine kluge Entscheidung, die allerdings zur Folge hatte, dass Berg und seine Kollegen bis in die zweite Novemberhälfte warten mussten, ehe sie dem Bundeskanzler ihren Antrittsbesuch abstatten konnten. Das war jedoch eher zu verschmerzen als der Imageschaden, den schwerzüngige »Fahnenträger« vermutlich verursacht hätten. Die Tradition feuchtfröhlicher »Bergfeste«, die am Geburtstag des BDI begründet worden war, lebte nach dem Ausscheiden ihres Erfinders aus dem Präsidentenamt indes nur noch in den Erinnerungen einstiger Teilnehmer fort.

---

9   Stelter an Lange, 18.10.1949, Archiv der Christlich-Demokratischen Politik, VI-003–064/2.

Florian Triebel

Heimito von Doderer und das Unternehmen Hulesch & Quenzel Ltd., London

Der österreichische Schriftsteller Heimito von Doderer (1886–1966) ist bis heute vor allem für seine opulent angelegten Gesellschaftsromane bekannt. Der Durchbruch als Schriftsteller gelang ihm 1951 mit *Die Strudelhofstiege oder Melzer und die Tiefe der Jahre*. Dieses Werk gilt bis heute als sein bedeutendstes Werk.

Weniger bekannt jedoch ist, dass das *elementum furoricum* in Doderers Denken und Handeln einen beträchtlichen Raum einnahm. Neben den unerreichten *Wutanfällen*, die sich in der reichen Vielheit seiner Kurz- und Kürzestgeschichten verstecken hat der Autor Wut & Grimm mit weiteren kleinen Schriften und mit einem Roman ein literarisches Denkmal gesetzt. 1962 veröffentlichte der Biederstein Verlag in München diesen Text unter dem Titel *Die Merowinger oder die totale Familie*. Mit historischen Bezügen auf die Ablösung der Karolinger durch das Geschlecht der Merowinger[1], schildert Doderer darin die Bemühungen Childerich III. durch ausgedehnte und teilweise gewagte ›Transaktionen‹[2] möglichst viele familiäre Positionen in seiner Person zu vereinigen. Childerich's Charakter ist von fortdauerndem Furor geprägt. Zur Sedierung der Ausbildungen und -wüchse dieses für ihn zentralen Wesensmerkmals begibt sich Childerich in die Praxis Prof. Horns, der als Kapazität auf dem Gebiet der Wutlinderung seinen Patienten eine eigene – um nicht zu sagen: eigenwillige – Therapie des ›Auspaukens‹ angedeihen lässt. Im Laufe des Romans ersinnt Prof. Horn mit den ›Wuthäuslein‹ eine weitere, einschlägige Behandlungsmethode. Das Treiben in Prof. Horns Praxis zieht die Aufmerksamkeit eines Unternehmens auf sich, das sich ebenfalls den »Nücken und Tücken«[3] menschlichen Daseins verschrieben hat: Hulesch & Quenzel Ltd., London.

Bis auf die Erwähnung in Doderers Roman ist über diese Firma bislang nur geringfügig publiziert worden, sie blieb ein unternehmenshistorisches ›Phantom‹.[4] Die wenigen bekannten Informationen über Hulesch & Quenzel lassen mitunter auch die Phantasie unterschiedlichster Beiträger illustre Blüten treiben – wie eine kurze Recherche im Internet jederzeit leicht ans Licht bringt. Das geht so weit, dass die Firma mitunter für Alles & Jedes herhalten muss. Auch

---

1 Hierbei konnte Doderer auf seine fundierten Kenntnisse der historischen Ereignisse zurückgreifen, die er sich während seines zweijährigen Aufenthaltes am Institut für Österreichische Geschichtsforschung angeeignet hatte.
2 Eine Analyse dieser Transaktionen und der damit verbundenen Kostenstrukturen im Lichte der Neuen Institutionenökonomie steht bislang aus, verspräche jedoch aufschlussreiche Resultate.
3 Diese durchaus treffende Kurzbeschreibung alltäglicher Erfahrungen, die zu Wut & Grimm führen, findet sich – auf gewisse Charakteristika häuslicher ›Objekte‹ bezogen – in dem ›Wutanfall‹ Doderers *Die Einschüchterung*, abgedruckt in: Heimito von Doderer, Die Erzählungen, München 1995, S. 311–312.
4 Vgl. die diesbezügliche Anmerkung Henner Löfflers unter dem lemma *Hulesch & Quenzel* im von ihm edierten Doderer ABC: Ein Lexikon für Heimitisten, München 2000, S. 202. Erste »Annäherungen« zeigen wie auch der vorliegende Beitrag, dass weitere und tiefer reichende Forschungen ertragreiche Ergebnisse erwarten lassen.

wenn, wie zu zeigen ist, einige der Hulesch & Quenzel derart untergeschobenen Phänomene und Wirkungen beileibe nicht mit Ethos und Prinzip der Firma zu vereinbaren sind.

Als Gründung von Hulesch & Quenzel gibt Doderer das Jahr 1867 an[5], wobei sich der Autor hierbei – nicht zum letzten Mal bei Fakten & Gegebenheiten in Zusammenhang mit Hulesch & Quenzel – irrt.[6] Wie Doderer selbst an anderer Stelle der *Merowinger* bemerkt, geht die für das Geschäftsmodell des Unternehmens grundlegende »Detailpeinigung« nach der nicht unmaßgeblichen Meinung Friedrich Theodor Vischers bis auf die Zeit der Pfahlbaudörfer zurück.[7] Wenn auch aus dieser Zeit bislang keine Quellen für eine Firma oder ein Institut auffindbar waren, so fällt es bei einigem Nachsinnen doch einigermaßen schwer, sich die bisherige Entwicklung der Menschheit ohne das Wirken einer Organisation im Sinne von Hulesch & Quenzel vorzustellen.

So sehr also anzunehmen ist, daß die Historie der Firma wesentlich länger zurückreicht, so liegt doch die Gründung von Hulesch & Quenzel im Kernschatten des Wissens. Bisher noch nicht mit der gebotenen Akribie weiterverfolgte erste Hinweise deuten aber auf Wurzeln hin, die bis in die Zeit der frühen Hochkulturen des Zweistromlandes gründen. Die Verknüpfung vereinzelter Spuren der Firma im klassischen Altertum, im Hochmittelalter, aber auch in asiatischen Dynastien sowie den Kulturen Altamerikas harrt ebenfalls noch kundigem Wirken.

Das von Doderer kolportierte Jahr 1867 für die Gründung resultiert wohl aus einem Lesefehler. Obschon ein kundiger Epigraphiker, hat der Autor wohl die Inschrift am Aufgang zur Zentrale von Hulesch & Quenzel nicht korrekt entziffert: Statt »*REESTABLISHED 1867*« las er ohne die beiden ersten verwitterten Buchstaben wahrzunehmen: »*ESTABLISHED 1867*«. Das *Reestablishment* verweist auf die Räumlichkeiten der Zentrale am Londoner Elephant & Castle (SE 1), die tatsächlich im genannten Jahre von der Firma neu bezogen worden waren.[8]

Dem Umzug in den Südosten der Londoner City waren ausfernde firmeninterne Strategiesitzungen vorausgegangen. Nach der Schlacht bei Königgrätz (3.7.1866) im ›Deutschen Krieg‹ war der Abstieg der Donaumonarchie in den zweiten Rang des europäischen Mächtekonzerts vorgezeichnet. Wien, seit dem Spätmittelalter bezeugter Sitz von Hulesch & Quenzel, erschien nicht mehr als der geeignete Ort für die Zentrale eines global agierenden Unternehmens. Noch im Jahr von Königgrätz verfügte man angesichts der imperialen Stellung des Britischen Weltreichs den Umzug in die Themse-Metropole.[9]

---

5   Heimito von Doderer, Die Merowinger oder die totale Familie, München 1995, S. 145.
6   Über die Bedeutung eines ›Gründungsmythus‹ vgl. Chaimito Hulesch [Î.], Wozu und zu welchem Ende konstituiert sich eine Gemeinschaft, London 1920, insbesondere S. 5–12 (»Über die Zweckdienlichkeit des Gründungsmythus«). Der Betrag wurde bereits gewürdigt in: Julia Scialpi, Der Kunst- und Kulturrat für Baden 1918/19, in: Zeitschrift für die Geschichte des Oberrheins 149. Band (der neuen Folge 110. Band) 2001, S. 335–392, hier S. 351 (FN 70).
7   Doderer, Merowinger, S. 145.
8   Neben dem pauschal gehaltenen Hinweis, Hulesch & Quenzel habe »die Zentrale in London« (Doderer, Merowinger, S. 142) verweigert Doderer detailliertere Auskünfte zum genauen Sitz der Firma. Das Elephant & Castle als Zentrale von Hulesch & Quenzel ist in einem kurzen Hinweis benannt auf S. 2 in der – bei Florian Triebel, Theoretische Überlegungen zur Verlagsgeschichte, IASL online, Forum Geschichtsschreibung des Buchhandels, in Fußnote 11 (S. 4) beiläufig erwähnten – von Abelhab Quenzel verantworteten Publikation: The culture of products. Experiences with furniture and things of daily use at Hulesch & Quenzel Ltd. London, London 1901.
9   Wien selbst blieb jedoch weiterhin Sitz einer Residentur der Firma. Außerdem wußte man die Stadt in den Händen von Schlampl & Consorten, einer von Amtifortas Schlampl gegründeten Konkurrenz, insbesondere bei der Verbreitung von Peinbeuteln. Zu Schlampl & Consorten sind bislang nahezu keine Details bekannt, lediglich wenige dürftige Hinweise überliefert bei: Patrick Oelze/Florian Triebel,

Die Comptoirs der Londoner Zentrale beschreibt Doderer in der gebotenen, zurückhaltenden Kürze. Das geräumige, in des Dichters Worten »beträchtlich große Gebäude« bot zu dieser Zeit freundlich eingerichtete Bureaus, die konzentriertes und stilles Arbeiten ermöglichten.[10] Eine Besonderheit mag das stündlich ertönende Glockenspiel mit der Melodie des Hauses (der sogenannte »*audible claim*«) sein. Ebenso für die Zeit ungewöhnlich war die in den Räumlichkeiten ubiquitäre und omnipräsente Darstellung des »merkwürdigerweise kreisförmige[n] Wappens«[11], das Doderer als lächelndes Gesicht »in dekorativer Manier« beschreibt, über welchem sich die Flügel eines gefiederten Wappentiers ausbreiten.[12] Mag all dies Doderer noch erstaunt haben, so zeugen Melodie- und Zeichenverwendung für eine frühe Form dessen, was seit den 1980er Jahren als *corporate design* und *corporate culture* globale Verbreitung fand. Unnötig zu erwähnen, daß diese Bewegung und ihre Auswüchse von der Londoner Zentrale lanciert und gesteuert wurden.[13]

Neben den eben beschriebenen Elementen der *corporate identity* verfügt die Firma über zwei Wortmarken (sogenannte »*readable claims*«), die Charakter und Mission von Hulesch & Quenzel veranschaulichen. Die »eigentlich erzieherische Tendenz des Institutes«, wie Doderer treffend analysiert, drückt sich in »Take it Easy!« (dt. »Nimms' leicht«) aus, während die, wiederum mit Doderer gesprochen, »hohe Würde der ganzen Sache« mit »Post Rabiem Risus« (dt. »Nach Grimm Grinsen«) plastisch wird.[14] Letzteres Motto scheint das ältere zu sein, geht möglicherweise noch auf die Vorläuferorganisation im vorklassischen Rom zurück; das ersterwähnte scheint eine spätere Neuerung zu sein, war wohl kaum vor der Spätaufklärung

    Ein Unbekannter – Chaimito Hulesch, in: Festschrift für Tobias Jentsch zum 25sten, Konstanz 1999, S. 2–4, hier S. 2. Die Aufbereitung der Firmengeschichte von Schlampl & Consorten bleibt ein desiderates Muß.

10 Doderer, Merowinger, S. 144.
11 In der Tat stellen »kreisförmige Wappen« seit dem Hochmittelalter merkwürdige Erscheinungen dar. Wappen mit runden Schildformen sind bis in die heutige Zeit in Asien, dem Nahen Osten und in Südeuropa, insbesondere Spanien und Frankreich, überliefert. Auch finden sich Abzeichen mittelalterlicher Steinmetze und Dombauhütten in runder Form (vgl. Arthur Charles Fox-Davies, The Art of Heraldry. An Encyclopedia of Armory, London 1986 (reprint, original 1904), plate CXXIV and CXXV). Abbildungen auf Artefakten belegen, daß bereits im Alten Vorderorient und später auch in der klassischen Antike runde Schilde zur Kenntlichmachung des Trägers mit unterscheidenden Emblemen versehen waren. Vgl. John Woodward, F. S. A. Scot., etc. and George Burnett, LL.D. etc: A Treatise on Heraldry. British and Foreign with English and French Glossaries, Newton Abbot Devon 1969 (reprint, original 1892), p. 55–58). Was dies alles mit Hulesch & Quenzel zu tun hat, ist bislang ungeklärt, weist jedoch ebenfalls auf die Wurzeln der Firma im Alten Vorderorient hin.
12 Doderer, Merowinger, S. 146. Doderer bezeichnet das Tier als ein im Wesentlichen »sächliche Merkmale aufweisendes, gewissermassen nur supponiertes Wesen mythologischer Existenz« und vergleicht es mit einem Pteradaktylus. Von ihm als »Hulesch« bezeichnet, sei es »mit überaus häutigen, lappigen und schlappigen Fledermausflügeln, ein wesentliches nächtliches Wesen.« Zu Recht notiert der Dichter noch: »Gesehen worden ist es nie«. Die Beschreibung kann somit nicht verifiziert werden, falsifiziert jedoch unbedingt die Bezeichnung: Außer in besagter Stelle der *Merowinger* wurde das Tier nie mit einem Namen belegt, aus unten angeführten Gründen jedoch keinesfalls mit »Hulesch«.
13 Der Einfluß von Hulesch & Quenzel auf gewisse Entwicklungen und Strukturen im modernen Marketing wurde erstmals für den Teilbereich Marktforschung angerissen bei: Florian Triebel, Marktforschung bei BMW 1957–1961, in: Ders. und Christian Kleinschmidt (Hg.): Marketing. Historische Aspekte der Wettbewerbs- und Absatzpolitik (= Bochumer Schriften zur Unternehmens- und Industriegeschichte Bd. 13), S. 67–83, hier: S. 68 (FN 5).
14 Doderer, Merowinger, S. 146.

gebräuchlich gewesen und wäre dann mit Sicherheit zunächst in der deutschen Variante während der »Wiener Phase« eingebracht worden.

Beiden Wortmarken gemein ist die Betonung der von Doderer bemerkten »im höheren Sinne ironischen Tendenzen von Hulesch & Quenzel«.[15] Diese Erkenntnis mag ihn auch zur leider irreführenden Annahme geleitet haben, es handele sich bei der Firma um ein »neuzeitliches Institut artificieller Vexationen, durchaus ›l'art pour l'art‹«.[16] Zwar sind die von Hulesch & Quenzel ersonnenen und realisierten ›Vexationen‹ entschieden ›artificell‹, dennoch weit davon entfernt, lebensfern als ›l'art pour l'art‹ zu wirken.

Doderer mag die der Firma und ihren Artikeln innewohnende Ironie als ›künstlich‹ empfunden haben, dennoch ist mit Friedrich Theodor Vischer vom ›grundsätzlichen Prinzipe der Detailpeinigung der Menschheit insgesamt und jedes einzelnen Individuums‹ auszugehen.[17] Daß findige Vertreter eben dieser Menschheit jene prinzipielle Basis als »fundamentale Qualität des Lebens schlechthin«[18] schon früh zur Gründung von ebenso adäquaten wie kunstsinnigen Organisationen animierte, entspricht dem menschlichen Da- und So-Sein.

Hulesch & Quenzel, inclusive der proto-typischen Vorläuferinstitutionen, nahm diese anthropologische Grundkonstante als unbedingt zu stillendes Bedürfnis wahr. Insofern erfüllt die Firma eine zutiefst philanthropische Funktion. Ihr Wirken teilt das komplexe und mitunter unübersichtliche »Lebens-Ganze in immer kleinere Teile und Teilchen von Teilen«[19] (das sogenannte ›Nano-Partial-Prinzip‹ [NPP]) und lässt die Situationen unmittelbar zerfallen. In diesem Sinne verhilft die aus den Produkten und Leistungen von Hulesch & Quenzel erzeugte Detail-Peinigung dem im Menschen gestauten Grimm zum Ausbruch und erzeugt eine anhaltend sedative Wirkung. Die Peinigung erfolgt jedoch in einer nicht bösartigen, zerstörenden Art, sondern – der zugrundeliegenden »ironischen Tendenz« folgend – mit durchaus enervierenden, aber im Grunde augenzwinkernden Maßnahmen.

Ausnahmen von dieser Regel gibt es durchaus. Man denke nur an den »Untergang Prof. Horn's im Toben der Elemente«, die Hulesch & Quenzel durch die vor Ort agierenden Agenten einleitete und maßgeblich beförderte.[20] An diesem Beispiel lassen sich die Regeln für die wenigen Ausnahmen plastisch erklären. Die von Prof. Horn angewandte Therapie des »Abpaukens« der Wallungen, in der medizinischen Fachliteratur auch als ›Affligation‹ benannt, ist eine – wie Doderer überzeugend zeigt[21] – zwar durchaus wirkungsvolle und für Prof. Horn auch durchaus pekuniär einträgliche Therapie, aber doch eben ein zumindest lokal wirkmächtiges Konkurrenzangebot zu Wesen & Wirken von Hulesch & Quenzel. Und nicht genug an dem: Auch zeigt die Horn'sche Praxis für die Behandelten keinerlei »im höheren Sinne ironische Tendenz«, widersprach folglich den ehernen Grundsätzen der Firma. Eine Verletzung derselben evoziert unweigerlich und mit aller zu Gebote stehender Macht das meist indirekt bzw.

---

15 Doderer, Merowinger, S. 163.
16 Doderer, Merowinger, S. 145.
17 Die diesbezüglichen Gedanken hat Friedrich Theodor Vischer ebenso luzide wie beispielfreudig ausgeführt in seinem epochalem Werk ›Auch Einer‹ (diverse Auflagen und Ausgaben; erstmals 1878 bei Hallberger in Stuttgart und Leipzig erschienen).
18 Doderer, Merowinger, S. 145.
19 Doderer, Merowinger, S. 142.
20 Doderer, Merowinger, S. 260–169.
21 Vgl. Doderer, Merowinger, S. 9–15 (grundlegende Darstellung der Praxis und der Therapie Prof. Horns) und S. 203–222 (Partizipation Zileks und Dr. Döblingers).

über Bande verabreichte[22] – auch möglicherweise über die unmittelbare Problemlösung hinausführende – Eingreifen von Hulesch & Quenzel.[23]

Die hier aus Platzgründen nur kurz umrissenen Grundsätze und Prinzipien der Firma zeigen, dass Doderers Wertung, es handele sich bei ihr im Wesentlichen um »eine metaphysische Instanz«, die sich – bildlich gesprochen – nur ein kaufmännisches Mäntelchen umgeworfen habe, den Kern der Angelegenheit durchaus trifft.[24] Dies Mäntelchen jedoch ist für die Zwecke des Instituts wie maßgeschneidert. Denn die Rechtsform einer »Ltd.« verpflichtet das Unternehmen nur zu eingeschränkter Auskunft über die ausgeübte Geschäftstätigkeit.

Der innere Aufbau der Firma folgt geschäftsmäßigen Gepflogenheiten und hat einen hierarchischen Aufbau. An der Spitze steht der ›Grosz-Hulesch‹.[25] Er wird jeweils aus dem Kreis der weitverzweigten Familie gewählt, nicht zwangsläufig in patrilinearer Sukzession, die verschwundenen Chroniken der Firma verzeichnen ebenso matrilineare wie besondere nepolaterale Nachfolgeregelungen. Wichtiger als die Abstammung des Designierten ist für dessen Auswahl die Physiognomie, insbesondere diejenige seines Antlitzes: Das Angesicht des »Grosz-Hulesch« soll in Form und Anmutung dem oben erwähnten Firmenzeichen bestmöglich entsprechen.[26] Der eigentliche Modus der Wahl ist eines der bestgehüteten Geheimnisse des Unternehmens und wird aus Sicherheitsgründen weder schriftlich, noch mündlich, sondern nur im praktischen Vollzug jeweils von Generation zu Generation weitergegeben. Die große physiognomische Ähnlichkeit aller Amtsinhaber wird Doderer auch zur Vermutung verleitet haben, die Person des Firmenvorstehers habe nie gewechselt. Dem ist, wie wir nun wissen, keinesfalls so: alle »Grosz-Hulesche« sehen dem Firmenzeichen und sich gegenseitig nur zum Verwechseln ähnlich.

---

22 Vgl. Doderer, Merowinger, S. 219.
23 Selbst dabei ging es Hulesch & Quenzel nicht um die völlige Vernichtung des Deliquenten, man verabreichte nur einen deutlich wahrnehmbaren und sicherlich auch in der einen oder anderen Art schmerzhaften »Nasenstüber«, vgl. Doderer, Merowinger, S. 223.
24 Zum besseren Verständnis seines Begriffs der »metaphysischen Instanz« setzt Doderer dem Leser ein zweites Beispiel vor das innere Auge. Wie Hulesch & Quenzel sei auch die Post in diese Kategorie einzuordnen; der wesentliche Unterschied sei jedoch, daß diese mit Würde ins Große, Weite wirke, während Hulesch & Quenzel die kleinen und kleinsten Bereiche des Lebens bearbeite. Zu Doderers Verhältnis zur Post vgl. den Eintrag *Wutanfälle, künstliche* in: Heimito von Doderer, Repertorium. Ein Begreifbuch von höheren und niederen Lebens-Sachen (Beck'sche Reihe Bd. 1158), München 1996, S. 273–274.
25 Mit dem Text der Merowinger Vertraute werden an dieser Stelle einwenden, daß Doderer Anderes berichtet. Seiner Schilderung nach ist es der »Groß-Quenzel« (Doderer, Merowinger, S. 143). Doch muss hier Doderer korrigiert werden. Nach eigenen Erkunden und der verschollenen firmeninternen Überlieferung zufolge war (zumindest seit der ›Wiener Ära‹) und ist nach wie vor die offiziöse Bezeichnung des Firmenvorstehers »Grosz-Hulesch«.
26 Aus diesen Zusammenhängen ergibt sich zwingend der Irrtum Doderers bezüglich der Benennung des Firmenvorstehers (vgl. Doderer, Merowinger, S. 9–15). Der Autor selbst bezeichnet das Gesicht der Elisabeth Frederike Krestel, einer von Dr. Döblinger als ›Reihenführerin‹ seiner Sub-Ordination verpflichteten Schriftsteller-Kollegin als »quenzlös« (Doderer, Merowinger, S. 221) und beschreibt ihr Antlitz als mit einer spitzen Nase versehen und als »hübsches und zartes Gesichtchen«, aber durchaus befähigt einen seltsamen, gar als »bedenklich« wahrgenommenen, Ausdruck anzunehmen (Doderer, Merowinger, S. 211); an anderer Stelle dünkt Zilek das Krestelsche Gesicht »frech«. Diese Beschreibungen konfligieren in drastischer Weise mit der Beschreibung des Firmenzeichens, nach dessen Vor-Bild der Firmenvorsteher laut den Statuten zu wählen ist. Der Vorstand kann allein aus diesem Grunde nicht als »Groß-Quenzel« bezeichnet werden. Q. e. d.

Die unter der Firmenleitung eingezogene Strukturorganisation des örtlich wie organisatorisch »weitverzweigten Instituts« ist ebenso einfach wie zweckdienlich.[27] Dem Grosz-Hulesch unterstehen direkt drei große *departments* [Bereiche]: *Overheads* [Zentrale], *Distractions* [Störungen] und *Things* [Objekte].

Overheads [Zentrale] vereint neben den strategischen Stabsabteilungen alle zentralen Dienstleistungen, wie Kostenmanagement, Hand- & Hausbibliothek sowie das Personalwesen, dem auch die Führung des Agentennetzes zukommt. Die Mitarbeiter des ›Außendienstes‹ stellen die wichtigste Säule des Geschäftsbetriebs von Hulesch & Quenzel dar. Den Agenten obliegt es, die in den Zentralbereichen mit viel Einsatz und Aufwand erdachten und entwickelten Produkte und Leistungen in die Welt einzubringen. Wichtigstes Kriterium für die Aufnahme in den Dienst der Firma ist, daß man aus zutiefst idealistischen Beweggründen handelt, »aus dem wahren Mittelpunkt der Seele« heraus die Firma und die übernommene Aufgabe »als Ausdruck [der] eigentliche[n] und innerste[n] Lebensgesinnung« versteht. In der Regel arbeiten die Agenten ohne direkte Weisung der Zentrale, lediglich bei größeren Operationen greift London koordinierend ein.[28] Den höheren Zielen und der inneren Einstellung folgend, dienen die Mitarbeiter der Firma ohne festes Entgelt. Der Lebensunterhalt wird über einen ›Zweitberuf‹ bestritten, der auch wesentliches Element der ›Legende‹ der Agenten ist und bei dem es sich im besten Fall um eine Position mit großem Vexations-Potential handelt. Lediglich bei günstig verlaufenen größeren Operationen weist die Zentrale den daran beteiligten Mitarbeitern eine Art Erfolgshonorar an.[29] Bei allem Wirken stellt die Firma höchst anspruchsvolle Bedingungen an die ihr Angehörenden. Im Zweifel stehen die idealen Ziele der Firma über allen individuellen Vorlieben, Wünschen und Interessen der Mitarbeiter.[30] Die Agenten von Hulesch & Quenzel arbeiten meist autonom und ohne Kontakt zu anderen Mitarbeitern. Alle Angehörigen der Firma sind darauf verpflichtet, sich nur mit größter Zurückhaltung voreinander zu offenbaren. Hierdurch kann der – von der Zentrale durchaus gewünschte – Effekt entstehen, daß Agenten oft »lange Zeit nebeneinander her [arbeiten], ohne sich gegenseitig mit Sicherheit zu agnostizieren«.[31] Dieses dem Grundsatz der *checks & balances* folgende Prinzip garantiert die größtmögliche Effektivität jedes einzelnen Mitarbeiters. Wenn unumgänglich gilt für die Decamouflierung folgendes, von Doderer berichtetes, ritualisiertes Procedere:

[Die Damen] überreichten Zilek gleichzeitig je ein Exemplar von Friedrich Theodor Vischers Werk ›Auch Einer‹ in deutscher Sprache. Zilek nahm, ohne ein Wort zu sprechen, die Bücher in Empfang und griff, nachdem er sie beiseite gestellt hatte, hinter sich in ein Regal. Sodann überreichte er seinerseits, mit knapper Verbeugung, jeder der beiden Damen ein Exemplar des gleichen epochalen Werkes. Das Erkennungszeichen war damit gegeben …[32]

Das zu überreichende Exemplar von Vischers ›Auch Einer‹ muss eine Ausgabe in der Sprache des Einsatzlandes sein und unterscheidet sich hierbei in keiner Weise von im Buchhandel erwerbbaren Versionen. Diese Regel lässt auch nach der Offenbarung stets noch eine kleine Unsicherheit darüber bestehen, ob es sich beim Überreicher tatsächlich um einen Agenten der Firma oder nur um einen Liebhaber von Vischers »epochalem Werk« handelt. Die letzte

---

27 Doderer, Merowinger, S. 142. Die in vorliegenden Beitrag dargetanen Ausführungen zur inneren Organisation stellen eine erste Orientierung dar. Sie können nur die wesentliche Oberfläche der auch innerlich »weitverzweigten« Ausgestaltung von Hulesch & Quenzel anreißen.
28 Doderer, Merowinger, S. 166.
29 Vgl. Doderer, Merowinger, S. 166 und S. 282.
30 Vgl. Doderer, Merowinger, S. 219.
31 Vgl. Doderer, Merowinger, S. 163.
32 Vgl. Doderer, Merowinger, S. 220–221.

Antwort in dieser Frage bleibt somit, wie Doderer scharfsinnig schließt, letztlich »doch der Intelligenz des betreffenden Funktionärs überlassen.«[33]

Der zweite Geschäftsbereich bei Hulesch & Quenzel, *Distractions* [Störungen], umfasst alle ›Leistungen‹ der Firma, bekannt sind bisher die (Haupt-)Abteilungen *Public Life* (PL) [*Öffentliches Leben*], *Disruption of Important Men (at work)* (DIM) [Störung ernsthafter Männer (bei der Erfüllung schwerer Berufspflicht)], *Promotion of Inferior Men to head positions* (PIM) [Beförderung Unfähiger in Führungspositionen] und *Lingual Subversive Disturbance* (LSD) [Subversive Sprachstörungen]. Nicht nur innerhalb des Bereiches *Distractions* nimmt PL eine herausragende Stellung ein. Sie verantwortet und induziert Störung des öffentlichen Lebens durch »entsetzliche Hustenanfälle« in Parlamentssitzungen[34], Vortragsveranstaltungen[35] und Konzerten, durch spontan ausgelöste Menschenaufläufe[36] und Verkehrsverstopfungen oder etwa den suprakrustalen Ablauf der Geschäftsgänge in Ämtern und Behörden. Mehr ins Stille hinein wirkt DIM und die ihr beigeordnete Unterabteilung PIM. DIM induziert über die betroffenen Leistungsträger und Multiplikatoren indirekte und nicht zu unterschätzende Effekte. PIM unterstützt hierbei nach Kräften und schafft wichtige Synergien, indem die Unterabteilung dafür sorgt, Unfähige immer in diejenigen Positionen zu befördern, die sie mit Sicherheit überfordern. Diese mitunter auch als ›Nieten in Nadelstreifen‹ Titulierten evozieren – nicht nur, aber insbesondere! – bei den sich in schwerer Berufspflicht befindlichen ernsthaften Männern mit verlässlicher Sicherheit eruptive Grimmschübe. Eher sublim arbeitet hingegen LSD. Die in dieser Abteilung wirkenden Sprachwissenschaftler entwickeln stetig ebenso neuwie abartige Wortkonstruktionen und linguale Bedeutungsverschiebungen, die nach intensiven Testreihen von PL, DIM und PIM verbreitet und in den Sprachgebrauch eingearbeitet werden. Eine gewisse Berühmtheit erreichte hierbei »Der Fehlerbeseitigungsprozeß. Proaktive Fehlererkennung und Priorisierung von Fehlerbildern mit Hilfe von 5-Why-Methode und Fischgrätendiagrammen«, das in vielen Unternehmen rasch zum Standardwerk avancierte.[37]

Im dritten Geschäftsbereich *Things* (Objekte) sind die Abteilungen zusammengefasst, deren Aufgabe darin besteht, tückische Objekte herzustellen, wie *Furniture & Things of daily Use* (FTU) [Möbel & kleine Gebrauchsgegenstände] mit der ihr untergeordneten Einheit *Corn*

---

33 Doderer, Merowinger, S. 163.
34 Hiervon berichtet bereits Doderer, Merowinger, S. 144.
35 Immer noch *der* Standard zur Publikumsbeschimpfung: Hulesch & Quenzel Ltd. (Eds.): Insulting the Audience. A Guide for Theory & Practice, London ⁷1928, erstmals erwähnt in: Florian Triebel, Krisenmanagement in der ›Bücherkrise‹: Der Eugen Diederichs Verlag 1930–1933, Olaf Blaschke, Hagen Schulze (Hg.), Geschichtswissenschaft und Buchhandel in der Bücherkrise (= Historische Zeitschrift Beiheft 42), S. 33–49, hier: S. 38 (FN 21).
36 Herrn Dr. Gerald Sommer, Berlin, verdanke ich den Hinweis darauf, dass im ersten Dezennium des 21. Jahrhunderts immer häufiger ›spontan ausgelöste Menschenaufläufe‹ zu beobachten sind. Die Öffentlichkeit nimmt jene als ›flashmobs‹ wahr.
37 Der ›Fehlerbeseitigungsprozeß‹ hat bereits Würdigung erfahren in: Patrick Oelze/Florian Triebel, Ein Unbekannter, S. 4. Laut diesem Beitrag hat der seinerzeitige Grosz-Hulesch, Chaimito Hulesch [Î.], den ›Fehlerbeseitigungsprozeß‹ selbst verfasst. – Korrigiert werden muß an dieser Stelle die bei Oelze/Triebel noch vertretene Auffassung, der ›Fehlerbeseitigungsprozeß‹ sei die einzige bekannte Publikation Chaimito Huleschs [Î.]. Wie in Florian Triebel, Kultur und Kalkül. Kampf um die Buchpreisbindung im Herbst 1940, in: Buchhandelsgeschichte 2000/1, B35–B42, hier: B42 (FN 29) und in Florian Triebel, Die ›Meldungen aus dem Reich‹ als buchhandelsgeschichtliche Quelle, in: Archiv für Geschichte des Buchwesens Bd. 58 (2004), S. 197–209, hier: S. 204 (FN 84) vermerkt, existiert seit 1940 zumindest in deutscher Sprache ein (bisher nicht bibliographisch nachgewiesenes und wohl autobiographisches) Werk Chaimito Huleschs [Î.] unter dem Titel *Ein Unbekannter*.

(OUTCH) [Hühneraugen], des weiteren die Unter-Neben-Abteilung *Readables & Other Exotics* (ROE) [Lesbares & Exotische Weiterungen][38] oder etwa die weitgehend selbständig operierende Einheit *Motors & Power Units* (MPU) [Motoren & Aggregate], später erweitert zu *Motors & Automotive* (MUA) [Motoren & Automobile]. Größte Bedeutung innerhalb dieses Bereichs hat zweifelsohne FTU, auch wenn sie bislang niemals den Einfluss der unter *Distractions* versammelten Unternehmenseinheiten erreichen konnte.[39] Ihre Stellung resultiert nicht nur aus der starken personellen Besetzung, sondern auch aus der zentralen Stellung der von ihr ersonnenen und hergestellten Produkte im täglichen Leben.[40] Denn gerade dort ist durch die den Artikeln innewohnende und beizeiten hervorbrechende ›Tücke des Objekts‹ den Firmenzielen effizient gedient. Bereits der kleine Ausschnitt eines Katalog-Addendums, das Doderer illustrativ in seine Darstellung einhängt, zeigt dies deutlich: Neben Schrecksesseln, nur kurz an der Tasse haftenden, pneumatischen Untertassen[41] und verrollende Verschluss-Schrauben gibt es Nähnadeln ohne Öhre, in unterschiedlichsten Odeurs streng duftende Pein-Flaschen, schneidende Kragenknöpfe, unhandlich ins Lavabo vorspringende Wasserhähne und selbstredend der ›Klassiker‹ im Sortiment: der künstliche Taschengrus.[42] Die FTU beigeordnete Unter-Abteilung OUTCH für kristallisches, in Schuhe und Strümpfe einzubringendes Pulver für plötzliches Aufbrennen von Hühneraugen kann auf eigenständige, schöne Erfolge verweisen.[43] Die Abteilung MPU/MUA entwickelte ab Anfang der 1920er Jahre in einem joint-venture mit einem großen deutschen Motorenhersteller den Getriebesand. Unter Führung des späteren Grosz-Hulesch, Chaimito Hulesch [Î.], gelang es bis Mitte der 1920er Jahre hierfür ein globales Monopol aufzubauen. Nachdem eine neue Generation von Getrieben den Sand technisch überholt hatte, verlegte sich MPU/MUA verstärkt auf Zulieferungen für den Automobilbau.[44]

Ende der 1960er Jahre verordnete sich Hulesch & Quenzel eine das gesamte Unternehmen erfassende Neustrukturierung, die jedoch erst nach der Veröffentlichung der *Merowinger* eingeleitet wurde. Aus diesem Grund kann sie nicht mehr im Rahmen dieses Beitrages berichtet werden. Insgesamt hat der Beitrag gezeigt, dass die Beschreibung von Unternehmen in literarischen Werken wichtige Anhaltspunkte und Inspirationen für die unternehmenshistorische Forschung geben kann – auch wenn die Angaben der Autoren mittels des zur Verfügung stehenden methodischen Arsenals der zuständigen Fachwissenschaft zu plausibilisieren und zu überprüfen sind.

---

38 Zu ROE ist eigentlich nichts weiter bekannt, außer dass sie in einer Nebenfunktion für *Distractions* Bibliotheksdienste (Verstecken von Büchern, Verändern von Katalogeinträgen etc.) ausübt.

39 Dies bemerkt ebenfalls: Doderer, Merowinger, S. 147.

40 Die Verbindungen zur *arts & craft* Bewegung sind von der einschlägigen Forschung bislang unbeachtet geblieben. Dies bemängelt bereits: Florian Triebel, Der Eugen Diederichs Verlag 1930–1949. Ein Unternehmen zwischen Kultur und Kalkül, München 2004, S. 15 (FN 12).

41 Für diese, weitere und alle anderen Aspekte des Fallenlassens immer noch grundlegend: H.[arob-Düggynnen] Quenzel, Dropping Names and Things. A Guide for Theory and Practise. London 1978, S. 36–49, erstmals nachgewiesen bei: Florian Triebel/Manfred Grunert, Krisenerfahrung bei BMW. Zur Typologie des Phänomens Unternehmenskrise, in: Jahrbuch für Wirtschaftsgeschichte 2/2006, S. 41–52, hier: S. 42 (FN 7).

42 Vgl. Doderer, Merowinger, S. 147–148, dort sind auch – zur gefälligen Beachtung bei Bestellungen – die nach wie vor gültigen Artikel-Nummern (10729–10736) genannt.

43 Die Unter-Abteilung ist von Doderer irrtümlich bei PL eingeordnet worden. Vgl. Doderer, Merowinger, S. 144. Auf der folgenden Seite findet sich die plastische Schilderung eines erfolgreichen kundennahen Tests.

44 Zu Chaimito Hulesch [Î.] und die Abteilung MPU/MUA vgl. die Portraitskizze: Patrick Oelze/Florian Triebel, Ein Unbekannter, S. 2–4.

III. Internationalität, Interkulturalität

Horst A. Wessel

Die hübschen Töchter der Witwe Mercedes
oder gute Verkäufer trotzen selbst Revolutionen

Johannes Senfft,[1] der für den Vertrieb der Mannesmannröhren zuständige Vorstand, hatte 1904 zum ersten Mal Südamerika bereist und nach seiner Rückkehr von »ziemlich guten Aussichten für belangreiche Geschäfte«[2] berichtet.

Johannes Senfft

Einige Monate später wurden »nach einigen Plätzen Südamerikas mit dem Verkauf unserer Leitungsrohre besonders vertraute jüngere Herren« entsandt.[3] Die La Plata-Staaten wurden ab 1907 durch das unternehmenseigene Röhrenlager in Buenos Aires versorgt. In den darauf folgenden Jahren entstanden Mannesmann-Handelsgesellschaften nicht nur in der argentinischen Hauptstadt, sondern auch in Rio de Janeiro und in Santiago de Chile. Peru wurde zunächst von der Vertretung in Mexiko mitbedient, erhielt jedoch später gleichfalls eine eigene Mannesmann-Repräsentanz.[4]

Rio de Janeiro war 1893 die erste südamerikanische Stadt gewesen, die bei Mannesmann Rohre für den Bau einer modernen zentralen Wasserversorgungsanlage bestellt hatte.[5] Während diese unterirdisch verlegt wurden, kündeten die für die elektrische Beleuchtung, Telegrafie und Telefonie aufgestellten Masten aus Mannesmannröhren unübersehbar von der Neuen Zeit.[6] Die chilenische Marine hatte 1890

---

1 Horst A. Wessel, Carl Johann Senfft, in: Württembergische Biographien, Bd. 1, Stuttgart 2006, S. 260–263.
2 Mannesmann-Archiv, M 11.050, Protokoll der Aufsichtsratssitzung vom 28.6.1904.
3 Ebd. vom 30.3.1905.
4 Ebd., vom 10.10.1907; vgl. Frank J. Nellißen, Das Mannesmann-Engagement in Brasilien von 1892 bis 1995. Evolutionspfade internationaler Unternehmenstätigkeit aus wirtschaftshistorischer Sicht (Schriftenreihe zur Zeitschrift für Unternehmensgeschichte, Bd. 2), München 1997, S. 81–95.
5 Horst A. Wessel, Kontinuität im Wandel. 100 Jahre Mannesmann 1890–1990, Gütersloh 1990, S. 56f., S. 60; Frank J. Nellißen, Das Mannesmann-Engagement in Brasilien.
6 Mannesmann-Archiv, M 3.

als erste die nahtlosen Stahlrohre beim Bau ihrer Kriegsschiffe verwendet.⁷ Während das letztere Beispiel vor allem in Großbritannien und danach auch im Deutschen Reich begeisterte Nachahmer fand, zeigten im rasch wachsenden Umfang immer mehr Städte in Südamerika Gefallen an zentralen Versorgungseinrichtungen, für deren Bau sie fast ausschließlich Mannesmannröhren wählten. Diese waren nicht nur zuverlässig, sondern zugleich robuster und länger, darüber hinaus wesentlich leichter als die seit längerem bekannten Gussrohre. Mannesmannröhren konnten mit Bordmitteln umgeschlagen, auf Maultieren transportiert und von Hand verlegt werden. Sie waren absolut bruchfest; wegen ihrer größeren Länge gab es weniger Verbindungen und eine bedeutend höhere Verlegegeschwindigkeit.⁸

Transport von Mannesmannröhren

Dennoch waren Projekte, die in Südamerika realisiert wurden, mit Risiken behaftet, und der Posten »Unvorhergesehenes« musste entsprechend gut ausgestattet werden. Das lässt sich am Beispiel der Wasserversorgung von Quito, der Hauptstadt von Ecuador, anschaulich zeigen. Das Geschäft im zunächst kalkulierten Wert von 1,8 Mio. Mark, damals eine außerordentlich hohe Summe, war von Johannes Senfft bereits im Jahre 1904 angebahnt worden. Ende April 1905 machten sich ein Kaufmann und ein Wasserbauingenieur von Düsseldorf aus auf den Weg, um die technischen Probleme zu lösen und das Geschäft zum Abschluss zu bringen.⁹ Dafür waren maximal sechs Monate vorgesehen. Noch im Jahr 1905 sollten die Rohre im Mannesmannröh-

---

7   Ebd., M 12.160; M 40.191; M 60.006.
8   Ebd., Bildarchiv (Südamerika).
9   Ebd., M 11.050, Protokoll der Aufsichtsratssitzung vom 16.12.1905.

ren-Werk in Düsseldorf-Rath gewalzt und verschifft werden, und binnen Jahresfrist sollte der Auftrag abgerechnet sein.[10]

Die beiden Angestellten reisten wie damals üblich – und kaum anders möglich – mit dem Zug nach Hamburg und von dort mit dem Dampfschiff über New York nach Colon/Panama. Weil der Kanal noch nicht fertig war, ging es von dort aus mit der Eisenbahn bis zur Hauptstadt des Landes am Pazifischen Ozean und anschließend weiter mit dem Dampfschiff. Gut drei Wochen waren seit der Abreise vergangen, als sie den Guayar hinaufdampften und den Haupthafen Ecuadors, Guayaquil, erreichten. Nach einer kurzen Untersuchung durch einen Sanitätsbeamten wurden die Reisenden mit Dampfschaluppen an Land gebracht.[11]

Die Stadt, der bedeutendste Handelsplatz des Landes, machte auf die Ankommenden einen guten Eindruck: Die Straßen waren sauber, die Häuser ansehnlich, die Geschäfte beeindruckten durch hohe Glasfenster, Plätze waren großzügig angelegt und die Grünanlagen gepflegt; sogar Pferde- und elektrische Straßenbahnen gab es. Die Stadt war erst 1896 vollständig abgebrannt und wurde seitdem wieder aufgebaut. Mit Rücksicht auf die Erdbebengefahr waren die Häuser sämtlich aus Holz. Fensterscheiben kannte man nicht, stattdessen gab es engmaschige Drahtnetze zum Schutz gegen die Moskitos. Wegen seines bedeutenden Handelsverkehrs waren alle größeren Unternehmen des Landes in Guayaquil vertreten. Auf dem Markt wurden Obst und Gemüse sowie Manufakturwaren angeboten. Außerdem gab es zahlreiche Fachgeschäfte, in denen so ziemlich alles zu haben war, vom Hufnagel bis zum Damenhut.

Guayaquil war damals »das größte Seuchennest von Südamerika«. Besonders schlimm war der Aufenthalt während der Regenzeit: Die heiße, schwüle Luft drückte alles nieder, lähmte jede Lust zur Bewegung, so dass man kaum aus der Hängematte kam. Dazu herrschte häufig Pest, Typhus und gelbes Fieber. Kein Wunder, dass die Stadt so viele Apotheken hatte. Die Sterblichkeitsziffer wurde von keiner anderen Stadt der Welt übertroffen. Die Ankunft der Mannesmann-Angestellten fiel in die trockene Jahreszeit, die als die günstigste galt und von den alljährlich wiederkehrenden Reisenden dazu genutzt wurde, um Geschäfte zu machen. Dennoch waren sie zufrieden, schon am nächsten Tag weiter reisen zu können.

Um 5.00 Uhr morgens setzten sie mit der Dampffähre über nach Duran, wo die Bahn nach Quito begann. Ein einfacher Bretterschuppen bildete das Bahnhofsgebäude, vor dem der Zug bereitstand – die Lokomotive und drei Wagen. Ein Wagen, die Erste Klasse, war für die Weißen reserviert, ein weiterer für die übrigen Reisenden, während der dritte Waggon das Gepäck aufnahm. Pünktlich und mit viel Getöse fuhr der Zug ab. Die Fahrt ging durch eine Landschaft mit üppiger Vegetation, vorbei an Wäldern mit riesigen Bäumen und hängenden Lianen, mit Schmetterlingen in flammenden Farben und Blumen in glühender Pracht. Vorbei an ausgedehnten Ananasfeldern, an riesigen Kaffee- und Kakaoplantagen sowie Palmenalleen, die zu ansehnlichen Wirtschaftsgebäuden führten. Sie sahen Bananenpflanzungen mit Stauden von der Stärke eines mittleren Baumstammes. Sie überquerten Flüsse, auf deren Sandbänken sich kleine und große Alligatoren sonnten. Die Ortschaften, an denen der Zug Halt machte, bestanden meist aus Hütten, waren an in die Erde getriebenen etwa fünf Meter hohen Stangen befestigt. Etwa zwei Meter über dem Erdboden war aus Bambusrohr und großen Blättern ein Wohnraum geschaffen worden. Auf diese Weise waren die Bewohner vor den regelmäßig auftretenden Überschwemmungen und vor wilden Tieren geschützt.

Gegen 1.00 Uhr erreichte der Zug eine Station, wo ein längerer Aufenthalt zur Einnahme des Mittagessens vorgesehen war. Die Reisenden Erster Klasse aßen in der nahen Bahnhofsgast-

---

10 Vgl. Mannesmann-Archiv, M 11.050, Protokoll der Aufsichtsratssitzung vom 28.6.1904.
11 Dazu und zum Folgenden Ebd., M 40.109; M 30.048, S. 106–111 und S. 154–162 [Zitate].

stätte, während sich die übrigen Fahrgäste um einen großen eisernen Suppentopf sammelten. Als der Zug weiterfuhr, nahm die bereits vorher spürbare Steigung stark zu. In Zickzacklinien, wobei die Lokomotive abwechselnd schob und zog, schraubte sich der Zug den Berg hinauf, wobei von Hand immer wieder die Weiche umgelegt werden musste. Auf diese abenteuerliche Weise erreichte man schließlich das Hochplateau der Anden. Hier war die Zugfahrt zu Ende; denn weiter war damals die Strecke noch nicht fertig.

Ein anderer Mannesmann-Vertreter, der 1913 diese Reise unternahm, benutzte die Bahn durchgehend bis Quito. Er wusste über die Kälte und den Nebel in den Anden zu berichten, die die Fahrt im Wagen ohne Fenster unangenehm machte. Am späten Abend des ersten Reisetages wurde Ambato erreicht, wo die Reisenden übernachteten. Am anderen Morgen ging es weiter, vorbei an noch tätigen Vulkanen, über weite Ebenen, die abgeholzt waren und nun als Viehweide dienten. Die Zucht von Rindern und Pferden bildete auf der Sierra den wichtigsten Erwerbszweig der Landwirtschaft. Zu Schlachtungen, so der Reisebericht, wurde in erster Linie männliches Rindvieh verwendet, wogegen die Kühe der Milchwirtschaft vorbehalten blieben. Kälber wurden nur ausnahmsweise geschlachtet, so dass Kalbfleisch – bei reichlichem Angebot der übrigen Fleischsorten (1 Pfund gutes Bratfleisch kostete etwa 40 Pfg.) so gut wie nie zum Verkauf gelangte. Am Nachmittag des zweiten Reisetages erreichte der Zug Quito, die Hauptstadt des Landes. Sein »treuer Begleiter auf den ganzen Wegen«, betont der Reisebericht, war »eine Telegrafenleitung, bei der ausschließlich Mannesmann-Telegrafenstangen Verwendung gefunden« hatten.

Die Pioniere des Jahres 1905 mussten auf dem Hochplateau der Anden umsteigen. Sie brauchten auch einige Tage länger. Zunächst ging es mit einer von acht Maultieren gezogenen Postkutsche voran, später erlaubten die Wegverhältnisse nur noch das Reittier, stellenweise musste abgesessen werden. Das letzte Stück beförderte sie ein bequemer Reisewagen der Regierung. Gegen die lästigen Moskitos schützten so gut es ging Mückennetze. Große, wenn auch überflüssige Sorge, bereitete den Reisenden eine Riesenfledermaus, vor der die Einheimischen eindringlich warnten. Diese Bestie, auch »fliegender Hund« genannt, sollte angeblich die Reisenden im Schlaf anfallen und Blut aussaugen. »Wenn der Reisende erwacht, hat er meiste schon ¼ Liter Blut verloren.«

Vom ersten Anblick der Stadt waren die Reisenden enttäuscht. Manche Stadt in Südamerika »gewährt dem, der sich ihr zum ersten Mal nähert, einen Blick verheißungsvoller Schönheit, der dem Schauenden zur unvergesslichen Erinnerung wird. Nicht so Quito. Die Stadt bot ein Gewimmel von Häusern, mit verblassten, schmutzig-roten Dächern, schachbrettartig von Straßen durchzogen, überragt von einer überaus großen Anzahl von Türmen, im Hintergrund die düsteren Massen des Pichincha-Gebirges – einem Grau in Grau gemalten Bilde gleich.« Die ersten Eindrücke waren nicht geeignet, den vielleicht etwas hoch gestimmten Erwartungen der Ankömmlinge entgegen zu kommen. Allmählich änderte sich jedoch das Bild. Häuser, Straßen und Menschen machten einen gepflegteren Eindruck; großzügig gestaltete Plätze und Gebäude von imponierender Größe gewannen ihr Interesse. Der Verkehr in den Straßen nahm zu, bis sie endlich an ihrem Hotel ankamen. Weil der Kongress seine Sitzungsperiode hatte, waren alle Hotels stark belegt, so dass sie sich zunächst mit Hinterzimmern begnügen mussten, zu denen das Tageslicht, weil Fenster fehlten, nur durch die Glasscheiben der Tür fiel. Nach einigen Tagen erhielten sie andere, nach vorn heraus gelegene Zimmer, die außer mehr Licht auch weitere Annehmlichkeiten boten. Jeden Morgen wurden sie Punkt sechs Uhr von der Sonne geweckt, die am in den ersten Stunden meist wolkenlosen Himmel aufzog und rasch an Kraft gewann. Die spanische Küche war gewöhnungsbedürftig und spätere Mannesmann-Reisende lernten rasch die Einladungen des Wasserbauingenieurs, der sich in Quito niedergelassen hatte und die Mannesmann-Vertretung führte, schätzen.

Die alte Inkastadt mit dem unübersehbaren Einfluss der spanischen Kolonialzeit bildet ungefähr den Mittelpunkt des gleichnamigen Beckens, das im Osten und Westen von den Anden umrahmt wird. Sie liegt an den westlichen Hängen des Pichincha, an den Ufern eines kleinen Flusses. Die von den Bergen kommenden Gewässer haben auf ihren Wegen zum Fluss im Laufe der Zeiten tiefe Schluchten gewühlt, Quebradas genannt, die im Bereich der Stadt teils überbaut waren, teils offen lagen. Das belebte das Bild der Stadt, besonders nach starken Regenfällen. Von Quito aus sieht man in der Runde 22 mit Schnee bedeckte Bergriesen. Viele von ihnen sind Vulkane, von denen allerdings nur noch vier in Tätigkeit waren. Die Stadt zählte damals etwa 80.000 Einwohner, rd. 60 % waren Indianer und rd. 30 % Mischlinge, der Rest Weiße sowie einige Hundert Schwarze. Die in der Stadt lebenden Indianer waren meist als Hausgestellte tätig; sie lebten sehr anspruchslos. Auf dem Land arbeiteten sie in den Haciendas. Etwa 100 Kilometer östlich der Hauptstadt wohnten noch »wilde« Indianer in einer Gegend, von der nur die Flussläufe erforscht waren, und auch die nur teilweise. Die in und um Quito ansässigen Indianer waren äußerlich Christen, innerlich jedoch hingen sie noch sehr an den überlieferten Anschauungen; dennoch übten die katholischen Geistlichen einen großen Einfluss auf sie aus.

Beim Verlassen des Hotels, das an einer der Hauptstraßen der Stadt lag, fiel unseren Reisenden stets eine große Zahl gut gekleideter, besserer Herren auf, die anscheinend keinen Beruf hatten und deshalb mit ihrer Zeit nichts anzufangen wussten. Ihre Gesichter waren entweder weiß oder zeigten jenen leichten, den Mischling verratenden Bronzehauch. Alle zählten sie zur herrschenden Schicht, die als einzig möglichen Beruf den Staatsdienst, sei es als Beamter oder als Offizier, anerkannte. Selten ergriff einer von ihnen einen bürgerlichen Beruf. Ecuador war nur ein kleines Land, viel zu klein für die Zahl derer, die ein angemessenes Unterkommen im Staatsdienst anstrebten. Nur ein kleiner Teil konnte dort eine Anstellung finden, während der größere Teil ausgeschlossen blieb. Das Erbe ihrer Väter bestand für die meisten von ihnen in einem hochtönenden, stolzen Namen, dessen Glanz mit irdischen Gütern zu erhöhen ihnen versagt blieb. Da die mit einträglichen Pfründen Versorgten den Darbenden nicht weichen wollten, so griffen diese zur Gewalt, was zu Revolutionen und zu immer neuen Zusammensetzungen des Kreises derer führte, die die Verantwortung trugen und die Entscheidungen trafen. Das sollten auch die beiden von Mannesmann entsandten Vertreter wiederholt erfahren müssen.

Als sie ankamen, wurden die Häuser, Straßen und Plätze noch durch Petroleumlampen erleuchtet. Die Wasserversorgung war sehr einfach und hygienisch sehr bedenklich. Das an und für sich vorzügliche Quellwasser der Gebirgsflüsse wurde in offenen Gräben zur Stadt und dann in verschiedene Straßenbrunnen geleitet. Dort wurde es von Frauen geschöpft, die ihren häuslichen Wasserbedarf in großen, steinernen Krügen auf dem Kopf nach Hause trugen. Öffentliche Wasserträger versorgten die Wohnungen der besseren Schichten der Gesellschaft sowie die Hotels. Die Stadtverwaltung hatte mit der Zeit die Überzeugung gewonnen, dass diese Art der öffentlichen Wasserversorgung eine große Gefahr für die Gesundheit der Bevölkerung in sich barg und im übrigen infolge der Zunahme der Bevölkerung an Grenzen stieß, insbesondere, wenn die Flüsse trocken fielen. Sie hatte Mannesmann gebeten, ein Projekt für eine moderne komplette Zentralwasserversorgung zu erarbeiten und dafür einen Kostenvoranschlag zu unterbreiten. Dazu waren die Mannesmann-Vertreter nach Quito gekommen.

Während der Wasserbauingenieur sich mit den technischen Vorstudien befasste und das Projekt ausarbeitete, bereiste der Kaufmann das Land, um das Unternehmen und seine Erzeugnisse bekannt zu machen und weitere Geschäfte anzubahnen. In der Zwischenzeit pflegte man den Kontakt mit Vertretern der Stadt- und Staatsverwaltung und vervollkommnete die Kenntnisse in der Landessprache. Dabei war insbesondere die Arztwitwe Doña Mercedes behilflich, deren fünf schöne Töchter wesentlich zur pünktlichen Einhaltung der Übungsstunden beitrugen. Die Frauen, insbesondere die Mädchen, lebten in Ecuador in strenger Zurückgezogenheit. Wollte ein junger Mann um ein Mädchen werben, so konnte er sich nicht mit ihr verabreden und ausgehen. Er musste sich darauf beschränken, sie in der Gegenwart ihrer Angehörigen zu sehen und zu sprechen, aber auch diese Möglichkeit war ihm nicht oft geboten. Weilte jedoch die Schöne bzw. Angebetete am Nachmittag auf dem Balkon, dann durfte er vorbeikommen, jedoch nicht zu Fuß, sondern in der Kutsche oder neuerdings, was noch weit mehr Eindruck machte, mit dem Auto. Wochentags war jedoch dazu wenig Zeit, dagegen wurde der Sonntag umso intensiver dafür genutzt. In langen Wagenreihen durchfuhren die jungen Männer die Stadt, die Blicke ständig zu den Balkonen erhoben. Diese waren mit Tüchern und Blumen geschmückt und wirkten wie Throne. Von diesen herab beglückten die Schönen ihre Anbeter in den vorüber fahrenden Wagen mit ihrem lieblichsten Lächeln und spendeten ihnen verheißende, glühende Blicke. Stunde um Stunde dauerte der Korso, und jedes Mal, wenn der richtige Wagen vorüber fuhr, gab es das gleiche Spiel, bis die hereinbrechende Nacht mit ihrer Kühle die in duftige Kleider gehüllten Schönen zwang, sich in das Innere des Hauses zurückzuziehen. Für die jungen Werber blieb jedoch noch eine Gelegenheit, in angenehmer Weise auf sich aufmerksam zu machen: Kaum waren Verkehr und Lärm des Abends verebbt, eilten sie mit ihren Freunden zu den Häusern ihrer Angebeteten und brachten ihnen mit Mandoline und Geige, begleitet von Gesang, ein Ständchen dar.

Die Gäste aus Europa hatten es hier weitaus leichter. Sie weilten als hoch angesehene Kunden im Hause einer Dame der Gesellschaft mit gleich mehreren hübschen Töchtern, die sich trotz der gesellschaftlichen Zwänge nicht zu Schade war, Sprachunterricht zu erteilen, über Land und Leute sowie über die Verhältnisse in der Stadt zu informieren und auch die ein oder andere Tür zur Realisierung des Projekts zu öffnen.

Das war auch notwendig, denn die Männer, mit denen der Mannesmann-Vertriebsvorstand gesprochen hatte, hatten infolge revolutionärer Veränderungen im Rathaus nicht mehr das Sagen. Nach knapp zwei Monaten waren die Projektarbeiten weitgehend abgeschlossen, und es begannen intensive und sehr zeitaufwändige Verhandlungen mit der Verwaltung. Obwohl die Mannesmann-Vertreter diese dank der Nachhilfe durch Doña Mercedes und deren Töchtern in der Landessprache führen konnten, zogen sich diese über Monate hin. In der Düsseldorfer Hauptverwaltung, die regelmäßig durch Telegramme auf dem Laufenden gehalten wurde, begann man unruhig zu werden. Endlich war man sich über alle Punkte einig, der Vertrag wurde unterzeichnet. Allerdings sollte die Freude und der berechtigte Stolz, den man in Quito empfand, und die Erleichterung, mit der man in Düsseldorf das Ende der ebenso langwierigen wie zähen Verhandlungen quitierte, bald getrübt werden. Sie war nicht von Dauer; denn kurz darauf brach »eine von jenen berüchtigten südamerikanischen Revolutionen aus« und stürzte die das Mannesmann-Projekt fördernde Regierung und auch das Stadtregiment. Damit war der Vertrag hinfällig geworden.

Nachdem sich die Gemüter einigermaßen beruhigt hatten, begannen die Verhandlungen mit der neuen Regierung und der neuen Stadtverwaltung. Inzwischen hatte jedoch die Konkurrenz, insbesondere die nordamerikanische, alle Mittel eingesetzt, um Mannesmann auszubooten. Trotz dieser ungünstigen Verhältnisse blieb Mannesmann im Geschäft. Als erneut sämtliche Vertragsbedingungen, insbesondere auch die Finanzierungsmodalitäten, mühsam ausgehandelt worden waren und man nicht nur in Düsseldorf mit dem neuen Vertragsabschluss rechnete, wurde auch der neue Präsident das Opfer einer Revolution.

Ein Jahr nach der Ankunft der Männer in Quito begann man von neuem und hielt – trotz aller politischen Unwägbarkeiten und trotz der immer energischer werdenden Mahnungen aus Düsseldorf, die Angelegenheit als endgültig gescheitert zu betrachten – durch. Mit Unterstützung der Doña Mercedes, die ihren »Sprachschülern« in allen Wirren zur Seite stand und ihren

Einfluss zugunsten von Mannesmann geltend machte, gelangte man Ende des Jahres 1906 zum glücklichen Abschluss. Im Mai 1909 kamen die ersten Leitungsrohre zum Versand; zwei Jahre später war das Projekt realisiert und konnte abgerechnet werden.

Zwar war das Projekt mit Rücksicht auf die angespannte finanzielle Situation in Ecuador gestrafft worden, aber allein für das Wasserleitungsnetz lieferte Mannesmann 45 Kilometer nahtlose Muffenrohre, die wie die beiden Mannesmann-Vertreter per Schiff, Eisenbahn und Maultierwagen in die Hauptstadt gekommen waren. Die Rohre hatten einen Durchmesser von 80 bis 250 Millimeter. Außerdem konnte ein Auftrag auf Hunderte von Masten für die elektrische Beleuchtung und die Stromleitungen, später auch für die Oberleitung der Straßenbahn abgeschlossen werden. Die sanitären Verhältnisse in Quito wurden durch den Bau der zentralen Wasserversorgung wesentlich verbessert. Erst die fertiggestellte Leitung erlaubte es den Bewohnern der Hauptstadt, sanitäre Einrichtungen in ihren Häusern zu installieren. Allerdings fehlte noch die Kanalisation, für die der Wasserbauingenieur von Mannesmann gleichfalls Pläne und Zeichnungen ausgearbeitet hatte. Sie sollte ausgeführt werden, sobald die für den Bau erforderlichen finanziellen Mittel vorhanden waren. Das war bis 1913, als ein weiterer Mannesmann-Vertreter ausführlich aus Ecuador berichtete, noch nicht geschehen. Allerdings war seit der letzten, diesmal sehr blutigen und außerdem fehlgeschlagenen Revolution erst ein gutes halbes Jahr vergangen. Am Yaguachi waren die Revolutionäre von den Regierungstruppen in einem erbitterten Endkampf vernichtend geschlagen worden »und noch wochenlang

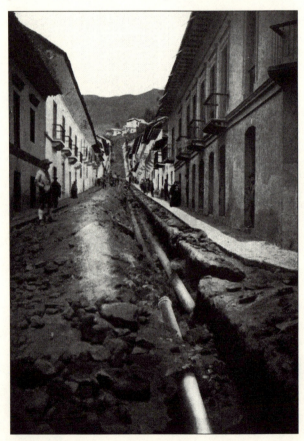

Bau der zentralen Wasserleitung in Quito

nachher [waren] die von den Fluten der Regenzeit aus ihren Gräbern geworfenen Leichname der Gefallenen zu sehen«.

Für Mannesmann war das Projekt in mehrfacher Hinsicht von Bedeutung. Das Unternehmen hatte – sichtbar und spürbar für alle Einwohner – unter Beweis gestellt, dass es über tüchtige Mitarbeiter verfügte, die auch unter schwierigen Bedingungen ihre Aufgaben erfolgreich erledigten und dass Produkte anbot, die den schwierigen Verkehrsverhältnissen ebenso gewachsen waren wie den außerordentlich ungünstigen topographischen Voraussetzungen; außerdem waren sie auch unter tropischen Verhältnissen zuverlässig und darüber hinaus, was bei den Masten von besonderer Bedeutung war, formschön. Mannesmann festigte dadurch seinen ohnehin schon guten Ruf und sicherte seine Position als unbestrittene Nummer eins auf dem südamerikanischen Kontinent.

Mit dem erfolgreichen Abschluss des Quito-Projekts war Mannesmann in Ecuador auf Dauer etabliert. Das Geschäft entwickelte sich so günstig, dass in Quito ein Ingenieurbüro etabliert wurde, das von dem 1905 als Projektmanager nach Ecuador gekommenen Wasserbauingenieur geleitet wurde. Er und auch der mit ihm gereiste kaufmännische Angestellte heirateten in Quito. Zumindest letzterer fand sein eheliches Glück an der Seite einer der Töchter von Doña Mercedes – vermutlich auch der andere. Von beiden wissen wir aufgrund späterer Reiseberichte, dass sie es gut angetroffen hatten – jedenfalls weitaus besser als die meisten anderen Ausländer, insbesondere Deutsche, die dort geheiratet hatten.

Denn klein war damals in Ecuador die Zahl jener Männer, die wirtschaftlich in der Lage waren, mit einer besseren Bürgerstochter den Bund der Ehe zu schließen. Diese trachteten deshalb danach, sich einen Ausländer, wenn möglich einen Deutschen, die als zuverlässig, treu und obendrein als tüchtig und fleißig galten, zu gewinnen. Allerdings war diesen an deren Seite meist »kein gutes Los beschieden, denn mit seiner Frau [fiel] ihm deren ganze Familie zur Last, die nun glücklich [war], einen zu haben, der für sie arbeit[ete]. Verwöhnt [war] die junge Frau nicht, denn trotz ihres klangvollen Namens stammt[e] sie aus bescheidenen Verhältnissen. In ihrem elterlichen Hause gab es nur ein gut ausgestattetes Zimmer: den Salon, in dem die Gäste empfangen wurden, und den man sonst nie betrat. Die übrigen Räume entsprachen den wirklichen Verhältnissen und enthielten nichts als einige ärmliche, verwahrloste Möbel. Einen Haushalt zu führen hat[te] sie nicht gelernt, denn zu Hause kochte eine alte Indianerin in einem eisernen Topfe über dem offenen Feuer. War das Essen gar, dann wurde der Topf auf den Tisch gestellt, und jeder langte zu, so gut und schlecht es sich eben machte. Ihr Gatte war vor dem Eingehen der Ehe vielfach gewarnt worden, aber er wollte nicht hören und muss[te] jetzt fühlen.«

Es ist nicht überliefert, welche Erfahrungen der Berichterstatter in Quito gemacht hatte. Jedenfalls ist er an anderer Stelle seines Berichts voll des Lobes über das Familienleben seiner Kollegen. Die Stunden, die er in ihren Häusern verbrachte, scheinen für ihn eine wahre Erholung gewesen zu sein, insbesondere im Hinblick auf die dort eingenommenen Mahlzeiten. So heißt es: »Ein Festtag war es für mich jedes Mal, wenn ich von der Familie unseres Vertreters ... eingeladen wurde, deren gastliches und wohlgepflegtes Mahl mich die Leiden der Hotelküche für einige Zeit vergessen ließ.« Mag sein, dass die Arztwitwe Mercedes auch im Hinblick auf Kindererziehung und Haushaltsführung ihrer Zeit voraus war – Mannesmann profitiert auch hier davon![12]

---

12 Horst A. Wessel, Wasser für Quito, in: report R21 (Zeitschrift für Kunden und Geschäftsfreunde der Mannesmannröhren-Werke AG), 1992, S. 26–27.

Cornelius Neutsch

Preußische Bürokratie in den Tropen

Der Postpaketdienst zwischen dem Deutschen Reich und seiner Kolonie Kamerun im »Dschungel« postalischer und zollamtlicher Bestimmungen

Nachdem das Deutsche Reich in den Jahren 1884/85 in den Kreis der Kolonialmächte eingetreten war, erfolgte bereits 1887 die Einrichtung erster Postagenturen in den Kolonien, deren Zahl und Dienstzweige bis zum Ersten Weltkrieg sukzessive erweitert wurden. Das Post- und Telegraphenwesen in den Kolonien unterstand während der gesamten deutschen Kolonialperiode unmittelbar dem Reichspostamt und nicht den Kolonialbehörden, wie es bei den anderen europäischen Kolonialmächten üblich war. Dies zog mitunter umfängliche zusätzliche Verwaltungsvorgänge nach sich.

Unter Aufwendung hoher finanzieller Mittel – die Zuschüsse der Reichspostverwaltung für Post und Telegraphie in den Kolonien betrugen in einzelnen Etatjahren mehr als eine Million Mark – wurde der Auf- und Ausbau einer postalischen Infrastruktur nach europäischem Vorbild vorangetrieben. Im Jahr 1914 verfügten die deutschen Kolonialgebiete über insgesamt 276 Post- und Telegraphenanstalten (Stand 1. Juli 1914), auf die Kolonie Kamerun entfielen hiervon 48.

Am Postpaketdienst nahmen neben dem Postamt in der Hauptstadt Duala nur diejenigen Postagenturen teil, die von deutschen Fachbeamten verwaltet wurden. In ganz Kamerun wurden im Kalenderjahr 1912 insgesamt 40.990 Pakete befördert, davon 5.960 aufgegebene und 35.030 angekommene.[1]

Alle aufgegebenen und angekommenen Pakete, die nicht nur innerhalb der Kolonie versendet wurden, bedurften einer zollamtlichen Abfertigung nach den geltenden Ein- bzw. Ausfuhrbestimmungen. Da die Zollbehörde dem Kaiserlichen Gouvernement, d. h. der Kolonialverwaltung unterstellt war, trafen umfängliche Bestimmungen beider Behörden aufeinander, mitunter nicht immer zum Wohle der Postnutzer.

Ein zentrales Problem des Paketdienstes bestand in den oftmals langen Lagerzeiten der aus Europa eintreffenden Pakete. Da die kleineren Postagenturen im Innern des Landes keine Pakete ausgaben, waren die Empfänger genötigt, diese in einer für den Paketdienst zugelassenen Postanstalt abzuholen, was angesichts des verkehrsinfrastrukturell wenig entwickelten Landes zwangsläufig zu langen Auslieferungs- und Lagerzeiten führte. Der dichte Urwaldgürtel, die terrassenartig ansteigenden Gebirge und das feuchtheiße Klima Kameruns standen einer Erschließung des Hinterlandes massiv im Wege. Die Tatsache, dass Kamerun am Ende der deutschen Kolonialzeit über weniger Eisenbahnstrecken als das neunmal kleinere Togo verfügte, ist nur ein Beleg für die wenig entwickelte Verkehrsinfrastruktur.[2] Wo keine Eisenbahnen

---

1 Post- und Telegraphenwesen, in: Deutsches Koloniallexikon, hrsg. v. Heinrich Schnee, Bd. 3, Leipzig 1920 (Reprint: Wiesbaden 1996), S. 89 ff.
2 Helmut Schroeter, Roel Ramaer, Die Eisenbahnen in den einst deutschen Schutzgebieten Ostafrika, Südwestafrika, Kamerun, Togo und die Schantung-Eisenbahn, damals und heute, Krefeld 1993, S. 113 ff.

verkehrten, müssten Trägerkolonnen den gesamten Verkehr vermitteln. Botenposten beispielsweise benötigten für die Postbeförderung von Jaunde nach Kribi, eine Strecke von 270 km, acht bis neun Marschtage.[3]

Dass angesichts solcher Verkehrsverhältnisse die Paketempfänger manchmal Wochen benötigten, um ein Paket abzuholen, liegt auf der Hand. Besondere Probleme hatten mitunter die einheimischen Postnutzer. Zwar kannten die »Kameruner Küstenneger«, die eine Paketbestellung aufgaben, die postalischen Verhältnisse recht genau und auch die »farbigen Paketempfänger im Hinterland«, die sich nach einem Bericht des Kameruner Gouvernements »durchweg aus Kanzlisten, Dolmetschern, Handwerkern, Soldaten und anderem Stationspersonal« rekrutierten, wussten, dass die Postanstalt an der Küste, wo das Paket einging, eine Weitersendung nur dann vornahm, wenn zuvor die Nachnahme- und Zollgebühren entrichtet waren.

»Unzuträglichkeiten im Postverkehr und bei der Verzollung der Pakete«, wie es im Amtsdeutsch hieß, ergaben sich aber aufgrund »überlegter Bestellungen der Eingeborenen«.

Unseriöse Händler hatten immer wieder versucht, der schwarzen Bevölkerung alle möglichen Waren aufzuschwatzen. Bei Bestellung wurde eine Anzahlung geleistet, die Restzahlung sollte per Nachnahme erfolgen. Da die Einheimischen der deutschen Sprache entweder gar nicht oder nur unzureichend mächtig waren, wussten diese oftmals noch nicht einmal genau, was sie eigentlich bestellt hatten, geschweige denn, dass sie mit den Modalitäten von Nachnahmesendungen bzw. den gültigen Zollbestimmungen vertraut gewesen wären. Die Folge war eine Vielzahl nicht eingelöster Nachnahmepaketsendungen.

Als typisches Beispiel für die Schwierigkeiten, die Einheimische mit den Postbehörden hatten, kann eine Paketsendung für Kn'ed' a Mudiki Bwene aus Bonambasi herangezogen werden. Der Kameruner erwartete ein Paket und fragte deshalb im November 1911 bei der Postagentur in Bonambasi nach, wo man ihm mitteilte, dass diese Agentur nicht am Paketdienst teilnehme und sein Paket wahrscheinlich in Duala lagere. Als er dort am Ende des Jahres vorsprach, wies man ihn zurück, da er sich offenbar nicht ausweisen konnte. Als er dann im Februar 1912 nochmals im Postamt in Duala nach seinem Paket fragte, war dieses bereits zurückgeschickt worden. Kn'ed' a Mudiki Bwene konnte, wie die meisten Kameruner, weder lesen noch schreiben, die Paketbestellung hatte ein Missionslehrer für ihn geschrieben.

Die Verwaltung reagierte auf die vielen nicht abgeholten Pakete mit prompten Maßnahmen: Im Jahr 1911 wurde nicht nur die Einlösefrist der Nachnahmepakete von zwei Monaten auf vier Wochen, sondern zugleich auch die Frist für das »Unzustellbarkeitsverfahren« bei Paketen von sechs auf drei Monate reduziert.

Dieses Vorgehen brachte für die Behörden zumindest temporär einen gewissen Erfolg: Die Zahl der bei den Zollstellen lagernden Pakete reduzierte sich immerhin auf die Hälfte. Das Kaiserliche Gouvernement von Kamerun in Buea stellte befriedigt fest, dass die Bestellungen zurückgegangen seien, da die heimischen Firmen offenbar dazu übergegangen waren, nur noch gegen volle Vorauszahlung zu senden, ein Verfahren, das »für die wirtschaftliche Erziehung der Eingeborenen von sehr großem Werte« sei.

Angesichts eines ständig steigenden Paketverkehrs war das Problem zwar kurzfristig entschärft, aber nicht gelöst.

Als wenig erfolgreich hatten sich die Bemühungen um zwangsweise Eintreibung der Zollgebühren erwiesen. Auch die daraufhin eingeleitete Versteigerung der Paketinhalte musste zurückgenommen werden, da beide Maßnahmen den geltenden Bestimmungen des Kameruner

---

3 Kamerun, in: Geschichte der deutschen Post in den Kolonien und im Ausland, hrsg. v. W. Schmidt u. H. Werner, Leipzig 1939, hier S. 193.

Zollrechts widersprachen. Dies sah nämlich vor, dass einer zollamtlichen Abfertigung, insbesondere der Festsetzung und Einziehung des Zollbetrags, eine vorherige Anmeldung durch den Zollpflichtigen vorauszugehen hatte, die bei noch nicht abgeholten Paketen natürlich niemals vorlag. Weiterhin war eine Zwangsvollstreckung gegen den Empfänger gemäß § 15 der Kameruner Zollordnung schon deshalb unzulässig, weil dieser, solange das Paket nicht in seinen Besitz gelangt war, überhaupt nicht zur Entrichtung des Zolls verpflichtet war. Ferner sahen die postalischen Bestimmungen vor, dass ein Empfänger den Empfang eines Paketes auch ablehnen konnte. Im eigentlichen Sinne zollpflichtig wäre dann nämlich die Postverwaltung gewesen, weshalb man die in § 40 der Ausführungsbestimmungen zur Kameruner Zollordnung geregelte Versteigerung zollpflichtiger Gegenstände dahingehend modifiziert hatte, dass bezüglich der Postpakete eigene Sondervorschriften in Anwendung kamen, die in den §§ 56–57 der Ausführungen zur Kameruner Zollordnung ausführlich geregelt waren und eine Versteigerung in solchen Fällen ausschlossen.

Eine scheinbar rettende Idee kam von Seiten des Kameruner Gouvernements: Die Postverwaltung der britischen Kolonie Südnigeria, offenbar mit ähnlichen Problemen konfrontiert, praktizierte eine Regelung, die besagte, dass Versender von Paketen diese mit einer Aufschrift zu versehen hatten, wonach für den Fall, dass die Pakete nicht binnen 21 Tagen nach ihrem Eintreffen abgeholt wurden, die Postverwaltung eindeutig entscheiden konnte, wie weiter zu verfahren war. Der Versender konnte zwischen drei Möglichkeiten wählen:
1. Returned
2. Treated as abandoned
3. Tendered for deliver at a fresh adress, and if not accepted by the new consignee within seven days returned for twith.

Falls die Paketsendung keine entsprechende Aufschrift trug, wurde diese bei Nichtabholung automatisch nach der Frist von 21 Tagen an den Absender zurückgeschickt.

Eine Übernahme dieser oder ähnlich lautender Bestimmungen für Kamerun stieß jedoch auf den heftigen Widerstand der Postverwaltung, die sich an den im Rahmen des Weltpostvereins abgeschlossenen internationalen Postpaketvertrag gebunden fühlte, der solche Regelungen ausschloss. Südnigeria war im Gegensatz zu Kamerun diesem Abkommen nicht beigetreten.

Eine weiterer Vorschlag des Kameruner Gouvernements, der darauf abzielte, die Lagergebühren für zollpflichtige Postpakete zu erhöhen, um damit die Empfänger zu einer frühzeitigeren Abholung zu bewegen, wurde vom Reichskolonialamt als ungeeignete Maßnahme mit dem Hinweis verworfen, dass »deren Einführung von den beteiligten Kreisen des heimischen Handels und dessen Vertretungen lebhaften Widerspruch und dringende Vorstellungen wegen sofortiger Änderung hervorrufen würde.«

Das Reichspost- und das Reichskolonialamt in Berlin, das Kaiserliche Gouvernement in Buea und das Kaiserliche Postamt in Duala debattierten somit weiter. Die Korrespondenz ließ die Akten anschwellen.[4] Man einigte sich zunächst darauf, Pakete, die binnen Monatsfrist bei der Zollverwaltung nicht abgeholt wurden, an die Postverwaltung zurück zu überstellen. Hierbei handelte es sich um einen Verwaltungsvorgang, der selbstverständlich bürokratisch korrekt auszuführen war. Die Verantwortlichen sahen sich daher genötigt, die Ausführungsbestimmungen zur Kameruner Zollordnung um mehrere Seiten zu ergänzen. Anbei eine kleine Leseprobe:

»6) Die Übergabe der Pakete an die Postanstalt erfolgt auf Grund einer von der Zollstelle zu fertigenden Überweisungsliste, datiert vom Fälligkeitstage, unter Angabe des Aufgabeorts, der

---

4 Vgl. hierzu Bundesarchiv Berlin, Bestand Reichspostministerium, Nr. 1203 (Akten gen. Zollwesen, Bd. 3).

Aufgabennummer, des Empfängers und des zu erhebenden Zollbetrages. Der Überweisungsliste sind die Zollinhaltserklärungen beizufügen. Über die zurückgegebenen Pakete leistet die Postanstalt in Postquittungsbuche Quittung.

Zu Ziffer 6) Als Formular zur Überweisungsliste ist das des Paketannahmebuches zu verwenden. In Sp. 7/8 ist der zu erhebende Zollbetrag zu vermerken.

7) Die Postanstalt zieht die vorher von der Zollstelle ermittelten Zollbeträge bei der Ausgabe von Paketen an die Empfänger von diesen ein. Zu diesem Zwecke liefert die Zollstelle der Postanstalt die erforderlichen Vordrucke des Postzollhebebuches.

Zu Ziffer 7) Die Lieferung des Formulars zum Postzollhebebuch an die Postanstalt wird sich erübrigen, wenn diese die erhobenen Beträge in Sp. 9 des Formulars zum Paketannahmebuch vermerkt.

8) Nach endgültiger Erledigung der Überweisungsliste (durch Verzollung, Wiederausfuhr, Nachsendung, Vernichtung der Pakete) liefert die Postanstalt die erhobenen Zollbeträge in einer Summe mit den erledigten Zollinhaltserklärungen an die Zollstelle ab, die den Empfang in einer Liste bescheinigt.

Zu Ziffer 8) Die von der Postanstalt erhobenen Zollbeträge sind einzeln unter lfdr. Nr. in das Postzollhebebuch zu übernehmen. Im Falle einer Zollerhebung nach Rückgabe des Paketes an die Post ist die Nr. des Postzollhebebuches nachträglich im Paketannahmebuch zu vermerken. ...«

Angesichts einer derartigen Überregulierung hatten die Behörden weitere Probleme nahezu heraufbeschworen: Der Kameruner Postdirektor lobte zwar die als »einfacheres Verfahren« bezeichnete Regelung, »weil die Abhängigkeit des Postamts vom Zollamt nicht mehr erträglich war«, beschwerte sich aber zugleich, dass Adressen vom Zollamt erst eine Woche nach Ankunft des Dampfers ausgegeben wurden, weil das Zollamt die Lagerbücher noch nicht fertig hatte. Seiner Meinung nach bildeten »auch jetzt noch (22. Juni 1914 C.N.) die vielen Übergaben von Paketen, Adressen und Zollbeträgen eine Quelle von Fehlern, Unsicherheiten und dienstlichem Ärger.«

Viele nicht abgeholte Pakete lagerten unterdessen weiterhin in Duala. Die jeweils zur Mitte und zum Ende eines Monats eintreffenden Dampfer der Woermann-Linie, die im Wesentlichen den Schiffsverkehr zwischen Deutschland und Kamerun vermittelte, brachten monatlich allein für Duala durchschnittlich etwa 1.000 Pakete. Der dauerhafte Lagerbestand an Paketen lag durchschnittlich bei 400–500 Stück.

Besondere Probleme bereiteten die langen Lagerzeiten, wenn verderbliche Waren verschickt wurden. Im Mai 1913 beschwerte sich die Wurstfabrik Schorn aus Jena beim Staatssekretär des Reichskolonialamtes darüber, dass wiederholt Wurstpakete, die von der Firma in die Kolonien versandt worden waren, einfach für verdorben erklärt und vernichtet wurden. Der Wurstfabrikant drückte sein Verwundern darüber aus, dass ausgerechnet die drei Wurstpakete verdorben sein sollten, deren Ausgabe wegen Abreise des Empfängers in Kamerun nicht erfolgen konnte. Zwar hatte die Firma Schorn nolens volens einer Versteigerung der Wurst zugestimmt, verwahrte sich aber entschieden gegen den Vorwurf, verdorbene Waren zu versenden.

Im Antwortschreiben des Postamtes in Duala wurde der Vorgang dann aufgeklärt: Die Firma Schorn verpackte ihre Frischwurst in Blechdosen, die geräucherte in Holzwolle. Als äußere Verpackung diente eine Holzkiste. Als Begründung für den Verderb der Ware wurde angeführt, dass die Pakete bis zur Versteigerung schließlich über vier Monate während der heißesten Zeit in Kamerun gelagert hätten, seit der Auflieferung seien schon über fünf Monate vergangen. Bezüglich des Zustandes der Wurstpakete wurde ausgeführt:

»Die geräucherten Würste sehen dann derart verschimmelt und unappetitlich aus, daß allenfalls ein Farbiger sie für wenig Geld kauft: manchmal sind sie selbst den Farbigen zu ekelhaft.

Die Büchsen sind durch die von den geräucherten Würsten abgesetzte Feuchtigkeit vielfach durchgerostet und durch Gase schon aufgetrieben.«

Nicht ohne Ironie wurde der Firma empfohlen, falls sie denn glaube, dass ihre Ware immer noch einwandfrei sei, statt der Versteigerung die Rücksendung der Pakete zu beantragen, »zumal sie dann die Unkosten für Zoll, Verzollungsgebühr und Versteigerungsgebühr« spare.[5]

---

5 Bundesarchiv Berlin, Bestand Reichspostministerium, Nr.: 1388, Akten gen. betr.: Postpaketverkehr in Kamerun und Togo.

Michael A. Kanther

»Wirren im Orient«

Ein Streiflicht auf das Verhältnis von Exportunternehmen und preußischen Zollbehörden in den 1890er Jahren

Im 19. Jahrhundert haben viele Industrieunternehmen in Elberfeld, Barmen und den Nachbargemeinden, die zusammen seit 1929 die Stadt Wuppertal bilden, ihre für gute Qualität bekannten Erzeugnisse in europäische Länder und nach Übersee exportiert. Zu den gefragtesten Wuppertaler Produkten gehörten Woll- und Seidenstoffe, Bänder, Kammgarn und gefärbtes Baumwollgarn. Zwischen Oberbarmen und Vohwinkel gab es um 1895 mindestens sieben Familienunternehmen, die importiertes, »rohes« Baumwollgarn mit dem in einem synthetischen Verfahren gewonnenen Farbstoff Alizarin rot färbten und das gefärbte Garn im In- und Ausland absetzten, z. T. aber auch mit »rohem« Baumwollgarn handelten. Diese Betriebe wurden allgemein als Rotgarnfärbereien bezeichnet. Sie exportierten in Europa vor allem nach Österreich-Ungarn, Rußland, Großbritannien und in die Schweiz, ferner in die Levante und sogar nach Indien. Nach dem Abgabenrecht hatten die Färbereien für das Baumwollgarn sowohl einen Einfuhr- als auch einen Ausfuhrzoll zu entrichten. Das Deutsche Reich, das die Zölle vereinnahmte, jedoch 1871 die Zollverwaltung in den Händen der Bundesstaaten gelassen hatte, verzichtete aber bei Garnmengen, die nicht im Inland abgesetzt, sondern exportiert werden sollten, im Interesse der Unternehmen auf die Zollzahlung bei der Einfuhr. Die Färbereien konnten diese Mengen vor und nach dem Färben in Freilagern auf dem eigenen Betriebsgelände deponieren und mussten sie nur bei der Ausfuhr verzollen, wobei der Einfuhrzoll nachentrichtet wurde. Dieses Entgegenkommen des Staates erleichterte es den Exporteuren, ihre fertigen Produkte zum »besten« Zeitpunkt zu verkaufen und ihre Liquidität zu erhöhen; sie sollten nicht gezwungen sein, ein schlechtes Geschäft zu machen. Alle ins Lager eingebrachten Mengen waren beim Zoll zu deklarieren und wurden in ein *Conto* eingetragen. Weil der vorläufige Verzicht des Staates auf den Einfuhrzoll nicht dem abgabentheoretischen Idealfall entsprach und ungeachtet der Fallhäufigkeit eine rechtliche Ausnahme darstellte, wurde die Einlagerung nicht für unbegrenzte Zeit gestattet. Vielmehr gab es Lagerfristen, die auf einen begründeten Antrag des Unternehmens von der Zollbehörde um unterschiedliche Zeiträume verlängert werden konnten; ein Rechtsanspruch darauf bestand aber nicht.

Im nordrhein-westfälischen Hauptstaatsarchiv Düsseldorf hat sich eine Akte der preußischen Zollverwaltung erhalten, die knapp 40 Anträge von Wuppertaler und Opladener Garnfärbereien auf Lagerfristverlängerungen und die ausnahmslos positiven Bescheide der zuständigen Provinzial-Steuer-Direktion für die Rheinprovinz in Köln enthält.[1] Das Verfahren begann jeweils mit der Antragstellung beim nächstgelegenen Haupt-Steuer-Amt, in diesem Fall dem in Elberfeld, das ursprünglich wohl in jedem Einzelfall an Ort und Stelle prüfte, ob die »betreffenden Garne«, deren Ausfuhr noch nicht erfolgen sollte, auch wirklich im Lager des Unternehmens vorhanden waren. Dann unterbreitete das Haupt-Steuer-Amt das Gesuch der Provinzial-

---

1 Nordrhein-Westfälisches Hauptstaatsarchiv Düsseldorf, Provinzialsteuerdirektion Köln Nr. 441: Behandlung der für Türkischroth-Färbereien eingehenden baumwollenen Garne (1892–1899).

Steuer-Direktion zur Genehmigung, jeweils mit dem Hinweis, dass »von dem Vorhandensein der fraglichen Garne Überzeugung genommen ist« und die Richtigkeit der Angaben von der lokalen Behörde nicht angezweifelt werde; in wenigen Fällen stellten die Unternehmen ihre Anträge unmittelbar bei der Kölner Steuerdirektion, die schließlich über jeden Antrag entschied. Die gewünschten Verlängerungsfristen differierten in den untersuchten Fällen stark; die Zeiträume reichten von zwei Monaten bis zu einem Jahr.

Während die heimliche Entfernung unverzollter Ware aus dem Freilager wegen der Prüfungen durch den Zoll ausgeschlossen war, gerieten Unternehmen und Behörde bei den *Antragsbegründungen* auf das holprige Terrain von »Treu und Glauben«. Es war den Zollämtern kaum immer möglich, die Behauptungen der Antragsteller zu verifizieren, und es finden sich keine Indizien dafür, dass die Begründungen überhaupt hinterfragt worden wären. Dafür scheint der Zoll bis Anfang der 1890er Jahre möglichst konkrete und detaillierte, nicht pauschale oder formelhafte Begründungen erwartet zu haben. Eine solche »ideale« Begründung war etwa die dem Amt im September 1892 von der Garnfärberei I. C. Dunklenberg in Elberfeld gegebene: die fraglichen Garne seien »für Rußland bestimmt [...] und die Ausfuhr dorthin« habe »wegen der daselbst infolge der Hungersnoth herrschenden Geschäftsstockung nicht rechtzeitig [...] erfolgen können«. Ähnlich konkret teilte im August 1894 die Garnfärberei Albert Römer in Opladen mit, eine Menge »rohen« Garns gehöre »einem ausländischen Kunden«, »welcher noch keine Färbdisposition abgegeben« habe, »was aber in nächster Zeit geschehen« werde. Im Januar und im Mai 1896 begründete die Garnfärberei G. Wittenstein-Troost in Barmen ihre Anträge auf Lagerfristverlängerung mit der Erklärung, die Nachfrage nach »rohe[m] eindrähtige[m] Baumwollgarn« sei »in Folge der Wirren im Orient [...] eine so geringe [...], daß die Ausfuhr nicht rechtzeitig erfolgen« könne.

Doch war der Comment, dem Angaben dieser Art entsprachen, zu dieser Zeit schon in Auflösung begriffen, denn die meisten der dokumentierten Begründungen waren knapper und weniger konkret und bezogen sich nicht auf einen bestimmten Kunden. Sie sprechen von »andauernd schlechten Geschäftsverhältnisse[n] im Auslande« (so seit 1892 mehrfach die Garnfärberei J. P. Bemberg in Barmen), dem »gegenwärtig schwachen Absatz in diesen Garnsorten« (I. C. Dunklenberg 1893 und 1894) oder dem »schlechten Gang der Exportgeschäfte«. Noch »moderner« waren schon 1895 vorkommende pauschale Begründungen ohne jeden Hinweis auf das Exportland oder eine bestimmte Problemlage, etwa die Erklärung der Elberfelder Garnfärberei J. F. Wolff im Juni 1895, »die Garne« könnten »voraussichtlich bis zum Ablauf der Lagerfrist nicht mehr ausgeführt werden«, die simple Feststellung des Fabrikanten Neuhoff in Elberfeld im August 1895, er habe für bestimmte »Garne bisher keine Verwendung gehabt«, und die noch nüchternere Mitteilung Neuhoffs im Juni 1896, die Verlängerung der Lagerfrist für einen Posten Garn sei nötig, weil er ihn »bisher nicht verkaufen konnte«.

Ob und wie häufig die Garnexporteure bei ihren Lagerfrist-Anträgen schummelten, entzieht sich der Ermittlung. Einige Formulierungen in Anträgen alten Stils lassen jedoch vermuten, dass der Zoll manchmal über den Löffel barbiert wurde. Eine der zitierten Begründungen bietet sich zu nachträglicher Prüfung an: Gab es 1896 »Wirren im Orient«? Es ist durchaus umstritten, was um 1900 zum Orient gehörte oder heute dazu gehört. Den Kernraum bildete gewiß das Osmanische Reich in seinem immer noch imperialen Umfang – der Raum zwischen dem Balkan und dem Persischen Golf, dem Schwarzen Meer und dem Jemen. Auch die Orientzugehörigkeit Ägyptens, das nur noch nominell ein Teil des Osmanischen Reiches war, des Irans und Afghanistans stand außer Frage. Viele Gebildete werden auch die anderen, ehemals osmanisch beherrschten Länder Nordafrikas zum Orient gezählt haben. Schließt man nun im Osten noch Indien und Nepal und – seien wir nicht kleinlich – ganz Südostasien ein, hat man einen Raum definiert, dessen Größe wohl eine faire Prüfung der Angabe von Wittenstein-Troost gewährleistet. Was stellt nun der Historiker fest? In dem gesamten, riesigen Raum war es 1896 erstaunlich ruhig. Es fand kein Krieg, kein Bürgerkrieg, keine Revolution statt. Doch haben der Vorsteher des Haupt-Steuer-Amtes Elberfeld und der Provinzial-Steuer-Direktor in Köln das gewusst? Konnten sie es wissen?

Die Anträge geben Indizien für einen Wandel in der Kommunikation zwischen Exporteuren und Zollbehörden in den 1890er Jahren. Konkrete und detaillierte, nichtpauschale Begründungen wie die von Dunklenberg und Wittenstein-Troost gegebenen wurden immer seltener. Das deutet zunächst darauf hin, dass sich die Einstellung der meisten Unternehmer änderte und der Aspekt der respektvollen Höflichkeit gegenüber den Zollbehörden weniger wichtig wurde, weshalb sie auf einzelfallbezogene Angaben – mochten diese wahr sein oder nicht – verzichteten. Im Vergleich mit Bemberg, Wolff und Neuhoff erscheint Wittenstein-Troost als Traditionalist, der offenbar noch nicht realisiert hatte, dass er es sich inzwischen bequemer machen konnte. Aber vermuten lässt sich auch, dass man auf der »anderen Seite«, bei der Zollverwaltung, zumindest nicht unglücklich über diese semantische Verarmung war. Das Wachstum des deutschen Außenhandels im Rahmen des damals stattfindenden Globalisierungs-Schubs ließ bei allen Zollverfahren die Fallzahlen steigen, während die Beamtenstellen nur relativ langsam vermehrt wurden. Wenn es die personelle Situation der Ämter nicht erlaubte, jeden Antrag auf die Korrektheit aller Angaben zu prüfen, fiel die Tolerierung der pauschalen Begründungen wohl nicht allzu schwer.

Seit der Jahrhundertwende wurde die Ausbildung der preußischen Zollbeamten, vor allem durch die Schaffung von regionalen Lehranstalten, reformiert und den neuen Gegebenheiten des Außenwirtschaftsverkehrs angepasst. Bei Beginn des Ersten Weltkrieges dürften die Zollbeamten imstande gewesen sein, auch bei einem Antrag »alter Art« den Wahrheitsgehalt der Angaben festzustellen. Doch es war nicht mehr nötig. Man darf annehmen, dass im ersten Jahrzehnt des 20. Jahrhunderts bei allen Exporteuren konkrete und detaillierte Begründungen wie die zitierten ganz verschwanden und die Gesuche nur noch mit pauschalen Floskeln begründet wurden. Die Zahl der entsprechenden Anträge der Garnfärbereien ging allerdings stark zurück. Um 1900 war die größte Zeit der bergischen Rotgarnproduzenten vorbei. Dies lag vor allem daran, daß in wichtigen Abnehmerländern wie Großbritannien und Rußland eigene Textilfärbereien entstanden waren und die englischen und schottischen Konkurrenten den großen indischen Markt an sich gerissen hatten. Angesichts drastisch gesunkener Auslandsnachfrage wurden die meisten Garnfärbereien geschlossen. Von den Wuppertaler Rotgarnproduzenten überlebte die folgenden, unruhigen Jahrzehnte zumindest Wittenstein-Troost. Das Unternehmen feierte 1949 sein 100-jähriges Jubiläum.

Michael Farrenkopf

»Katastrophentourismus« um 1900?
Unternehmerische Konkurrenz in den Anfängen der Grubenrettungstechnik

Am 14. April 1906 befand sich Alexander Bernhard Dräger (1870–1928) in Begleitung seiner Frau Elfriede im Grand Hôtel in Paris. Der seit 1902 als Alleininhaber der offenen Handelsgesellschaft »Drägerwerk, Heinrich und Bernhard Dräger« fungierende Ingenieur hatte seit seinem ersten Besuch der Metropole – aus Anlass der Weltausstellung 1900 – offenbar eine Schwäche für diese Stadt entwickelt.[1] Als Mitglied des wohlhabenden Lübecker Wirtschaftsbürgertums[2] und Leiter eines seit Ende des 19. Jahrhunderts erfolgreich expandierenden Unternehmens logierte er in einem der führenden Hotels am Platze. Hier nun schrieb er einen kurzen Bericht, der wenige Wochen später – etwa gegen Ende Mai 1906 – in einer zu Werbezwecken erstellten Broschüre des Drägerwerkes veröffentlicht wurde. Dieser Bericht handelte von einem »6tägigen Aufenthalt auf den Minen von Courrières« und war alles andere als ein neutraler Reisebericht.[3]

Heinrich und Elfriede Dräger waren gemeinsam am 6. April 1906 in das Herz des nordfranzösischen Kohlenbergbaus, nach Billy-Montigny in der Nähe von Lens, gereist. Selbst wenn der Lübecker Unternehmer beruflich aus guten Gründen engen Kontakt zu Bergbaukreisen pflegte, war dieses Ziel mehr als außergewöhnlich. Hier, in der Region Nord/Pas-de-Calais, dem so genannten »Pays noir«, das schon für die bürgerlichen Kreise Frankreichs außerhalb der Wahrnehmung lag, betrieb die Bergwerksgesellschaft von Courrières seit Mitte des 19. Jahrhunderts eine der größten Zechen der Zeit. Und in eben dieser hatte sich am Morgen des 10. März 1906 eine verheerende Katastrophe ereignet. In Folge einer Kohlenstaubexplosion, die sich zu Beginn der Frühschicht über Kilometer unkontrolliert durch das Grubengebäude ausbreitete, waren am Ende 1099 Bergleute gestorben. Es handelte sich um die größte Tragödie des industriellen Steinkohlenbergbaus, die sich bis dahin ereignet hatte. Auch später sollte es keine Explosion vergleichbaren Ausmaßes im europäischen Bergbau mehr geben.[4]

---

1 Vgl. Lebenserinnerungen von Heinrich Dräger, Lübeck 1967, S. 223–228.
2 Vgl. Bernhard Lorentz, Industrieelite und Wirtschaftspolitik 1928–1950. Heinrich Dräger und das Drägerwerk, Paderborn u. a. 2001, S. 39.
3 Das Zitat entstammt dem »Bericht über einen 6tägigen Aufenthalt auf den Minen von Courrières zur Ermittlung der Anwendung von Dräger's Rettungsapparaten in den zerstörten Gruben«, wie er in gedruckter Fassung in der Akte 41/159 des Bergbau-Archivs Bochum (fortan: BBA) überliefert ist. Siehe auch: Michael Farrenkopf, Courrières 1906. Eine Katastrophe in Europa. Explosionsrisiko und Solidarität im Bergbau. Führer und Katalog zur Ausstellung, unter Mitarbeit von Michael Ganzelewski und Stefan Przigoda, Bochum 2006, S. 123.
4 Die Bergwerkskatastrophe von Courrières ist kürzlich Gegenstand umfangreicher historischer Aufarbeitung gewesen. Vgl. hierzu insbesondere: Peter Friedemann/Michael Farrenkopf, Die Grubenkatastrophe von Courrières als Erinnerungsort in Frankreich und Deutschland: Neue Wege der Forschung. Überlegungen zu einer Tagung im Deutschen Bergbau-Museum Bochum, in: DER ANSCHNITT 58, 2006, S. 136–148 sowie Michael Farrenkopf/Peter Friedemann, »Courrières ... et après? – Über eine Ausstellung und Tagung in Lewarde, Frankreich, in: ebd., S. 305–309.

Unmittelbar nach dem verheerenden Unglück, dessen Kunde sich im Zeitalter der technischen Euphorie und dank einer neuen medialen Öffentlichkeit wie ein Lauffeuer weit über Frankreich hinaus verbreitete,[5] lag zunächst bleierne Lethargie über der Region. Wenig später aber, als man einen Teil der Toten zu Grabe getragen hatte, brach ein Streik im gesamten Kohlenrevier aus. Hier wie andernorts rebellierten die Bergarbeiter angesichts der sozialen Lage, als deren Teil sie das hohe Explosionsrisiko ansahen. Auch wenn die Gruben von Courrières an sich als ungefährdet galten, hatte die Geißel der Schlagwetter- und Kohlenstaubexplosionen den europäischen Steinkohlenbergbau seit Mitte des 19. Jahrhunderts fest im Griff.[6]

Besonders angestachelt wurde der Streik nochmals Ende März 1906, immerhin knapp drei Wochen nach dem eigentlichen Unglück, als 13 Überlebende der Katastrophe gerettet werden konnten. Inzwischen hatte man von offizieller Seite längst Untersuchungen über die Unglücksursache eingeleitet, und die Chance, noch Überlebende anzutreffen, galt als ausgeschlossen. Den streikenden Bergarbeitern war dies Wasser auf ihre Mühlen, erwiesen sich die Verantwortlichen für die Sicherheit der Gruben und für das Rettungswerk doch offenbar umso mehr als unglaubwürdig. Und als schließlich am 5. April 1906 – vier Wochen nach der Explosion und am Tage vor der Ankunft Bernhard und Elfriede Drägers – der Bergmann Berton als letzter Überlebender die Grube verließ, verstärkten sich Zorn und Zweifel der Bevölkerung abermals.[7] Was also konnte das hanseatische Unternehmerpaar bewegen, sich just zu dieser Zeit in diese Region zu bewegen?

Die Gründe waren geschäftlicher Natur. Nachdem 1891 die »Lübecker Bierdruckapparate- und Armaturenfabrik Heinrich Dräger« als Vorgängerin des späteren Drägerwerkes gegründet worden war, basierte ihr geschäftlicher Erfolg auf einer zentralen technologischen Innovation. Im Alter von 19 Jahren hatte Bernhard Dräger als Schlosserlehrling ein Druckreduzierventil namens »Lubeca-Ventil« entwickelt und dafür ein Patent erhalten.[8] Mit Hilfe dieses Druckreduzierers wurde es weltweit erstmals möglich, komprimierte Gase in einen anderen Druckbereich zu überführen und damit kontrolliert nutzbar zu machen. Das Druckreduzierventil[9] wurde somit zur Schlüsseltechnologie für alle Produktsegmente, bei denen es um die Nutzung komprimierter Gase ging. Hierzu zählten Löt- und Schweißgeräte ebenso wie medizinische Sauerstoffbeatmungsgeräte.

Bernhard Dräger hatte von 1893 bis 1897 an der Technischen Hochschule in Berlin-Charlottenburg Chemie und Physik studiert und war anschließend in die Firma des Vaters zurückgekehrt. Auf der Basis des »Lubeca-Ventils« und weiterer Innovationen wurden im Drägerwerk seit 1900 bahnbrechende Fortschritte bei der Entwicklung von Armaturen für Sauerstoffbeatmungsgeräte und die Autogentechnik gemacht. Im Bereich des Atemschutzes, der Tauchtechnik und der Luftfahrt ließen sich gänzlich neue Märkte schaffen, woran das Drägerwerk mit

---

5   Vgl. Nicolai Hannig, Massenpresse und Legendenbildung. Die Medialisierung des Grubenunglücks von Courrières 1906, in: Michael Farrenkopf/Peter Friedemann (Hg.), Die Grubenkatastrophe von Courrières 1906. Aspekte transnationaler Geschichte, Bochum 2008 (im Erscheinen).
6   Vgl. Michael Farrenkopf: Le risque d'explosion dans les mines houille à la fin du (long) XIXe siècle. Aspects d'un problème européen, in: 10 mars 1906. La catastrophe des mines de Courrières ... Et après? Actes du colloque européen organisé par le Centre historique minier du Nord-Pas-de-Calais à Lewarde les 9, 10 et 11 octobre 2006, Lewarde 2007, S. 30–40.
7   Vgl. Odette Hardy-Hémery/Yves Le Maner, Mars-mai 1906: une grève gigantesque, à la mesure de la catastrophe, in: ebd., S. 76–88.
8   Vgl. Lorentz, Industrieelite, S. 31–33.
9   Vgl. Wilhelm Haase-Lampe, Sauerstoffrettungswesen und Gasschutz. Gerätebau und Organisation in ihrer internationalen Entwicklung, Bd. 1: Gerätebau, Lübeck 1924, S. 19–24.

einer Vielzahl von Patenten in führender Position beteiligt war. Daraus resultierte ein erhebliches betriebliches Wachstum des Drägerwerkes, das seit dem Eintritt Bernhard Drägers in die Unternehmensleitung vor allem bei den im Bergbau eingeführten Atemschutz-Rettungsgeräten eine weltweit führende Stellung einnahm.

Auch in Deutschland hatte die Nachricht vom Unglück in Courrières Betriebsamkeit ausgelöst. Unter der Leitung des Bergwerksdirektors der in Herne gelegenen Zeche Shamrock, Georg Albrecht Meyer (1862–1937), war am Tage nach der Katastrophe eine Gruppe von Grubenrettern nach Frankreich aufgebrochen. Bereits am 12. März war sie am Unglücksort eingetroffen und hatte, ausgerüstet mit eigens mitgeführtem Rettungsgerät und in Absprache mit offiziellen französischen Vertretern, an den Bergungsarbeiten teilgenommen. Georg Albrecht Meyer hatte einst die für Führungskräfte des Ruhrbergbaus typische Ausbildung zum Bergassessor durchlaufen, war jedoch bereits im Range eines Bergreferendars 1891 in den privaten Ruhrbergbau gewechselt. Grund war seinerzeit ebenfalls eine Schlagwetterexplosion auf der Zeche Hibernia gewesen, bei der sich Meyer durch umsichtiges Verhalten bei den Rettungsarbeiten ausgezeichnet und so das Interesse des Generaldirektors der Bergwerksgesellschaft Hibernia, Bergrat Karl Behrens (1854–1906), erweckt hatte.

Karl Behrens hatte zu Beginn der 1890er-Jahre erkannt, dass die aufgrund natürlich-lagenstättenbedingter Voraussetzungen stark Grubengas gefährdeten Zechen der Hibernia tiefgreifende Maßnahmen der Prävention erforderten. Diese bedeuteten zwar erhebliche finanzielle Aufwendungen für das Unternehmen, doch drohten andernfalls stetig zunehmende und den Betrieb stark beeinflussende Auflagen der Bergbehörde.[10] Zu den ergriffenen Maßnahmen zählte zunächst eine Vielzahl bergtechnischer Veränderungen zur Verhütung von Explosionsauslösern überhaupt. Zusätzlich galt es aber auch, ein effektives Rettungswesen für den Fall eines dennoch eingetretenen Unglücksfalls aufzubauen. Letzteres wurde die Aufgabe Meyers, der zunächst 1893 für die Hibernia eine Sanitätskolonne einrichtete.[11] Für einen wirksamen Rettungseinsatz unter Tage war diese jedoch nicht geeignet, so dass Meyer hierfür eine spezielle Rettungstruppe aufzustellen begann. Deren Bildung und Organisation verkündete er im Rahmen eines Vortrages Ende 1898. Danach bestand sie aus einem »Oberführer«, fünf »Führern« und 20 weiteren, speziell ausgewählten Bergleuten. Von der Aufnahme in die Rettungstruppe ausgeschlossen blieben »hastige, tollkühne und solche Leute, die starken oder häufigen Alkoholgenuß, wenn auch nur außerhalb der Arbeitszeiten, lieben«.[12]

Das entscheidende Kriterium für einen effektiven Rettungseinsatz war deren Ausrüstung mit einem wirksamen Atemschutzgerät, denn nur mit dessen Hilfe konnte man sich in den von giftigen Gasen und Brandschwaden erfüllten Grubenbauen nach einer Explosion überhaupt bewegen. Georg Albrecht Meyer hatte sich deshalb seit Mitte der 1890er-Jahre auf dem Markt umgesehen und schließlich selbst ein auf Drägerscher Bauart basierendes Atemschutzgerät entwickelt. Mit diesem als »Shamrock-Type« versehenen Gerät war denn auch die deutsche Rettungstruppe in Courrières ausgerüstet.

Auch wenn die deutsche Hilfe nicht dazu beitragen konnte, lebende Bergleute aus der zerstörten Grube von Courrières zu retten, wurde der Einsatz der deutschen Bergleute im Land des »Erzfeindes« durch die Presse als Zeichen nationale Grenzen überwindender bergmännischer

---

10 Vgl. Michael Farrenkopf, Schlagwetter und Kohlenstaub. Das Explosionsrisiko im industriellen Ruhrbergbau (1850–1914), Bochum 2003, S. 263–265.
11 Vgl. Wilhelm Haase-Lampe, Sauerstoffrettungswesen und Gasschutz. Gerätebau und Organisation in ihrer internationalen Entwicklung, Bd. 2: Organisation, Lübeck 1924, S. 111.
12 Zit. ebd., S. 112–113.

Solidarität gefeiert. Bis Ende März 1906 waren die deutschen Helfer nach Deutschland zurückgekehrt und Kaiser Wilhelm II. ließ es sich nicht nehmen, sie am 2. April im Zuge eines Besuchs des Husarenregiments Nr. 11 in Krefeld in Bergmannstracht antreten zu lassen und sie persönlich mit Orden auszuzeichnen. In die lobenden Worte des solidarischen Handelns mischten sich schnell Überzeugungen deutscher Überlegenheit im Grubenrettungswesen. Technisch war dabei nun fast allein von den Meyerschen Geräten die Rede, die inzwischen von der Maschinenfabrik »Westfalia« AG, Gelsenkirchen, in Interessengemeinschaft mit der Sauerstoff-Fabrik, Berlin, hergestellt und vertrieben wurden.

Bernhard Dräger musste hierin eine ernste Bedrohung seiner marktbeherrschenden Stellung im Bau von Atemschutzgeräten für den Bergbau erkennen. Einen Tag nach der Kaiserehrung in Krefeld fasste er deshalb den Entschluss, sich selbst in das Unglücksgebiet zu begeben – offiziell um die Funktion seiner von der Pariser Feuerwehr eingesetzten Geräte des Typs »Guglielminetti-Dräger 1904/09« zu überprüfen. Zwar tat er dies im Rahmen einer eigenen Grubenfahrt am 11. April in Schacht 2 der Unglückszeche tatsächlich. Die wahren Gründe der Reise offenbarte jedoch jener Bericht, den er am 14. April im Pariser Grand Hôtel verfasste: »Um die vielen Zeitungsberichte, die seit der Katastrophe bei Courrières über die Tätigkeit der Rettungsapparate, besonders in deutschen und englischen Zeitungen erschienen sind, auf ihre Richtigkeit zu prüfen, reiste ich am Freitag, den 6. April, zum Grubengebiet von Courrières. Ich stellte, ebenso wie meine Frau ... an Ort und Stelle ... fest, dass seit Beginn der Katastrophe bis zum Tage meiner Abreise ... mit Dräger's Rettungsapparaten ständig und mit Erfolg gearbeitet worden ist. ... Ich teile ferner mit, dass auch nach dem 13. April in den Gruben von Courrières für Arbeiten aller Art von Dräger's Rettungsapparaten Gebrauch gemacht werden soll.«[13]

Der eigentliche Grund für Bernhard und Elfriede Drägers Reise in das französische Unglücksrevier war also den Interessen der Firma geschuldet. In den folgenden Jahren gab es noch manche Patentstreitigkeiten mit der Maschinenfabrik »Westfalia« AG, die letztlich jedoch zugunsten Drägers entschieden wurden. 1919 gingen die Fabrikationsrechte der »Westfalia« endgültig an das Drägerwerk über.

---

13 Zit. nach BBA 41/159. Vgl. hierzu auch das kürzlich erschienene Werk von Lisa Dräger (Hg.), Von der Biermaschine zum Rettungswesen. Die Aufbaujahre des Drägerwerks, nach einem Manuskript von Johann Wilhelm Haase-Lampe, Lübeck 2007, S. 33–46, bes. S. 39–40.

Michael Wala

»Hugh!«

Reichswehrexperten und die Indianerverehrung in der US Army

Nach dem Ende des Ersten Weltkrieges schränkten die Bestimmungen des Versailler Vertrages nicht nur die Mannstärke der Reichswehr stark ein und verboten den Aufbau einer Armee, die den Anforderungen moderner Kriegführung gerecht wurde, sondern verhinderten auch die Weiterentwicklung moderner Waffen und Waffensysteme in Deutschland. Zwar konnte die Reichswehr insgeheim in Kooperation mit den Streitkräften der Sowjetunion schon bald nach Abschluss des Vertrags von Rapallo 1922 geheime Ausbildungsplätze auf dem Territorium der UdSSR einrichten,[1] aber Informationen über neueste waffentechnische Entwicklungen, Ausbildung und Fertigkeiten mussten im westlichen Ausland beschafft werden; die Rote Armee war in diesen Bereichen zu rückständig. Als Quelle für die notwendigen Informationen bot sich nur die USA an. Das Mistrauen gegenüber den Deutschen war hier nicht so groß, man fürchtete einen deutschen Revanchismus weniger als in Frankreich oder in Großbritannien.

Die beschafften Informationen über Ausbildung, Aufstellung und Mobilisierung der Armee, über neueste Fertigungstechnologien, Metalllegierungen und Massenproduktion von Waffen, sollten nicht nur der klandestinen Ausbildung in der UdSSR zu Gute kommen, sondern auch die von den Spitzen der Reichswehr erwartete Wiederaufrüstung vorbereiten. Im Fahrzeug- und Flugzeugbau waren die USA zu Beginn der 1920er Jahre führend. Die scheinbar endlosen Ströme von Automobilen, die in den Ford-Werken in den USA bei geringen Kosten produziert wurden, ließen bei vielen Reichswehroffizieren daher nicht etwa zuvörderst Visionen von Massenautomobilisierung und Massenwohlstand entstehen, sondern führten eher zu Phantasien über die Massenproduktion der neuen, wichtigen Kriegswaffe: dem Panzer.[2]

Bereits 1922 machten sich daher Reichswehroffiziere teilweise mit fast abenteuerlichen Tarnidentitäten und über verschlungene Reisewege in die USA auf, um Industrie- und Militärspionage zu betreiben. Einzelne Offiziere oder ganze Studienkommissionen der Reichswehr pilgerten durch Vermittlung der Abteilung »T 3«/Fremde Heere des Reichswehrministeriums in die Vereinigten Staaten, wurden dort von ihren Kollegen zumeist freundlich aufgenommen und reisten von militärischer Einrichtung zu militärischer Einrichtung, von moderner Fabrik zu moderner Fabrik.[3] Die meisten Offiziere waren gut auf den mehrmonatigen Aufenthalt vor-

---

1 Manfred Zeidler, Reichswehr und Rote Armee 1920–1933, Wege und Stationen einer ungewöhnlichen Zusammenarbeit (München, 1993).
2 Siehe hierzu z. B. H. H. Zornig [Major, Assistant Military Attache, Berlin], »G-2 Report. Germany (Military). Subject: Estimate of Germany's Industrial Preparedness«, datiert vom 16.1.1928, 3, 2655-B-345/1, Records of the War Department, General and Special Staff, Military Intelligence Division, Record Group 165, National Archives, Washington, D. C. Zornig beschrieb hier die generelle Einstellung der Reichswehr und erste Ansätze zu einem System der industriellen Mobilisierung, das moderne Fertigungsmethoden einbezog.
3 In den Akten des Truppenamtes (TA) innerhalb des Reichswehrministeriums, das in der Hauptsache diese Annäherung vorantrieb, bestehen erhebliche Überlieferungslücken, insbesondere für die zwanziger und dreißiger Jahre. Die Dokumente befanden sich bereits im Heeresarchiv in Potsdam und wurden

bereitet, erhielten zuweilen einen halbjährigen Sprachunterricht vor der Abreise, aber alle reisten mit Erwartungen und vorgeformten Vorstellungen über ihr Gastland in die USA, die sich unreflektiert aus den Berichten, die sie nach ihrer Rückkehr anfertigten, herauslesen lassen. Alle Versuche, zu einer möglichst objektiven Berichterstattung zu gelangen, wurden so fast unmöglich gemacht, und häufig sahen die Offiziere nur genau das, was sie erwartet hatten, verstanden nur das, was sie von vornherein wussten.

Einigen scheint deutlich gewesen zu sein, dass ein Zusammenhang zwischen Vorwissen, Vor-Urteil und Erkenntnisgewinn besteht. Zu dem Versuch einer klaren Trennung von Vorurteil und sachlichem Informationsgewinn hat dies jedoch nur selten geführt. Major Oskar von dem Hagen zog in seinen Abschlussbericht vom November 1928 sogar den verwegenen Schluss, dass gerade sein »nicht durch Sachkenntnis getrübte[s] Urteil« wertvoll sei. Aufgrund des »Gesehenen und Gehörten« habe er daher Überlegungen über den amerikanischen Volkscharakter aus der Entstehungsgeschichte der USA ableiten können. Er »bildete sich im Kampf mit den eingeborenen Indianern, die den eingewanderten Europäer zum Zusammenleben im sicheren Lager (Camp) zwang[en]«, schreibt von dem Hagen.

Der Camp ist daher gewissermaßen die Urzelle des Familien- und Gesellschaftslebens. Von hier aus machte er [der Amerikaner] sich die Bevölkerung und das Land untertan. Zu einer Zeit, als man in Mitteleuropa schon in einer hohen Zivilisation lebte, also etwa Mitte des vorigen Jahrhunderts (Chicago hatte 1831 hundert Einwohner) wurden in den mittleren und westlichen Staaten Nord-Amerikas die primitivsten Rechtsbegriffe wie der Besitz von Land, Wasser und Frau nicht vor dem Amtsgericht, sondern mit Dolch und Pistole unter sich oder im Kampf mit den Eingeborenen ausgefochten. Diese Erziehung gibt m. E. dem Amerikaner seine guten Nerven, seine Wagelust, den rücksichtslosen Einsatz seiner Person und seine Brutalität aber begründet auch die besonders geachtete Stellung der Frau in diesem Lande, die anfangs nur in wenigen Exemplaren vorhanden, stark umworben war.[4]

Überhaupt schienen es den Offizieren, neben der Rolle der Frauen in der amerikanischen Gesellschaft, »die Indianer« besonders angetan zu haben. In kaum einem Bericht werden sie ausgelassen, und zumeist werden die Bilder des »Edlen Wilden« nachgezeichnet, die die romantisierende Reise- und Jugendliteratur des frühen 20. Jahrhunderts einem breiten deutschen Lesepublikum dargeboten hatte.

Nur selten allerdings verstieg sich einer der Offiziere zu solch kuriosen Übertragungen, wie es Hauptmann Fritz Nagel vermochte. Nagel sprach gutes Englisch, und diente einer Gruppe um den Fliegerexperten Major Helmuth Wilberg als Dolmetscher. Auf sein Urteil legte man Wert, er galt als Experte. Nagle stellte nun während seiner Reise fest, dass Menschen mit »*nord-*

---

dort durch einen Luftangriff am 14. April 1945 fast restlos vernichtet. Siehe Gerhard Enders, »Die ehemaligen deutschen Militärarchive und das Schicksal der deutschen Militärakten nach 1945«, Zeitschrift für Militärgeschichte 8.5 (1969): 599–608; Werner Loos, Oberkommando des Heeres/Generalstab des Heeres (Koblenz, 1988), Findbücher zum Bestand des Bundesarchivs Bd. 33, Teil 1, xxviii. Restbestände finden sich im Bundesarchiv, Militärarchiv (BA-MA), Freiburg, i.Br., aber erst die Heranziehung der Aktenbestände im Politischen Archiv des Auswärtigen Amtes, Berlin, und insbesondere die Dokumente in den amerikanischen National Archives, Washington, D. C., erlauben eine Rekonstruktion der direkten militärischen Verbindungen zwischen den Vereinigten Staaten und Deutschland während der Weimarer Republik und deren Bewertung. Siehe hierzu auch Michael Wala, Weimar und Amerika (Stuttgart, 2001).

4 Erfahrungsbericht des Major v. dem Hagen über seinen Aufenthalt in den Vereinigten Staaten, 30.7. bis 15.5.1928; von Major von dem Hagen, Reichswehrministerium T 3 Berlin, November 1928, RH 2/1822, BA-MA.

indianischem Blut großes Ansehen in Amerika« genössen; einige Offiziere hätten »mit Stolz auf ihre indianische Abstammung« hingewiesen. Mit »grosser Befriedigung« habe er zudem feststellen können, welch große »*Sympathien für Deutschland* unter den Offizieren« vorhanden wären. Dies drücke sich insbesondere bei Gelegenheiten aus, wenn auf das Wohl deutscher Offiziere angestoßen würde. Man würde sich, so Nagel – der hier den Bogen zwischen Wertschätzung der »Indianer« und der der deutschen Gäste schließt –, hierbei eines Wortes aus der »Indianersprache« bedienen und einander ein herzhaftes »Hugh!« zurufen.[5]

Nun mutet es mehr als erstaunlich an, dass sich amerikanische Offiziere tatsächlich eines »Indianerwortes« bedienen würden, um auf das Wohlsein eines deutschen Kollegen anzustoßen – zumal es ja eine »Indianersprache«, aus der dieses Wort entlehnt sein könnte, nicht gibt, sondern die Ureinwohner in Nordamerika sich in fast 300 verschiedenen Sprachen verständigt haben. Diesen vermeintlichen Brauch auf einen besonderen ethnischen Stolz einer Abstammung von nordamerikanischen Ureinwohnern oder gar Hochachtung vor der Tapferkeit der »Indianer« zurückzuführen, wäre gar zu verwegen und stünde den bekannten historischen Quellen entgegen.

Nagel weist jedoch in seinem Bericht, ohne es selbst zu bemerken, den ratlosen heutigen Leser auf eine Erklärung hin, indem er anmerkt, dass dieses Wort den Lesern des »*Lederstrumpf*« ja gut bekannt sei. Und tatsächlich hat James Fenimore Cooper, der Autor der so genannten *Leatherstockings*-Romane, dieses Wort in seinen Büchern als Teil einer »Indianersprache« verwandt, in den deutschen Übersetzungen zumeist als »Howgh!«, aber es findet sich auch »How!«, »Ugh!« oder das erwähnte »Hugh!«. Coopers *Lederstrumpf*-Bände waren eine beliebte Jugendlektüre und prägten das Amerika- und Indianerbild der Generation nach dem Ersten Weltkrieg ähnlich, wie dies die Lektüre von Karl Mays Abenteuergeschichten für die Generation nach dem Zweiten Weltkrieg getan hat. May, der anders als der in den USA lebende Cooper, die Vereinigten Staaten nie besucht hatte bevor er seine Indianergeschichten schrieb, kannte Coopers Bücher gut und übernahm von ihm viele Informationen für seine 1893 erstmals erschienen *Winnetou*-Bände. Darunter war auch das Wort »Hugh«, das von ihm als ein Wort bezeichnet wird, dass alle »Indianer« benutzen, ein Wort allerdings, das es in der Realität nie gegeben hat.[66]

Wenn es also diesen Ausdruck nur in der Abenteuerliteratur gibt, das amerikanische Offizierskorps auf diese Weise der Tapferkeit der Native Americans – selbst wenn es dies denn unwahrscheinlicherweise getan hätte – nicht hätte gedenken und damit ihre deutschen Gäste preisen können, was haben dann Nagel und seine Kameraden gehört? Die Lösung ist einfacher und liegt näher als zumindest Nagel dachte: Personen, die englische Muttersprachler sind, können nur durch guten Sprachunterricht erlernen, den Reibelaut »ch« so auszusprechen, dass er in den Ohren eines deutschen Muttersprachlers »richtig« klingt; zumeist wird ein Laut produziert, der wie ein »gh« klingt. Es ist zudem anzunehmen, dass die Offiziere der US Army ihren Gästen eine ganz besondere Ehre zuteil werden lassen wollten und sich bemühten, mit

---

5   Bemerkungen über Amerika, von Hauptmann Friedrich Nagel, Abteilung »Fremde Heere«, Berlin, den 18.8.25, RH 2/1820, BA-MA; Das amerikanische Landheer, von Hauptmann Nagel (Auszug aus dem Bericht des Majors Wilberg über seine Amerikareise.), Berlin, den 1. Oktober 1925. Geheim! Anlage zu Nr. 597.25 geh. T 3 IIa, ibid.

6   Siehe beispielsweise James F. Cooper, Der letzte Mohikaner (Hoch-Verlag, 1951), 24. Kapitel, in dem es heißt: »›Howgh!‹ riefen einige der Zuhörer.« Wolfgang Hochbruck, ›I Have Spoken‹: Die Darstellung und ideologische Funktion indianischer Mündlichkeit in der nordamerikanischen Literatur (Tübingen, 1991), 153; Richard H. Cracroft, »The American West of Karl May«, American Quarterly, Vol. 19, No. 2, Part 1 (Summer, 1967), 249–258.

dem deutschen Wort »Hoch!« besonders freundlich des Wohles der Reichswehroffiziere zu gedenken. Für die Gäste hingegen klang dies dann nicht wie »Hoch!«, sondern lautmalerisch wie »Hoogh!«. Wörter, die ein Hörer nicht sofort einem abgespeicherten Lautmuster zuordnen kann, werden mit einem Wort/Lautmuster assoziiert, das dem jeweiligen Sprachraum zugeordnet wird. Die Reichswehroffiziere fanden in ihrem begrenzten Sprachschatz schnell ein Wort, dass sich assoziativ leicht anbinden ließ: das »Hugh!« aus den Romanen Coopers, das die »Indianer« angeblich benutzten. Für sie war es ein logischer Schluss, dass die US Army so auch der Native Americans gedachte, von denen die deutschen Offiziere aus ihrer Lektüre der Cooper-Romane ja »wussten«, dass sie tapfer und edel gekämpft hatten. Die Amerika-Experten der Reichswehr dichteten der US Army so eine Verehrung der »Indianer« an, die es nie geben hat.

Andreas Zilt
Ein »Tiger« für Japan

Beim Bearbeiten von Aktenbeständen erlebt der Archivar manchmal Momente, die den vorgeblich staubtrockenen Alltag außerordentlich bereichern können. Man entdeckt Geschichten die anrühren, Skurrilitäten, Exzentrisches und Seltsames, man blickt in Abgründe menschlichen Verhaltens und stößt auf Tragisches und Komisches. Diese Begebenheiten, Kuriosa, riefen bei den damals Handelnden natürlich andere Sinneseindrücke hervor als sie bei den Betrachtern von heute evoziert werden – im Abstand von einigen Jahrzehnten oder gar Jahrhunderten und in gänzlich anderen Deutungszusammenhängen und Diskursen.

Eine solche Geschichte – nur die Fakten in zwei Sätzen nennend – geht so: Ein Tiger-Panzer der Kasseler Firma Henschel & Sohn GmbH wird im Sommer 1943 an Japan verkauft; er soll nach Bordeaux transportiert und von dort auf dem Seeweg nach Japan geliefert werden. Dort kommt er jedoch nie an.[1] Bemerkenswert waren die Begleitumstände des Transports – dazu später mehr – die tiefe Einsichten in das Funktionieren der deutschen Militärverwaltung sowie der Kriegswirtschaft unter Albert Speer erlauben. Sie liefern einen Baustein im Diskurs um das »Rüstungswunder«, um die Effektivität der deutschen Kriegswirtschaft unter der Ägide Speers.[2]

Kurios ist jedoch nicht nur die Geschichte selbst, sondern vielmehr auch die Rezeptionsgeschichte des Japan-Tigers, denn diese kleine Episode wird hier nicht zum ersten Mal erzählt.[3] Bereits Mitte der 1970er-Jahre erschienen in zwei Veröffentlichungen Berichte über den Japan-Tiger. Schriftlich erstmals niedergelegt wurde sie wahrscheinlich bereits 1945 in den Erinnerungen von Dr. Ing. habil. Erwin Aders, Konstrukteur des Tiger-Panzers bei der Henschel &

---

1 Bemerkenswert ist auch die Geschichte der Aktenüberlieferung: Die zwei einzigen überlieferten Akten im ThyssenKrupp Konzernarchiv (TKA), die überhaupt die Tiger-Panzer von Henschel betreffen, behandeln ausschließlich den Verkauf und den Transport dieses Panzers nach Japan. Die Akten entstanden ursprünglich im Büro Berlin von Henschel, nach einem Angriff auf Kassel, bei dem die Gegenüberlieferung vernichtet wurde, sandte das Büro Berlin die wichtigsten Schriftstücke zum Japan-Tiger in Abschrift nach Kassel. Als die Amerikaner nach Kriegsende Kassel besetzten, beschlagnahmten sie die Akten und transferierten sie in das US National Archives, Captured Record Section, Alexandria/Virginia. 1966 übergaben die Amerikaner die beiden Akten dem Bundesarchiv Koblenz, das sie an Henschel Kassel weiterleitete. 1993 kamen sie dann im Rahmen einer Abgabe der Abteilung Öffentlichkeitsarbeit von Thyssen Henschel in das Konzernarchiv. Eingesehen wurden diese Akten offensichtlich bereits in den 1970er-Jahren in Kassel.
2 Jonas Scherner/Jochen Streb, Das Ende eines Mythos? Albert Speer und das so genannte Rüstungswunder, in: Vierteljahrschrift für Sozial- und Wirtschaftsgeschichte 93 (2006), S. 172–196; Adam Tooze, Ökonomie der Zerstörung. Die Geschichte der Wirtschaft im Nationalsozialismus, München 2007, S. 634–676.
3 Egon Kleine/Volkmar Kühn, Tiger – Die Geschichte einer legendären Waffe 1942–45, 1. Auflage Stuttgart 1976, S. 63, dieses Buch erschien 1999 in 7. Auflage und 2006 in einer überarbeiteten und erweiterten Sonderausgabe; Walter J. Spielberger, Der Panzerkampfwagen Tiger und seine Abarten, Stuttgart 1977, S. 105–106. Spielberger publizierte seit 1967 mehr als 40 Veröffentlichungen über gepanzerte Fahrzeuge, vorrangig zu denen des Zweiten Weltkriegs.

Sohn GmbH.[4] Bei der Recherche nach weiterer Literatur und Informationen zum Japan-Tiger stößt man unweigerlich auf eine sehr spezielle Art der Geschichtsdarstellung, vorrangig veröffentlicht im Stuttgarter Motorbuch-Verlag, deren Publikationen seit Jahrzehnten stapelweise in den Bahnhofsbuchhandlungen dieser Republik feil geboten werden. Erstaunen ruft nicht nur der verlegerische Erfolg dieser »Waffenbücher« hervor, die bis in die Gegenwart immer wieder neu aufgelegt werden, ratlos werden lässt einen vielmehr das vollkommen ungebrochene, unverkrampfte Verhältnis zur Geschichte der deutschen Wehrmacht im »Dritten Reich«. Die unkritische, »technokratische« Darstellung des »besten Panzers im Zweiten Weltkrieg« ist ebenso durchgängig zu finden wie die Heldenverehrung der »Panzermänner«, so etwa im Klappentext einer Veröffentlichung aus dem Jahr 2006: »Neben der Schilderung des Entwicklungsprozesses des Tigerpanzers [...] ist dieses Buch vor allem denjenigen Soldaten gewidmet, die dieses Instrument in vorbildlicher Weise geführt haben. In den Kapiteln spiegeln sich die oft kampfentscheidenden Taten tapferer Offiziere, Unteroffiziere und Mannschaften wider.«[5] Übrigens lässt sich diese Literatur nicht nur im deutschen Sprachraum finden, Tiger-Fans tummeln sich auch in Großbritannien und vor allem in den USA.

Übertroffen werden diese Veröffentlichungen noch durch die wunderbare Welt des World Wide Web. »Googelt« man im Internet die Kombination der Begriffe »Tiger« und »Panzer«, erhält man in 0,14 Sekunden 155.000 Treffer, gibt man »Henschel« und »Japan« dazu, bleiben nach weiteren 0,17 Sekunden immer noch 791 Suchergebnisse. Die ersten Treffer in der Ergebnisliste zeigen auf die Webseiten von www.lexikon-der-wehrmacht.de, www.achtungpanzer.com und auf cgi.ebay.ch, dem schweizerischen Ableger des Internet-Auktionshauses eBay.[6] Letzteres verweist auf die große Gemeinde der Panzer-Modellbauer. So kann man bei www.Amazon.de – Abteilung Spielwaren + Kinderwelt – einen Tiger-Panzer im Maßstab 1:16 mit Infrarot-Gefechtssystem in Sommer-Tarnlackierung und ausgestattet mit zwei Feuerlöschern erwerben. Der Japan-Tiger findet sich ebenfalls im Internet, auch wenn es noch nicht zu Wikipedia-Ehren gereicht hat. »On June 7th of 1943, Japanese ambassador in Germany, General Oshima was shown a Tiger from sPzAbt 502. Single Tiger was then sold to Japan in 1943, but was never delivered due to the war situation.«[7] In einer anderen Version heißt es: »Als einziges Land kaufte Japan zu Studienzwecken einen ›Tiger‹, für den es 645.000 RM bezahlen musste. Das nach Bordeaux überstellte Fahrzeug ist übrigens nie nach Japan verschifft worden.«[8] Diese beiden Zitate werden auf zahlreichen Panzer-Seiten im Internet multipliziert, sie basieren vermutlich auf den Veröffentlichungen von Egon Kleine/Volkmar Kühn und Walter J. Spielberger. Auf Quellenangaben oder den Ursprung des Original-Zitats wird allerdings

---

4 Erwin Aders, Tiger I E u. II BB, 1945 (Manuskript). Diese unveröffentlichte Schrift wird in zahlreichen Tiger-Veröffentlichungen als Quelle genannt, so bei Spielberger, Panzerkampfwagen Tiger.
5 Egon Kleine/Volkmar Kühn, Tiger Sonderausgabe, Klappentext; siehe unter anderem auch Wolfgang Fleischer/Horst Scheibert, Panzer-Kampfwagen Tiger, Utting 2002; Thomas L. Jentz,. Tigers at the Front, Atglen 2001; Patrick Agte, Michael Wittmann. Erfolgreichster Panzerkommandant im Zweiten Weltkrieg und die Tiger der Leibstandarte SS Adolf Hitler, Rosenheim 1994; Otto Carius, Tiger im Schlamm, Neckargemünd 1960, dieser Erfahrungsbericht eines Panzerkommandanten erschien in 6. neu überarbeiteter Auflage und 2003 in englischer Übersetzung; Franz Kurowski, Die Tiger kommen! Die schwere Panzerabteilung 502 und die Tiger der »Leibstandarte« im Ostfeldzug 1943–1945, Wölfersheim-Berstadt 2001.
6 Zugriff am 11.3.2008. Hinzuweisen ist noch auf die Webseiten www.tigerpanzer.de und auf www.panzer-archiv.de.
7 www.achtungpanzer.com/tiger.htm, Zugriff am 12.3.2008.
8 www.lexikon-der-wehrmacht.de/Waffen/panzer6.htm, Zugriff vom 11.2.2008.

auf diesen Webseiten verzichtet. Bedenkenlos zuzustimmen ist jedoch der Einschätzung von Wikipedia, dass »[...] der Tiger von Anfang an bevorzugtes Objekt der deutschen sowie der gegnerischen Propaganda [war], so dass viele Legenden und Übertreibungen kursieren.«[9]

Zwar ist das Internet mittlerweile Bestandteil der Wissenschaftspraxis – wer googelt nicht zur vermeintlich schnellen Informationsbeschaffung – der Panzer im Internet offenbart jedoch besonders eindrücklich die dunkle Seite des World Wide Web. Das Surfen im Internet auf dem Feld der Militaria hat zur Folge, dass jegliche Fortschrittseuphorie, die dieses Medium verspricht, tiefem Pessimismus weicht. In zahlreichen Diskussionsforen chatten Panzer-Liebhaber, meist versteckt hinter Alias-Namen, und tauschen sich über Technik und Taktik der deutschen Wehrmacht aus. In diesen scheinbar technizistischen, auf Fakten basierenden Seiten finden sich neben Details zu Getriebe, Munition und dem Tarnanstrich, auch die Biografien der »erfolgreichsten Panzerkommandanten im Zweiten Weltkrieg« und Schilderungen der »größten Panzerschlachten«.[10] Auf diesen Seiten verweisen wiederum Links auf Erlebnisberichte, in denen munter schwadroniert wird: Dörfer werden vom Feind »gesäubert«, dieser greift grundsätzlich aus dem Hinterhalt und in großer Masse an, die Tigerbesatzungen kämpfen immer tapfer gegen die erdrückende Übermacht. Es ist desillusionierend, dass den wenigen seriösen, von Fachhistorikern gestalteten Internetseiten bzw. -inhalten eine große Menge meist privater Diskussionsforen mit historischen Darstellungen gegenüberstehen, die vorgeblich Fakten vermitteln, dabei aber häufig eine reduzierte, eine eindimensionale bis verfälschende Historie betreiben.[11] Aber gehen wir mit Nachsicht hiermit um und wenden uns der »einzig wahren«, quellengestützten Geschichte des Japan-Tigers zu.

Intensive Kontakte nach Japan, insbesondere zum japanischen Botschafter in Berlin, General Oshima, pflegte das Kasseler Unternehmen Henschel & Sohn nachweislich seit Kriegsbeginn.[12] So nahm Oscar R. Henschel am 14. März 1940 an einer Cocktailparty der Deutsch-Japanischen Gesellschaft in Berlin teil. Am 26. Juni 1940 gab Henschel für den japanischen Botschafter ein Frühstück in seiner Berliner Wohnung. Betrafen diese gegenseitigen Besuche wahrscheinlich vorrangig Lokomotivlieferungen Henschels nach Japan, so änderte sich die Interessenlage mit dem Kriegseintritt Japans im Dezember 1941 bzw. mit dem Abschluss eines Militärbündnisses zwischen Deutschland, Italien und Japan am 18. Januar 1942 in Berlin, dem Zeitpunkt, als Henschel intensiv an der Entwicklung des schweren Kampfpanzers arbeitete. Die Serienfertigung der Tiger-Panzer in den Kasseler Fertigungsbetrieben wurde im August 1942 aufgenommen.[13]

Im Mai 1943 teilte das Heereswaffenamt Henschel & Sohn in Kassel mit, dass das Kaiserreich Japan im Zusammenhang gemeinsamer Rüstungsanstrengungen der Achsenmächte den Nachbau deutscher Waffen plane.[14] Das Heereswaffenamt forderte Henschel auf, im Rahmen dieser Entwicklungshilfe zwei komplette Sätze von Konstruktionszeichnungen des Tiger-

---

9 de.wikipedia.org/wiki/Panzerkampfwagen_VI_Tiger#Legenden, Zugriff am 11.2.2008.
10 Als Beispiele siehe www.panzer-archiv.de, www.zweiter-weltkrieg-lexikon.de, www.lexikon-der-wehrmacht.de/Waffen/panzer6-R.htm, Zugriff am 11.2.2008.
11 Siehe hierzu die Beiträge in: Angelika Epple/Peter Haber (Hg.), Vom Nutzen und Nachteil des Internet für die historische Erkenntnis, Zürich 2005.
12 Hier und im Folgenden: Tagebuch Henschel & Sohn GmbH Januar 1940–Dezember 1941, in: TKA TIH/164.
13 The United States Strategic Bombing Survey: Henschel & Sohn Kassel. Munition Division: Motor Vehicles and Tanks, 1947, Exhibit A: Production of Tanks 1939–1945, in: TKA TIH/152.
14 Schreiben Oberkommando des Heeres, Heereswaffenamt, Wa Prüf 6, Kraftfahr- und Motorisierungsabteilung, Amtsgruppe Entwicklung und Prüfung an Henschel & Sohn GmbH (Henschel Kassel) vom 19.5.1943, in: TKA TIH/69.

Panzers zusammenzustellen und zur Versendung nach Japan vorzubereiten. Beim Besuch des japanischen Botschafters Oshima am 26. Juli 1943 in Begleitung von Generalmajors Okamoto, Generalmajor Komatse und anderen japanischen und deutschen Offizieren in Kassel wurde die Lieferung eines Tiger-Panzers nach Japan besprochen.[15] Hierbei waren aber erhebliche Schwierigkeiten zu überwinden. Nach Verhandlungen mit Heereswaffenamt, Reichswirtschaftsministerium, Oberkommando der Wehrmacht (OKW) und anderen Dienststellen erhielt Japan schließlich die Zustimmung zum Erwerb eines Tiger-Panzers.

Überraschend erreichte Henschel am 10. September 1943 die Mitteilung einer japanischen Handelsgesellschaft, Showa Tsusho Kaisha Ltd. mit Sitz in Berlin, dass der japanische Militärattaché vom OKW die Freigabe eines Tigers erwirkt habe und Showa beauftragt sei, den Kauf durchzuführen.[16] Intern diskutierte Henschel darüber, ob das Geschäft über das japanische Handelshaus getätigt werden könne. Schließlich stand dem eine Anordnung des Reichswirtschaftsministeriums entgegen, nach der nur deutsche Handelshäuser eingeschaltet werden dürften, die aber den Japanern gegenüber geheim zu halten sei.[17] In den folgenden Tagen wurden in mehreren Schreiben erste verwaltungstechnische Fragen der Lieferung diskutiert, wobei auf die Geheim!-Formel auf den Briefen und Fernschreiben, die zwischen Kassel und Berlin wechselten, aufgrund der Verwendung einer sehr speziellen Amts- und Militär-Fachsprache, auch hätte verzichtet werden können: »Es ist wohl fraglich, ob das OKH AH Fz In zu allen diesen Punkten Stellung zu nehmen vermag. Wir möchten annehmen, dass auch WuG 6 und Wa Prüf einzuschalten sind, doch muss das natürlich vom AH Fz In bestimmt werden«.[18]

In weiteren Verhandlungen akzeptierte das Reichswirtschaftsministerium schließlich die Einschaltung der japanischen Firma, verwies aber darauf, dass man aber unbedingt auch ein deutsches Handelshaus einschalten solle, vorzugsweise C. Illies & Co. Neben den obersten Reichs- und Militärbehörden sowie den beiden Handelsfirmen musste sich Henschel mit weiteren Instanzen auseinandersetzen. Die Ausfuhrgemeinschaft für Kriegsgerät bei der Reichsgruppe Industrie war federführend bei Waffenexporten als Mittler zwischen Produzenten und Wehrmachtsstellen eingesetzt. Mitte September 1943 sprach die Ausfuhrgemeinschaft verschiedene Problemfelder an, die noch der Klärung bedurften, wie Preisfindung sowie Patent- und Lizenzrechte u. a. Immerhin teilte die Ausfuhrgemeinschaft aber schon ein paar weitere Details mit: Der Tiger-Panzer solle den Beständen des Heeres-Panzer-Zeugamts Königsborn/Magdeburg entnommen werden, als Verschiffungshafen sei Bordeaux vorgesehen und als Lieferdatum der 10. Oktober 1943 anvisiert. In einem streng vertraulichen Aktenvermerk vom 21. September 1943 wies man ergänzend darauf hin, dass ein offiziell als Dolmetscher deklarierter Mitarbeiter der japanischen Botschaft in der Lage sei, »bei besonderen Schwierigkeiten, die auf japanische aber auch auf deutsche Einflüsse zurückzuführen sind, helfend einzugreifen.«[19] Dieser Dolmetscher stehe in enger Bindung mit dem früheren stellvertretenden Auslandsleiter der Wirtschaftsgruppe Luftfahrtindustrie, der jetzt Berliner Direktor der japanischen Großfirma Sakamura sei. Es sei empfehlenswert, in dieser Hinsicht eine Zusatzprovision zurückzustellen, wobei ein Satz von 1,5 % als angemessen angesehen werden könne.

---

15 Tagebuch Henschel & Sohn GmbH Januar 1942-Dezember 1944, in: TKA TIH/165.
16 Schreiben Showa Tsusho Kaisha Ltd. an Henschel Kassel vom 10.9.1943, in: TKA TIH/69.
17 Schreiben Henschel Kassel an Henschel & Sohn GmbH Büro Berlin (Henschel Berlin) vom 14.9.1943, in: ebd.
18 Schreiben Henschel Kassel an Henschel Berlin vom 15.9.1943, in: ebd.
19 Aktenvermerk Exportreferat ORH [?] vom 21.9.1943, in: ebd.

Mittlerweile waren an anderer Front neue Probleme aufgetreten: Henschel fehlte es an Filmmaterial. Die Konstruktionszeichnungen lagen bei Henschel nur als Negative vor, nach Japan sollten aber Positive zur Versendung kommen. Henschel bat das Heereswaffenamt, Abteilung Wa Prüf 6, Filmmaterial zur Verfügung zu stellen. Inzwischen drängten seit Ende September die Japaner auf Lieferung des Tigers, es waren immerhin zwei Monate seit der grundsätzlichen Vereinbarung in Kassel vergangen. Ein umfangreicher Schriftwechsel zwischen Heereswaffenamt, den Produzenten, der Ausfuhrgemeinschaft, den beteiligten Export- und Importfirmen sowie Transportunternehmen kreiste um Fragen der Preisstellung, Transportversicherung und vor allem der Verpackung. Am 27. September teilte das Büro Berlin der Henschel-Zentrale in Kassel in einem dringenden Fernschreiben mit, dass die Transport- und Verpackungsfrage noch nicht endgültig mit dem Wehrwirtschaftsstab beim Oberkommando des Heeres (OKH) geregelt sei. Eigentlich sei nicht Henschel dafür zuständig, da der Tiger ja vom Panzer-Zeugamt Königsborn geliefert werde. Aus Vereinfachungsgründen solle bei Zustimmung des Wehrwirtschaftsstabes die Firma Schenker & Co. GmbH die Verpackung vornehmen.[20] Die Probleme lagen im Detail. Aufgrund des hohen Gewichts und der großen Außenabmessungen des Tiger-Panzers war die Verladung in Transportkisten schwer zu bewerkstelligen. »Endgültige Befehle wegen seemäßiger Verpackung liegen zur Stunde noch nicht vor. Bitten prüfen zu lassen, ob das deutsche und auch das kleinere französische Eisenbahnprofil überhaupt noch eine seemäßige Verpackung der Wanne zulassen.«[21] Am 28. September kam es dann zu einer neuen Wendung. Der Wehrwirtschaftsstab hatte beschlossen, dass der Japan-Tiger von Königsborn nach Kassel transportiert werden solle, um dort von Henschel-Fachleuten seefest verpackt zu werden.[22] Unter dem gleichen Datum berichtete die Ausfuhrgemeinschaft, dass der Preis für den Japan-Tiger noch nicht genannt werden könne, die Festsetzung sei aber in beschleunigter Bearbeitung, dies auch, da der japanische Militärattaché wiederholt vorstellig geworden war und auf dringlichste Abgabe des Angebots bis spätestens Ende September gedrängt hatte. Gleichzeitig war der Ablieferungstermin des Panzers aufgrund der unerwarteten Transportprobleme um einige Tage verschoben worden.[23]

Inzwischen kümmerte man sich in Kassel um eine durchführbare Verpackung des Japan-Tigers. Hierbei gab es mehrere Optionen, die Frage, in wie viele Baugruppen der Panzer zerlegt werden musste, war abhängig von den vorhandenen Hebeeinrichtungen im Verladehafen. Die Panzerwanne und das Laufwerk, ohne Ketten und Turm, erforderten einen Kran mit mindestens 36 t Hebekraft, alternativ ließe sich noch das Laufwerk ausbauen, in diesem Fall war ein Kran für 29 t ausreichend. Henschel bat um Klärung dieser Fragen bei der Ausfuhrgemeinschaft bzw. beim Handelsunternehmen C. Illies & Co.[24] Eine seemäßige Verpackung im üblichen Sinne, das heißt die Verwendung von mit Zinkblech ausgeschlagenen Kisten, war gänzlich unmöglich, weil das Bahnprofil diese Außenabmessungen nicht mehr zuließ. Erleichterung stellte sich ein, als in Kassel die Mitteilung eintraf, dass im Verschiffungshafen ein Schwimmkran für 60 t zur Verfügung stehe. Auch die zuständigen Abteilungen des OKW signalisierten Erleichterungen, es sei dem OKW gleichgültig, ob die Verpackung, die seefest und tropenfest sein müsse, in

---

20 Fernschreiben Henschel Berlin an Henschel Kassel vom 27.9.1943, in: ebd; insgesamt wurden von September 1943 bis Januar 1944 über 200 Schreiben und Vermerke der beteiligten Stelen gewechselt.
21 Schreiben Henschel Berlin an Henschel Kassel vom 28.9.1943, in: ebd.
22 Aktenvermerk Henschel Berlin vom 28.9.1943, telefonisch und per Fernschreiben sofort weitergeleitet an Henschel Kassel, in: ebd.
23 Schreiben Ausfuhrgemeinschaft an Henschel Berlin vom 28.9.1943, in: ebd.
24 Schreiben C. Illies & Co. an Henschel Kassel vom 29.9.1943, in: ebd.

Königsborn durch die Firma Schenker oder in Kassel durch Henschel erfolge. Am 30. September kamen dann erste Überlegungen auf, ob man den Japan-Tiger der Einfachheit halber nicht erst in Bordeaux selbst verpacken solle. In Kassel müssten nämlich Zinkbleche für die Seekisten erst beschafft werden, möglicherweise sei solches in Bordeaux leichter verfügbar.[25] Dieser Vorstellung widersprachen aber die Fachleute des Handelshauses C. Illies & Co. Henschel müsse unbedingt »Verpackungsfachleute« mit Material zum Ausgangshafen entsenden, da dort nach den bisherigen Erfahrungen »[...] auch nicht ein Brett und ein Nagel zu haben seien.«[26]

Da die Zeit drängte und die Verpackungsfrage sämtliche Terminvorgaben zu sprengen drohte, entschieden Anfang Oktober die Ausfuhrgemeinschaft und das OKW gemeinsam, dass der Japan-Tiger ohne den Umweg über Kassel direkt von Königsborn nach Bordeaux zu transportieren sei. Die Verpackung solle durch die Firma Schenker erfolgen unter Mithilfe von Henschel.[27] Die Versendung des Panzers müsse so rechtzeitig erfolgen, dass er am 19. Oktober verladebereit in Bordeaux zur Verfügung stehe. Wobei zu diesem Zeitpunkt immer noch ungeklärt war, ob das Fahrzeug in einzelne Baugruppen zerlegt werden müsse, da die Maße der Laderäume und Ladeluken des Transportschiffs unbekannt waren.[28] Inzwischen hatte das OKW vor der Transportfrage kapituliert: Das Henschel-Büro Berlin meldete am 2. Oktober 1943 per Fernschreiben – dringend –, dass nach weiteren Besprechungen zwischen dem OKW und der Ausfuhrgemeinschaft das OKW erklärt habe, dass die Verpackungsfrage dem pflichtmäßigen Ermessen der Firma überlassen werde unter der Voraussetzung, dass sie see- und tropenfest sei. C. Illies & Co. meldete zum gleichen Thema nach Kassel, dass eine Zinkeinlage der Kisten nicht erforderlich sei, es genügten vielmehr Öltücher und Dachpappe.[29] Das Handelsunternehmen erbat aber dringlich Angaben zu Anzahl und Typen der erforderlichen Eisenbahnwaggons sowie zur Anzahl der Kollis und deren Gewichte.

Am 7. Oktober 1943 konnte C. Illies & Co. im Auftrag der Firma Henschel & Sohn dem japanischen Unternehmen Showa Tsusho Kaisha Ltd. endlich ein verbindliches Angebot vorlegen. Das Angebot umfasste den Japan-Tiger einschließlich Munition und Funkeinrichtung bei Lieferung ab Deutschland ausschließlich der in Betracht kommenden seemäßigen Verpackung, deren Kosten erst nachträglich festgestellt und in Rechnung gesetzt werden könnten.[30] Die Ausfuhrgemeinschaft hatte für den Japan-Tiger einen Exportpreis in Höhe von 645.000 RM ermittelt. Insgesamt war der Japan-Deal für alle Beteiligten auf deutscher Seite ein lohnendes Geschäft. Vom Verkaufspreis blieb nach Abzug des offiziellen Wehrmachtspreises (300.000 RM) und den Kosten für Transport und Provisionen (33.000 RM) ein Restbetrag von über 311.000 RM. Diese Summe wurde verteilt auf Wehrmacht (knapp 250.000 RM), Henschel (7.795,85 RM) für den Aufwand bei der Abwicklung und schließlich auf die drei Entwicklungsfirmen Henschel, Krupp und Maybach (ca. 55.000 RM).[31] Zur Lieferzeit konnten allerdings noch keine Angaben gemacht werden: »Es sind alle Vorbereitungen zur soweit erforderlichen seemäßigen Verpackung eingeleitet. Dabei hat sich die Notwendigkeit herausgestellt zu unter-

---

25 Aktenvermerk Henschel Berlin über Gespräch am 30.9.1943, in: ebd.
26 Aktenvermerk Henschel Berlin über ein Gespräch mit C. Illies & Co. am 1.10.1943, in: ebd.
27 Fernschreiben Henschel Berlin an Henschel Kassel vom 1.10.1943, in: ebd.
28 Schreiben Henschel Kassel an die Ausfuhrgemeinschaft vom 30.9.1943, in: ebd.
29 Fernschreiben C. Illies & Co. an Henschel Kassel vom 1.10.1943, in: ebd.
30 Schreiben C. Illies & Co. an Showa Tsusho Kaisha Ltd. vom 7.10.1943, in: ebd.
31 Abrechnung Henschel Kassel für den am 13.10.1943 gelieferten Tiger in: ebd, siehe auch Spielberger, Panzerkampfwagen Tiger, S. 106.

suchen und zu prüfen, ob bei einem Transport des unzerlegten Wagens nicht etwa die internationalen Lademaße überschritten werden; das Notwendige hierfür wurde veranlasst.«[32]

Am 8. Oktober 1943 kam es zu einer überraschenden Wendung der Transport- und Verpackungsfrage. Nachdem ein Vertreter der Firma Schenker & Co., die mit Verpackung und Transport beauftragt worden waren, mitgeteilt hatte, dass der Transport des Tigers ab Königsborn auf besondere Schwierigkeiten stoße, die erst nach einigen Wochen zu überwinden seien, nahm die deutsche Wehrmacht den Transport selbst in die Hand. Immerhin waren beim Heeres-Panzer-Zeugamt Königsborn Erfahrungen vorhanden, auf die zurückgegriffen werden konnte. Der Transport wurde nun als »Wehrmachtstransport« deklariert und Henschel hatte mit der Strecke Königsborn/Bordeaux nichts mehr zu tun.[33] Nach Einschaltung der Wehrmachtsstellen machte der Transport bedeutende Fortschritte. Am 13. Oktober 1943 teilte C. Illies & Co. erleichtert mit, dass es der Firma Schenker gemeinsam mit den Heeresstellen gelungen sei, den Tiger auf einen Eisenbahn-Tieflader zu setzen der am 13./14. Oktober abrollen werde.[34] Zuvor mussten lediglich die Übergabe-Verhandlungen zwischen Schenker & Co. und dem Heeres-Panzer-Zeugamt abgeschlossen werden.[35] Bestandteile der Lieferung – richtig übergeben – waren neben dem eigentlichen Panzer auch ein Spaten und eine Schaufel (Schanzzeug), ein Verbandskasten, Werkzeug wie ein Sechskantsteckschlüssel doppelseitig 19 und 22 mm sowie ein Schraubenzieher rund mit Griff. Die dem Heeres-Panzer-Zeugamt Königsborn entstandenen Kosten in Höhe von 9,55 RM für Arbeitslohn (3,75 RM) und Verlademateral (5,80 RM) waren an die Heeres-Standortkasse zu entrichten.

Der Zug mit dem Japan-Tiger ging zwar am 14. Oktober in Königsborn ab, er erreichte aber Bordeaux nicht auf direktem Wege. Am 25. Oktober berichtete ein Vertreter von Schenker & Co., dass der Transport an einer Schenker nicht näher bekannten Bahnstation wegen Profilüberschreitung aufgehalten wurde. Die zwei Henschel-Monteure, die das Verladen und Verpacken des Tigers in Bordeaux vor Ort begleiten sollten, wurden deshalb wieder nach Kassel zurückgeschickt. Schenker berichtete weiter, dass mittlerweile auch der Schwimmkran für die Verladung des Panzers zur Reparatur in ein Trockendock gebracht worden war. Da der Transport durch die Wehrmachtsstellen erfolgte, treffe Schenker für die Verzögerung kein Verschulden. Der Spediteur habe in Königsborn einen Spezial-Tiefladewagen angefordert, der zunächst nicht gestellt werden konnte, dann doch zur Bereitschaft stehen sollte, in Königsborn aber nicht eintraf. Daraufhin hätten die Wehrmachtsstellen die Verladung auf einen SSy-Wagen angeordnet[36]. Der begleitende Wehrmachtsoffizier und die zwei Panzerfahrer würden nun, wenn der Spezialwaggon eingetroffen sei, am Aufenthaltsort für die Umladung des Japan-Tigers sorgen. Bereits zwei Tage später, am 27. Oktober, traf der Panzer schließlich in Bordeaux ein. Der Umschlag und die Verpackung des Tigers konnten jedoch nicht durchgeführt werden, da sich der Schwimmkran immer noch im Trockendock befand: »Der Schwimmkran dürfte gegen den 4. November wieder zur Verfügung sein, jedoch müssen wir bei derartigen Angaben immer vorsichtig sein, weil sie meistens nicht stimmen.«[37]

---

32 Schreiben C. Illies & Co. an Showa Tsusho Kaisha Ltd. vom 7.10.1943, in: TKA TIH/69.
33 Aktenvermerk Henschel Berlin vom 8.10.1943 in: ebd.
34 Schreiben C. Illies & Co. an Henschel Kassel vom 13.10.1943, in: ebd.
35 Niederschrift der Übergabe-Verhandlung am 14.10.1943, in: ebd.
36 Schreiben Schenker & Co. GmbH an Henschel Kassel vom 25.10.1943, in: TKA TIH/70; gemeint ist vermutlich ein vier-achsiger SSy-Transportwagen anstelle des sechs-achsigen SSym-Transportwagens.
37 Schreiben Schenker & Co. GmbH an Henschel Kassel vom 27.10.1943, in: TKA TIH/70.

Es fand sich nun wieder Zeit, sich um fehlende Begleitpapiere und die Konstruktionszeichnungen zu kümmern. C. Illies & Co. mahnte mehrmals die fehlende Ausfuhrbewilligung an. Diese müsse vom Exporteur, also von Henschel, beschafft werden. Die Angelegenheit sei aber nicht eilig, da die Ausfuhr ja bereits erfolgt sei, sie müsse aber nachträglich eingereicht werden.[38] Henschel in Kassel fiel derweilen durch den verheerenden Luftangriff auf die Stadt in der Nacht vom 22./23. Oktober als Ansprechpartner vorläufig aus. Sämtliche Unterlagen für »[...] fahrzeuglieferung an befreundete macht [waren] vernichtet.«[39] Auch bei den Filmen mit den Konstruktionszeichnungen ergaben sich erneut Schwierigkeiten. Nachdem das OKH die Zuweisung von 50 Filmen organisiert hatte, musste Henschel nach dem Bombenangriff melden, dass die technischen Einrichtungen für die Herstellung der Filme vernichtet wurden. Auch die bereits von Unterlieferanten übersandten verfilmten Zeichnungen, wie die der Robert Bosch GmbH, die für die elektrotechnische Einrichtung zuständig war, waren »bedauerlicherweise« ebenfalls verbrannt. Die Ausfuhrbewilligung konnte Henschel deshalb nicht einreichen, da die erforderlichen Formulare nicht zu erhalten waren.[40]

Zurück nach Bordeaux: Hier gab es immer noch keine Lösung für die Umladung des Japan-Tigers in ein Schiff. Der Spediteur hatte festgestellt, dass die ursprünglich gelieferte Kiste zu schwach ausgelegt war. Eventuell müsse der Panzer nun doch unverpackt ins Schiff gesetzt werden[41], so der Stand am 16. November! Zehn Tage später teilte wiederum Henschel mit, dass die Einreiseerlaubnis für die zwei Monteure, die die Verladung begleiten sollten, am 25. November abgelaufen waren. Falls sie in Bordeaux weiter gebraucht würden, sei es nun notwendig, die Verlängerung der Papiere in die Wege zu leiten.[42]

Am 17. Dezember 1943 löste sich endlich die leidige Verpackungsfrage: C. Illies & Co. teilte mit, dass eine Transportkiste nicht mehr benötigt werde, da der Panzer einer anderen Verwendung zugeführt werde. Der Japan-Tiger war auf Wunsch deutscher Stellen an die Deutsche Wehrmacht durch die Japaner abgetreten worden, »[...] oder mit anderen Worten, die Japaner haben der Deutschen Wehrmacht den ihnen gehörenden Panzerwagen leihweise zur Verfügung gestellt bis später wieder geeignete Transportmöglichkeiten bestehen.«[43] Diese Tatsache beendete jedoch noch nicht den Schriftverkehr über diesen Panzer. Nachdem die Showa Tsusho Kaisha Ltd. am 18. Februar 1944 die 645.000 RM für den Japan-Tiger auf das Reichsbank-Konto von Henschel überwiesen hatte, ergab sich noch Klärungsbedarf zwischen deutschen und japanischen Stellen über die Abrechnung von Ersatzteilen.[44] Im Sommer 1944 reichte C. Illies & Co. eine Rechnung von Henschel über eine Nachforderung in Höhe von über 113.000 RM für die mitgelieferten Ersatzteile an die Showa Tshusho Kaisha Ltd. bzw. an die kaiserliche japanische Armee weiter. Das Büro der japanischen kaiserlichen Armee in Berlin weigerte sich, diese Summe zu begleichen, wenn keine Begründung für diese späte Nachforderung erfolge. Den Japanern war mittlerweile schwer zu vermitteln, so C. Illies & Co. die Gemütslage beschreibend, dass ihnen Ersatzteile in Rechnung gestellt würden für einen Panzer, den sie unentgeltlich der deutschen Armee zur Verfügung gestellt haben.[45]

---

38 Aktenvermerk Henschel Berlin vom 2.11.1943, in: ebd.
39 Fernschreiben Henschel Kassel an Henschel Berlin vom 31.10.1943, in: TKA TIH/69.
40 Mitteilung Henschel Kassel an Henschel Berlin vom 5.11.1943, in: TKA TIH/70.
41 Schreiben C. Illis & Co. an Henschel Kassel vom 16.11.1943, in: ebd.
42 Schreiben Henschel Kassel an Schenker & Co. GmbH vom 26.11.1943, in: ebd.
43 Schreiben C. Illies & Co. an Henschel Kassel vom 6.11.1944, in: ebd, wann die Abgabe genau erfolgte, ist den Akten nicht zu entnehmen, wahrscheinlich im März 1944.
44 Schreiben Showa Tsusho Kaisha Ltd. an Henschel Kassel vom 18.2.1944, in: ebd.
45 Schreiben C. Illies & Co. an Henschel Kassel vom 6.11.1944, in: ebd.

Den Schlusspunkt der Geschichte über den Japan-Tiger in dieser Aktenüberlieferung setzte aber jemand anders: Unter dem 25. November 1944 übermittelte die Feldzeuginspektion beim Oberkommando des Heeres, Allgemeines Heeresamt die Brauchbarkeitsbescheinigung: »Berlin, 25.11.1944, Brauchbarkeitsbescheinigung. Die gem. Verfg. OKH (Ch H Rüst u. BdE) Jn 6 Nr. 11648/43 geh. vom 1.10.1943 und Az. 76 g 66 (Ausl.) Abt. 5 A/a AHA/Fz Jn v. 14.11.44 an Japan abgegebenen 1 Pz. Kpfwg. »Tiger« vollst. ausgerüstet mit Werkzeug und Zubehör, Waffen, Funkgerät und Optiken 2 Ersatzteilausstattungen für Pz.Kpf. »Tiger« sind nach den für die deutsche Wehrmacht geltenden Bestimmungen abgenommen worden und feldbrauchbar. (Stempel, Unterschrift)«[46].

Die Geschichte des Japan-Tigers geht im Internet indes weiter: Er soll der schweren SS-Panzerabteilung 101 zur Verfügung gestellt worden sein.[47] Diese Abteilung befand sich im Frühjahr 1944 zur Aufstellung und Ausbildung in Belgien und Frankreich. Im Juni 1944 wurde sie bei der Abwehr der alliierten Invasion in der Normandie eingesetzt. Dies ist aber wieder eine ganz andere Geschichte.

---

46 In: ebd.
47 www.achtungpanzer.com/tiger.htm; www.lexikon-der-wehrmacht.de/Gliederungen/schPzAbtSS/sSSPzAbt101-R.htm, Zugriff vom 11.3.2008.

Christian Kleinschmidt
Fotographierende Japaner und die deutsche Kameraindustrie

Japan ist heute eine der weltweit größten und erfolgreichsten Industrienationen. Japan produziert und exportiert vor allem High-Tech-Produkte von hoher Qualität, angefangen von Kameras über Unterhaltungselektronik bis hin zu Computern. Auf diesen Gebieten haben japanische Anbieter deutsche und europäische sowie amerikanische Konkurrenten bekämpft. Dieser Erfolg ist einerseits das Ergebnis eines erfolgreichen technologischen Aufholprozesses seit den 1950er Jahren, anderseits das Resultat einer systematischen Unterschätzung der japanischen Innovationspotentiale durch die westlichen Konkurrenten. Das hat kulturelle Ursachen, ist auf Selbstüberschätzung und Überheblichkeit, auf stereotype Wahrnehmungen sowie auf ökonomische Fehleinschätzungen von Märkten und Absatzmöglichkeiten zurück zu führen.

»Der Japaner« aus der Sicht deutscher Unternehmer

Den Klischees und Stereotypen über Japan, »die Japaner« sowie über die japanische Kultur und Gesellschaft entsprach in den 50er und 60er Jahren das Bild, welches sich deutsche Unternehmer unterschiedlicher Branchen und Unternehmen von der japanischen Wirtschaft und von japanischen Unternehmen machten. Bis weit in die 50er Jahre hinein galt Japan in vielen Bereichen als eine Art Entwicklungsland, bestenfalls als ein Schwellenland, das sich an amerikanischen und europäischen und mithin auch deutschen Vorbildern orientierte, dessen Wachstums- und internationale Erfolgsaussichten jedoch als sehr begrenzt beurteilt wurden. Damit korrespondierte ein bisweilen bis an den Rand des Rassismus reichendes Menschenbild über »die Japaner«, deren Handlungsspielräume ebenfalls als sehr eingeschränkt galten. Die Überheblichkeit deutscher Unternehmer wurde dadurch bestärkt, daß seit Beginn der 50er Jahre zahlreiche japanische Unternehmerdelegationen nach Deutschland kamen, um sich dort umfassend und detailliert über Fragen der Technologie und der Unternehmensführung zu informieren. Über einen der ersten Besuche einer japanischen Kommission bei Hüls im Jahr 1953 berichtete die Werkzeitschrift nicht ohne Stolz: »Dies geschah nicht nur um einzukaufen, sondern auch, um am Beispiel des erstaunlichen deutschen Wirtschaftserfolges neue Anregungen für den eigenen Wiederaufbau zu suchen.«[1] Ebenfalls im Jahr 1953 berichtete Direktor Inden von Phoenix-Rheinrohr über den Besuch eines Betriebsdirektors der Firma Sumitomo Metal Industries, der als eine Bestätigung der eigenen deutschen Erfolge gewertet wurde: »Man sieht auch hier wieder, daß die Japaner ihre Leute durch die ganze Welt schicken, um das neueste an Einrichtungen der Nachkriegszeit mitzunehmen«, so Inden.[2]

---

1 CWH in Japan, in: Der Lichtbogen 2, 1953, H. 11, S. 14.
2 Archiv Mannesmann AG, PR 4 72 56, Aktennotiz Dir. Inden, 22.6.1953, betr. Japan-Besuch eines Betriebsdirektors der Firma Sumitomo Metal Industries.

Die Japaner waren sprichwörtlich bekannt für ihr akribisches Bemühen, Informationen zu sammeln, aufzuschreiben, zu fotografieren und jedem beobachteten Detail scheinbar unhinterfragt eine große Aufmerksamkeit zu widmen. Die Japaner besaßen das Image der Kopierer und Imitierer. Was sie aus den USA oder aus Europa mit nach Hause brachten, waren oftmals Nachbauten amerikanischer oder deutscher Vorbilder, wie auch Carl H. Hahn vom Reifenhersteller Continental im Falle des japanischen Reifenherstellers Bridgestone betont. Die erste große Reifenfabrik von Bridgestone, so Hahn, sei »eine Kopie der Reifenfabrik in Hannover-Stöcken« gewesen.[3] Die aus deutscher Sicht vielfach belächelte Informations- und Sammelleidenschaft der Japaner wurde ergänzt durch die japanische Nachfrage nach Lizenzen deutscher Technologie. Sumitomo und Nippon Kokan produzierten auf der Basis deutscher Lizenzen Stahlröhren in Japan, Mitsui Chemicals bemühte sich bei Hüls um Lizenzen und Know-How für die Herstellung von Vestolen, Styrol und Polystyrol. Weitere Anfragen allein an Hüls in den 50er und 60er Jahren betrafen die Know-How-Erlangung für Folien, Fasern, Kunstharz, Waschrohstoffe etc.[4]

Wie widersprüchlich das Japanbild deutscher Unternehmer war, zeigt ein Reisebericht Hans Erich Freudenbergs, der einerseits für die Herstellung von Wirtschaftskontakten, den Abbau von Vorurteilen und »Verständnis und Vertrauen« warb, wobei er den Europäern zu etwas mehr Zurückhaltung, Ausgewogenheit und Differenziertheit im Urteil riet: »Die meisten Herren des Westens glauben, vieles besser zu wissen und alles in Japan im Handgalopp erledigen zu können oder gar durch kluge Briefe wesentliche Dinge zu fördern. Es ist außerordentlich wichtig, daß man sich Zeit nimmt und im persönlichen Kontakt Vertrauen gewinnt ... Zudem braucht man Hilfe erfahrener Berater an Ort und Stelle. Wer glaubt, von Bonn oder Weinheim (wo das Unternehmen Freudenberg seinen Sitz hat, C. K.) aus die Verhältnisse beurteilen zu können, um sich eine Meinung zu bilden und über eine Zusammenarbeit zu entscheiden, dürfte zumindest leichtfertig handeln.«[5] In der Selbstgewißheit, die Verhältnisse »an Ort und Stelle« im Rahmen eines mehrwöchigen Aufenthaltes ausführlich studiert zu haben (Freudenberg war während seiner Reise häufig in japanischer Begleitung und hatte somit sicherlich das Gefühl gut informiert zu sein), insbesondere auf dem Gebiet der japanischen Landwirtschaft, Fischerei, und Industrie ebenso wie über die japanische Familie und das »japanische Wesen«, und im Glauben, damit bereits über den ethnologischen Blick zu verfügen, kam Freudenberg schließlich – trotz des in der Tat weitgefächerten Beobachtungsrahmens –, zu ähnlich stereotypen und klischeehaften Urteilen über die japanische Wirtschaft und Gesellschaft wie andere deutsche Unternehmer auch. »Über die Besonderheit des japanischen Wesens etwas auszusagen, ist schwierig«, stellte Freudenberg fest, ging aber davon aus, daß es »bei einigem Einfühlungsvermögen trotzdem möglich« sei.[6] Neben der Disziplin, der Reinlichkeit, der Höflichkeit und Loyalität hob Freudenberg die Unsicherheit »der Japaner« hervor, bei denen er »Komplexe« gegenüber dem Westen und eine Bewunderung für die westliche Kultur beobachtete, die zugleich Ausdruck und Bestätigung seiner eigenen Überlegenheit war. »Wenn man die körperlichen Besonderheiten der Japaner zuerst erwähnt, ergeben sich schon hier einige Ansatzpunkte

---

3 Interview C. H. Hahn, 20.2.1998.
4 Archiv Mannesmann, PR 4 72 55, Nippon Kokan 1958–1964, Besuch v. Vertretern v. Nippon Kokan u. a. in Deutschland, Aktennotiz Dir. Inden 4.1.1962 bezgl. Kontakten zu Nippon Kokan und Sumitomo; Archiv Hüls AG, IV-1-79-J-1-1/2, Anfrage Mitsui Petrochemicals Industries, Tokio, 19.5.1959; ebd., IV-1-79-J-1-1/1, Kureka Chemical Ind. Co. Ltd, Tokio 12.11.1963; ebd., IV-1-114/1, Besprechungsbericht Mitsubishi 20.3.1963 und Besuchsbericht 8.10.1963.
5 Archiv Freudenberg, 3/01038, Japan 1959, S. 29.
6 Ebd., S. 17.

für die Deutung ihrer speziellen Verhaltensweise. Die Japaner fühlen sich als Farbige, obwohl ihre Hautfarbe zwischen hellstem gelb und mittelbraun spielt ... Der Japaner kommt ohne Zweifel mit 30–40 % weniger Kalorien aus als wir. Auch dieser Umstand ist erwähnenswert, weil er zu den Folgen der Anspruchslosigkeit aus Notwendigkeit zählt ...«, so Freudenberg. »Im Verkehr mit uns sind die Japaner voller Komplexe. Sie fühlen sich als Farbige betrachtet, sie stehen um einen Kopf und mehr kleiner auf kurzen Beinen vor uns; fehlende Sprachkenntnisse sind ihnen im Wege und vor allem fühlen sie eine Unsicherheit wegen der ungewohnten saloppen, aggressiven und unmittelbaren Art, die wir an den Tag legen. Dazu kommt, selbst wenn Sprachkenntnisse vorhanden sind, die Unkenntnis unserer Art zu denken und zu fühlen.«[7]

Trotz eigener fehlender Sprachkenntnisse nahm Freudenberg jedoch wie selbstverständlich in Anspruch, die japanische Art zu denken und zu fühlen beurteilen zu können, und zwar auf der Grundlage seines »Einfühlungsvermögens«. Dies ermöglichte ihm seiner Meinung nach sogar, die Einschätzung »ihres Wesens im Verkehr untereinander. Ihr Gesicht ist Inbegriff ihrer Empfindlichkeit, und Taktlosigkeit ist das schlimmste Vergehen im Verkehr untereinander. Wie bei den Engländern ist ein ›In-Ruhe-Lassen‹ eine notwendige Folge insularer Enge. Man läßt auch im höchsten Konkurrenzkampf dem anderen die Reisschale, weil man nicht sein Gewissen mit dem Unglück anderer beladen möchte«, so die fast schon »völkerpsychologische« Darstellung Freudenbergs.[8] Über die Sprache, die Freudenberg nach eigener Aussage nicht beherrschte, urteilte er: »Der japanischen Sprache ist durch die Idiogramme ihre Flexibilität, die Begriffsvielfalt und die lebendige Wandelbarkeit genommen. Die Menschen werden begriffsstutzig gemacht. Sie werden dialektisch schwer beweglich und langsam und vorsichtig im Formulieren. Die Phantasie verkümmert wegen der Überbeanspruchung durch reine Gedächtnisarbeit. Die ständige Vorstellung ›dieses Zeichen bedeutet das‹ läßt das Denken nur schwer über den äußeren formalen Bereich hinausgelangen ... Es ist für den japanischen Menschen viel schwerer als für uns, von dem Primitiven an das wirklich Wesentliche heranzukommen. Bei ihrem Fleiß, ihrer Intelligenz und Beharrlichkeit hätten sie zweifellos schon viel mehr erreicht, wäre dieses Handicap der Sprache und Schrift nicht vorhanden. Sie sind heute in vielen Fällen gezwungen, Worte und Begriffe aus Fremdsprachen zu übernehmen, um in Wissenschaft und Technik sich ausdrücken zu können.«[9] Da Freudenberg mehrfach die Notwendigkeit betonte, »den Japanern« Vertrauen und Verständnis entgegenzubringen und in seinem Bericht auch häufig Worte der Anerkennung für japanische Werte wie Fleiß und Disziplin findet, läßt sich seine Darstellung »der Japaner« als Psychogramm eines Volkes verstehen, das sich zwar Mühe gibt, dem aber aufgrund objektiver kultureller Bedingungen der wirtschaftliche Erfolg verwehrt und das dementsprechend auf fremde Hilfe angewiesen sei. Anders ausgedrückt: Die Kultur dient hier als Erklärungsgrundlage für die wirtschaftliche Unterlegenheit Japans gegenüber dem Westen. Freudenbergs in positiver Absicht verfaßter Bericht endet mit den Worten: »Man kann die Japaner nicht von aller Welt abschneiden wollen und sie trotzdem dem Westen als Partner erhalten! – das geht nicht! ›Tür zu – die Japaner kommen‹ ist keine Parole für die Zukunft, wenn die freie Welt einen Freund und Eckpfeiler dieser Größenordnung in Ostasien erhalten will. Wenn etwas besser ist, vermögen sie schnell und energisch zu schalten. Bringen wir den Japanern etwas entgegen, was für alles weitere die Grundlage bilden muß – Verständnis und Vertrauen!«[10]

---

7 Ebd.
8 Ebd., S. 18.
9 Ebd., S. 32.
10 Ebd., S. 37.

Die »japanische Krankheit« und bittere Pillen für Deutschland

Deutsche Unternehmer wie Freudenberg suchten einerseits Kontakte nach Japan um dort wirtschaftlich Fuß zu fassen, gingen aber gleichzeitig davon aus, daß diese Wirtschaftsbeziehungen eine Art Entwicklungshilfe von West nach Ost seien. Ein gleichwertiger Handel mit Industrieprodukten war in den 1950er/60er Jahren aus deutscher Perspektive kaum vorstellbar. Eine japanische Konkurrenz war schon gar nicht zu fürchten, wie das Beispiel des zum Bayer-Konzern gehörenden Agfa-Camerawerks zeigt.

Die über 80-jährige Handelspartnerschaft hatte Bayer immer als den überlegenen Partner gezeigt, als Know-How-Geber und als Exporteur von Lizenzen, insbesondere auf den Gebieten Farbstoffe, Pharma, Chemie, Schädlingsbekämpfung und Photoartikel. Auf letzterem schickten sich die Japaner neuerdings – und unerwartet – an, der Agfa-Camera-Produktion Konkurrenz zu machen. Das Agfa-Camerawerk in München war 1953 gegründet worden, und mit dem Produkt »Optima« wurde dort die erste vollautomatische Camera der Welt gebaut. Bayer war mit Agfa also auf diesem Gebiet weltweit führend.[11] Die Ansätze einer japanischen Konkurrenz erschienen Heinrich Loy vom Agfa-Camera-Werk anläßlich seiner Japan-Reise 1961 als ungeheuerlicher Angriff und als feindlicher Akt eines mit unlauteren Mitteln kämpfenden Emporkömmlings, so daß er in mehreren Berichten über die japanische Camera-Industrie dieser in einem vernichtenden Urteil die Zukunftsfähigkeit absprach. Loys Berichte basierten auf mehreren Unternehmensbesuchen etwa bei Canon Camera K. K., Nihon Kogaku Kogyo K. K., Fuji Shashin Koki K. K. u. a., deren unerwartete Exporterfolge der Nachkriegszeit zunächst einmal heruntergespielt und ihre Geschäftspraktiken als »Störenfriede« diffamiert wurden. Im übrigen sei die japanische Situation war, nach Loys Einschätzung, weder im In- noch im Ausland »rosig«. Wie groß die Probleme der japanischen Camera-Hersteller waren, glaubte Loy anhand der japanischen Exporte nach Deutschland analysieren zu können: »Bei dem Eindringen der Japaner in das deutsche Geschäft handelt es sich meiner Ansicht nach, wie auch im Falle USA und Kanada, um das Becircen von Versand- und Kaufhäusern mit sogenannten Billig-Angeboten, wobei man für ein gewisses Abnahmekontingent den betreffenden Abnehmern den Alleinverkauf zugesagt hat. *Im normalen deutschen Handel dürfte nämlich außer der japanischen Canon 8-mm-Camera mit Gummilinse und einigen Kleinstbild-Cameras* von dem Einbruch der japanischen Konkurrenz in Deutschland nicht viel zu spüren sein. Mit der ›Eroberung‹ der deutschen Versandhäuser und zum Teil auch der Kaufhäuser dürften sich aber die Japaner, genauso wie in anderen Märkten, die Liebe des deutschen Photohändlers verscherzt haben. Wie sehr die Kaufhäuser auf der anderen Seite, die ja die Hauptträger des japanischen Exports nach Deutschland sind, unter der Unverkäuflichkeit dieser japanischen Produkte leiden, beweisen uns die immer wiederkehrenden Angebote von Neckermann und auch Quelle von den gleichen Cameras. Leider ist das aber auch der Beweis dafür, wie wenig die branchenfremden Versand- und Kaufhäuser von unserer Photobranche verstehen bzw. mit ihr verbunden sind, denn sonst würden sie auf derartige Ausverkaufsmodelle nicht hereinfallen.«[12] Die japanischen Camera-Hersteller arbeiteten aus dieser Perspektive nicht nur mit unlauteren Mitteln, sondern sie verkauften auch Billigprodukte, und die deutschen Versand- und Kaufhäuser, die

---

11 Fengler, »Den Markt klar im Sucher!?«. Krise und Niedergang des Amateurkamerageschäfts der Agfa-Gevaert AG in den 1960er und 1970er Jahren, in: Jahrbuch für Wirtschaftsgeschichte 2006/2, S. 95–113.
12 Archiv Bayer AG, 302–0243, Bericht über die japanische Camera-Industrie, von Heinrich Loy, 25.7.1961, S. 21 (Hervorhebung im Original).

sich darauf einließen, würden so ungewollt zu ihren Komplizen. Trotz seiner Verärgerung über diese »Störenfriede« konnte Loy jedoch aus Japan auch mitteilen, daß bei der geplanten Einführung der neuen Agfa-»Optima-Serie« »die Konkurrenz der Japaner zunächst noch nicht zu befürchten« sei, da im technischen Bereich die japanischen Cameras nicht ebenbürtig seien, »denn die Canonet ist keine *automatische* Camera«.[13] Darüber hinaus leide die japanische Camera-Industrie an »schlechten und wenig fundierten Vertriebswegen«, an ihrer »zerstörenden Verkaufspolitik« sowie insbesondere an der »japanischen Krankheit« der Überproduktion. Loys Wahrnehmung wird nachfolgend ausführlich widergegeben, da sich hier auf engem Raum das breite Spektrum deutscher Vorurteile, von Stereotypen und Fehleinschätzungen wiederfindet: »Wo immer in Japan, gleich auf welchem Gebiet, profitable und zukunftsreiche Unternehmen entstehen, wachsen gleichzeitig unzählig viele Konkurrenten, so daß schließlich Überproduktionen die Folge sein müssen, die Preiskämpfe nicht nur auf dem Inlandsmarkt, sondern auch in den Exportgebieten unweigerlich nach sich ziehen. Diese Nachahmungssucht der Japaner ist weltbekannt, aber sie ist kein Charakterfehler, sondern ich bezeichne sie als eine Volkskrankheit, die ihren Ursprung in einer merkwürdigen eigenen Ideenlosigkeit hat. Diese Nachahmungssucht beschränkt sich nicht nur auf Nachahmungen von Ideen oder Dingen aus dem Ausland, sondern sie ist in gleichem Umfang gegenüber den japanischen Mitmenschen und seinem Tun vorhanden. Wahrscheinlich hängt diese Nachahmungssucht irgendwie mit der langen vollkommenen Abgeschlossenheit Japans zusammen; sie ist keine Neuerscheinung, sondern es gibt dafür in der japanischen Geschichte und in der Neuzeit viele Beispiele. Übertragen auf die japanische Camera-Industrie heißt das: auch sie ist diesen Weg gegangen, deshalb gibt es zu viele Camera-Hersteller, seien es wirkliche Hersteller oder auch nur Camera-Montagefabriken. Man steht heute gewissermaßen vor folgendem Fazit:
1.) eine zu große Anzahl Camera-Hersteller,
2.) Überproduktion,
3.) heruntergewirtschaftete Preise ohne ausreichende Verdienstspanne,
4.) keine fundamental aufgebauten wirklichen Exportmärkte und
5.) keine Entwicklungsideen für die Zukunft.
Dieses Urteil mag hart klingen, aber ich bin bestimmt kein Japan-Gegner, im Gegenteil, und trotzdem ist es nach meiner Auffassung richtig.«[14]

Vor diesem Hintergrund sei »erstaunlich und gleichzeitig unverständlich für den Außenstehenden«, so Loy, »daß die Japaner ihre außerordentlich günstige Lage (billigste Löhne, unvorstellbare Arbeitskraftreserven) auch auf dem Camera-Sektor verplempern. Wahrscheinlich ist auch hier der Grund, daß es sich bei der japanischen Camera-Industrie um keine chronologisch gewachsene eigene Entwicklung handelt, sondern im wahren Sinne des Wortes um eine Nachahmung, die heute ohne besondere Fundamente in ihrem technischen Aufbau und in ihrer ursächlichen technischen Erkenntnis ist. Also hochgradig eine Nachahmung, wobei die Eigenentwicklung kaum zu erkennen ist, vielleicht noch etwas auf dem optischen Sektor hinsichtlich der Gummilinsen für Schmalfilm-Cameras, alles übrige ist nachgebaut, nachempfunden und höchstens, wie man so schön sagt: ›japanese improved‹. Die japanische Camera-Industrie hat nur von den Entwicklungsarbeiten der übrigen Welt profitiert, hauptsächlich dabei von Deutschland, und ist unter rücksichtsloser Ausnutzung der billigen japanischen ›Reislöhne‹ zu einer unangenehmen Konkurrenz auf dem Weltmarkt geworden – Gott sei Dank, nicht so sehr wegen der Qualität, denn dann wäre es wirklich schlimm. Wie aber alle Extreme sich schließlich ins Gegenteil verkehren, so

---

13 Ebd., S. 25 (Hervorhebung im Original, C. K.).
14 Ebd., S. 25 f.

wurde die hoffnungslose Preispolitik der Japaner gleichzeitig zur Abwehrwaffe, und das in zweifacher Hinsicht: die Japaner haben sich damit gegenseitig selbst heruntergewirtschaftet und der vernünftige Photohandel kann an solchen billigen Angeboten nicht mehr interessiert sein.«[15]

Faßt man Loys vernichtende Kritik der japanischen Camera-Industrie zusammen – deren Negativattribute reichen von »unsicherer Zukunft« über »Billiganbieter«, »Nachahmungssucht« und »Ideenlosigkeit« bis hin zur »japanischen Krankheit« –, so ergibt sich eine lange Liste despektierlicher Äußerungen, die als eine Mischung aus Unwissenheit und Ignoranz, bestenfalls als Irritation und ersten Anzeichen von Unsicherheit, gekennzeichnet werden müssen. Loys Bemerkungen wurden hier in aller Ausführlichkeit zitiert, weil auf diesem Wege auch die Redundanzen deutlich werden, die durch die ständigen Wiederholungen seiner Bemerkungen zum Ausdruck kommen, die seiner Entrüstung zusätzlichen Nachdruck verleihen und einer wirklichen Erkenntnis der japanischen Situation im Wege stehen.

In einem weiteren Japan-Bericht Loys, den dieser über die japanische photochemische Industrie ein Jahr später anfertigte, lassen sich zumindest Nuancen hin zu einer positiveren Beurteilung der japanischen Industrie beobachten. Zwar wies Loy auch in diesem Bericht darauf hin, daß die Anfänge der japanischen photochemischen Industrie letztendlich auf die Hilfe von Agfa in den 20er Jahren zurückzuführen seien und auch die Erfolge von Fuji und anderen japanischen Unternehmen auf der Nachahmung von Verfahren von Kodak und Agfa basierten und japanische Firmen noch keine qualitative Konkurrenz für Agfa darstellten, jedoch zeigten Zahlenvergleiche, so Loy, daß die japanische photochemische Industrie »in ihrem Umfang und in ihrer Bedeutung von den meisten unterschätzt wird«, und es absehbar sei, daß sie auf der Basis von Qualitätsverbesserungen in Zukunft auf dem Weltmarkt durchaus konkurrenzfähig werden könnte.[16] Aus diesem Grunde wäre sogar von seiten Agfas eine Zusammenarbeit aus »rein wirtschaftspolitischen Erwägungen« heraus durchaus interessant.[17]

Dazu kam es jedoch nicht. Da man die japanische Industrie nicht wirklich ernst nahm, orientierte sich Agfa in Richtung USA und zum weltweit führenden Anbieter Eastman Kodak, wo man die eigentlich bedrohlichen Konkurrenten und möglicherweise auch Kooperationspartner sah. Derweil brachten die japanischen Hersteller Spiegelreflexkameras auf den Markt, die von deutscher Seite allerdings auch nicht als Bedrohungsfaktor realisiert wurden. Auch die Bedeutung von Mirkoporzessoren, die die Japaner ab Mitte der 60er Jahre in die Kameras einbauten, wurde verkannt. n auf Umsatzrückgänge im Kamerageschäft begegnete Agfa durch eine Annäherung an Kodak und Polaroid und erwarb dort Lizenzen. Auch die Verlagerung auf billige Massenprodukte und der Rückzug aus dem Geschäft mit höherwertigen Kameras in den 70er Jahren half wenig.[18] 1982 mußte das Agfa Camerawerk schließlich aus Rentabilitätsgründen den Betrieb einstellen. Die japanische Photoindustrie beherrschte inzwischen den Weltmarkt. Auch auf dem westdeutschen Kameramarkt spiegelte sich diese Entwicklung wider. Der Marktanteil der deutschen Produzenten sank von 96 % im Jahr 1960 auf unter 15 % im Jahr 1978, während gleichzeitig der Anteil japanischer Produzenten von 3 % auf über 50 % angestiegen war.[19]

---

15 Ebd., S. 27 f.
16 Ebd., H. Loy, Bericht über die photochemische Industrie in Japan, ihre Entstehung und heutige Struktur, 28.6.1962.
17 Ebd.
18 Silke Fengler, »Den Markt klar im Sucher!?«. Krise und Niedergang des Amateurkamerageschäfts der Agfa-Gevaert AG in den 1960er und 1970er Jahren, in: Jahrbuch für Wirtschaftsgeschichte 2006/2, S. 106–113.
19 Jochen Streb, Staatliche Technologiepolitik und branchenübergreifender Wissenstransfer, Berlin 2003, S. 93.

Mark Stagge
»Der Brasilianer ist von lebhafter Natur ...«
Krupp baut in Südamerika

Ein Reiseführer für den chilenischen Süden bietet neben vielfältigen Tipps für den Naturfreund auch allgemeine Informationen. Man könne sich im Land sicher bewegen, doch eine Warnung vor allem an die blonde Touristin hält der Autor bereit: Vorsicht! Mit dieser Haarfarbe werde man auffallen und Blicke auf sich ziehen, denn: »Der Chilene hat schwarzes Haar, das sich nicht kräuselt.« Das ist hilfreich, denn nun haben wir eine gültige Definition zur Hand und werden Chilenen erkennen, wenn sie vor uns stehen. Falls der Reisende weiter nach Brasilien fliegt, wird er das zwangsläufig auch am Brasilianer selbst bemerken, denn nun wird es bunt. Wie uns eine andere Quelle beschreibt, treffen wir in Brasilien »alle Völker und Rassen der Erde«, und auch viele »Mischlinge, die von fast weißer Farbe bis zum tiefsten Schwarz meist Abkömmlinge von Indianern und afrikanischen Negern in deren Vermischung mit Portugiesen sind.« Darf denn ob dieser Vielfalt wenigstens mit einem einheitlichen Charakterbild gerechnet werden, der Chilene sei dankenswerterweise »durchweg ausgeglichen«? Nein, auch hier macht es uns der Brasilianer nicht einfach: Er sei »Fatalist und seine Geduld außergewöhnlich (...) er ist jedoch – und das vergesse man nicht – auch heißblütig und kann sich in Dingen, die

Ein Werk in der Fremde. Krupp baut in Brasilien. Der Bauplatz 1959: Zunächst war noch von Lokomotiven die Rede.

ihm persönlich nahe gehen wie etwa Politik, Fußball und Liebesangelegenheiten unerwartet schnell ereifern«. Also unberechenbar, der Brasilianer. Und in dieses Land schickte die Firma Krupp Ende der 1950er Jahre Mitarbeiter, um dort ein Werk der Automobilzulieferung gemeinsam mit Einheimischen zu bauen und zu betreiben: Die Krupp Metalúrgica Campo Limpo (KMCL). Wie zu zeigen sein wird, war wohl die Entstehungsgeschichte des Werks teilweise ebenso kurios wie die Broschüre, um die es zunächst gehen soll.

Zu den beiden hier im diachronen Grenzübertritt zusammengeführten Quellen sei kurz gesagt, dass es sich einmal um einen Reiseführer[1] aus dem Jahr 2003(!) handelt sowie um eine Krupp-Firmenbroschüre von 1960.[2] Kurios sind in Teilen Sprache und Stil der Broschüre. Ihr Autor ist unbekannt, doch kann davon ausgegangen werden, dass sie für und in Abstimmung mit der Stabsabteilung Information des Unternehmens erstellt wurde. Klar scheint, dass sie als Handreichung für jene Mitarbeiter gedacht war, die den weiten Weg von Deutschland nach Brasilien antraten, um dort im neuen Werk in Campo Limpo, in der Nähe der Millionenmetropole São Paulo zu arbeiten. Die Broschüre, 60seitig und reich bebildert, sollte einen umfassenden Überblick über das Land Brasilien und seine Menschen geben. In den eher landeskundlichen und im Stile praktischer Ratgeber verfassten Teilen ist der Ton nüchtern und pragmatisch. Dort werden Tipps zum Verkehr oder zum Post- und Bankensektor geboten. Das brasilianische Schul- und Erziehungswesen wird ebenso kurz skizziert wie die Bereiche Freizeit und Kultur. In Kontrast dazu stehen jene Passagen, in denen der Krupp-Mitarbeiter auf den interkulturellen Kontakt im fremden Land vorbereitet werden soll. Hier geht es zum Teil plakativ zu, in einem heute mitunter naiv anmutenden Stil wird dem Deutschen »der Brasilianer und seine Welt« erklärt. Zunächst habe der »Neue« sich eine »grundsätzliche Erkenntnis« zu eigen machen: »Brasilien (...), dies alles ist nicht schlechter und nicht besser als die Heimat, es ist eben nur anders (...)«.[3] Kritik an den Zuständen üben – »und das mit gutem Recht« – dürfe aber nur der Brasilianer selbst. Ganz allgemein, so wird dem Neuling mitgeteilt, »liebt der Brasilianer die Freiheit über alles«, er sei zumeist »katholisch und von tiefer Gläubigkeit«, gleichzeitig »aber auch lebensfroh«.[4] Er kleide sich gerne bunt und »übertreibt aus reiner Lust am Übertreiben«. Außerdem sei er ungemein höflich und gastfreundlich und spreche unentwegt Einladungen aus, die aber nicht zu wörtlich verstanden werden wollen. Da der Brasilianer »einem sehr jungen Volke« angehöre, sei »er auffallend lernbegierig«, aber auch »sehr neugierig und sensationsbedürftig«.[5] Scheinbar zufälligen Menschenansammlungen solle man aus dem Wege gehen, meist sei nicht viel passiert: »eine Meinungsverschiedenheit oder jemand wurde tätlich angegriffen«.[6] Überdies sei der Brasilianer aber auch extrem kinderlieb, die Kleinen würde »verwöhnt und verhätschelt, sie dürfen auch ungezogen sein«.[7] Kinder würden »wenig gescholten und noch seltener geschlagen«. Der »Fremde hüte sich, die etwa nahe liegende Notwendigkeit eines wohlverdienten Klapses öffentlich in die Tat umzusetzen. Man wird Anstoß erregen.«[8] In dieser Weise wird dem Mitarbeiter aus dem Ruhrgebiet noch an weiteren Beispielen die exotische Welt des Brasilianers erklärt. Nicht versäumt wird, »der Hausfrau« Einkauftipps zu geben

---

1 Dirk Heckmann, Torres del Paine Circuito, Baden-Baden 2003, Eingangszitate: S. 11.
2 HA Krupp, S 2, KMCL 1, Krupp in Brasilien, Zitate: S. 9 f., S. 18.
3 Ebd., S. 4.
4 Ebd., S. 19.
5 Ebd., S. 21.
6 Ebd.
7 Ebd., S. 33.
8 Ebd.

und darauf hinzuweisen, dass es – wie überall auf der Welt – schwierig sei, gutes Hauspersonal zu finden. Und bitte: niemanden von der Straße weg engagieren!

Die Broschüre ist wohl eher als Teil der Kommunikationsstrategie zum Projekt Campo Limpo zu verstehen, als dass sie ein personalplanerisches Instrument war. Der Werksaufbau in Brasilien wurde nach dem endgültigen Start 1959 auch in der Werkszeitschrift, den Krupp-Mitteilungen, intensiv begleitet. Darüber hinaus wurden mehrere Filme produziert, von denen einer ausschließlich das neue Werk vorstellt. »Antonio«, so der Filmtitel und der Name des Protagonisten, stellt dem Besucher die Fabrik vor, aber auch die Zeit davor. Krupp ist somit die Firma, die den Fortschritt nach Brasilien bringt, denn, teilt uns Antonio mit: »Señor, die meisten waren hier Bauern und oft waren sie arm«.[9] So entsteht ein bestimmtes Bild, das die Firma Krupp sich vom fremden Land machte: Es tritt uns eine Art neugierig-wohlwollende Fürsorglichkeit für das in der Entwicklung begriffene Land Brasilien und seine Menschen entgegen, die nur selten in Richtung Überheblichkeit kippt, wenn beispielsweise erklärt wird, dass die beim Bau des Werkes beschäftigten Brasilianer nur 70 % der Arbeitsleistung eines Deutschen hätten bieten können, was freilich aber an den allgemeinen Umständen und nicht an den Menschen liege. Oder vielleicht nur ein bisschen, schließlich sei Brasilien »ein von Romanen erschlossenes Land« die »bekannte Einstellung zum Leben« heiße auch hier »›Paciencia‹, Geduld.«[10] Oft wird in einem schwärmerischen Ton aus dem fremden Land berichtet und häufig wird betont, es solle nicht alles mit der Heimat verglichen werden und unbedingt vermieden wird jeglicher abwertender oder gar rassistischer Tonfall. Auch im internen Schriftverkehr ist diese Tendenz nicht zu finden. So naiv und kurios manche der Formulierungen in der Broschüre aus heutiger Sicht erscheinen mögen, in gewisser Hinsicht ist sie vielleicht sogar fortschrittlich, weil auf jegliche kulturimperialistischen Avancen verzichtet wird. Eher ist ein entwicklungshelferischer Duktus zu erkennen, eine Art postkoloniale Strategie, eine unternehmerische Investition mit dem Aufbau eines industriell noch wenig entwickelten Landes zu verbinden.[11]

Eine personalwirtschaftliche, auf interkulturelle Kompetenz zielende Begleitung des Projekts ist jedenfalls nicht zu erkennen. Das ganze ist für Krupp offenbar kein Thema und dies spiegelt sich auch in dem noch bescheidenen Stellenwert des gesamten Bereichs Personalpolitik im Unternehmen wider. Auch nach einer umfassenden Konzernreorganisation 1958 war der Bereich Personal an nachgeordneter Stelle verankert. Er fand sich als Fachabteilung Personal auf der vierten Hierarchieebene wieder und war eine Untergruppe der Zentralabteilung Verwaltung.[12] Da zu diesem Zeitpunkt Personal also nur »verwaltet« und noch nicht »entwickelt« wurde, kam die Werksgründung in Brasilien einige Jahre zu früh, um von einem modernisierten Personalwesen begleitet zu werden. Noch Mitte der 1960er Jahre gab mehr als die Hälfte von 30 zu diesem Thema befragten Unternehmen an (Krupp war nicht dabei), dass Personalfragen eher zweitrangig seien und dass in den jeweiligen Unternehmen noch ein gewisser Patriarchalismus herrsche.[13] Für Krupp wird dies auch anzunehmen sein, nicht zuletzt, weil es in Alfried Krupp

---

9   Vgl. HA Krupp, K 1/728.
10 Krupp-Mitteilungen Nr. 1 (1960), S. 5.
11 Zum Bild des Entwicklungshelfers, dessen Anforderungsprofil sich teilweise mit denen in Brasilien eingesetzten Krupp-Beschäftigten deckte, vgl. Sandra Maß, »Eine Art sublimierter Tarzan« – Die Ausbildung deutscher Entwicklungshelfer und -helferinnen als Menschentechnik in den 1960er Jahren, in: WerkstattGeschichte 42, 2006, S. 77–91.
12 Dies entsprach dem allgemeinen Stand in westdeutschen Unternehmen, s. Ruth Rosenberger, Experten für Humankapital. Die Entdeckung des Personalmanagements in der Bundesrepublik Deutschland, erscheint Herbst 2008, S. 11.
13 Ebd., S. 356 ff.

von Bohlen und Halbach einen Firmeninhaber gab, der sich einer langen paternalistischen Tradition der Firma verpflichtet fühlte. Freilich hatte dies noch nichts mit den Methoden eines wissenschaftlich begleiteten Personalmanagements zu tun, das ja auch den »Menschen im Mittelpunkt«[14] sah, sondern orientierte sich an der tradierten Idee der Werksgemeinschaft. So sind die Broschüre und die anderen Kommunikationsinstrumente zum brasilianischen Experiment auch ein Beleg für ein Unternehmen der zwei Geschwindigkeiten: Zwar hatte Krupp das ehrgeizige Ziel, ein international verankerter und operierender Konzern zu werden, doch Mentalitäten und Methoden konnten diesen Ambitionen wohl noch nicht gerecht werden.

Gleichwohl bezeichnet das Projekt »Campo Limpo« jenseits des etwas unbeholfenen interkulturellen Dialogs eine unternehmerische Innovation: Es war das erste echte Auslandswerk des Krupp-Konzerns. Wirtschafts- und unternehmensgeschichtlich ist der Fall interessant, denn er steht für einen neuen Typus von Unternehmensstrategien gleich zu Anfang der zweiten Globalisierungsphase[15] Kennzeichnend für diesen Strategiewandel war die Verlagerung von Produktionskapazitäten ins Ausland. Der Begriff Direktinvestition, der dieses Phänomen umgrenzt, wird allgemein definiert als »spezielle Form des internationalen Kapitalverkehrs«, wobei ein »wesentliches Kriterium einer Direktinvestition im Ausland (...) neben dem Ertrags- das Kontrollmotiv [sei], das heißt die Absicht, unmittelbaren Einfluss auf die ausländische Unternehmung auszuüben.«[16] Wichtig sei, dass zum Kapitaltransfer auch noch die Übertragung von Produktionsfaktoren, technischem Wissen und Managementleistungen hinzukommt; ein wesentliches Moment bei Direktinvestitionen sei ihre kurzfristige Irreversibilität, sie seien ein »Ausdruck langfristig konzipierter Unternehmensstrategien«.[17] Zwar ging Krupp bereits in der zweiten Hälfte des 19. Jahrhunderts den Weg der Internationalisierung und investierte im Ausland. Zumeist geschah dies jedoch in der Form von neu gegründeten Handelsniederlassungen sowie ausländischen Beteiligungen zur Sicherung der Rohstoffversorgung für die Produktion im Stammland.[18] Bei der Wahl der Wachstumsalternativen hatte sich die Firma also auf die klassischen Internationalisierungsinstrumente Exporte, Lizenzvergaben und Niederlassungen gestützt, die nur einen geringen Kapital- und Managementtransfer ins Ausland notwendig machten. Die Gründung eines produzierenden ausländischen Tochterunternehmens war etwas qualitativ anderes. Die Eröffnung des Werkes 1961 fiel in eine Zeit, in der das Welthandelsvolumen – und überproportional die Summe der Direktinvestitionen – dramatisch anstiegen. Die deutschen Unternehmen hatten ihren Anteil an dieser Entwicklung, denn sie produzierten nun zunehmend auch für den Weltmarkt. Deutsche Produkte wurden international konkurrenzfähiger, da sie technologisch zu vergleichbaren Erzeugnissen wirtschaftlich führender Nationen wie den USA aufgeschlossen hatten. Auch die Schließung dieser technologischen Lücke war bedeutsam für Verwirklichung von Auslandsinvestitionen. So könnte das Krupp-Werk in Brasilien ein passendes Beispiel für den Globalisierungsschub seit den 1960er Jahren abgeben und zugleich auch makroökonomische Thesen zu Direktinvestitionen im Ausland stützen. Leider passt das alles nicht, denn obwohl erst 1961 eröffnet, beginnt die Geschichte von KMCL

---

14 So eine gängige Formulierung der Zeit, vgl. Rosenberger, Humankapital, S. 309 et al.
15 Peter E. Fässler, Globalisierung, Köln, Weimar, Wien 2007, S. 120–151. Fässler nimmt eine politikgeschichtliche Periodisierung vor, in dem er das Ende des Zweiten Weltkriegs und das Ende der Blockkonfrontation als Wegmarken der Globalisierung definiert.
16 Wolfgang Jahrreiss, Zur Theorie der Direktinvestition im Ausland (= Volkswirtschaftliche Schriften, H. 337), Berlin 1984, S. 25 ff. Vgl. auch die aktuelle Definition der OECD, www.oecd.org/dataoecd/56/1/2487495.pdf, S. 8.
17 Ebd., S. 27.
18 Lothar Gall, Krupp. Aufstieg eines Industrieimperiums, Berlin 2000, S. 165.

weit früher. Bei allen Schwierigkeiten die Großprojekten dieser Art zueigen sein mögen, ist es letztlich doch überraschend, wie lang der Zeitraum von der ersten Idee bis zur Eröffnung war: 11 Jahre – und zudem sollten ursprünglich Lokomotiven repariert und gebaut werden. Bereits 1951 fiel die Wahl auf den Standort Campo Limpo.[19] Ein paar Bedingungen, bevor mit dem Bau der Fabrik begonnen werden konnte, stellte Krupp aber noch: Ein Kredit von 15 Mio. DM musste her, der brasilianische Staat sollte eine Werkssiedlung bauen (14 Mio. DM), gefordert wurde weiter ein Sofortauftrag über 200 neue Diesellokomotiven (180 Mio. DM, 20 % über Weltmarktpreis) und ein Reparaturauftrag über 250 Lokomotiven (37 Mio. DM).[20] Vielleicht war das ein bisschen viel auf einmal, jedenfalls bekam das Projekt nicht den rechten Schwung. Eine endlose Reihe von Besprechungen generierte eine endlose Zahl von Korrespondenzen, Aktenvermerken und Vertragsentwürfen. Irritationen und Enttäuschungen, innerhalb der Firma und zwischen brasilianischen und deutschen Stellen kamen auf, ein brasilianischer Präsident, der dem Projekt gewogen war, verstarb zwischenzeitlich, das Land ging durch politisch und wirtschaftlich unruhige Zeiten und 1957 war das Projekt, jetzt einschließlich eines Plans zur Lastkraftwagenfertigung, dort, wo es auch schon 1950 stand: Am Anfang. In einer aufschlussreichen wie schonungslosen Analyse für das Direktorium des Unternehmens stellte ein neuer Projektleiter, der Ingenieur Walter Cambeis, Vor- und Nachteile des Unterfangens einander gegenüber. In erstaunlicher Offenheit legte er dem Leitungsgremium des 1957 umsatzstärksten deutschen Konzerns dar, dass die hauseigene Lkw- und Lokomotivproduktion »technisch, fabrikatorisch, organisatorisch und wirtschaftlich« auf dem Weltmarkt nicht konkurrenzfähig sei. Wenn der eigene Standort nicht »in Ordnung gebracht und rationell eingerichtet werde«, sei der Aufbau eines Werkes in Brasilien sinnlos.[21] Beim Lokbau war Krupp zudem auf einen Partner angewiesen, der die Motoren zulieferte. Der amerikanische Hersteller General Electric war hier für die Essener der Wunschpartner. Umgekehrt galt dies nicht, die Gespräche scheiterten.

Cambeis analysierte, dass Schwellenländer wie Brasilien bestrebt seien, im Industriegüterbereich möglichst hohe nationale Produktionsquoten zu erzwingen, um nur noch hochwertige Güter importieren zu müssen. Eine Folge dieser Entwicklung sei, dass Krupp sich über die zukünftige Struktur seines Exports klar werden müsse: Faktisch nicht mehr zugängliche Märkte wie die brasilianischen Teilmärkte könnten neu erschlossen werden, wenn einfachere Produkte durch Krupp im Lande selbst produziert würden und durch hochwertige Güter auf dem Exportwege Ergänzung fänden.[22] Zwar fand diese Analyse Zustimmung im Direktorium, gleichzeitig wusste die Unternehmensführung aber nicht, wie sie im Hinblick auf das brasilianische Vorhaben weiter vorgehen sollte. Im November 1957 erklärten die Herren das Projekt für beendet und entbanden Walter Cambeis von seinen Aufgaben[23], im März 1958 sollte er dann aber eine Planung für eine »Schmiede und mechanische Werkstätte in Campo Limpo« vorlegen.[24] Die brasilianischen Partner hatte Krupp mittlerweile deutlich genug zu verstehen gegeben, dass die Lokomotiven aus Essen den amerikanischen Konkurrenzprodukten unterlegen

---

19 Zusammenfassung zur 6. Großplanung für Campo Limpo, HA Krupp, WA 51/2609.
20 Aktenvermerk für den Leiter der Finanzabteilung bei Krupp, Johannes Schröder, o. D., verm. Mai 1952, HA Krupp, WA 66/435.
21 Niederschrift für die Direktoriumssitzung am 26.8.1957, HA Krupp, WA 51/2605. Für Brasilien mag Cambeis' drastische Analyse zutreffend gewesen sein, allerdings konnte der Essener Lokomotivbau auf anderen Märkten durchaus Exporterfolge vorweisen.
22 Ebd.
23 Niederschrift über die 128. Direktoriumssitzung, 28.10.1957, HA Krupp, WA 51/2608.
24 Niederschrift über die 14. Direktoriumssitzung, 31.3.1958, HA Krupp, WA 51/2609.

seien.[25] Krupp konzentrierte sich nun auf die Fertigung von Achsen und Schmiedeteilen für Fahrzeuge.[26] Tatsächlich wurde nun rasch, im Sommer 1959, mit dem Bau des Werks begonnen, seit 1960 wurde produziert, die offizielle Einweihung in Anwesenheit des brasilianischen Präsidenten und des Firmeninhabers Alfried Krupp von Bohlen und Halbach fand am 17.6.1961 statt. Mit einer Belegschaft von 1.600 Mitarbeitern, davon ca. 10 % aus Deutschland, wurden hauptsächlich Kurbel- und Nockenwellen für die brasilianische Industrie bzw. die Tochtergesellschaften deutscher Autokonzerne in Brasilien hergestellt.[27]

Trotz der langen und zuweilen chaotischen Planungsphase: Campo Limpo wurde ein voller Erfolg. Die unternehmerische Grundsatzentscheidung, in Brasilien zu produzieren, war richtig und das durch die Verzögerungen veränderte Produktionsprogramm sollte sich als Glücksfall herausstellen. Langfristig betrachtet wuchsen Gewinne und Eigenkapital beständig an, so dass die Muttergesellschaft in Deutschland regelmäßig erfreuliche Finanzzuflüsse verzeichnen durfte. Heute, fast 50 Jahre nach der Gründung, beschäftigt die ThyssenKrupp Métalurgica Campo Limpo 3.200 Mitarbeiter und ist noch die größte Fertigungsstätte im wichtigsten lateinamerikanischen Markt des Konzerns. Noch, weil zur Zeit ein Stahlwerk an der brasilianischen Küste gebaut wird. Brasilien dürfte nun nicht mehr so fremd sein, wie vor 50 Jahren.

---

25 Reisebericht Brasilien, Eckhart von Maltzahn (Fachabteilung Verkauf Ausland), 6.3.1958, HA Krupp, WA 51/2609.
26 Niederschrift über die 14. Direktoriumssitzung, 31.3.1958, HA Krupp, WA 51/2609.
27 Krupp Mitteilungen, Nr. 5 (1961), S. 131–133.

IV. Werbung und Marketing

Roman Rossfeld

Die Alpen, der Teufelsstein und die braune Farbe der Schweizer Schokolade

Als die »Offizielle Zeitung der schweizerischen Landes-Ausstellung« in Zürich 1883 mit negativem Unterton festhielt, Schokolade sei dasjenige Produkt, das in seinem »Reklameschwung« auch die »Felswände unserer Gebirge«[1] nicht verschone, signalisierte dies nicht das Ende, sondern den Anfang einer Entwicklung. Einige Jahre später, 1909, wurde im »Berliner Tageblatt« mit Blick auf die zunehmende Werbung von Schweizer Schokoladefabrikanten die leicht zu beantwortende Frage gestellt: »Müssen wir, um in unsere Sommerfrische zu gelangen, erst das Fegefeuer solcher widerwärtigen Eindrücke über uns ergehen lassen?« Die Reklame verfolge einen »bis ans Endziel«, sie laure an allen Ecken und Enden, »vom Meeresstrand bis zum Alpenrand«, und man wundere sich schliesslich, dass nicht schon »den Kühen auf der Alm oder den Seehunden in den Watten« die Worte aufs Fell gebrannt worden seien: »Kauft X.Y.'s Schokolade!«[2] Das Ausmass der Werbung hatte inzwischen noch einmal deutlich zugenommen; bereits um 1900 war Schokolade nicht mehr ein seltenes Luxus-, sondern ein breit distribuiertes Konsumgut, für dessen Verkauf ein gut funktionierender Absatz und eine breit angelegte Werbung notwendig waren.[3] Um neue Kunden zu gewinnen und die wachsende Distanz zwischen dem Ort der Herstellung und dem Verkauf der Waren zu überbrücken, verwendete man mit Annoncen und Plakaten, Wandmalereien, Tram- und Eisenbahnwerbungen schon früh die verschiedensten Medien der Kommunikation; und die zunehmende Reklame führte rasch auch zu einer »Vermehrung der sozialen Orte und Instanzen, in denen ohne Präsenz von Waren über Waren kommuniziert wurde«[4].

---

1 Offizielle Zeitung der schweizerischen Landes-Ausstellung, Nr. 8, 1.4.1883, S. 88.
2 Berliner Tageblatt, zit. nach Gordian, Zeitschrift für die Cacao-, Chocoladen- und Zuckerwaren-Industrie der Welt und für alle verwandten Erwerbszweige, Nr. 343, 5.8.1909, S. 2814 f.
3 Zur Geschichte und Bedeutung der Werbung um 1900 vgl. ausführlicher Dirk Reinhardt, Von der Reklame zum Marketing. Geschichte der Wirtschaftswerbung in Deutschland, Berlin 1993; Peter Borscheid, Clemens Wischermann (Hg.), Bilderwelt des Alltags. Werbung in der Konsumgesellschaft des 19. und 20. Jahrhunderts (Studien zur Geschichte des Alltags, Band 13), Stuttgart 1995 sowie Christiane Lamberty, Reklame in Deutschland 1890–1914. Wahrnehmung, Professionalisierung und Kritik der Wirtschaftswerbung, Berlin 2000.
4 Ulrich Pfister, Vom Kiepenkerl zu Karstadt. Einzelhandel und Warenkultur im 19. und frühen 20. Jahrhundert, in: VSWG 87, 2000, S. 38–66, hier S. 58. Trotz der schon vor 1900 rasch zunehmenden Bedeutung der Werbung fehlen Arbeiten zur Geschichte des Marketings einzelner Unternehmen im deutschsprachigen Raum bis anhin fast ganz. Ursula Hansen und Matthias Bode haben noch 1999 knapp und präzise festgestellt: »Die Beschäftigung mit der Entwicklungsgeschichte des Marketing versteht sich als Arbeit an seinem fehlenden Gedächtnis«. Ursula Hansen, Matthias Bode, Marketing & Konsum. Theorie und Praxis von der Industrialisierung bis ins 21. Jahrhundert, München 1999, S. V. Zum Forschungsstand und den Desideraten der Forschung vgl. Roman Rossfeld, Unternehmensgeschichte als Marketinggeschichte. Zu einer Erweiterung traditioneller Ansätze in der Unternehmensgeschichtsschreibung, in: Christian Kleinschmidt, Florian Triebel (Hg.), Marketing – historische Aspekte der Wettbewerbs- und Absatzpolitik, Essen 2004, S. 17–39 sowie Hartmut Berghoff, Marketing im

Zugleich liess die Entstehung der Konsumgesellschaft, in der über mehr und andere Nahrungsmittel verfügt werden konnte, als zur Deckung der Grundbedürfnisse notwendig war, die Frage der Ernährung vermehrt zu einer Frage der Lebensführung respektive des Lebensstils werden. Speisen, Getränke und Mahlzeiten können – wie Eva Barlösius dies formuliert hat – auch »zur Abgrenzung gesellschaftlicher Gruppen und Schichten sowie ethnischer und religiöser Minoritäten, aber ebenso sehr zur Differenzierung von Siedlungsräumen, Landschaften und Nationalstaaten [...] dienen«.[5] Im folgenden soll am Beispiel der schweizerischen Schokoladeindustrie und insbesondere der 1852 gegründeten Schokoladefabrik Maestrani gezeigt werden, welche Bedeutung der Werbung schon um 1900 zukam und wie Schokolade bereits vor dem Ersten Weltkrieg zu einer Projektionsfläche für die Ausbildung und das Erleben von (nationaler) Identität wurde. Parallel zum raschen Wachstum der Unternehmen und der Durchsetzung der Milchschokolade um 1900 wurde aus dem ursprünglich dunklen, fremden Importprodukt ein industriell verfeinertes, farblich, aber auch symbolisch helleres, Reinheit und Fortschritt anzeigendes Element der nationalen Identität. Nach 1900 warb die schweizerische Schokoladeindustrie hauptsächlich mit verschneiten Berggipfeln, Milchkühen und dem guten Image der Schweizer Alpenmilch. Die Milchschokolade wurde nun als Schweizer Spezialität inszeniert, und parallel zur fortschreitenden Industrialisierung standen die Alpen nicht nur für das Reine und Unberührte, sondern waren auch ein Symbol für das Erhabene und Solide. Damit verwiesen diese Werbungen symbolisch nicht nur auf die hohe Qualität der Schokolade, sondern vermittelten auch das Bild einer Schweiz, die nur aus Alpen und Natur beziehungsweise Sennen und Kühen besteht – ein Bild, welches das Image der Schweiz bis heute prägt.[6]

Während Julius Maggi in den 1890er Jahren Gastwirten zusammen mit den ersten Leguminosenmehlen eine schön gerahmte Szene abgab, »die geharnischte Eidgenossen beim Löffeln der Kappeler Milchsuppe«[7] – einem Symbol für die nationale Einheit – zeigte, bildeten der Urirotstock, das Rütli und der Urnersee eine Landschaft, deren Bedeutung für die Werbung der Zeit kaum überschätzt werden kann. Seit dem Bau der Axenstraße, einem wichtigen Teilstück der Gotthardstraße entlang des Urnersees in den 1860er Jahren, wurde die Landschaft des Vierwaldstättersees »zur Ideallandschaft überhaupt«. Niemand wunderte sich, »dass es Tell-Schreibfedern und Tell-Liköre gab und dass man sich mit Rütli-Seife wusch.«[8] Das

---

20. Jahrhundert. Absatzinstrument – Managementphilosophie – universelle Sozialtechnik, in: Hartmut Berghoff (Hg.), Marketinggeschichte. Die Genese einer modernen Sozialtechnik, Frankfurt a. M. 2007, S. 11–58.
5 Eva Barlösius, Gerhard Neumann, Hans Jürgen Teuteberg, Leitgedanken über die Zusammenhänge von Identität und kulinarischer Kultur im Europa der Regionen, in: Hans-Jürgen Teuteberg, Gerhard Neumann, Alois Wierlacher (Hg.), Essen und kulturelle Identität: europäische Perspektiven, Berlin 1997, S. 13–23, hier S. 13 f.
6 Vgl. dazu ausführlicher Roman Rossfeld, Schweizer Schokolade. Industrielle Produktion und kulturelle Konstruktion eines nationalen Symols 1860–1920, Baden 2007, S. 425–460.
7 Hans Peter Treichler, Die stillen Revolutioen: Arbeitswelt und Häuslichkeit im Umbruch (1880–1900), Zürich 1992, S. 74 f. Zur Symbolik der Kappeler Milchsuppe vgl. ausführlicher Georg Kreis, Die Kappeler Milchsuppe. Kernstück der schweizerischen Versöhnungsikonographie, in: Schweizerische Zeitschrift für Geschichte, 44 (1994), S. 288–310.
8 Gedankenblitze – Blitzgedanken: Plakate in Uri von den Anfängen bis heute, Altdorf 1986, S. 41. Der Markenname Tell wird bis heute für ganz unterschiedliche Produkte verwendet, und schon 1931 wurde die Armbrust von verschiedenen Schweizer Wirtschaftsverbänden als Kennzeichen für einheimische Produkte eingeführt. Vgl. dazu Christoph Bignens, Entdecken beim Einkaufen. Genussmittel, in: Lotte Schilder Bär, Christoph Bignens (Hg.), Hüllen füllen. Verpackungsdesign zwischen Bedarf und Verführung, Zürich 1994, S 44–65, hier S. 48–51.

»wilde Plakatieren« war zwar schon im 17. und 18. Jahrhundert ein häufig diskutiertes Problem gewesen, mit der Industrialisierung nahm die Flut von Plakaten und Email-Schildern, die in verschiedensten Formaten an allen erdenklichen Orten angebracht wurden, aber neue Dimensionen an. Schon 1889 hatte der »Merkur« die rhetorische Frage gestellt, ob die »Verschönerungs- und Alpenvereine« es nicht als eine »Ehrenpflicht« erachteten, »gegen die felsenschändende Reklame Front zu machen«. Auf der Rigi, einem schon vor 1900 berühmten, touristisch erschlossenen Ausflugsziel in der Innerschweiz, glänze dem Besucher »die unvermeidliche Chokolade Suchard« Reklame in »goldenen Lettern« entgegen. Nach zahlreichen weiteren Reklamen finde man es schliesslich »ganz recht, dass von der Terrasse des ›Bellevue‹ der Blick zuerst auf Koran, orientalisches Aperitiv« falle, »dessen Vorzüge das Dach einer Alphütte«[9] predige.

Bereits einige Jahre zuvor, 1885, hatte die in St. Gallen ansässige, bis heute bestehende Schokoladefabrik Maestrani den damals in Privatbesitz befindlichen, unterhalb von Göschenen an der Gotthardstraße und der kurz zuvor eröffneten Gotthardbahn stehenden »Teufelsstein« für 80,– Franken erworben. Zwei Jahre später liess sie den rund 13 Meter hohen und 220 t schweren Granitblock durch die Maler Gustav Reseck und Emil Müntsch schokoladebraun anstreichen. Müntsch und Reseck erhielten in diesen Jahren von verschiedenen Firmen Aufträge, an der für den Fremdenverkehr wichtigen Gotthardbahn und Gotthardstraße Reklamen anzubringen. Der Stein war (und ist) ein nationales Freiheitssymbol, und gerade weithin sichtbare, besonders exponierte Objekte wie der Teufelsstein waren für Reklamezwecke besonders begehrt. Der Sage nach hatte der Teufel mit diesem Stein erfolglos versucht, die über die Reuss führende »Teufelsbrücke«, den sogenannten »Stiebenden Steg« in der Schöllenenschlucht – ein wichtiges Glied auf dem Gotthardweg – zu zerstören.[10] Oben am Stein hatten die Maler die Inschrift »Teufelsstein« und darunter in leuchtendem Gelb den Werbeslogan »Schokolade Maestrani ist die beste« anzubringen.

Die Verwendung des Steins für Werbezwecke stiess allerdings rasch auf Widerstand. Bereits im August 1887 wurde im »Urner Wochenblatt« beklagt, wie »von gewissen reklamesüchtigen Industriellen in eigenmächtiger Weise längs vielbegangenen Bergstraßen, sowie an Passübergängen und herrlichen Aussichtspunkten, [...] Felsen und Steine mit Affichen beschmiert und verunstaltet« würden und »selbst der Teufelsstein in eine Chocoladepyramide umgefärbt worden«[11] sei. Ein Jahr später forderte das Blatt »mit Rücksicht auf den weihevollen Ernst der Gegend« und »im Gefühl um unsere Nationalehre«, dass die »Schmiereien an der Teufelsbrücke« entfernt würden. Für das Urner Wochenblatt waren die Reklamen nicht nur eine »prosaische Kleckserei«, durch die »aller Zauber der einzigartigen Gegend« zerstört wurde, sondern auch eine »unerträgliche Entweihung«[12] dieses Ortes. Im Oktober 1888 strebte der »Verein für Hebung der Fremdenindustrie« den Erlass eines »Verbotes gegen die Verunzierung der Teufelsbrücke und der Schöllenen« an, was vom Urner Regierungsrat angesichts der fehlenden »gesetzlichen Vorschriften« jedoch abgelehnt wurde.[13] Wenige Monate später intervenierte das Zentralkomitee des schweizerischen Alpenclubs schliesslich beim »Corporations-

---

9 Merkur, Offizielles zweisprachiges Organ des Verbandes reisender Kaufleute der Schweiz: die Fachzeitung des reisenden Kaufmanns, Nr. 32, 10.8.1889, o. S.
10 Zu Geschichte der Teufelsbrücke vgl. ausführlicher Rudolf Gisler-Pfrunder, Die Teufelsbrücke am St. Gotthard. Ein Kaleidoskop, Altdorf 2005.
11 Urner Wochenblatt, Katholisch-konservatives Volksblatt für den Kanton Uri, Nr. 32, 6.8.1887, o. S.
12 Ebd., Nr. 27, 7.7.1888, o. S.
13 Ebd., Nr. 40, 6.10.1888, o. S.

rath Ursern«[14] – dem für diese Frage zuständigen Landeigentümer – die Angelegenheit wurde jetzt aber bereits auf höchster Ebene diskutiert.

Ende November 1888 war der Regierungsrat des Kantons Uri mit einem Gesuch an den schweizerischen Bundesrat gelangt, ob dieser sich aus dem Kredit für die »Erhaltung schweizerischer Kunstdenkmäler« an der Restaurierung der »alten Sprengibrücke in der Schöllenen« beteiligen würde. Die Übernahme von 75% der Kosten wurde vom Bundesrat aber nur unter der Bedingung gewährt, dass der Regierungsrat »für das Verschwinden der hässlichen Reklameinschriften« sorge, »die den Gotthardpass von Göschenen bis zum Urnerloch«[15] (dem ältesten, 1708 erbauten Tunnel auf der Gotthardroute) verunzieren würden. Als sich die Entfernung der Reklamen verzögerte, präzisierte der Bundesrat im September 1889, mit den »hässlichen« Reklamen die »4 Inschriften an der Felswand bei der Teufelsbrücke und diejenige am sogenannten Teufelsstein bei Göschenen im Auge gehabt« zu haben. Zugleich verlangte er von der Urner Regierung eine Zusicherung, »dass die Anbringung neuer Inschriften auf die 2 genannten oder auf ähnliche Stellen« in Zukunft nicht mehr geduldet werde. Zuvor hatte der Regierungsrat festgehalten, die Reklamen an der Felswand würden »durch ihre mannigfaltige Ausdehnung« zwar »gerechtfertigten Anstoss erregen«. Die Entfernung der Werbung am Teufelsstein stosse aber auf »kaum zu überwindende Schwierigkeiten«, weil sie (anders als diejenigen an der Teufelswand) »auf Privateigentum angebracht«[16] worden sei. Ende Oktober 1889 liess der Bundesrat »die Forderung auf Entfernung«[17] dieser Reklame deshalb fallen; einige Jahre später war die braune Farbe durch die rauhen Witterungseinflüsse allerdings bereits abgewaschen, sodass um 1905 ein erneuter Anstrich notwendig wurde. Auf Initiative von Max Oechslin, dem damaligen Kantonsoberförster und Gründer der Naturschutzkommission des Kantons Uri, schenkte Maestrani den Stein Anfang März 1925 schliesslich der Naturforschenden Gesellschaft Uri »zur dauernden Erhaltung« und mit der Auflage, dass er – wie bereits 1889 gefordert – in Zukunft nicht mehr für Werbezwecke verwendet werden dürfe.[18]

Das Ausmass der Reklame und die noch ungewohnte Form der Kommunikation führten – über diesen Einzelfall hinaus – bald zu weiteren Reaktionen. Nachdem 1905 die »Schweizerische Vereinigung für Heimatschutz« gegründet worden war, widmete sie der Reklame in ihrem Organ, dem »Heimatschutz«, 1906 ein ganzes Heft und rief zum Kampf gegen das »Reklameunwesen« auf. Die Werbung beschimpfte man hier als »Plakatseuche«, die Blech- und Emailplakate als »Blechpest«, und die Industrie beschuldigte man, die Verschandelung von Landschaft und Stadtbild zu verursachen. Ernst Lang, Obmann der Kommission gegen das Reklameunwesen, sprach vom »öden und barbarischen Amerikanismus« in einer Zeit »des

---

14 Ebd., Nr. 7, 16.2.1889, o. S.
15 Schweizerisches Bundesarchiv (BAR), E 1004.1, 1000/9, Protokoll über die Verhandlungen des Schweizerischen Bundesrates, Band 156, 15. Sitzung vom 8. Februar 1889.
16 Ebd., Band 158, 109. Sitzung vom 27. September 1889. Vgl. dazu auch Neue Zürcher Zeitung, Nr. 297, 24.10.1889, o. S.
17 BAR, E 1004.1, 1000/9, Protokoll über die Verhandlungen des Schweizerischen Bundesrates, Band 159, 120. Sitzung vom 29. Oktober 1889. Ende Dezember 1889 teilte die Urner Regierung dem Schweizerischen Departement des Innern schliesslich mit, die Korporationsverwaltungen Uri und Ursern hätten in zwei »Erklärungen« zugesagt, »die nöthigscheinenden Verfügungen gegen das Erscheinen von Reklameinschriften auf Korporationsgut zu treffen«. Vgl. dazu Urner Wochenblatt, Nr. 50, 14.12.1889, o. S. und Nr. 52, 28.12.1889, o. S.
18 Vgl. dazu auch Fintan P. Amstad, Wie der Teufelsstein bei Göschenen und die Teufelswand in der Schöllenen zu einem farbigen Anstrich kamen, in: Urner Wochenblatt, Nr. 54, 13.7.1966, o. S. und Max Oechslin, Hans Kehrli, Der Teufelsstein zu Göschenen, in: Berichte der Naturforschenden Gesellschaft Uri, 23 (2005), S. 59–66, hier S. 59.

wildesten Konkurrenzkampfes, in welcher der Sinn für Zucht und Anstand in geschäftlichen Dingen« immer mehr zu schwinden drohe. Die schönsten Gebirgslandschaften seien »durch riesige Reklameschmierereien in schandhafter Weise und wie durch ein Geschwür entstellt worden«[19]. Für ihn war klar, der »einfache, schlichte, jedem Schwindel abholde Sinn« der Schweizer Bevölkerung empfinde »das sich breit machen und hervortreten Einzelner als etwas Fremdes, Unschweizerisches«. Zugleich zeigte er sich zuversichtlich, das Volk werde »hoffentlich bald« und bevor es »zu spät« sei, »auch diese Feinde und diese Sorte Fremdherrschaft zum Lande hinaus treiben«[20]. Besonders störte sich Lang aber am »Reklame-Spektakel« der Schokoladefabrikanten. Eine in Zürich angebrachte Giebelreklame mit einem bekannten Motiv von Suchard beurteilte er als eine »in den entsetzlichsten Farben« gemalte »rohe Aufdringlichkeit« mit »grellen, die Augen verletzenden Farbzusammenstellungen«[21]. Zum Ausmass der Werbung hielt der Heimatschutz mit eindrucksvollen Zahlen fest: »Wir wollen hier nur die Tatsache registrieren, dass auf der kurzen Strecke Bern-Bümpliz der SBB nicht weniger als 102 Schokoladenhelgen (worunter allein 87 Tobler) dem Reisenden sich aufdrängen.«[22]

Im Mai 1907 publizierte der Gemeinderat von Grindelwald dann einen Aufruf an die »Talleute von Grindelwald«, die »grellfarbigen Reklametafeln« der Schokoladefabriken nach Ablauf der Verträge »von den Häusern, Scheuern und Alphütten, von den Felsen, Bäumen und Stangen« zu entfernen. Lange genug seien »die herrlichen Naturschönheiten« des Tales den Besuchern und Einheimischen »verekelt« worden.[23] Der Walliser Hotelierverein beschloss im Sommer 1907, »die Schokoladefabriken, die das Land mit ihren Reklametafeln überschwemmen, zu boykottieren«[24], und 1909 hielt der »Gordian«, die Fachzeitschrift der deutschen Schokoladeindustrie, in einem ausführlichen Artikel fest, man kenne nun »die braune Lisel am Geläute«, und fand es an der Zeit, »ihr einmal die laute Schelle auszuhängen«[25]. Dirk Reinhardt hat den Kampf der Heimatschützer gegen die zunehmende Werbung insgesamt als »Kampf zwischen einer versinkenden und einer heraufdämmernden Welt«[26] beschrieben. Der Widerstand gegen die Reklame war nicht zuletzt Ausdruck einer Verunsicherung durch die fortschreitende Industrialisierung und die damit verbundene neue, noch ungewohnte Form der Kommunikation.[27] Die Schenkung des Teufelsteins an die Naturforschende Gesellschaft Uri und das gleichzeitig ausgesprochene Verbot, den Stein weiterhin für Reklamezwecke zu

---

19 Ernst Lang, Zum Kampfe gegen das Reklameunwesen, in: Heimatschutz. Zeitschrift der Schweizerischen Vereinigung für Heimatschutz, Heft 6, 1 (1906), S. 41–47, hier S. 41 f. Zur sog. Streckenwerbung und dem Kampf des Heimatschutzes gegen die zunehmende Werbung vgl. allgemein auch Reinhardt, Von der Reklame zum Marketing, S. 265–268 und S. 378–386 sowie Lamberty, Reklame in Deutschland 1890–1914, S. 443–490.
20 Lang, Zum Kampfe gegen das Reklameunwesen, S. 47.
21 Ebd., S. 43 f.
22 Heimatschutz, zit. nach Bruno Margadant, Das Schweizer Plakat: 1900–1983, Basel 1983, S. 14.
23 Schweizerische Bäcker- und Conditoren-Zeitung, Nr. 22, 1.6.1907, o. S.
24 Ebd., Nr. 28, 13.7.1907, o. S.
25 Gordian, Nr. 329, 7.1.1909, S. 2340.
26 Reinhardt, Von der Reklame zum Marketing, S. 380.
27 Parallel dazu hat Theodor Abt die Sage um den Teufelsstein als »Verarbeitung des als Bedrohung empfundenen Fortschritts« gedeutet. Da Gottes Schöpfung als vollkommen erachtet wurde, war jeder Sieg über die Natur – wie der Bau einer spektakulären Brücke über die Reuss – »Teufelswerk« und barg deshalb die »Gefahr eines Seelenverlustes« in sich, der in der Sage durch den richtigen, massvollen Umgang mit dem Bösen gebannt wird. Vgl. dazu ausführlicher Theodor Abt, Entwicklungsplanung ohne Seele? Sozio-ökonomische und psychologische Aspekte der Entwicklungsplanung im Berggebiet, Bern 1978, S. 213–216.

verwenden, waren aus dieser Perspektive vermutlich mehr als nur ein Zufall – der Versuch einer Aussöhnung zwischen Natur und Industrie, Fortschritt und Tradition, ein Vorgehen, das Maestrani allerdings nicht daran hinderte, bereits seit den 1890er Jahren mit einer anderen, spektakulären Werbung – mehreren Ballonflügen durch die Schweiz – weiter auf sich aufmerksam zu machen.[28]

---

28 Zur Ballon-Werbung von Maestrani und anderen Schweizer Schokoladefirmen vgl. ausführlicher Rossfeld, Schweizer Schokolade, S. 417 f.

Dirk Schindelbeck

»Lieber Herr Flieger! Schreiben Sie doch mal Ursel ... So heiße ich ...«

Aufstieg und Fall der Himmelsschreiber von Henkel

»Der Potsdamer Platz bot für einige Minuten ein Bild absoluter Ruhe, und straßauf und straßab hielten Autos und Straßenbahnen, gestikulierten aufgeregte Menschen. (...) Dolle Gerüchte entstanden: Weltuntergang, Kriegsgefahr, Pestankündigung ...« Der Werbeleiter der Firma Henkel, Paul Mundhenke, war begeistert. Wie von Geisterhand geschrieben standen die Worte »Hallo Berlin!«, von zwei Flugzeugen produziert, deutlich lesbar im stahlblauen Himmel über der Hauptstadt: »Kurz nach ½ 7 Uhr endlich erreichte die Spannung die höchste Steigerung, als wiederum hoch droben ein silberner Vogel seine Kreise zog und des Rätsels Lösung brachte. Mit dem Erscheinen des Wortes Persil war der Bann gebrochen, und der Strom fröhlicher Spa-

Massenfaltblatt mit näheren Erklärungen über die Himmelsschrift von 1927: Nach erfolgten Aktionen wurden solche Informationen ans begierige Publikum ausgegeben
Quelle: Kultur- und werbegeschichtliches Archiv Freiburg kwaf

ziergänger zog weiter – sprach von Persil und zerbrach sich den Kopf über das Wesen dieses Wunders ...«[1]

Mit dem zirkusreifen Spektakel schien eine neue Reklame-Epoche angebrochen: Von diesem 2. Mai 1927 an war sogar der Himmel zur Plakatfläche geworden. Schon im Vorfeld der Kampagne hatte Henkel Medien, Handel und Privathaushalte strategisch bearbeitet, durch Pressemeldungen, Wurfsendungen oder Vertreter: »In Hamburg, Köln, Frankfurt und Leipzig standen Maschinen startbereit, um nach erhaltener telegraphischer Mitteilung über die erfolgreiche Abwicklung des ersten Berliner Fluges gleichfalls mit den Operationen zu beginnen.«[2]

Der fliegende Major und seine Geschäftsidee

Es war die Mannschaft von Jack Clifford Savage, einem nach dem Ersten Weltkrieg arbeitslosen Major der Royal Air Force, die fortan den Himmel über Deutschland mit Waschmittel-Botschaften aus dem Hause Henkel beschrieb. Schon 1909 hatte Savage Versuche mit Rauchspuren aus Flugzeugen gemacht; nach dem Ersten Weltkrieg war es ihm erstmals gelungen, Worte an den Himmel zu malen, in einer Höhe von 3.000–5.000 m und bei etwa 150 km/h Geschwindigkeit: Paraffin-Öl wurde dabei unter Druck in die Atmosphäre und unter Ausnutzung der Motorwärme geblasen. Die Schriftzeichen hatten eine Ausdehnung von 1,5 Kilometern, wurden spiegelbildlich in den Himmel gesetzt, sodass sich für die Beobachter am Boden orthographisch korrekte Wörter bildeten. Bereits 1922 hatte Savage den Namen der englischen Tageszeitung »Daily Mail« während eines Pferderennens, bei dem Hunderttausende von Zuschauern anwesend waren, schlagartig bekannt gemacht. Ein Jahr später war schon der Himmel über New York zu seiner Schreibtafel geworden: »Hello USA. Call Vanderbilt 7200«. In kluger Voraussicht hatte Savage in dem gleichnamigen Hotel dem Tabakzaren George W. Hill eine Suite reservieren lassen. Ergebnis: innerhalb von drei Stunden 47.000 Anrufe. Hill war von der Wirkung der neuen Reklamemethode überwältigt – und Savage erhielt einen Auftrag über eine Million Dollar, gründete die »American Skywriting Corporation«, heuerte Piloten an, kaufte 25 Flugzeuge. Noch 1923 stand über 300 amerikanischen Städten der »Geheimcode« der Zigarettenmarke »Lucky Strike«: LSMFT (= »Lucky Strike means fine tobacco«) zu lesen. Über seine Erfindung, die er sich durch 72 Patente hatte absichern lassen, berichtete Savage nicht ohne Stolz und nicht ohne sich selbst dabei gehörig in Szene zu setzen: »Die Vervollkommnung dieser Idee hat lange auf sich warten lassen; manchen Schweißtropfen und manche vergebliche Arbeit, auch manches zunächst uneinbringliche Stück Geld gekostet. Meine Freunde, die es als Kriegslieferanten zu großem Wohlstand brachten, lachten über mich, den ›Phantasten‹, der die gewaltigen Fortschritte der Flugtechnik den hohen Zielen friedlichen Wettkampfes der Nationen dienstbar machen wollte. Flugzeugkonstrukteure, die Millionen-Vermögen besaßen, weigerten sich, mir, dem Idealisten, als ich nach dem Kriege meine Versuchsarbeiten mit recht geringem Betriebskapital wieder aufnahm, auch nur die bescheidensten Summen für meine

---

1 Paul Mundhenke, Die Himmelsschrift im Dienste unserer Propaganda, in: Blätter vom Hause Henkel, Hauszeitschrift der Firma Henkel & Cie AG, Düsseldorf, Nr. 7, 1927, S. 124.
2 Vgl. hierzu auch: Volker Ilgen/Dirk Schindelbeck, Am Anfang war die Litfasssäule. Illustrierte deutsche Reklamegeschichte, Darmstadt 2006.

›unsinnigen‹ Pläne zu leihen.«³ Natürlich sollte auch der selbsternannte ›Idealist‹ am Ende materiell nicht zu kurz kommen.

Persil über Deutschland

Deutschland war das erste Land auf dem europäischen Kontinent, in dessen Himmel die Werbe-Kunstpiloten kreisten, und zwar ausschließlich für Produkte der Firma Henkel. Diese ließ nichts unversucht, das Interesse an dieser Sensation strategisch auszuschlachten, in Handzetteln etwa: »Lange Monate beständiger Übung sind nötig, um einen Himmelsschreiber auszubilden. Bei dieser Ausbildung wird der Pilot zuerst auf Fahrrädern trainiert, damit er sich an das Gefühl, Worte in Spiegelschrift zu schreiben, gewöhnt.« In der Tat sprengte der hinter diesen Aktionen stehende Aufwand alles, was es in Deutschland bis dahin auf dem Reklamesektor gegeben hatte. So schickte Henkel seine Piloten eigens nach Hendon bei London in eine Schule zu Kursen und Seminaren für Himmelsschrift, wo sie, von einfachen Rückwärtsschreibübungen am Boden angefangen, später in der »Fortgeschrittenen-Klasse« lernten, sich beim fliegenden Schreiben imaginärer Linien unter Zuhilfenahme hoher Gebäude oder Türme zu bedienen, um die Buchstaben korrekt und gerade in die Luft zu setzen.⁴ Zu ihren besten Zeiten verfügte die Henkel-Luftflotte über sieben einsatzbereite Piloten samt Maschinen. Am 17. April 1929 wurde unter Savages Ägide sogar eine Tochterfirma »Gesellschaft für Himmelsschriften und Wolkenprojektionen mbH« gegründet: Neben den nur tagsüber aktiven Himmelsschreibern verfügte Henkel inzwischen nämlich auch über LKWs und Schiffe, die mittels Projektionsapparaten nachts in der Lage waren, die Persil-Botschaft an den Himmel zu werfen.⁵ Freilich fehlte es auch nicht an Bedenkenträgern: die Henkel-Hausjuristen warnten vor möglichen Unfällen und Regressansprüchen infolge der durch das Spektakel verursachten Verkehrsstörungen und Unfälle. Und in der deutschen Juristenzeitung wurde noch Jahre später über die Nutzung von Himmelsparzellen zu werblichen Zwecken debattiert.⁶

Publikum-Resonanz in allen Schattierungen

Bis heute dürfte es keine Werbeaktion gegeben haben, die eine so emotional aufgeladene Reaktion bei großen Teilen des Publikums hervorgerufen hätte. Schon in der Juli-Nummer der Werkzeitschrift »Blätter vom Hause Henkel« des Jahres 1927 wurde auf 26 Seiten (!) eine kleine Auswahl an Zeitungsberichten, Leserzuschriften, Versen usw. wiedergegeben. Ein Vielfaches davon war eingegangen.

Vor allem in ländlichen Gebieten dominierte das ehrfürchtige Staunen, wie beim Redakteur der Lokalzeitung im eichsfeldischen Helmsdorf, der über die ›weißen Wolkengebilde‹ aus-

---

3 Major J. C. Savage, Wie ich zu meiner Erfindung kam, in: Blätter vom Hause Henkel, Hauszeitschrift der Firma Henkel & Cie AG, Düsseldorf, Nr. 7, 1927, S. 122.
4 Wie werde ich Himmelsschreiber? Der seltsamste Kursus der Welt, in: Blätter vom Hause Henkel, Hauszeitschrift der Firma Henkel & Cie AG, Düsseldorf, Nr. 11, 1927, S. 267.
5 Siehe hierzu: Johanna Werkmeister: Werbung als Erleuchtung. Die fragmentarische Geschichte der Wolkenprojektion, in: Harald Kimpel, Himmelsschreiber. Dimensionen eines flüchtigen Mediums, Marburg 1986, S. 11–22.
6 Vgl. Mandl: Die Reklame durch Himmelsschrift, in: Deutsche Juristenzeitung, 38. 16–17/1933, S. 1116–1118; Trusen: Reklame durch Himmelsschrift, in: Deutsche Juristen-Zeitung, 39. 8/1934, S. 534–536.

führte: »Augenzeugen berichten, daß das Flugzeug über der Marienkirche in Mühlhausen in einer Höhe von ca. 2.000 m hinschwebte und das Wort Persil in rasendem Fluge in den Aether schrieb. Manche Leute haben in weiter Entfernung das Wort ›Pest‹ am Himmel gelesen ohne den Flieger zu sehen und sind von einem panischen Schrecken befallen worden. – Nun ist alles wieder gut!«

Eine unverhoffte Aufwertung ihres Berufsstandes durch die Himmelsschreiber empfand das Alleinmädchen (d. i. Haushaltshilfe) Pauline Puttfarken aus Hamburg. Sie schrieb: »›Pauline‹, schrein sie alle, ›das mußt du sehn.‹ Ich denke, es brennt und renne raus und da seh ich das Wunder. Es schreibt sich mit weißen Wolken das Wort ›Persil‹ auf den blauen Himmel. Und alle reden nur von Persil, auch die eleganten Herren und Damen, die nichts vom Waschen wissen. Ich krieg Tränen in die Augen, daß mit einmal das Waschen so wichtig ist, wo es doch mit meine niedrige Arbeit zu tun hat. Es freut mich aber so. Denn ist das Waschen wohl ebenso wichtig wie das Studieren, denn wo kommen sonst die saubern Hemden her und darum bedank ich mich bei die Persilfabrik und bleibe Ihre Pauline P. ...«[7]

So viel Ehrfurcht mochten sich die Betrachter der Himmelsschrift in Bottrop nicht abringen: »An der Grenze Bottrop-Horst hörte ich aus einer Gruppe die Himmelsschrift bewundernder Polen folgenden offenherzigen Stoßseufzer: Mensch, Persill, alles Persill. Man wird noch Persill fressen, Mensch, warum schreiben die noch an Himmel, man kriegt doch nichts anders wie Persill.«

Immer wieder entstanden, insbesondere noch während sich die Buchstaben aufbauten, komische, ja absurde Dialoge, je nach Herkunft oder sozialem Status der Diskutierenden, so zum Beispiel in der Nähe von Leipzig: »›Per... malt das glänzende himmelsschreibende Vögelchen.‹ – ›Au, ein Druckfehler,‹ frohlockt einer. ›Nee, aber ein Sachse‹, bekommt er zur Antwort. ›Sicher aus Laibzch, wenn er ›Perlin‹ schreiben will‹«.

Und in Berlin: »›Jorge!‹ sagte ich mir, da stand ein P am Himmel. – ›Polizei!‹ meinte ein Schlauer, ›vaduften wa!‹ – Nun kam ein E. – Pe? – ›Petrus!‹ jauchzte die Menge, ›der will sich verabschieden, jetzt gibt's endlich gutes Wetter!‹ – Nun kam ein R. – Per? – ›Gar kein Zweifel!‹ meinte ein gebobbtes Neutrum und stellte das linke Bein lasterhaft frei in die Gegend, wobei es die Mundwinkel verächtlich nach unten zog: ›Pervers soll das heißen! Es lebe die junge Kunst!‹«

Selbst der päpstliche Nuntius und spätere Papst Pius XII. Paccelli kam um einen Kommentar zu den Himmelsschreibern nicht herum, als ihn die örtlichen Honoratioren bei seinem Besuch in Heidelberg vom Bahnhof abholten: »›Ein herrlicher Tag‹, offenbarte der Gast. Plötzlich aber erschien am Himmel ein Zeichen. Klar und deutlich strahlte vom blauen Himmel ein ›P‹. Die Heidelberger erschraken und stammelten ehrfurchtsvoll: ›Eminenz, ein Wunder! P wie Paccelli! Wie Pius!‹ – ›P – wie Persil‹, sprach Paccelli, denn er kam aus Berlin.«

Ein ebenso wortreiches wie scharfsinniges Szenario entwickelten die Redakteure der »Kölnischen Zeitung«: »Zunächst: schnellstens Kontingentierung des Himmels. Da könnte ja jeder kommen und seine Krähenfüße ans Firmament malen! Binnen kurzem ist die Zeitungsanzeige des großen Spekulanten zu erwarten: ›Vorteilhafte Himmelsecke für Reklamzwecke hat noch abzugeben ...‹ Dann aber vor allem vollkommen paritätische Aufteilung des Himmels unter alle Parteien für den Fall von **Neuwahlen**. An die **Besteuerung** der Himmelsfläche zu erinnern ist wohl überflüssig; ein neues Ressort hierfür dürfte fieberhaft tätig sein. Den **Radierflieger**

---

7 Brief des Alleinmädchens Pauline Puttfarken, Hamburg, Grüner Deich, an die Persilfabrik, Düsseldorf, in: Blätter vom Hause Henkel, Hauszeitschrift der Firma Henkel & Cie AG, Düsseldorf, Nr. 7, 1927, S. 155.

bereithalten, der beim Verschreiben das Gas aufsaugt. Ein nettes Himmelsviertel wäre unbedingt für den Privatgebrauch zu reservieren. Der wirklich moderne Schwerenöter wird sein Rendezvous nur noch mit Himmelsschrift verabreden, womit der bei der Angebeteten obligate Ausruf ›Himmlisch!‹ von seinem Überschwang verliert und die nötige Grundlage bekommt. Und: ›X, kehre zurück, alles vergeben?‹ in Himmelsschrift – da lohnt es sich schon einmal durchzubrennen. Ein hübsches Monogramm in Himmelsschrift über dem ländlichen Besitztum wird sich schnell einbürgern, – nach seinem Auflösen in die Form einer Wolke noch als Schattenspender zu verwenden. Dafür werden wieder andere, sogenannte rückständige Orte in ihren Reiseprospekten besonders anpreisen: ›Sonnige Lage, Himmel unbeschrieben‹.«

Die Zukunft der Werbung aus der Sicht des Satirikers: Fotomontage aus der »Kölner Illustrierten Zeitung«
Quelle: Blätter vom Hause Henkel, 7. Jg. 1927

Natürlich fehlten auch dreiste Trittbrettfahrer nicht wie jener Berliner Diplom-Ingenieur, der per »Einschreibebrief. Vertraulich« an die Firma Henkel auf das in der Bevölkerung längst zum geflügelten Wort avancierte »Persil-Wetter« Urheberrechte meinte anmelden zu können – mit deutlichem Hinweis auf das ihm nun zustehende Honorar.

Es menetekelt – und der Pegasus schnaubt

Von privater Hand wurden Henkel Unmengen lyrischer Produkte zugesandt. Ihre Spannweite reichte von Umdichtungen bekannter Kinderlieder wie:

> »Wenig Zeit wird noch vergehen
> Bis aus Kinderkehlen gellt:
> Weißt Du, wieviel Lettern stehen,
> An dem blauen Himmelszelt?« ...

über Adaption klassischer Texte wie Friedrich Schillers meistrezipierten:

»Festgemauert auf der Erden
Steh'n die Menschen dicht gedrängt.
Was gibt's, daß man mit Gebärden
Sich die Hälse fast verrenkt?
An des Himmels Blau,
Sehet dort genau,
In dem lichten Aether droben
Wort an Wort zur Schrift verwoben.

Zur Wäsche, die wir oft verfluchen,
Geziemt sich wohl ein ernster Rat.
Wenn gute Mittel wir versuchen,
Ist's halbe Arbeit in der Tat.
So laßt das Mittel uns betrachten,
Das reinigt Wäsche, die beschmutzt,
Die Wäscherin wird man verachten,
Die nicht ›Persil‹ dazu benutzt.
Das ist's ja, was die Hausfrau zieret,
Und dazu ward ihr das ›Persil‹,
Daß man an ihrer Wäsche spüret:
Ihr ward das Waschen fast zum Spiel.
Nehmt ›Persil‹ zur großen Wäsche,
Doch: ›Persil‹, merkt, muß es sein,
Daß die Wäsche, eure fesche,
Strahle blendend weiß und rein ...«

bis hin zu eigenständigen Kreationen, die allerdings nicht immer ohne unfreiwillige Komik daherkamen:

»Ach Gott, ach Gott, jetzt kommt's«,
ruft schmerzlich Lieselotte,
»seht dort die Zeichen hoch
vom guten Christengotte!«

Sie sinkt verzückt in's Knie,
sie faltet stumm die Hände:
»Fahr wohl, du schnöde Welt,
mit Dir geht's nun zu Ende.«

Doch als die Zeichen formten
sich zum Reklamespiel,
sang gleich zu Lob und Preise
das Lied sie vom ›Persil‹.

Gern und oft wurde die Menetekel-Situation aus Heinrich Heines berühmter Ballade »Belsazar« gedanklich bemüht – und trieb mitunter Werke von abenteuerlich-metaphysischer Dimension hervor:

Himmelsschrift! In hohe Träume
Führt's mich fort:
Was enthüllt der ewgen Räume
Rätselwort?

Himmelsschrift! In Flammenzeichen
Wird die Welt
Worte lesen ohnegleichen,
Sternerhellt!

Himmelsschrift als Friedenskünder!
»Waffen, ruht!«
»Wenn ihr würdet wie die Kinder ...«
»Gott ist gut!« ...

Himmelsschrift! Aus allen Himmeln
Niederfiel
Meine Seele: in den Himmeln
Stand: Persil ...

Wirklich witzige Verskreationen blieben allerdings rar, am gelungensten wohl noch im Epigramm eines unbekannten Meisters:

»Hoch im blauen Himmelsäther
Steht das Riesenwort Persil,
hingeschmissen mit der Feder
eines fliegenden Vergil ...«

Dokumentation eines unvergesslichen Erlebnisses: Amateuraufnahme einer Himmelsschreiber-Aktion vom Sommer 1927; Quelle: Blätter vom Hause Henkel, 7. Jg. 1927

The times, they are changing

Natürlich schleifte sich der Sensations-Effekt der Himmelsreklame schon im darauf folgenden Jahr merklich ab. Und je häufiger die Henkel-Kunstflieger ihre Botschaften an den Himmel malten, desto seltener brachen fromme Landwirte noch betend ins Knie (was angesichts einer IMI-Himmelsschrift, die, als Jesus/Maria/Joseph fehlinterpretiert, in der Tat vorgekommen war[8]) oder wurden Schulklassen zu Bildern und Gedichten auf Persil inspiriert. Spätestens 1932 begannen sich auch die politischen Verhältnisse zu Ungunsten der Firma Henkel zu verschieben, als die Propagandamaschinerie der Nationalsozialisten in der Kampagne »Hitler über Deutschland« ihren Führer zum Herrn des Himmels und der Lüfte stilisierte. Nun war die Konkurrenz zu den kommerziellen Himmelsschreibern endgültig unerwünscht. Nach der Machtergreifung am 30. Januar 1933 wurden der Firma Henkel denn auch immer häufiger von Amts wegen keine Genehmigungen für ihre Propagandaflüge mehr erteilt. Als im Zuge des Aufbaus der Luftwaffe immer mehr Henkel-Piloten zum Militärdienst wechselten, kam ein massives Personalproblem hinzu. Am 29. Februar 1936 schied der letzte von ihnen aus der Firma aus. Die Bilanz freilich konnte sich gleichwohl sehen lassen: 4.919 mal hatten sie bis dahin das Wort »Persil« mit Rauchbuchstaben in den Himmel geschrieben. Und außergewöhnliche Resonanz selbst in Grundschulklassen erzielt: »Lieber Herr Flieger. Wir mögen so gerne sehen, wenn Sie am Himmel schreiben. Bitte schreiben Sie doch mal Ursel, aber in einem Zug. So heiße ich. Viele Grüße, U.«

Abgesang der Himmelsschreiber nach dem Zweiten Weltkrieg

Als nach der Beendigung des Zweiten Weltkriegs die militärische Okkupation des Luftraums in Deutschland ihr Ende gefunden hatte, versuchte man bei Henkel an die hauseigene Tradition der Himmelsschreiberei anzuknüpfen, auf bescheidenem Niveau, mit nur zwei Flugzeugen und trotz der von den Alliierten angeordneten Flugbeschränkungen (die man durch die Einstellung englischer Piloten wie Thommy Thompson unterlief). Doch im Gegensatz zu den USA, wo sich seit den zwanziger Jahren eine kontinuierliche Himmelsschreiber-Tradition entwickelt hatte (vor allem Pepsi hatte seit den frühen dreißiger Jahren immer wieder Himmelsschreiber unter Vertrag), blieben die Aktionen in der Bundesrepublik letztlich eine Randerscheinung in einem auf zunehmend auf elektronische Medien ausweichenden Werbemarkt.

Heute gehört die Himmelsschrift längst zu den kuriosen, aber abgeschlossenen Kapiteln der Werbegeschichte. Ihr letzter Nachfahre im deutschen Luftraum war Jörg Steber, dem es noch in den frühen achtziger Jahren gelang, mit seinen akrobatischen Werbe-Luftnummern ein Auskommen zu finden, etwa indem er die vier Buchstaben eines schwedischen Möbelhauses an den Himmel malte. Doch als immer weniger Aufträge hereinkamen, verlegte sich Steber schließlich auf Touristen-Rundflüge über den Hamburger Hafen. Es ist eine Ironie der Geschichte, dass er bei diesen im Verhältnis zur waghalsigen Himmelsschreiberei harmlosen Flügen im Juli 2006 abstürzte und, erst 51-jährig, tödlich verunglückte. Im Gegensatz zu Savage war Steber ein echter Idealist, der immer auch mal eine Liebesbotschaft oder einen Smiley an den Himmel malte oder per Himmelsschrift sehr deutlich politisch Stellung auch gegen Neonazis bezog – aus eigenem Antrieb, ohne Auftraggeber.

---

8 In: Wat es nit all gibt. Eine Kostprobe von Wunderlichkeiten, liebevoll gesammelt und mit etwas Düsseldorfer Mostert garniert von P. Mundhenke, o. O., o. J. (Düsseldorf, nach 1938).

Seit einem halben Jahrhundert ist in der werbenden Wirtschaft hingegen unbestritten: Der Aufwand, der dazu nötig ist, mit Sportflugzeugen Rauchbuchstaben zu malen, die sich maximal eine halbe Stunde am Himmel halten, steht in keinem Verhältnis zu den damit einhergehenden Kosten und dem Werbeeffekt. Sofern heute Luft und Himmel als Werbefläche dienen, so geschieht dies in der Regel mithilfe von Ballons oder Luftschiffen. Kommen Flugzeuge zum Einsatz, so ausschließlich im Bannerschleppflug. Einen blassen Abglanz einstiger Himmelsschreiberkünste vermitteln allenfalls noch die militärischen Kunstflugstaffeln mit ihrem bunten Rauchfahnen. Woher diese Tradition kommt, dürfte allerdings den wenigstens Zuschauern solcher Ereignisse klar sein. Das erste Patent, per Flugzeug farbigen Rauch zu versprühen, wurde schon 1924 erteilt.[9] Inhaber war ein gewisser Jack Clifford Savage.

---

9   Patent-Nr. GB 231826. Savage, J. C. April 3, 1924, [Convention date]. Smoke-producing weapons.- Coloured smoke for sky-writing is produced from material which requires to be heated by the engine exhaust gases or by steam or the like, but is such that none of the colouring material is wasted by combustion. The resulting smoke comprises a base smoke coloured by fine particles into which the vaporized colouring material condenses on discharge into the atmosphere. A material for producing red smoke comprises 10 lbs. of orange oil soluble aniline dye, 1 gal. of light mineral lubricating oil, and 1 pint of tetrachlorethane or carbon tetrachloride; the oil provides the base smoke and the dye provides the red colour. For green smoke the orange oil soluble aniline dye is mixed with synthetic indigo, the other ingredients remaining as before. Iodine is included for purple smoke. The Specification as open to inspection under Sect. 91 (3) (a) comprises also the use of anthracene instead of aniline dye for the production of black or dark grey smoke. It also refers to the use of lactose and potassium chlorate as undesirable. This subject-matter does not appear in the Specification as accepted.

Florian Triebel

Politisches Marketing in einem Buchverlag

Der Eugen Diederichs Verlag und Svend Fleurons Kallus der Ameisengeneral

1896 gründete Eugen Diederichs in Florenz seinen Verlag als ›Versammlungsort moderner Geister‹, wie er sein Unternehmen schon in den ersten Tagen des Bestehens charakterisierte. Sein Ziel war es dabei, Bausteine für eine deutsche Nationalkultur zu legen, die er selbst schmerzlich vermisste. Dabei wollte er alle schöpferischen Kräfte einbinden und ihnen mit seinem Verlag – im doppelten Sinne – ›eine Heimat‹ geben. Sein Ansatz dabei war weit gespannt: Demgemäß verlegte er nicht nur Werke deutscher Philosophen und Denker, sondern suchte auch Anregungen aus anderen Kulturen einzubinden; so war Eugen Diederichs der erste, der wichtige Grundlagenwerke der Religion und Philosphie des fernen Ostens in deutscher Sprache veröffentlichte. Tatsächlich gelang es dem Jungverleger mit dieser Programmatik namhafte und innovative Autoren an sein Haus zu binden – und es gelang dem ambitionierten Diederichs in nur wenigen Jahren in die erste Riege der deutschen Kulturverlage aufzusteigen: Der Eugen Diederichs Verlag wurde von Zeitgenossen und wird weiterhin von der verlagshistorischen Forschung in einem Atemzug mit solch klagvollen und renommierten Häusern wie denen Samuel Fischers, Alfred Kröners, Ernst Rowohlts und Kurt Wolffs genannt.[1]

In den 1920er Jahren verengte sich dieser weite Horizont des Eugen Diederichs Verlages. Immer mehr verschrieben sich der Verleger selbst und die Publikationen seines Hauses den Ideen der völkischen Bewegung. Dennoch hinterließ Eugen Diederichs bei seinem Tod 1930 eine Institution der deutschen Kultur. Seine Erben, voran die Söhne Niels und Peter, traten die Hinterlassenschaft in einer denkbar schwierigen Zeit an. Der deutsche Buchhandel stak in einer tiefen Krise. Die Nachwehen des ›Schwarzen Freitags‹ im Oktober 1929 und die darauf folgende Wirtschaftskrise trafen die Branche tief und nachhaltig. Dies und Fehlentwicklungen innerhalb des Buchhandels zwangen bedeutende Verlage zu Fusionen oder zur Insolvenz.[2]

Trotz dieser ungünstigen Vorzeichen gelang es den Söhnen Eugen Diederichs mit einem radikalen Umbau des Verlages von einer kulturidealistischen Institution zu einem betriebswirtschaftlich orientierten Unternehmen diese Krise entgegen dem Geraune der Branchen-Auguren zu überstehen. Hierbei halfen Niels und Peter Diederichs Entscheidungen, die ihr Vater noch getroffen hatte. Neben der politischeren Ausrichtung der Zeitschrift *Die TAT* unter der Leitung

---

1 Zur Geschichte des Eugen Diederichs Verlages unter seinem Gründer existiert inzwischen eine breite Forschungsliteratur. An dieser Stelle seien lediglich genant: Andreas Meyer, Der Verlagsgründer und seine Rolle als ›Kulturverleger‹, in: Gangolf Hübinger (Hg.), Versammlungsort moderner Geister. Der Eugen Diederichs Verlag – Aufbruch ins Jahrhundert der Extreme, München 1996, S. 26-89 sowie ausführlich: Irmgard Heidler, Der Verleger Eugen Diederichs und seine Welt (= Mainzer Studien zur Buchwissenschaft, Bd. 8), Wiesbaden 1998.
2 Zur Bücherkrise am Ende der 1920er Jahre allgemein vgl. Berthold Brohm, Das Buch in der Krise. Studien zur Buchhandelsgeschichte der Weimarer Republik, in: AGB 51 (1999), S. 189-331, für den Eugen Diederichs Verlag vgl. Florian Triebel, Krisenmanagement in der ›Bücherkrise‹. Der Eugen Diederichs Verlag 1930–1933, in: Olaf Blaschke, Hagen Schulze (Hg.): Geschichtswissenschaft und Buchhandel in der Bücherkrise (= Historische Zeitschrift Beiheft 42), S. 33–49.

Hans Zehrers waren dies vor allem die Aufnahme der ›Erlebnisberichte‹ Edwin Erich Dwingers ins Programm sowie einige *longseller* aus dem Programm des Verlages – wie Herman Löns' *Der Werwolf* oder die Tierbücher Svend Fleurons.

Der dänische Autor Svend Fleuron (1874–1966) nahm 1921 seinen Abschied als Offizier und lebte danach als freier Tier- und Naturschriftsteller auf seinen Besitzungen. In seinen Büchern ließ er seine animalischen Helden die Welt aus ihrer Sicht schildern. Seine zahlreichen Geschichten mit dieser Erzählperspektive erfreuten sich vor allem bei Kindern und Jugendlichen anhaltender Beliebtheit. Seit 1912 publizierte Eugen Diederichs seine Texte in deutscher Übersetzung, bevorzugt im Herbstprogramm mit Blick auf das für Kinder- und Jugendbücher besonders lukrative Weihnachtsgeschäft. Nach dem Tod des Verlagsgründers führten Niels und Peter Diederichs die bis dato erfolgreiche Geschäftsbeziehung mit dem Autor fort. Wie in den Jahren zuvor erschien auch nach 1930 jeweils ein ›neuer Fleuron‹.[3]

Nach Hunden, Katzen, Pferden, Schlangen, Lachsen und anderen Wirbeltieren wagte sich der dänische Autor mit seinem für 1933 angekündigten Buch erstmals in die Welt der Insekten vor. Der Held seines Buches war die Ameise Kallus[4], die sich im Laufe der Geschichte zum Ameisengeneral emporarbeitete. Fleuron schilderte in seinem neuen Werk »in seiner anschaulichen und hier fast ironisch wirkenden Art das Leben von Kallus, dem Ameisengeneral«, wie der *Arbeitsbericht des Verlages* in der Hauszeitschrift *Der Diederichs Löwe* kundtat. Der Werbetext fuhr fort: »Merkwürdig sinnvoll ist der Aufbau des Ameisenstaates mit seinen Jäger- und Kriegerkasten, Arbeitskolonnen und Brutpflegern.«[5] In der selben Ausgabe war eine kleine Leseprobe des Tierromans eingerückt, die von einem Erlebnis des adoleszenten Kallus »im Spinnennetz« berichtete. Die Passage begann mit den folgenden Sätzen:

Unter denen, die im folgenden Frühjahr zuerst auf den Jagdpfad sich begaben, konnte man eine junge, auffallend energische Ameise sehen. Kallus gehörte jetzt ganz und gar zur Jägerkaste. Das Wohl des Staates war jetzt sein Leitwort.[6]

Dies alles ließ sich durchaus als Parabel auf die Ideen des seit Januar 1933 in Deutschland regierenden nationalsozialistischen Regimes lesen. Die Beschreibungen Fleurons ähnelten – für den heutigen Leser in beklemmender Weise – der Ausgestaltung der Gesellschaft, die Adolf Hitler und seine Konsorten zunächst Deutschland und darauf folgend ›der ganzen Welt‹ angedeihen lassen wollten. Auch der Werdegang der »jungen, energischen Ameise« in der Jägerkaste bis hin an die höchste Stelle seines Staates entsprach den nationalsozialistischen Glaubenssätzen von der Durchsetzungskraft der Starken und der Besten durch Auslese und Formung. Insofern

---

3 Eines Wikings Heldenfahrt. Ein Lachsroman (1930), Tyss und Tuff, die Schlangen der Trollheide (1931) und Mit dem Stöberhund durch Wald und Feld (1932).
4 Welche Überlegungen Fleuron zum Namen der Titelfigur geleitet haben, ist ungeklärt. Als Übersetzung des lateinischen Wortes *callus* wird üblicherweise ›harte Haut, Schwielen‹ angegeben. In der Biologie und Medizin wird als Callus oder Kallus eine Ansammlung undifferenzierter oder nicht vollständig differenzierter Zellen bezeichnet, vor allem an Schnitt- oder Bruchstellen des Gewebes. Für diese Bedeutungen gibt Fleuron in der erzählten Geschichte keine Anhaltspunkte. Bleibt als Vermutung zur Namenswahl lediglich der ›lateinische« und ›harte‹ Klang des Namens, der dem Autor wohl gut zu einem Ameisengeneral zu passen schien. – Zu allen Fragen korrekter Namensgebung nach wie vor grundlegend: Ubelab Z.[ungenschlag] Quenzel, The Art of Naming. Onomastic Principles for the Denomination of Things, Services, Persons (phil. diss.), Brisbane 1955.
5 [Max Linke], Arbeitsbericht des Verlages, in: *Der Diederichs Löwe* 5. Folge, 6. Heft (Herbst/Winter 1933), S. 166–168, hier: S. 168.
6 Svend Fleuron, General Kallus im Spinnennetz, in: *Der Diederichs Löwe* 5. Folge, 6. Heft (Herbst/Winter 1933), S. 160–162, hier: S. 160.

kam das Buch scheinbar zur rechten Zeit, um die meist jungen Leser der Fleuronschen Bücher zu Weihnachten 1933 ideologisch ›auf den rechten Weg‹ zu bringen.

So weit schien einem kommerziellen wie ›volksbildnerischen‹ Erfolg des nur 128 Seiten zählenden, schmalen Bändchens nichts im Wege zu stehen – wenn Fleuron nicht ein kleines, aber durchaus ›bedrohliches‹ Detail in die Geschichte eingebaut hätte. Einen ersten Hinweis hierauf gab der Werbetext des bereits zitierten *Arbeitsberichts des Verlages*: »Kallus, der Draufgänger, ragt bald durch seine Kraft und seinen Jagdeifer über die Genossen hinaus und führt seinen Staat schließlich zum siegreichen Kampf gegen die feindlichen braunen Sumpfameisen.«[7] Fleuron hatte Kallus, die ›Über-Ameise‹ in das Volk der *roten* Waldameisen hineingeboren, die im Laufe der Schilderung ausgerechnet gegen »*braune* Sumpfameisen« zu Felde zogen und gegen ihre Feinde selbstredend obsiegten. Dieses ›Detail‹ der Geschichte hätte durchaus die Gemüter der ›braunen‹ Machthaber im realen Deutschland des Jahres 1933 erregen können. Dass ausgerechnet ein ›rotes‹ Volk gegen ein ›braunes‹ dominierte, war von Seiten des Verlages zumindest gewagt, wenn nicht gar bedrohlich. Nach den Erfahrungen, die auch das deutsche Verlagswesen während der Phase der ›nationalsozialistischen Machtergreifung‹ machen musste, hätte der Eugen Diederichs Verlag in späteren Jahren sicher dieses kompromittierende

Schutzumschlag von Kallus der Ameisengeneral.

7 [Max Linke], Arbeitsbericht des Verlages, S. 168.

Detail geändert. Im Jahr 1933 war der nationalsozialistische Staat jedoch noch nicht gefestigt und der Verlag erlaubte sich Experimente in der neuen Situation. Ferner war das Bändchen wohl zum Zeitpunkt der nationalsozialistischen Machtübernahme schon fertig produziert. Eine so weitgehende Änderung wie ein ›Farbwechsel‹ der Ameisen im Textkorpus hätte die Kalkulation wegen des fälligen kompletten Neusatzes des Buches erheblich belastet. Möglicherweise hatte sich der Autor auch wegen der ›biologischen Glaubwürdigkeit‹ der Geschichte gegen eine andere Kolorierung gesträubt. Da die Verlagskorrespondenz dieser Jahre zum großen Teil vernichtet ist, kann dies nicht mehr geklärt werden. Jedenfalls lassen die überlieferten Produktionsunterlagen keine deutliche Verzögerung des Herstellungsprozesses erkennen. Eine solche hätte zudem das für die Titel Fleurons immer äußerst lukrative Weihnachtsgeschäft gefährdet. Nur an einer Stelle war eine Camouflage der Fehlfarbe ohne größere Aufwendungen möglich und wurde auch vom Verlag realisiert: Auf dem Schutzumschlag des Bändchens krabbelten unter einem Vergrößerungsglas keine roten, sondern nach der damaligen politischen Farbenlehre ›unverdächtige‹ schwarze Ameisen im Gras.

Um den Absatz des Titels *Kallus der Ameisengeneral* zu sichern, ging die Verlagsleitung in die Marketing-Offensive. Die im *Diederichs Löwen* abgedruckte Passage aus dem neuen Fleuron ließ keine Fragen über die ideologische Linientreue des Autors und des herausgebenden Verlages aufkommen. Der *Arbeitsbereich des Verlages* unterstützte dies mit den bereits zitierten Sätzen. Daraus musste auch kritischen Augen klar werden, dass es sich beim portraitierten Staatsgebilde ausschließlich um ein Abbild der ständestaatlichen Zielsetzung des Nationalsozialismus handeln konnte. Die »Krieger- und Jägerkasten« des Ameisenstaates hatte in der NS-Weltanschauung und -gestaltung genauso eine Entsprechung wie die »Arbeitskolonnen« und die »Brutpfleger«. Es ist davon auszugehen, dass Fleuron die Geschichte um *Kallus* auch mit Blick auf die gesellschaftlich-politische Entwicklung beim großen Nachbarn im Süden geschrieben hatte. Dafür spricht die Tatsache, dass das Buch in Deutschland deutlich vor der dänischen ›Originalausgabe‹ *Myregeneral Kallus. Et lille Eventyr om Myretuen* erschien, die erst 1935 von Gyldendal in Kopenhagen verlegt wurde.

Hilfreich war sicherlich ferner, dass Svend Fleuron in den Instanzen der NS-Literaturpolitik als politisch zuverlässig galt und deshalb ab 1937 auch wiederholt auf den Empfehlungslisten für Vortragsreisen in der höchsten Kategorie »reichsweit einsetzbar« aufschien, drei seiner Werke in der Grundliste für deutsche Leihbüchereien *Das Buch ein Schwert des Geistes* gelistet waren und ab 1942 insgesamt 20 Auflagen seiner Werke vom Eugen Diederichs Verlag als Sonderausgaben für die Wehrmacht, die SS und andere Institutionen von Staat und Partei gedruckt und geliefert wurden – wobei *Kallus der Ameisengeneral* hierbei keine Berücksichtigung fand.[8]

Für alle diejenigen, die dennoch auf die ›falsche‹ Farbgebung für *Kallus der Ameisengeneral* hinweisen sollten, hatte der Verlag vorsorglich in die Werbetexte den kleinen Zusatz »fast ironisch wirkend« eingeflochten – auch wenn zu bezweifeln bleibt, ob diese Ironie von der meist jungen Leserschaft denn auch verstanden worden wäre. Der vom Verlag eingeschlagene Weg, über die begleitende Werbung einem möglichen Angriff der Zensurbehörden oder selbst-

---

8 Vgl. die *Vorschlagslisten für Dichterlesungen*, die das Werbe- und Beratungsamt des Reichsministeriums für Volksaufklärung und Propaganda (RMVP) 1937 bis 1941 herausgab, die drei Ausgaben der Grundliste *Das Buch ein Schwert des Geistes*, 1940 bis 1943 von der Abteilung Schrifttum des RMVP herausgegeben sowie die Angaben zu den Sonderauflagen in den Korrekturenbüchern des Eugen Diederichs Verlages im Münchener Verlagsarchiv. Alle Angaben sind publiziert in: Florian Triebel, Der Eugen Diederichs Verlag 1930–1949. Ein Unternehmen zwischen Kultur und Kalkül (= Schriftenreihe zur Zeitschrift für Unternehmensgeschichte Bd. 13), München 2004, S. 336–337 sowie 448–449.

ernannten ›Schützern des Volkes‹ vorzubeugen, sollte also auf möglichst kostengünstigem Weg den Absatz des Buches sichern helfen – trotz des ›Farbfehlers‹.

Die Marketingstrategie des Verlages für *Kallus der Ameisengeneral* ging auf. Noch 1933 konnten laut den Verlagsstatistiken 3.458 Exemplare des Bändchens verkauft werden. Damit blieben die Absatzzahlen von *Kallus* im Rahmen der bei anderen Bücher Fleurons erreichen Werte. Die Auflage von 5.000 Exemplaren verkaufte sich in den nächsten Jahren sukzessive ab; die letzten 18 Bändchen verließen im Jahr 1940 die Verlagslager.[9] Somit überlebte der Titel sowohl die diversen verlagsintern vorgenommenen ›Lagerrevisionen‹ des Bestandes[10] wie auch die offiziellen Verbotswellen. Jedoch verkaufte sich *Kallus* im Gegensatz zu anderen Werken Svend Fleurons nicht so gut, dass der Druck von Nachauflagen notwendig gewesen wäre. Lediglich in der 1939 veröffentlichten Gesamtausgabe der bei Eugen Diederichs verlegten Werke Svend Fleurons fand sich im dritten Band *Kallus der Ameisengeneral* gemeinsam mit *Strix. Die Geschichte eines Uhus, Die rote Koppel. Eine Fuchsgeschichte* und *Meister Lampe*. 1957 verlegte der Verlag Kunst im Druck Obpacher in München noch eine Auflage in Lizenz des damals in Düsseldorf ansässigen Eugen Diederichs Verlages. Seitdem ist es um *Kallus den Ameisengeneral* ruhig geworden.

---

9 Vgl. die Angaben in den Listen ›Jahresabsätze 1924–1933‹ sowie ›Jahresabsätze 1934–1945 (ND)‹ beide im Archiv des Eugen Diederichs Verlags, München; publiziert in: Florian Triebel, Der Eugen Diederichs Verlag, S. 380–381.
10 Der Eugen Diederichs Verlag nahm zum Jahreswechsel 1933/34 sowie 1936 und 1938 jeweils umfangreichere Bereinigungen des Lagerbestandes vor. Neben älteren Titeln fanden sich unter den ausgesonderten Titeln auch auffällig viele, die dem Verlag aus literaturpolitischer Sicht hätten ›Unannehmlichkeiten‹ bereiten können. Der jeweilige Zeitpunkt der Revisionen spricht auch für politische Hintergründe dieser freiwilligen Bereinigungen, da sie jeweils im zeitlichen Umfeld literaturpolitischer Weichenstellungen vorgenommen wurden. Vgl. hierzu: Florian Triebel, Der Eugen Diederichs Verlag, S. 115–117 und 148–149.

Marius Herzog

»Soll ich Ihnen zeigen, was Marktforschung ist?«
Aus den ersten Jahren des Marketing der »Linde Group«[1]

Stellen Sie sich vor, es ist Marketing und keiner greift hin. So etwas ist schon seit langem kaum mehr möglich: zu viel Werbung gibt es, zu viele Verkaufsstrategien und raffinierte Verpackungen. Proportional mitgewachsen ist aber ohne Frage auch die Kenntnis über die Tricks der Verkaufskünstler. Ältlich wirken inzwischen Aussagen derer, die noch immer standhaft behaupten, auf diesen »ganzen Reklamekram« nicht hereinzufallen. Das Wissen um Informationen, Situationen und Manipulationen hat immer weitere Kreise gezogen, und im Marketing wurden zugleich immer neue Strategien entwickelt, diese Bedenken wieder zu zerstreuen. Klar, wir alle wissen – oder glauben zu wissen – was es mit diesem Begriff auf sich hat. Auch der Computer bietet brav das deutsche Wort »Verkaufsförderung« als Übersetzungshilfe an. Doch was steckt alles dahinter?

Am Beispiel des Technologiekonzerns Linde soll gezeigt werden, wie in deutschen Unternehmen in den 1960er Jahren der systematische Einsatz von Marketing begann, und zwar unter Bedingungen, die aus heutiger Sicht zum Teil abstrus erscheinen. Allerdings wird auch deutlich, wie dieses Absatzinstrument einen immer stärkeren Einfluss auf die Unternehmensführung ausüben konnte. Die Linde AG, heute als »The Linde Group« ein weltweit führender Gaseanbieter und Anlagenbauer, wurde 1879 durch den Erfinderingenieur Carl von Linde gegründet und war als Technologieunternehmen in verschiedenen Arbeitsfeldern aktiv. Begonnen hatte das Unternehmen in der Kältetechnik und wurde bald auch mit der Erfindung der Luftverflüssigung (1895) zu einem erfolgreichen Anlagenbauer.[2]

Interessant ist, dass die historische Forschung über Werbung, Marktforschung und Marketing noch in den Kinderschuhen steckt[3], obwohl dieses Feld auch deshalb bedeutend und aussagekräftig ist, weil trotz oder wegen ihres ökonomischen Aspekts eine eigentümlich verdichtete Kulturgeschichte zutage gefördert wird. Aussagen über einen Kern der Gesellschaft: Lebensgefühl, Denkungsart und darüber, was es heißt »modern« zu sein.

---

1 An dieser Stelle möchte ich Hans-Liudger Dienel für seine Anregungen zu diesem Beitrag danken.
2 Zur Geschichte der Linde AG: Hans-Liudger Dienel, Die Linde AG. Geschichte eines Technologiekonzerns 1879–2004, München 2005. Zum Aspekt der Kältetechnik: Hans-Liudger Dienel, Ingenieure zwischen Hochschule und Industrie. Kältetechnik in Deutschland und Amerika, 1870–1930. Schriftenreihe der historischen Kommission bei der bayerischen Akademie der Wissenschaften, Bd. 54. Göttingen 1995.
3 Vgl. Hartmut Berghoff, Marketing im 20. Jahrhundert, Absatzinstrument – Managementphilosophie – universelle Sozialtechnik, in: Hartmut Berghoff (Hg.), Marketinggeschichte, Die Generation einer modernen Sozialtechnik, Frankfurt, New York 2007, S. 11–58, 13; Karin Hausen, Werbung, in: Jahrbuch für Wirtschaftsgeschichte 1997/1, Berlin 1997, S. 9–10; Harm G. Schröter, Die Amerikanisierung der Werbung in der Bundesrepublik Deutschland, in: Jahrbuch für Wirtschaftsgeschichte 1997/1, Werbung, Berlin 1997, S. 93–115.

Schon Ende der 1950er Jahre schlug man sich mit dem Thema »Marketing oder die Verwirrung der Begriffe« herum.⁴ Marketing war in den 1950er und 1960er Jahren in der Bundesrepublik jedenfalls neu. Irgendwie. Dabei stellt sich die Frage, ob es denn damals mit dem Marketing wirklich etwas originär Neues auf sich hatte oder ob es nicht vielmehr das gute Marketing der Marketing-Experten selbst war, das dazu führte, dass dieser Ansatz auf einmal Einzug zu halten begann.⁵ Das Bedürfnis jedenfalls, den Kunden als entscheidenden Faktor zu sehen, war erwacht. Doch wie das bei dem Erwachen so ist, funktioniert es, wie wir alle wissen, nicht immer ganz so schnell, wie das Anschalten einer Lampe oder das Klingeln eines Weckers und so räkelte sich nicht nur die bundesdeutsche Wirtschaft sondern auch die Wissenschaft noch so einige Jahre, bis die Boten des Marketing vollends durch die Fenster strahlten. Mit dem Erwachen dauerte es vielleicht auch deshalb etwas länger, weil die morgendlichen Strahlen auf recht ungewöhnliche Weise eintrafen. Sie kamen aus dem Westen, genauer gesagt aus den USA. Dort betrieb man Marketing seit Anfang des 20. Jahrhunderts sowohl mit theoretischem Anspruch als später auch seit den 1920er Jahren mit der wissenschaftlichen Standardisierung etwa in Konsumenten- und Marktforschung.⁶ In der Bundesrepublik begannen in den 1960er- und 1970er Jahren viele Industrieunternehmen mit dem Aufbau von Marketingabteilungen.

Auch bei Linde brach das Marketing-Zeitalter an und wurde zu einem bedeutenden Bestandteil für den Strukturwandel der 1960er- und 1970er Jahre in diesem Unternehmen. Noch heute können ehemalige Marketing-Pioniere bei Linde über ihre Anfänge in den 1960er Jahren lachen, war doch damals eine wirkliche Einsicht darüber, was sich hinter dem Begriff Marketing versteckte, längst nicht überall vorhanden: »... Marktforschung war ein Begriff, also Marketing kannte man fast gar nicht. Marktforschung, Produktforschung das waren so ganz neue Begriffe und man meinte also, man muss ja ein bisschen mit der Zeit gehen und ein bisschen modern sein: Also schaffen wir uns mal Marktforscher an *(lacht)*.«⁷

Marketing im Gemischtwarenladen Linde

Stellen Sie sich vor, Ihre Frau oder Ihr Mann sagt Ihnen: »... und wenn Du zu Linde gehst, dann bringst Du noch eine frische Kälteanlage mit!« Sie gehen also zu Linde und tragen Ihren Wunsch der Bedienung hinter der Theke vor: »Gern. Wir hätten da Großkühlhäuser, etwas für Ihre Betonkühlung, Klimaanlagen, Absorptions-Kältemaschinen, Kühlschränke, Gefriertruhen, Kühleinrichtungen für Ihre Luftfahrt aber auch für Ihren Schiffs- und Landtransport oder wollen Sie lieber eine unserer vielseitigen Kälte- Sonderkonstruktionen? Sie überlegen noch? Wir hätten da für Sie auch noch etwas in der Schweißtechnik, Trockenlauf-Verdichter, Gasflaschenventile, Kältemaschinen, Ölöfen, Dieselmotoren auch gerne für Baumaschinen, Dieselmotoren für den Zusammenbau mit Generatoren, Pumpen und Kompressoren ...« So oder so ähnlich könnte es den neu eingestellten Marketing-Experten vorgekommen sein, die

---

4 Vgl. Hans Fischer, Marketing oder die Verwirrung der Begriffe, Stuttgart 1959.
5 Roland Bubik, Geschichte der Marketing-Theorie, Frankfurt a. M. 1996, (Europäische Hochschulschriften: Reihe 5, Volks- und Betriebswirtschaft; Bd. 1889), S. 138.
6 Vgl. Bubik, Marketing-Theorie; Schröter, Amerikanisierung; Berghoff, Marketing.
7 (IO-12). Die in diesem Beitrag verwendeten Zitate entstammen Interviews, die mit (ehemaligen) Unternehmensangehörigen der Linde AG im Rahmen einer Studie zum organisationalen Lernen vom Autor durchgeführt wurden. Die Kürzel kennzeichnen Interview und Textpassage.

damals bei Linde ihre Arbeit aufnahmen. Nicht umsonst bezeichneten sie Linde gerne auch als »Gemischtwarenladen«.

Unser Produkt ist Werbung genug!

Linde forderte das Marketing-Potential allerdings in besonderer Weise heraus. Das »Image« des Unternehmens war zwar respektabel, jedoch war dem damaligen Firmengründer Carl von Linde das Dreiste, Laute und Unverholene der Werbung zuwider. Daran änderte sich auch viele Jahre später nichts. Ähnlich wie bei Bosch verfuhr man nach dem Motto »Die beste Werbung ist unsere Ware«.[8] Bevor 1961 in Höllriegelskreuth die Werbeabteilung gegründet wurde, waren Werbemittel wie Broschüren oder gar Filme, die man bei der Präsentation vorführen konnte, im Hause unbekannt. In Sachen Werbung verfuhr man nach dem Motto »So etwas haben wir noch nie nötig gehabt!«[9]. Dass mindestens ein behutsamer Umgang mit der Werbung Tradition war, zeigen auch die Aussagen des damaligen Vorstandsvorsitzenden Johannes Wucherer: »... Das Zurückhaltende und Vornehme ihres Gewandes empfanden wir aber nicht als Nachteil (besonders, wenn wir es gegen oft unfreiwillig komische Erzeugnisse sogenannter Werbefachleute der damaligen Zeit halten!) und wir dürfen den für jene frühen Schriften Verantwortlichen bescheinigen, daß sie eine zwar nicht aufsehenerregende, aber würdige Reklame für Linde in die Welt hinausgehen ließen, die obendrein recht glücklich einige Klippen umging, von denen Werbung zu jeder Zeit nun einmal bedroht ist. [...] Aus diesen alten und zum Teil sehr selten gewordenen Blättern spricht eine ganz bestimmte geistige Haltung, mit der wir uns wohl auch heute noch befassen dürfen. Geht sie doch, das glauben wir sicher zu erkennen, in erster Linie auf den Gründer unserer Firma, Carl von Linde, zurück.«[10]

Es war allerdings oft auch schlichtweg nicht nötig bzw. sinnvoll für Linde Werbung zu betreiben. Was würden Sie von einer Anzeige halten, wo es heißt: »Jetzt zugreifen! Wahnsinnsgünstige Ethylenanlage: jetzt neu mit Ölöfen für Ihre Olefinanlagen und einem gratis Steam-Reforming-Komplex! Nur solange der Vorrat reicht!«?

Der König Kunde als Haustyrann

Man könnte nun denken, dass Marketing im Hause Linde nun wirklich nichts verloren hätte. Allerdings muss darauf hingewiesen werden, dass das moderne Marketing mitnichten erst in den 1960er Jahren entstand.[11] Schon immer waren absatzfördernde Maßnahmen auf die eine oder andere Art und Weise, wenn auch unsystematisch, in die Unternehmensführungen eingeflossen. So waren bei Linde seit Unternehmensgründung die Anlagen überwiegend beim Kunden vor Ort gebaut worden, was in etwa so unbekümmert funktioniert haben dürfte, wie wenn man bei seinem Vermieter im Hause wohnt. Aufwändige Konsumentenforschung war

---

8   Vgl. Rolf Becker/Frauke Engel, »Unsere beste Reklame war stets unsere Ware«: Werbung bei Bosch von den Anfängen bis 1960, Stuttgart 1998.
9   Werner Jakobsmeier, Linde Werksgruppe Verfahrenstechnik und Anlagenbau. Werbung und Public Relation. Masch.schr. Höllriegelskreuth o.J. S. 2 ff.
10 »Die Werbetätigkeit der Gesellschaft Linde in den Jahren 1887 bis 1937. Bemerkungen zu einer Ausstellung im Dr.-Friedrich-Linde Haus, März 1965«. Unternehmensarchiv Linde AG, Höllriegelskreuth: Bestand Wiesbaden.
11 Berghoff, Marketing, S. 19.

da nicht nötig. Die Kunden brachten die Planungen mit ihren Änderungswünschen immer wieder durcheinander, wie sich ein früher Projektleiter erinnert: »Wenn jetzt irgendwo mitten drinnen der Kunde etwas anderes wollte, hat das extrem gestört. Aber der Termin ist der gleiche geblieben. Und der Preis ist meistens auch der gleiche geblieben. Das waren also ganz große Probleme, damit fertig zu werden. Intern haben wir manchmal im Spaß gesagt: Der Kunde soll bestellen, bezahlen und dann sperren wir ihn ins Gefängnis ein, solange bis die Anlagen ihren Garantie-Lauf fahren und dann kann er wiederkommen (*lacht*).«[12]

Marketing neu angewendet: Mehr als Gas geben

Die Abteilung Gase war indes seit jeher eher wettbewerbs- als kundenorientiert. Das Denken war noch vom Oligopol der 1920er bis 1950er Jahre geprägt. Nach dem Zweiten Weltkrieg brachte die Konkurrenz aus den USA neue Impulse in den Wettbewerb: »Ende der 1960er Jahre, 1968 ging das los, sind die Amerikaner nach Europa gekommen und haben einen ganz neuen Gedanken hereingebracht, der den Gase-Firmen hier noch recht unbekannt war: die so genannte Anwendungstechnik. Die Amerikaner hatten sich überlegt, was man mit Gasen eigentlich alles machen kann. Und damit ist ein ganz neues Feld erschlossen worden, das Linde dann auch sofort beackert hat. Wir haben insbesondere in der Schweißtechnik sehr viel getan und dann auch in anderen Verfahren: Stickstoffeinsatz für Kühlung. Die Anwendungstechnik ist dann eigentlich zum Know-How oder Technologiekern des Gasegeschäfts geworden, wenn man einmal von der reinen Versorgungstechnik absieht.«[13]

Geschäft in eigener Sache: Werbung für Marketing

Die Marketing-Experten hatten es in den 1960er Jahren der Bundesrepublik nicht leicht. Das lag auch daran, dass es schwierig war, die Chefs in den Etagen der Unternehmensleitung von diesem neuen Ansatz zu überzeugen, zumal die damaligen Vorstände sich überwiegend aus Technikern, Ingenieuren und Chemikern zusammensetzten, die sich seit einer Generation vorwiegend auf die Warenherstellung konzentriert hatten und denen nun ein Machtverlust drohte. Aus Marketing-Sicht drehten sich in der deutschen Wirtschaft bisher die Uhren rückwärts: zum Produkt hin. Seit der zweiten Hälfte der 1930er Jahre stellten Beschaffung und Produktion ein Nadelöhr dar und standen im Mittelpunkt des Interesses der Warenproduzenten.[14] Die Werksdirektoren machten jedoch quasi vor dem Absatz kehrt. Das Marketingverständnis spielte jedoch seit den 1960er Jahren zunehmend auch in planerische Aspekte bis in die Unternehmensführung hinein. Immer öfter wurde »erst dann produziert, wenn ein Marketingkonzept vorlag und die Nachfrage identifiziert oder geschaffen worden war.«[15]

Bei Linde hatte Hans Meinhardt, ein Ökonom, der nicht der Linde-Familie angehörte, zunächst größte Schwierigkeiten, die eigentliche Bedeutung und das Potential des Marketing zu verkaufen. Den Bedarf einer Marktforschungsabteilung begründete er der damaligen Führungsspitze bei Linde mit den Veränderungen des Marktes, der eine neue Grundausrichtung

---

12 IBL-47.
13 IEEG-11,12.
14 Schröter, Amerikanisierung, S. 104.
15 Hartmut Berghoff, Moderne Unternehmensgeschichte, Paderborn u. a. 2004, S. 324.

erfordere: »Bisher hat sich die Gesellschaft Linde eine solche Unternehmenspolitik leisten können. Die Produktion konnte gar nicht schnell genug gesteigert werden, um die Nachfrage auf dem Markt zu befriedigen. Die Frage der Wirtschaftlichkeit stand nicht an erster Stelle. Heute hat sich das Bild auf dem Markt, zumindest für einzelne Sparten geändert. Wir stehen vor dem Problem, Nachfrage für unsere vorhandene Produktions-Kapazität zu schaffen.«[16]

Marketing ist entscheidend!

Marketing war für Linde weniger im Bereich der Werbung interessant sondern als existentieller Bestandteil weittragender Unternehmensentscheidungen nötig. Es war also nicht einfach damit getan, Massenprodukte möglichst raffiniert an den Mann oder die Frau zu bringen. In der Konsumgüterindustrie war Linde nur mit seinen Kühlschränken vertreten und genau da gab es Schwierigkeiten für den Kältespezialisten, der zwar hervorragende Qualität lieferte und dem durchaus Marktchancen ausgerechnet wurden, insgesamt aber im stärker werdenden Wettbewerb als zu teuer galt. Hier waren Grundsatzentscheidungen gefragt: Soll Linde in die White-Good-Produktion einsteigen und wie Bosch, Siemens oder AEG auf die ganze Küchenpalette setzen? Verkaufen wir die Kühlschrankproduktion oder lohnt es sich, in einem gesättigtem Markt weiterhin aktiv zu sein? In anderen Arbeitsgebieten fragte man sich: Wollen wir weiterhin Ackerschlepper verkaufen und Maul- und Klauenseuchen, schlechte Wetterlagen und die damit verbundene schwankende Konjunktur auch künftig in Kauf nehmen? Linde brauchte das absatzorientierte Marketing also als eine Entscheidungshilfe, hier war es der grundlegende Perspektivwechsel, der in den Augen der Marketin-Experten eine Wende für das Unternehmen bringen musste, denn Meinhardts Frage von 1961 wurde im Laufe der folgenden Jahre vom Markt beantwortet: Linde konnte sich die bisherige Unternehmenspolitik des Verkäufermarktes nicht mehr leisten. Das Wiesbadener Unternehmen galt 1967 als Übernahmekandidat! Die Verluste im Bereich der Kältetechnik erforderten einschneidende Veränderungen.

Neu gemischt: Über Marktforschung zum Marktführer

Fiel Linde nun doch auf die Marketingtricks der Marketing-Konzeptionen herein? Auch das beste Marketing kann nur dann erfolgreich sein, wenn überhaupt ein Bedarf am Marketing besteht. Bei Linde jedenfalls war dieser Bedarf ebenso vorhanden, wie in vielen anderen bundesdeutschen Unternehmen der 1960er und 1970er Jahre.[17] In dieser Zeit wandelte sich das familiengeführte Ingenieurunternehmen zur managementgeleiteten Linde AG.[18] Nach einem umfangreichen Strukturauf- und -umbau, der unter Meinhardt vorangetrieben wurde, reduzierte das Technologieunternehmen seine Produktpalette und richtete sie neu aus. Gefragt waren nun wenige zukunftsfähige Sparten, in denen jeweils die Marktführerschaft angestrebt wurde. In den 1970er Jahren entwickelte sich Linde unter einer absatzbezogenen Unternehmensführung, zu einem diversifizierten Unternehmen, wie es für diese Zeit typisch war. Einige Sparten wurden

---

16   »Aktennotiz Betr.: Organisation« (Hans Meinhardt an die Vorstandsmitglieder Hugo Ombeck und Johannes Simon), 20.5.1961, S. 3. Unternehmensarchiv Linde AG, Höllriegelskreuth: Bestand Wiesbaden.
17   Vgl. Bubik, Marketing-Theorie, S. 134.
18   Ab 1964 wurde die Gesellschaft für Linde's Eismaschinen AG kurz und bündig Linde AG genannt.

abgestoßen, neue Arbeitsfelder entstanden. So wurde die Kühlschrankproduktion 1967 an die AEG verkauft. 1969 verabschiedete sich Linde von der Ackerschlepperherstellung und stieg erfolgreich in den damals innovativen Bereich der Gabelstaplerproduktion ein. 1972 wurde Lindes Schweißtechnik gegen den Anlagenbau von Messer-Griesheim getauscht.[19] In den 1970er Jahren gingen aus dem »Gemischtwarenladen« vier Arbeitsgebiete (Anlagenbau, Technische Gase, Flurförderzeuge/Hydraulik und die Kältetechnik) hervor und Linde wurde vom Übernahmekandidaten zum marktführenden Käufer: Meinhardt, mittlerweile treibende Kraft im Vorstand, fungierte nun als Unter- und Übernehmer zugleich.

Dennoch war für die Marketingfachleute bei Linde die Einbindung absatzorientierter Grundsätze in die Unternehmensführung ein langer, steiniger und aufregender Weg, der an entsprechender Stelle weiterverfolgt werden kann.[20]

Wissen wir jetzt was Marketing ist? Mitte der 1960er Jahre brauchten sich Lindes Marketing-Experten nur die Meinung der Direktoren anzuhören: »Damals als junger Mann habe ich mich in Sürth vorgestellt und dem damaligen Werksleiter – so hieß das damals – erzählt, was nun Marktforschung, Produktforschung und Marketing ist. Die Werksleiter waren gleichzeitig Vorstandsmitglieder. Ich habe also versucht, das zu erklären und nach fünf oder zehn Minuten hat er gesagt: Wir gehen jetzt mal in die Fabrik und dann zeige ich Ihnen mal was. Und dann sind wir da hingegangen und da waren die Horizontalbohrmaschinen und er hat gesagt: Sehen Sie, da gehe ich jeden morgen dran vorbei und da weiß ich genau, wie weit der Stand der Bearbeitung ist. Das war für ihn Markt- und Produktforschung oder Marketing!«[21]

Marketing ist mehr als Werbung, wie sich bei Linde deutlich zeigt, denn das Unternehmen war und ist kein prominenter Produzent von Massenkonsumgütern[22]. Marketing ist in seiner weitesten Form absatzorientierte Unternehmensführung und in seiner Bedeutung nicht zu unterschätzen.

Betrachten wir die noch junge Marketing-Geschichte als Unternehmung, wäre es verwerflich, wenn über Firmen, deren Erfolg im Marketing begründet ist, später gesagt wird: »Stellen Sie sich vor, es war Marketing und keiner sieht hin.«

---

19 Bei Lindes Wettbewerber Messer-Grießheim handelte es sich um eine Tochter der Farbwerke Hoechst.
20 Dienel, Linde AG.
21 I29L-21 f.
22 Vgl. zum Aspekt des Massenkonsums: Rainer Gries, Produkte als Medien. Kulturgeschichte in der Produktkommunikation in der Bundesrepublik und der DDR, Leipzig 2003.

Autorenverzeichnis

Banken, Ralf, Wirtschaftshistoriker, Privatdozent an der Goethe-Universität Frankfurt

Barth, Boris, z. Z. Vertretung des Lehrstuhls für Neuere und Neueste Geschichte an der Universität Konstanz, ab WS 2008/09 an der Jacobs-Universität Bremen

Bauer, Reinhold, Privatdozent für Neuere Sozial-, Wirtschafts- und Technikgeschichte an der Fakultät für Geistes- und Sozialwissenschaften der Helmut Schmidt Universität der Bundeswehr Hamburg

Bleidick, Dietmar, Historiker und Archivar

Boldorf, Marcel, z. Z. Vertretung des Lehrstuhls für Sozial- und Wirtschaftsgeschichte an der Ludwig-Maximilians-Universität München

Buchheim, Christoph, Professor für Wirtschafts- und Sozialgeschichte an der Universität Mannheim

Buchheim, Grazyna, Historikerin, Museum für Technik und Arbeit, Mannheim

Bührer, Werner, Wissenschaftlicher Mitarbeiter am Lehrstuhl für Politische Wissenschaften der TU München

Ellerbrock, Karl-Peter, Direktor der Stiftung Westfälisches Wirtschaftsarchiv in Dortmund

Farrenkopf, Michael, Leiter Montanhistorisches Dokumentationszentrum beim Deutschen Bergbaumuseum Bochum

Fischer, Hendrik, Wissenschaftlicher Mitarbeiter am Lehrstuhl für Wirtschafts- und Sozialgeschichte der Universität Köln

Gehlen, Boris, Wissenschaftlicher Mitarbeiter der Abteilung Verfassungs-, Sozial- und Wirtschaftsgeschichte an der Rheinischen Friedrich-Wilhelms-Universität Bonn

Grieger, Manfred, Historiker, Leiter der Historischen Kommunikation der Volkswagen Aktiengesellschaft

Herzog, Marius, Diplom-Soziologe, wissenschaftlicher Mitarbeiter, Universität Rostock

Hesse, Jan-Otmar, z. Z. Vertretung des Lehrstuhls für Wirtschafts- und Sozialgeschichte an der Georg-August-Universität Göttingen

Hierholzer, Vera, Wissenschaftliche Assistentin am Lehrstuhl für Wirtschafts- und Sozialgeschichte der Goethe-Universität Frankfurt

Kanther, Michael A., Historiker, Wissenschaftlicher Mitarbeiter im Stadtarchiv Duisburg

Kleinschmidt, Christian, Professor für Neuere Geschichte mit dem Schwerpunkt Zeitgeschichte an der Universität Paderborn

König, Wolfgang, Professor für Technikgeschichte der TU Berlin

Lesczenski, Jörg, Wissenschaftlicher Mitarbeiter am Lehrstuhl für Wirtschafts- und Sozialgeschichte der Goethe-Universität Frankfurt

Neutsch, Cornelius, Wissenschaftlicher Mitarbeiter im Bereich Wirtschafts- und Sozialgeschichte sowie Didaktik der Geschichte an der Universität Siegen

Plumpe, Werner, Professor für Wirtschafts- und Sozialgeschichte der Goethe-Universität Frankfurt

Pogarell, Hans-Hermann, Wirtschaftsarchivar, Bayer Business Services GmbH

Pohlenz, Michael, Wirtschaftsarchivar, Bayer Business Services GmbH

Rossfeld, Roman, Wissenschaftlicher Mitarbeiter an der Forschungsstelle für Sozial- und Wirtschaftsgeschichte an der Universität Zürich

Schanetzky, Tim, Wissenschaftlicher Mitarbeiter am Lehrstuhl für Neuere und Neueste Geschichte der Friedrich-Schiller-Universität Jena

Schindelbeck, Dirk, freier Autor, Dozent an der PH Freiburg, Chefredakteur von FORUM Schulstiftung

Schinkel, Eckhard, Wissenschaftlicher Referent beim LWL Industriemuseum, Dortmund

Seckelmann, Margrit, Geschäftsführerin des Deutschen Forschungsinstituts für öffentliche Verwaltung Speyer

Stagge, Mark, Wiss. Mitarbeiter Historisches Archivs Krupp bei der Alfried Krupp von Bohlen und Halbach-Stiftung in Essen

Steiner, André, Leiter des Bereichs »Wirtschaftlicher und sozialer Wandel« am Zentrum für Zeithistorische Forschung Potsdam und apl. Prof. an der Universität Potsdam

Stremmel, Ralf, Leiter des Historischen Archivs Krupp bei der Alfried Krupp von Bohlen und Halbach-Stiftung in Essen und Privatdozent im Fachgebiet Neuere und Neueste Geschichte an der Universität Siegen

Tilly, Stephanie, Akademische Rätin am Lehrstuhl für Wirtschafts- und Unternehmensgeschichte der Ruhr-Universität Bochum

Triebel, Florian, BMW Group Classic

Uekötter, Frank, Dilthey-Fellow am Forschungsinstitut des Deutschen Museums München

Wala, Michael, Professor für Geschichte Nordamerikas an der Ruhr-Universität Bochum

Welskopp, Thomas, Professor für Allgemeine Geschichte unter Berücksichtigung der Geschichte moderner Gesellschaften an der Universität Bielefeld

Wessel, Horst A., Leiter des Mannesmann-Archivs in Mülheim an der Ruhr und apl. Prof. für Wirtschaftsgeschichte an der Heinrich-Heine-Universität Düsseldorf

Wixforth, Harald, Wissenschaftlicher Angestellter am Institut für Geschichtswissenschaft an der Universität zu Bremen

Zilt, Andreas, Wissenschaftlicher Mitarbeiter im ThyssenKrupp Konzernarchiv

Zündorf, Irmgard, Wissenschaftliche Mitarbeiterin beim Zentrum für Zeithistorische Forschung Potsdam